田園詩與狂想曲

关中模式与前近代社会的再认识

秦晖 金雁 — 著

山西出版传媒集团 山西人民出版社

图书在版编目（CIP）数据

田园诗与狂想曲：关中模式与前近代社会的再认识 / 秦晖，金雁著．-- 太原：山西人民出版社，2024.2
ISBN 978-7-203-13154-0

Ⅰ．①田… Ⅱ．①秦… ②金… Ⅲ．①渭河平原—农村社会学—研究 Ⅳ．① C912.82

中国国家版本馆 CIP 数据核字（2024）第 023835 号

田园诗与狂想曲：关中模式与前近代社会的再认识

著　　者：秦　晖　金　雁
责任编辑：贾　娟
复　　审：李　鑫
终　　审：梁晋华
装帧设计：周伟伟

出 版 者：山西出版传媒集团·山西人民出版社
地　　址：太原市建设南路 21 号
邮　　编：030012
发行营销：0351-4922220　4955996　4956039　4922127（传真）
天猫官网：https://sxrmcbs.tmall.com　电话：0351-4922159
E-mail：sxskcb@163.com　发行部
sxskcb@126.com　总编室
网　　址：www.sxskcb.com

经 销 者：山西出版传媒集团·山西人民出版社
承 印 厂：鸿博昊天科技有限公司

开　　本：655mm × 965mm　1/16
印　　张：28.25
字　　数：390 千字
版　　次：2024 年 4 月　第 1 版
印　　次：2024 年 4 月　第 1 次印刷
书　　号：ISBN 978-7-203-13154-0
定　　价：98.00 元

第三版序

我们的这本书1996年由中央编译出版社初版，2010年语文出版社再版，现在又已脱销，经朋友催促如今又出了第三版，为此首先要向江苏凤凰文艺出版社的朋友们致谢。

一本二十多年前的书能够出三版，与其说是我们的水平有多高，不如说是书中所谈的问题仍然受关注。二十多年前初版时，笔者曾在丛书的序中提到中国农民占总人口的80%，如今，中国的城市“常住人口”已经超过了总人口的半数，这无疑是改革开放时代中国最大的进步。但是，城市“常住人口”的比率并不能简单等同于“城市化”的程度，后者归根结底是要体现为社会的市民（citizen, 又译“公民”）化的。新西兰以现代农牧业为经济支柱，但没人说她尚未“市民化”，而几乎全部人口都住在城里的沙特阿拉伯却不是一个市民化国家，就是这个道理。

正因为如此，这本书引发的讨论如今也仍在继续。在2010年版的序言中，笔者简略评述了初版以来遇到的一些商榷。其实此前的2006年，笔者曾有一文对有关问题发表了比较系统的看法，此次再版将其收为附录，继续求教于方家。

秦晖

2018年4月26日

目　录

序　言
“前近代”研究的当代意义

秦　晖

一

《田园诗与狂想曲》初版于1996年。但它在1989年就曾作为一套丛书中的一本排印过，只是那年的变故导致丛书被取消，它的问世也就又拖了6年多，期间虽有若干增补修改，但基本上它是一部20世纪80年代的著作。作为直接的缘由，1986年我申请到国家社会科学基金项目：“现代化进程中的农民群体”研究，这本书算是这个项目的成果。但我对这一课题兴趣的形成则要早得多。

20世纪80年代我在陕西师范大学任教，那时该校开办函授，每年都要派教师到各地的函授站进行面授辅导，我因此每年都有一段时间到各地搞面授，先后去过关中的渭南、临潼、合阳、华阴、大荔、宝鸡、凤翔等县。我那时有个习惯，每逢外出，无论因私因公，都要在学校开一叠到图书馆、文化馆、方志办、档案馆……去“查资料”的证明，尽管多数情况下如果不是专门去搞项目调研，而是因为其他事情来去匆匆，就很少有时间利用这些证明，但是这几次的面授，上课时间常在晚上，白天可以到处去跑，收获就很大。当时利用档案搞研究的风气还未兴，尤其国内史学界除了对明清内阁大库、南京民国档案和著名的巴县、曲阜孔府档案有所利用外，一般的地方中小档案馆几乎无人问津，各地都是馆舍破旧、门可罗雀、编目不详，条件十分简陋。但是好在衙门气息和各种清规戒律要比现在少得多。当时查档的多是搞人事、政审这类机关的公务同仁，很少接待社会各界的百姓。你只要持有足够级别的介绍信，就被当做“公务”接待，服务十分热情，也没有什么“创收”赚钱的考虑。我因此在各市县的档案馆（以及一些部门如宝鸡市公安局的档案室）看到大量关中土改前后乃至清代的乡村社会资料，联系到在关中工作时耳闻目睹的各种口传掌故和文献，就有了这个“关中模式”的想法。

在 20 世纪 80 年代，我国人文学科搞计量研究的还不多，今天人们在报刊上就能看到的基尼系数之类概念，那时还极少有人提，更少有人在历史研究中使用。我受到 M.I. 芬利、R. 邓肯–琼斯和赵冈等经济社会史家的影响，较早地在农民史研究中使用了这些方法，这也是本书的特点之一。

但是今天看来，我认为本书最大的特点还是书中对所谓“前近代社会”及其现代化转型的系统思考。这是与当时的社会氛围和时代背景相关的。

二

20 世纪 80 年代是中国改革前期，当时中国刚刚走出“文革”时代的愚昧、封闭、沉闷状态，开始“面向世界、面向未来”。那时社会上思潮涌动，各种“主义”迭兴，号称“新启蒙”“文化热”。我作为“文革”后的第一届研究生，整天埋首故纸堆，在当时被不少人看成是做“死学问”的，基本上没有卷入那时群星灿烂的“文化”讨论。但实际上我还是有强烈的社会关怀。我原来当了 9 年多的下乡知青，痛感当时乡村的落后和积弊，入学后又师从我国土地制度史、农民战争史（也就是马克思主义学派的农民史）名家赵俪生教授。而赵先生不仅学术高深，还有丰富的革命阅历（但不是当官的阅历，相反，他的阅历基本上就是一部典型的“革命吞噬自己的儿女”的故事)，是一个思想家型的学者。他主张“小问题要越做越大，大问题要越做越小”，把纵深的思考和细密的考证相结合。这样的风格对我影响很大。

赵先生非常重视马克思的“亚细亚国家”理论。这一理论与“共同体”概念密切相关。在19世纪，古代或“传统”社会以身份性、强制性和依附性的“整体”为特征，而近（现）代化意味着个性与个人权利的觉醒和自由人的契约联合，这是启蒙时代以来各种“进步”思想的共同观点。举凡卢梭、黑格尔、梅恩、密尔、滕尼斯、迪尔凯姆乃至马克思、拉法格、考茨基和普列汉诺夫，都是这么看的。马克思认为：“我们越往前追溯历史，个人就越表现为不独立，从属于一个较大的整体。”这些“整体”的演变过程是：最初是“完全自然的家庭”，然后由家庭“扩大成为氏族”，又由“氏族间的冲突和融合”形成各种更大的共同体。或者说是“自然形成的共同体”，包括：由家庭“扩大成为部落”，然后是“部落的联合”。由这些“自然形成的”组织再合成“凌驾于所有一切小共同体之上的总合的统一体”，即“亚细亚国家”。在这些压抑个性的“共同体”或“统一体”中，个人只是“狭隘人群的附属物”，个人本身就是“共同体的财产”。由所有个人对共同体的依附产生出共同体成员对“共同体之父”的依附。而这，就是“亚细亚专制”之源。

赵先生是把这种说法当作历史事实来看的。而另一些人认为历史事实并非如此，因此摈弃这一理论。而我则认为，在当时实证资料有限的情况下，马克思的上述见解并不能看成真正的历史叙述，但它体现了马克思从启蒙时代继承而来的对自由和个性的价值追求，这种与其说是事实判断、不如说是价值判断的概念对于我们仍然有重要的启示意义。马克思的其他很多话其实也未必合乎实际历史进程，但却依然被一些人奉为圭臬，原因就是这些话可以导出一些人喜欢的价值判断。而马克思的上述说法被摒弃，自然也不是由于它的非历史性。马克思当时说的“亚细亚国家”有如下基本特征：它是社会的第一个发展阶段；那时没有私有制，而是“土地国有”“农村公社”，在此基础上建立了严酷的专制主义和“普遍奴隶制”。对我们的社会有感觉的人读了这些话，怎么会不“故国人民有所思”？

偏偏赵先生这个“不识时务”的天真左派很执着于这个理论，这就难怪他成为“被吞噬的儿女”了。记得好像是丁学良提到，他在美国时跟人说，许多中国人“文革”后最早形成的自由思想不是来自哈耶克、罗尔斯等人，而是来自马克思，美国人都觉得不可思议。其实还真是那么回事。我们这一代人（更不用说赵先生他们那一代人）在改革开放时代当然了解了哈耶克、罗尔斯以及其他各种各样的思想资源，但是在“走出文革”的时代，很多人“独立之精神，自由之思想”其实主要是来自马克思，如同陈寅恪先生“独立之精神，自由之思想”来自“湘乡南皮之间”一样。而且，由于人的智力发展一般是理解与思考能力成年以后好，但记忆力尤其是机械记忆力则少年胜于成年，因此我的“自由思想”当然随着时代与社会经历而不断深化，但就对“思想资源”的记忆而言，后来进入脑海的其他资源其实很难超过以前进来的。今天当一些“新潮左混”拿几句洋人时髦语录当棍子敲打别人时，我不禁会想：“你们知道什么马克思！”文章当然不能这样写，但这个自信其实还是有的。

今天我们论史，早已不必纠缠于“古史分期”的意识形态外壳。而从思想史上看，走下神坛的马克思对早期社会的看法演变也完全可以理解。马克思当年把“共同体”看作“人的依附性”之源，而把历史的进步看作是摆脱“共同体”束缚走向“自由个性”的过程。这本属从启蒙时代继承来的自由思想所致，很难说是纯粹的史学论断。后来马克思的认识变化，主要是晚年受摩尔根的影响，明确区分了“部落”与“氏族”，并放弃了由家庭“扩大成为”氏族或部落的观点，转而认为“氏族解体”产生家庭。而这也未必是他的最终结论，实际上我们看到他一直到晚年也还在试图更清楚地搞明白实际历史过程，但是，他的价值观是很早就形成了，而且直到晚年并没有本质的变化。

三

因此，“亚细亚国家”其实并不是一个地域概念或者“文化”概念，不能说它是对亚洲或“东方文化”的歧视。但它也不是一种实际历史的描述，摆脱“共同体”的束缚，追求“自由个性”，是19世纪的马克思的价值追求。“亚细亚国家”其实不过是他为这种追求而建构的历史哲学中设想的一个最初阶段（即“共同体”束缚最严酷的那个阶段）。与我们有些人想象的历史哲学应当“指导”历史研究不同，在西方，“历史哲学”主要是哲学而不是历史学，因此历史上是否真有这样一个阶段并不是最重要的。关键在于，尽管不像想象中的“亚细亚国家”那么严酷，但“共同体的束缚”即便在直到19世纪的欧洲也还让马克思那样的人感觉得到（今天那里的“新左派”倒是没有多少这种感觉了），而我们就更不用说。所以我们无需深究实际上是否有个“亚细亚”阶段，但实际存在的“共同体”问题，不能不让人关注——这就是一个历史学问题，而且是需要实证的问题了。

这里所讲的“共同体”主要是就人的“依附性”而言的，马克思讲的“依附性”，照我的理解有点类似于鲁迅所厌恶的“奴性”。只是马克思不像鲁迅那样特别把它归咎于中国人的“劣根”，马克思认为人类以前实际上都有这个东西。而所谓“自由个性”也不是像鲁滨逊似的自顾自状态，它是以发达的自由结社（理想状态就是马克思所谓的“自由人联合体”）为特征的。所以由“共同体”到“自由个性”与其说是从“集体”到“个人”的变化，不如更确切地说是“被集体化”到自由的集体化的变化。

但是“共同体”的形态其实非常复杂，马克思早年讲“亚细亚”时通常是含糊地谈论“公社”“氏族”和“部落”等“共同体”，其间并无严格区分。但是后来受摩尔根、科瓦列夫斯基等人类学家影响，后期马克思乃至恩格斯开始区分“母系氏族公社”“父系氏族公社”和“农村公社”，而恩格斯尤其强调血缘组织“氏族公社”与地缘组织“农村公社”

的区分，并认为由血缘到地缘是一大进步。而连地缘也不讲了就更进步。后来这一点又被歪曲、“发展”为似乎可以用强制手段解构血缘、地缘联系，到了“亲不亲，阶级分”“爹亲娘亲不如领袖亲”时就最“进步”了。然而实际上恰恰由于滥用强制，在那个提倡六亲不认的年代我们也恰恰看到了非常类似于“亚细亚国家”的场景。

我当年写这本书时虽然有明显的走出“共同体”的取向，但还未意识到这一点，所以本书中多次使用“宗法共同体”这一概念，当然主要是为了强调它与现实中“共同体”的不同，但是“宗法”的血缘含义也难免造成“血缘认同是‘落后’的”之印象。

其实无论中外，在古人聚落中血缘地缘关系通常兼而有之，强分轩轾可能不切实际。血缘认同基于人性，古今中外都存在，近代只不过是人们的认同形式随社会交往的发达而日益多样化，血缘地缘而外，教缘（同信仰形成教会等）、业缘（同职业形成行业公会等）、利缘（利益联系而形成企业等）、政缘（同政见形成政党等）等各种认同也发展起来，血缘认同因而自然淡化。但不能说血缘认同就比地缘认同“落后”，地缘认同又比其他认同“落后”。那种以政治强权打击血缘认同的行为不是什么现代化，而是“暴秦”法家古已有之的倒行逆施。旧式父权族权今天应该否定，那是因为它以强权剥夺了人的自由，而不是因为它保留了血缘亲情。而自由的宗亲同姓联谊与结社在任何现代社会都是正常的。这正如旧时的神权与异端审判应该否定，但信仰自由的现代社会仍会有教会；欺行霸市的中世纪行会应该否定，但公平竞争的现代仍会有同业公会；束缚人身的村社和采邑应该否定，但迁徙自由的现代仍会有社区；“贼船好上不好下”的帮派会党应该否定，但宪政民主的现代仍会有政党；奴隶庄园应该否定，但市场经济的现代仍有会企业一样。总之，旧式“共同体”的“落后”性不在于它认同于什么“缘”，而在于它的强权性即对人们自由的剥夺。

19 世纪以来，国际上许多学者用于分析传统社会的“共同体”概念通常不分什么“缘”，但都强调它的整体性（对个性的约束）和依附性

（不可摆脱）。在这个意义上，现代公民的各种自由社团与联合，不管是政缘的党派、利缘的企业、业缘的公会、教缘的教会，还是地缘的社区、血缘的宗亲团体都不是“共同体”。例如，滕尼斯的 gemeinschaft（共同体）一词主要是与近代“社会”相对而言的。尽管该词作为一般语词并无“小”的意思，像德语中大西洋联盟（atlantische Gemeinschaft）、欧洲共同体（europaische Gemeinschaft）、基督教世界（Gemeinschaft der Glaubigen）等词组中该词都表示一种庞大联合。但滕尼斯在社会学意义上使用该词时，是把它定义为一种类似于“熟人圈子”那样的小群体〔相对于“民族（nation）”范围的“社会”而言〕的。但是，滕尼斯在区别“共同体”与“社会”时主要强调的并不是群体的规模大小，而是两者的性质即群体的建构机制不同。在滕尼斯看来，“共同体”区别于现代公民社会中的小型组织（社区、企业、学会等等）的本质之处，在于共同体的整体性即其成员的依附性和人格不独立——相对于近代公民“社会”以其成员的独立人格为基础而言。

比滕尼斯更早，马克思青年时代在哲学著述中频繁使用的“共同体”（主要是 gemeinwesen，有时也用 gemeinschaft 一词）概念也是比较泛化的（他提到古代的共同体，也提到“市民社会是共同体”，家庭、村社、等级是共同体，国家也是“政治共同体”，以及“人的实质是人的真正的共同体”等等），并没有特定的社会史含意。但后来（尤其在政治经济学和社会历史著作中）则赋予了这个词以类似于滕尼斯的社会学意义，即指人类在古代或不发达状态下形成的人身依附性群体。他所谓由“共同体”到“市民社会”的提法也具有与滕尼斯由“共同体”到“社会”之说类似的历史进步论含意。

不同的是，马克思除了对这种进步给出一种唯物主义的和决定论的解释外，他对“共同体”的定义也远比滕尼斯的为广。在 1857 年手稿中他列举的“较大的整体”中就包括了从“家庭”“氏族”“部落”“部落的联合”直到“亚细亚国家”。可以说马克思与滕尼斯的共同体理论，在揭示共同体的人身依附性质方面是一脉相承的。但是滕尼斯讲的是小的（以直接的人际交往与口耳相传的地方性知识为半径的）、“自然形成的”（一般主要是血缘、地缘性的）共同体。而马克思讲的则是“自然形成的和政治性的”共同体乃至“总合统一体”：从家族直到“亚细亚式的国家”，从原始的家长制直到中世纪封建制。

四

但是今天看来，同样是束缚性的、不同于近代自由社团的那些传统“共同体”，其功能还是差别很大。而最明显的差别还不是在血缘、地缘等诸“缘”之间，而是在那种其内部有直接的人际交往的“熟人共同体”与更大范围的“陌生人共同体”之间。滕尼斯讲的共同体基本上就是前者，而马克思讲的“部落的联合”“亚细亚国家”属于后者。我们也可以更简单地把两者分别叫做“小共同体”和“大共同体”。

小共同体虽然也不是近代自由社团，也有人身依附与个性压抑问题，但作为稳定的熟人、乃至亲族群体，它有温情纽带，有“信息对称”与“多次博弈”基础上的信任机制，因此可以更多地依靠伦理维系。国外农民学中斯科特等人所谓的“农民道德经济”就是这样产生的。而大共同体的陌生人间没有这种纽带，它的维系就要更多地依赖理性化的强制机制。

必须指出：大共同体为了管理方便常形成科层结构，如郡、县、乡、里等，其中的末梢组织也是小单位，成员常常也互相认识。但这些大共同体的基层末梢与“小共同体”仍有性质的不同，因为前者的运作主要靠上层指令，而不是靠伦理。甚至于有时为了防止小共同体认同导致对大共同体的离心，还人为地破坏伦理。我国古代法家之鼓励“告亲”，刘邦这种乡里不齿的痞子（司马迁说是“无赖”）被用为基层干部（亭长），乃至后来的回避制和以科举取代“乡举里选”，就是这样来的。在大共同体强大的条件下“道德经济”很难发达，但这未必就会造就“理性小农”。

国外农民学围绕后两者的讨论，对于中国的实际显然很隔膜。

显然，传统小共同体不同于近代自由社团，正如大共同体有别于近代公民国家。而生活中的种种小单位在这一分析框架下可以分成三种类型：小共同体（“道德经济”）、大共同体的科层末梢（“编户齐民”）和近代社团—社区（“理性小农”）。我认为这样的区分比血缘、地缘什么的更重要。

近代以来国际学界谈论小共同体比较多，除马里奥特、列菲尔德等人写过关于“小共同体”的书外，各国乡村史提到的各种传统公社，如日耳曼的马克、俄罗斯的米尔、南斯拉夫人的扎德鲁加乃至日本的町，也都是这种伦理型的熟人共同体，滕尼斯的共同体和斯科特的道德经济实际上也讲的是这种东西。只有马克思的共同体概念是涵盖了“部落的联合”“亚细亚国家”之类的“总合统一体”，这种说法强调了大小共同体的共性（传统性或前近代性，即对个性的压抑）、突出了近代化过程的本质（摆脱共同体束缚的个性解放，从身份到契约的过程，即自由结社取代小共同体，公民国家取代大共同体），是很有意义的。

但是马克思对大小共同体的差异不加分辨，尤其是对伦理型小共同体与行政型大共同体科层末梢不加区别，把“农村公社”看成“亚细亚专制国家”的基层组织，这就是明显的局限。事实上，无论马克、扎德鲁加还是町都不可能成为“亚细亚专制”的基础，因为对小共同体的伦理认同如果很发达，其实是不利于专制的“大一统”的。甚至俄罗斯的米尔虽然行政性较强（有学者称之为“政社合一”），对沙俄帝国有支撑作用，但这样的帝国极权程度也有限。以至于后来斯大林以国家强制力量推行“全盘集体化”时，就受到村社凝聚力较强的俄国农民的强烈抵抗，反而是“一小二私”的中国农民很容易就被“一大二公”了。

因此，极权帝国通常都喜欢在臣民“原子化”的基础上发展一元化的科层组织，而不喜欢小共同体——如同政治上喜欢官僚制，不喜欢贵族制。欧洲各国在中世纪并未形成帝国，他们的近代化主要是走出小共同体。甚至为了首先摆脱小共同体的束缚，有的国家还曾经经历了一个

“市民与王权联盟”的阶段。但是在中国，近代化其实是要走出“秦制”，也就是摆脱“大共同体”的束缚，变专制帝国为公民国家。在这个过程的某些阶段上除了近代型的自由结社外，传统小共同体一定程度上的活跃也是合乎逻辑的，犹如西方中世纪晚期王权的一时强大也有合理性一样。而像“暴秦”那样为强化帝国的一元化控制而“反宗法”，倒是一种不良的“传统”。当然，我绝不会以小共同体来排斥自由个性、主张把宗族作为“后现代”组织来取代现代公民社区，如同最近一些“新儒家”朋友鼓吹的那样。我也指出如果没有自由个性的进步而仅仅是小共同体发展起来瓦解了大共同体，那也是危险的。正如王权的强大在公民社会没有发展的西班牙并未带来进步、反而使她变成一个落后的老大帝国一样。

这些认识都是我在本书初版以后的年代里的新想法。因此我提请读者在读到本书中关于“宗法共同体”之类提法时要注意那时的局限性。

五

在本书初版后的那些年里，随着政治气氛变化和“新启蒙”的退潮，人们不再喜欢“宏大叙事”，我国的文化生活中出现所谓“狐狸代替刺猬”“思想家淡出、学问家兴起”的趋势。历史研究也趋向于零碎化。我的这本从“关中模式”入手的书在一些给予好评的朋友眼里也成了研究地方经济社会史个案的一个代表。其实我对20世纪90年代后历史学中个案研究的成果还是很看重的，它对20世纪80年代“思想热潮”中学术的空疏化确实有纠正作用。当然过分回避“主义”而只谈“问题”也不免造成学术饾饤化的另一极端，但我认为在我国学术史上“汉学—宋学循环”的圈圈中它也会自然掉头的。

不过，我这本主要写成于20世纪80年代的书倒确实没有争当“个案研究”带头羊的先见之明。在本书的副标题“关中模式与前近代社会的再认识”中，我实际上还是着重在“前近代社会的再认识”，对“关中模式”的研究只是作为一个切入点，我当时并没有打算只从地方个案的角度研究关中这个“模式”。

而“前近代社会”这个提法，已显示我对此前流行的对传统社会的看法，即关于“封建社会”乃至由此派生出来的一套“反封建”理论有严重的质疑。这套理论极为强调租佃制，并且把消灭“地主”、消除租佃制作为“反封建”的核心任务，所以我后来又称之为“租佃决定论”。我之所以把土改时期流传“关中无地主”说法的这个地区作为切入点，也正是基于此种考虑——当然这也是因为那时我恰好在这里工作，有资料上的方便。

但是我当时并不看重名词本身，我认为问题的关键在于我们如何把握中国传统社会的基本特征和基本规则，如果说它有弊病的话这些弊病出在哪，为了改变它又该如何做。至于最后用什么名词来称呼这个社会，并不是最重要的。所以本书虽然不用“封建社会”而用“前近代社会”为题，内文中仍然频繁出现“封建社会”的提法。

本书初版10年后，对“封建社会”的质疑已经成为大潮。冯天瑜等先生为此出了专著，学术界为此开过多次高规格会议。虽然改革前的主流看法还是有很大势力，但对其质疑者已经很多。这种质疑主要分为两种类型：

一种是认为传统社会很美好，有人认为简直好得美不胜收。例如有人说中国经济并不落后，鸦片战争前夕还是世界第一，甚至算出占全球GDP的36%，比今天的美国还牛。有人否认中国传统政治是“专制”，或说这是一种父爱式的管理，或说科举制是现代文官制度，或说你看万历皇帝几十年不上朝，多么“自由放任”，和英国女王不理事不是差不多？更多的说法是“国权不下县，县下唯宗族，宗族皆自治，自治靠伦理，伦理出乡绅”，从基层到国家整个就是父慈子孝、温情脉脉的大家庭。经济如此先进，政治又不专制，伦理道德那更是我们的专长，远非人欲横流的西方可比。这样看来，晚清国人何以要学西方就成了难以理解的事。于是近年来有些人说，中国人学西方根本就是一个错误，西方唯一比中国强的就是他们武力了得。中国被打败后便“短视”起来，接受了“社会达尔文主义逻辑”，而“封建社会”就是那些“西方中心论者”强加给中国的一个恶谥。

另一种类型则不同，它不否认中国传统社会有弊病，也不否认晚清以来变革的必要，但它强调中国秦以来的社会完全不同于古汉语“封建”一词所指的西周那种状况，也完全不同于欧洲中世纪那种被汉译为“封建主义”的 feudalism 状态。而且他们注意到，晚清的变革之潮起初不以“反封建”为标帜，而五四以后在“反封建”名义下的许多做法反倒是加剧了弊病。因此他们提出要另外给传统社会命名。例如冯天瑜先生就主张叫“宗法地主制社会”。

我认为这两种看法都有见地，但也很可质疑。传统社会固然不像过去所说的那样一团漆黑，但如果说那么美好，也确实经不住深究。例如说鸦片战争前我国经济世界第一，主要根据是明清我国贸易大量顺差，西方工业品“竞争不过”，只好用白银买我们的产品，证明我们那时已经是“世界工厂”。只是鸦片阴谋才改变了这一点。但究其实，西方用鸦片替代白银支付逆差当然对中国危害很大，然而用鸦片替代白银来付账就能使其工业品变得“有竞争力”吗？而且鸦片代替白银也不会减少我们的 GDP 嘛。（至于这个 GDP 对我们究竟有无好处，就像今天的 GDP 高速增长之利弊一样，是另一个问题）。所以如果仅仅讲 GDP，假如鸦片战争前我们真的是世界第一，那么鸦片战争后怎么就不是了？实际上直到甲午之时，除鸦片外的一般贸易中国仍然大量顺差，甚至因鸦片贸易产生的逆差也在明显减少，因为中国禁烟失败后却成功地以自产鸦片实现了“进口替代”，以至于包括鸦片在内的总贸易额也出现了恢复顺差的趋势。如果按“顺差就是优势”的逻辑，岂不是直到甲午时中国经济仍然世界第一，而西方工业品仍然“竞争不过我们”？甲午以后，随着中国门户开放，工业起步，投资品输入，外贸才在不靠鸦片进口的情况下变成大量逆差，西方工业品表现出“竞争力”了。然而，恰恰从这时起中国出现的近代统计数据使人有可能计算出近代口径下的经济增长率，而从甲午到抗战前这一增长率还比西方列强高出一点——如果按过去的看法这不难理解：中国本来落后得几乎一穷二白，这样的增长率在极低的基数下并不足奇，也不足以改变中国的弱势。但是按照上述的“重新认识”，中国经济本来就世界第一，这样的增长率能使她变落后吗？如果真是如此，那么中国经济到底什么时候落后过呢？难道只是在抗战以后？

第二种类型，长处在于既看到了中西传统社会的巨大差异，并注意到许多所谓“反封建”行为效果可疑，但也承认中国传统社会有弊病，并不否认变革的必要。但问题的关键恰恰在于：中国传统社会究竟是怎么一回事？它的弊病究竟何在？过去的“反封建”效果不佳的问题又出在哪？如果这些问题不解决，换一个称呼是不是就行，也令人怀疑。如冯天瑜先生主张改称“宗法地主制”社会，这与过去的说法究竟有什么实质区别？过去说的“中国封建社会”不也是强调“宗法”和“地主”这两大特征，并且把消灭“地主”和破除“宗法”作为“反封建”的两大实质内容吗？难道其问题仅仅是用错了一个名词？

我其实相信索绪尔关于语言中“能指”与“所指”之间存在着“任意原则”的说法。它意味着人们的用词往往是约定俗成的。“传统社会”曾经被普遍叫做“封建社会”，现在许多人指出古汉语中“封建”一词另有所指，而西欧的 feudalism 更大异于中国。其实应该说这本是常识了。过去的“中国封建社会论者”也没人认为唐宋明清还像西周那样“封邦建国”，更不认为那时的中国存在欧洲中古式的 feud（采邑、封地）制度。相反，那时的“封建”被定义为地主租佃制，“反封建”则被等同于废除租佃制，而欧洲“反封建”时强调的反对人身依附、公民权利、自由与财产不可任意侵犯等现代原则却被粗暴践踏，直到那个号称“与传统彻底决裂”的时代中国变得比任何时候都更像欧洲中世纪，国人方才省悟，又开始出现“反封建”“新启蒙”的呼声……

可见问题远不在于“封建”一词是否误用。实际上作为符号的语词

"能指"在历史进程中增添、转换新的"所指",并不是什么奇怪的事。"经济"一词古汉语中指"经国济世",就是今天所谓搞政治,"权利"古汉语指的是"因权势以求利",即今所谓以权谋私是也。但今天谁会指"经济学"应当理解为政治权术之学、"保护公民权利"应当理解为保护以权谋私者?反之,即使我们不用"封建"一词,而改用"传统社会""农业社会""前近代"之类的语词指称我们的过去,不是也仍然有如何理解、认识过去的问题吗?"传统"就是租佃制,废除租佃制乃至进一步废除那可能孳生租佃制的地权私有、以至任何"私有尾巴",就算完成了"与传统决裂"?抑或"传统"就是宗族伦理,于是六亲不认的残酷斗争与"爹亲娘亲不如权势亲"被一些人看成"反传统的壮举",被另一些人看成"现代性的罪恶",总之都与"传统"无关?

本书讨论的就是这类问题。我以为,只要把我们传统社会究竟是怎么一回事搞清楚了,用哪个名词来指称它其实比较简单。当然搞清楚传统社会并不容易,这本书也不过是我的初步探讨,以后我出版的《传统十论》等书也是在讨论这个问题。从某种意义上讲,我们今天的改革就是在给这个问题交答卷:我们从何处来?又到何处去?

六

本书初版已经十余年,写作更是在20年前,时代的局限性加上本人的愚钝,差错与不足自然难免。这些年来本书应该说有相当的影响,除一般的引用与评论外,据说讨论"关中模式"的博士论文也有好几篇了。但另一方面本书也引起了相当大的争议和批评。这是大好事。这说明我们关注的问题还是重要的。而争论无疑有助于把问题搞清楚。

就我所知道的商榷者而言,胡英泽先生的学位论文《流动的土地与固化的地权——清代至民国关中东部地册研究》[1] 是用功最深的一篇。作者主要针对本书中引用关中东部土地册得出的结论进行批评，他亲临实地调查，查阅了我当年看到的那些地册，乃至我没看到的更多地册，而且还看了我完全没有涉及的、与关中隔河相望的晋西南一些村庄的地册，同时还进行了对当地村民的访谈。可以说在资料的占有上已经明显超过了 20 年前的我，这是令人高兴的。

在分析了这些地册后他指出：1. 这些地册多属公有性质的滩地，不宜用作地权分配的研究依据。2. 他算出的其中一些基尼系数与我算出的不同，另有一些地册我未及见，而这些地册的地权基尼系数较高。3. 我根据一份地册计算出当地土地交易的频率很低，而他根据另外两份地册算出这个频率较高。4. 最后他得出的结论是：当地土地关系“受环境、社会影响比受经济因素影响大”，因此情况特殊，虽然总的来说的确是地权较分散、地块较齐整，但这是受到河道摆动、滩地公有、村社干预等因素作用，而且地权分散的程度也不像我说的那么突出。土地交易频率的确较低，但也不像我认为的那么低。总之，这些地册并不能证明土改前的“关中模式”可以上溯到清初。

这些商榷以扎实的资料为依据，的确把问题推进了一大步。我可以回应的是：1. 一些地册我当时只是抄录数字，未能复制，又时隔多年，已无从查考，胡文的工作比我细致，他的计算应该比我准确，可喜可贺。2. 土地买卖“频率”是要有时间概念的，所谓“千年田八百主”就是说 1000 年内同一块土地易手 800 次，平均一年多就易手一次。如果没有“千年”这频率就无从谈起。他举出的道光、同治年间的两本地册据说有比较多的交易量，但他未指出交易日期的上下限，如果这两本地册都沿用到我依据的光绪十六年下鲁坡地册使用的那个时候（民国年间），那么由于其所涉交易期长得多，根据他给出的交易量只能说这两本地册

[1] 刊于《近代史研究》2008 年第 3 期。

反映的交易"频率"比我说的还要低，[1] 而绝不是"没有秦认为的那样低"。而且我用的地册正是他认为私有地为主、交易率应该较高的塬地册，而他举出的两本都是他认为交易率会较低的滩地册，但他却质疑我为什么舍交易率高的两本不用，这是不合逻辑的。至于我为什么不用也很好理解：因为当时大部分地册我只在馆内记下了田亩数，没法记录贴条，只有很少几本我事后托关系借了出来，而这其中只有下鲁坡地册有贴条，可以统计交易。但是只凭一本地册做出结论的确论据薄弱，现在胡先生又统计了两本，我认为是进一步证明了我的观点，很感谢他。3. 以土改前的"关中模式"上溯，的确会遇到是否同地、同条件的可比性问题。关中东部那些地区土改前的情况与清代地册反映的相差不大，这从胡文本身也可看出。但关中其他地区我只有土改册籍，并无前代册籍可依，这"可比性"依据同为关中但却是异地、异条件的情况，就只能相对而言、聊胜于无了。这是历史研究本身常见的局限，对此只能说：如果同地、同条件下将来发现了与"关中模式"所说特征相反的材料，那的确有否证这个模式的意义。4. 本书的一个基本主张就是"前近代社会"经济以外其他因素的重要，"关中模式"也是用于证明这一点，共同体的约束、村社和官府的限制和"超经济强制"等等都是本书加以讨论的。我很高兴地看到胡文对这些因素做了比我当年更为翔实细致的叙述，而他讲的环境因素更是发我所未发，但我不明白这些叙述何以对本书构成否证。传统说法认为"中国封建社会"的特征是"土地私有，买卖频繁，地权集中，主佃对立"。"关中模式"就是要对此进行否证，自耕农多与公有地多不同样是否证的依据吗？为什么要把两者对立起来呢？

类似从考证方面进行的商榷还有不少，但都没有胡英泽先生此文扎实有功力。这里我要强调的是：本书已经说的很清楚："关中模式"的本

---

[1] 以道光八年赵渡镇地册为例，如果该册用到土改前，即在 122 年内（1828—1949）交易地块次只有总地块数的 15%（此数据胡文），年交易率只有 0.12%，亦即平均每年 1000 块地中只有一块被交易，或者说每块地被交易一次的周期平均达 813 年！这不仅与"千年田八百主"之说不可同日而语，就是与下鲁坡相比交易频率也更低。

意并不是要做一个独特地方经济的个案研究，而是要通过“白渡鸦”的存在否证“渡鸦皆黑”的全称性描述，以便对“渡鸦”（“中国封建社会”）的内涵进行重新界定。对此真正有针对性的商榷应该不是说这白渡鸦只是少数特例，而是说这白鸟根本不是渡鸦——如果能够说土改前关中与中国其他地方是两种社会，前者根本不需要“革命”，就和其他地方土改后的情况一样了，那“关中模式”就没有价值了。

笔者认为“地权集中、主佃对立”的一般描述有问题，但土改前关中那样地权极度分散的状况当然也是罕见的。笔者后来曾指出：其他地方的土地没有那么分散，但是要说有多集中也是可疑的。就以胡文中他认为最集中的几份地册而论。0.5—0.6 的基尼系数也就与否认“中国地主经济说”的赵冈先生的数据相当。这里要指出：土地分配（相当于资本分配）的性质与收入分配不同，收入分配基尼系数达到 0.5—0.6 已经是分化很严重。但资本分配基尼系数为这个数值应当说还是很“平均”的，因为与这种水平的资本分配对应的收入分配基尼系数通常只有 0.2—0.3。本书中对此也有所论述。

七

与上述从考证方面进行的商榷不同，还有不少商榷是从理论方面进行的。这其中最有意思的是吕新雨先生的鸿篇巨制《农业资本主义与民族国家的现代化道路——驳秦晖先生对“美国式道路”和“普鲁士道路”的阐述》，[1] 此文长达 7 万多字，真让我不知怎么谢他才好。这篇宏文还曾被重要部门办的《高校社科文摘》专门作为“编辑部推荐”文章来转载，可以说也连带提高了我这本书的知名度，真难得他如此热心为我做“托”。

[1] 李陀、陈燕谷主编:《视界》第 13 辑，河北教育出版社 2004 年。

吕先生的宏文完全是从“主义”出发的，用他的话说，他批秦是在对“‘新自由主义’话语在‘三农’问题上的批判”。但有趣的是他写了这么多文字却完全不涉及本书的主要内容：既不涉及“关中模式”也不涉及“前近代社会的再认识”，而是将全部火力都集中在本书谈到“前近代社会”解构时引述的列宁关于“美国式道路”和“普鲁士道路”问题上。

其实，关于列宁的俄国农民问题思想的变迁，他在斯托雷平改革时代发展得最典型的“两条道路”论，尤其是他关于“土地国有”的说法究竟是什么意思，我在与金雁合写的、以及我们两人分别各自署名的许多文章与书中都有大量论述。如果说金雁并非吕新雨的挑战目标，因此他没看过金雁的书还情有可原，那么仅以我及我们两人署名的这类论述就有：同为《农民学丛书》之一的《农村公社、改革与革命：村社传统与俄国现代化之路》（中央编译出版社 1996 年）、《列宁主义：俄国社会民主主义的民粹主义化》（《二十一世纪》杂志 1997 年十月革命 40 周年号）和《马克思主义农民理论的演变与发展》（原为一本集体著作的第一章，后收入《传统十论》一书作为十论之九），等等。这些作品中不少专门辟有《“美国式道路”反对“普鲁士道路”：民主革命的新解释》、《“土地国有化”：一个“否定”的纲领》之类的章节。

至于《田园诗与狂想曲》则是我们的一部谈中国农民问题的作品，它的主要任务既不是谈俄国农民问题，更不是研究列宁思想。此书中只是提到了我们对这两个问题在其他场合详细论证过的某些观点，“美国式道路”与“普鲁士道路”即为其中之一。应当说，这个“两条道路”或曰两种“分家”方式的说法在我们的社会转型或经济转轨理论中的确具有重要意义，但在我的农民学研究中，尤其是在以“关中模式与前近代社会的再认识”（而不是经济转轨再认识）为副标题的此书中，它只是个顺带提及的问题，并不是什么“秦晖新自由主义农民学的核心观点”。吕新雨先生要和我讨论列宁的这类思想，却不以我的上述论述为对象，甚至好像不知道它们的存在，而只拿一本讨论关中与中国农民问题的书做靶子。长达七万言的吕氏批秦专文，引用拙著只此一本（外加该书的一个外文版序），其中提及列宁的文字大概不过数百，这就值得吕先生做了七万字的大文章来驳斥，笔者受宠若惊自不待言。而吕先生最尖锐的质问、也可以说是全部七万言宏文的用力点是：

“为什么秦晖要刻意隐瞒列宁最核心的观点（按：即“土地国有化”）呢？这就需要把这种话语落实到中国当下的语境中，因为秦晖需要……”，接下来就是一大堆关于秦晖“隐瞒”列宁观点的“作案动机”分析。也难怪，没有这些深文周纳的“动机”分析，只凭他引的拙文数百字怎能敷衍成如此长文？

但是其实事情非常清楚：究竟是秦晖“隐瞒”了列宁的“土地国有化”之说，还是吕新雨“隐瞒”了秦晖对列宁土地国有化说法的大量解释与评论？这些评论如有误，吕先生大可驳斥，但说我隐而不论，这就叫人叹为观止了。吕先生与我讨论“土地国有化”，但我的有关论著他根本没看，反说我“隐瞒”，这已是莫名其妙。我们搞史学出身的都知道前辈陈垣先生关于占有资料要“竭泽而渔”的追求，老实讲这很难。但是写商榷文章先要了解商榷对象的论述，最起码是了解他关于所商榷议题的论述，这应该是首要而且不难的要求吧。

在这篇新序中我不可能重复那些我在别处说过的、而且并非三言两语能简述的话。然而回答这七万字长文最大的难处在于其中几乎俯拾皆是、无穷无尽的常识性错误。仅以其中几百字的一段话为例：（括号中是我的勘误）

“在赫鲁晓夫执政的七十年代（赫鲁晓夫执政在七十年代？），苏联再度出现严重的粮食匮乏，赫鲁晓夫不得不恢复战后早就停止的凭卡供应制度，苏联历史上第一次出现从国外进口大量的粮食（这是典型的“反修”时代语言：说什么赫鲁晓夫的农业比斯大林搞得差，而我们则比斯大林、当然更不用说比赫鲁晓夫搞得好。开的什么玩笑？按发达市场经济国家标准看，苏联农业的确糟糕，但说赫鲁晓夫时代比斯大林时代乃至中国改革前更糟那根本就是信口胡言的宣传腔。）……赫鲁晓夫执政十年，集体农庄庄员作为劳动报酬的粮食逐年减少，（粮食以外的报酬呢？）

这是因为农庄收入太低，农业投入物资涨价超过了农庄的收益，而粮食收购的数量却不断增加，这使得按月支付劳动报酬的办法成为空话，（集体农庄按月付工资是苏联最高苏维埃1966年公布的，那时赫鲁晓夫已经下台，而且这个规定也并未成为空话，相反倒是这种不管收成如何都保证按月发工资的做法使庄员激励下降，引起非议。）并使得农庄庄员不得不大量流入城市去谋生，有的州的集体农庄有劳动能力的人在七年的时间几乎减少一半，这正是由于农业凋敝而产生出的“民工潮”。（农业生产率越高，所用劳动力越少，在吕先生看来就越是证明“农业凋敝”，照此看来生产率最高农民最少的美国农业当然比苏联更“凋敝”得多，而我国改革前80%的劳动力搞饭吃还解决不了粮食供给，当然就是“农业繁荣”之证了。）1963年粮食产量甚至不到战前的一半？天下奇谈！整个这段话几乎句句硬伤，错得让人不忍卒读。本来，吕新雨对苏联史可以说是一窍不通，他这段话出注说是引自《苏联兴亡史论》第562—563、634—637、694—698页，人民出版社，2002年，但是这本书虽然号称“国家重点课题”，又是由中国第一号的出版社出版，却偏偏硬伤极多，行内人早就指出它连俄国沙皇的顺序都颠倒错乱，还闹出了“尼古拉三世”的笑话，[1] 而就在吕新雨引用的这几页里，非专业人士也应该能看出的硬伤比比皆是（例如“1954—1959年间，苏联农业产值以平均每年70%的速度增长”，我的天！连续六年几乎每年翻一番！还是农业！诸位看官你们相信么？吕新雨不是行内人，见书就信倒也罢了，偏偏他还“锦上添花”，又进一步创作了原书没有的新硬伤。例如，吕说：苏联“1963年粮食产量甚至不到战前的一半”，这还了得？！想那1931—32年间苏联农业减产20%，已经饿死了800万农民！吕还有没有点常识，知不知道这样一个大国产粮“甚至不到23年前（按：那时俄国人口要少很多）的一半”意味着什么？！亏得吕先生还扣我一顶“反社会主义”的大帽子，包括美国人在内的任何反苏反共分子怕都想不出对“社

[1] 参见北大刘祖熙教授致人民出版社函

会主义苏联”如此夸张的诽谤吧？其实1963年苏联粮食虽遭灾大减产（10750万吨，为1957年以后的最低产，情况确实严重），仍然比战前最高产量（1937年9740万吨）高出10%多，而且也不低于俄国有史以来直至1956年的任何一年。[1]查对原文，原来那本书说的是当年苏联集体农庄庄员分得的实物报酬粮食“不到战前的一半”，虽然该书以此来全盘否定赫鲁晓夫改革已经很不对——须知这时苏联集体农庄庄员报酬的货币化程度已经大大高于战前，该年庄员包括货币的总报酬按西方标准的确很低，但仍高于丰收与正常年景的此前3年，[2]更远高于包括战前在内的斯大林时代。而且报酬的货币化本身也是一种进步。——但是，该书毕竟没有造出该年粮食产量“不到战前的一半”的天方夜谭，而吕先生不但所引匪书，而且信口开河完全不顾原文，真令人叹为观止！）农业状况持续恶化，最终导致农业改革失败。这种改革的失败到底意味着什么呢？至勃列日涅夫执政，苏联的农业问题已经非常严重，勃列日涅夫为此大力推行“新经济体制”，进一步扩大农庄的自主权，提高农产品收购价格，调整副业政策，完善集体承包制。并且国家大幅度增加对农业的投资，对农业进行大量的财政补贴，但是农业产值却不升反而大幅下降（又说外行话了！苏联农业的确是效率低下，你可以说是增长率下降，乃至趋于停滞，但是说产值下降、甚至“大幅下降”又是信口开河了。苏联农业产值按可比价格计，战前最高值是493亿卢布，赫鲁晓夫时代的1961—1965年平均为828亿卢布，勃列日涅夫时代的1976—1980年平均为1237亿卢布，[3]这是“大幅下降”？！），给苏联整个国民经济带来严重影响，谷物的连年减产（后斯大林时代农业波动大的确是个问题，说是“连年减产”根本就莫名其妙！），导致苏联不得不依赖进口。”

所以，要对这7万字长文做全面回应，实在非我力所能及！

不过，一本拙著能引来那么多文字，也表明它还是有点影响的。因

[1] 李仁峰主编：《苏联农业统计资料汇编》，农业出版社1981年版，第135—137页。
[2] 李仁峰主编：《苏联农业统计资料汇编》，农业出版社1981年版，第289页。
[3] A.M.普罗霍罗夫：《苏联百科手册》，山东人民出版社1988年版，第261页。

此，尽管这本20年前写的书今天看来局限性非常明显，我们还是同意朋友的建议，把它拿出来再版，而且其中一些如今我已经放弃或调整了的看法也维持原样，以尊重历史。我们期待着同仁与读者的批评指正。

2009年12月

绪　论

农民、农民学与农民社会的现代化

一

已故美国农民学家丹尼尔·托尼曾说：即使在当代发达工业化国家，“农民与农民的子孙”仍构成人口的多数。而在中国，他们几乎就是人口的全部。我们常以“世界耕地的7%养活了世界人口的21%”为自豪，却很少提及它的另一面——以世界上40%的农民仅仅“养活”着世界上7%的“非农民”！

谈到中国的“国情”，中外皆首推以“人多”。连小学生都知道我国人口占世界人口的1/5强。然而很少人注意到，中国人9亿农民占到了全球23亿农民的近2/5！当然，这个数据因中外“农民”定义的不同而并不准确，更准确的数字或许会更令人触目：如果说作为一种职业的“农民”（farmer或cultivator），中国人在其中所占比重可能低于2/5的话，那么对于作为一种社会身份的“农民”（peasantry）而言，中国人在其中所占比重则无疑要高于这一数据。在后一个意义上，说世界农民中的一半甚至更多都是炎黄子孙，也许并非夸张。我国人口中农民的比重比世界平均值高一倍，不但远高于发达国家，也高于经济发展水平相当或低于我国的许多国家（如印度）。尤其令人深思的是：尽管在改革时代我国的城市化进程明显加快，但这并未改变我国农民人口占世界农民人口比重不断上升的局面。1981—1985 年间，全球农村人口比重由 55.3% 降为 48.1%，即下降 7 个百分点还多；而我国同期农村人口比重仅由 80.2% 降至 79.9%，仅下降了 0.3 个百分点！[1] 倘若这个趋势不改变，那么世界农民中大半为中国人的时代如果说尚未到来，也是为期不远；而中国人中大半为农民的时代如果说将会过去，也是遥遥无期。

在这样的现实面前，农民问题研究，或者用日益为国际学术界所接受的术语来说即“农民学”研究，理所当然应成为我国的“显学”，这难道还有什么疑问吗？中国需要农民学，这绝不仅仅是我国作为农民大国的荣誉与面子问题，更是个生存与发展所系的问题。

农民是前工业时代我们星球上的主要居民。但像我们中华民族这样典型的农业民族，在世界上是不多见的。我国不仅农业文化延续不断，堪称世界一绝，而且我国农民也是世界上罕见的“纯农业”（单一种植业）居民。中国人尚黄，自认“黄帝子孙”，对土地有着极为强烈的感情。中国不但人口绝大多数是农民，而且城市居民也多是农民的亲属，中国的城市没有独立的市民文化传统，而是长期处在城乡一体的农民文化氛围中，“城里人”包括其中的精华——知识分子，其精神深处都多少具有“农民心态”。可以毫不夸张地说，我国的问题实质上就是农民问题，中国文化实质上就是农民文化，我国的现代化进程归根结底是个农民社会改造过程，这一过程不仅是变农业人口为城市人口，更重要的是改造农民文化、农民心态与农民人格。由于客观条件的限制，我国的大量农民不能很快变为城市人口，但他们从田园诗式的农业文明中走出来成为“乡居现代人”，而以发达的自由个性谱写出中国现代化的狂想曲，则是时代的需求。否则不但农村没希望，我们的城市也将处于一种“都市里的村庄”的状态，它可能是宁谧而安全的，但在现代化与“后现代化”的世界上将没有立足之地。

遗憾的是，在我们这个农民国度里，在我们这个通过新式农民革命

[1]《中国农村统计年鉴·1987》，中国统计出版社 1988 年版，第 339 页；胡焕庸等:《中国人口地理》上册，华东师大出版社 1984 年版，第 272 页。

而建立的人民政权的时代，对农民的科学研究反而长期无法发展。不错，我们是重视农民的，中国共产党当年正是由于重视农民力量、了解农民疾苦、发动农民革命而取得天下的。但或许正因为“不识庐山真面目，只缘身在此山中”，非常重视农民的我们却难以科学地认识农民。我们的带头人常常不自觉地用农民精英的眼光观察农民大众；以农民共同体的立场来“改造”千千万万的具体农民。多少年来，我们的理论界在农民问题上投入了大量精力，史学界曾红极一时的农民战争史研究就是一例。然而这些研究多半带有某种诗一般的激情，致力于颂扬农民的革命性，鞭笞“小私有者”的堕落，刻画农民的悲惨生活和描绘阶级斗争的激烈场面，却很少见到对农民经济运行规律的理性分析，对农民思维过程的冷静剖析，以及对农民和农民社会中各种机制的科学考察和哲理性的反思。于是当现实中“改造农民”的公社化运动以失败而告终之际，学术界对农民的研究也陷入了“危机中的危机”，农民战争史从昔日“五朵金花”之首一下子零落成泥、凋敝至极的状况就是明证。今天的学者尤其是青年学者，对五六十年代一度畸形繁荣的“农民战争”研究中一片颂扬“农民革命”之声已是普遍反感，今天的中国人对那个时代“改造”农民“太过分”的批评也几乎众口一词。然而，却很少有人注意到这两种“规范认识”（至少是准规范认识）之间的巨大反差：我们过去究竟是过于“高抬”了农民（以至于对“农民革命”无限拔高），还是过于“贬低”了农民（以至于不依不饶地一定要“改造”之而后可）？我们只需要在过去的认识规范框架内把对农民的“评价”提高或降低一些吗？抑或应该对这些规范本身进行根本性的反省与重构？为什么一切从小农国家经过新式农民革命或“农民战争同工人运动联合”[1]而走上社会主义道路的国家，包括俄国、越南、柬埔寨等等，都在不同程度上发生了这类问题？[2]这是因为对马列的“教条主义”吗？又为什么一些并不信仰列宁主义的国家，例如非洲一个以天主教徒为总统而且以防止“城里人成

[1]《列宁选集》第4卷，第691页。
[2] 本·杰南、包禅寿主编:《柬埔寨农民与政治，1942—1981年》，伦敦1982年版。

为乡下农民的剥削者”自任的国家，也出现了“乌贾马运动”这类狂热，而在这一狂热中受害最甚的又恰恰正是农民们？[1]联系我国历史上从秦之“上农除末”而农不堪命、汉之“法律尊农夫，农夫已贫贱矣”，直至明代朱元璋之“享我农师”而不免凤阳花鼓之讥，我们是不是可以看到一些规律性的东西呢？

而在这一切背后，显然还有更值得深思的基本问题：人们常常作为农民生存背景而提到的“封建社会”（或近来日益有取代这一概念之势的“传统社会”“前工业社会”等）究竟是什么？人们常说“封建经济”是“自然经济”，又说“封建经济”就是地主制经济，然而这两个概念究竟有什么逻辑上或事实上的联系？凭什么说自然经济之下地权就不可能分散？又凭什么说地权集中的条件下商品经济就不可能发达？假如存在着“无地主”的自然经济，或商品经济发达条件下的地主制，我们又何以名之？传统中国社会或中国以外的“前工业社会”都多少存在着土地问题，这大概是毫无疑问的。然而其程度与性质如何？这种社会中的本质关系可以概括为土地所有者与无地少地者的关系吗？传统社会的种种问题，包括中国传统社会十分突出的所谓“周期性动乱”问题，究竟与地主—佃农矛盾有多大的关系？有土地问题就需要土地改革，这恐怕也无人置疑，然而地权变动意味着传统社会关系的本质变化吗？还有，何谓“自然经济”？它仅仅意味着自给自足或分工与专门化的缺乏吗？早就有人指出，历史上的分工与专业化，并不像“亚当·斯密以来我们一直习惯于设想”的那样与市场的发展相联系，早期的专业化都是“典型官僚政治中”“由上层指导的专门化”。这种传统的“指令经济”[2]不属于“自然经济”的范畴吗？而“商品经济”又是什么？“权力捉弄市场”与“没有市场机制的交换”属于商品经济吗？如此等等。类似问题在政治、文化、心理等各个层次都可以举出不少。

[1] L. 普特曼:《农民、集体化与选择：经济理论与坦桑尼亚农村》，康涅狄格州格林威治，1986 年版。

[2] 约翰·希克斯:《经济史理论》，商务印书馆 1987 年版，第 23 页。

尤其在如今这场以农民为先锋、由农村而发起的改革大潮中，农民问题与农民研究却成为学术界的“冷门”，这种状况当然不能被认为是合理的。

无论今人对农民的评价是“高”还是“低”，无可置疑的事实是：前工业化时代农民是我们这个星球的主要居民，“农民社会”是一切类型的现代社会的共祖，现代化的力量，包括资产阶级和无产阶级，归根结底也都是从农民群体或农民等级中产生的。除了苏军占领下建立起社会主义的东德、捷克等少数例外，现存的与曾经存在过的绝大多数社会主义国家的建立都得力于新式农民革命；而开拓北美的清教徒农民则以“五月花精神”培育了美国的资本主义文明，杰佛逊把农民誉为“美洲民主的基石”、列宁把通过农民解放运动走向资本主义民主的道路称为“美国式道路”，是并不过分的。然而另一方面，农民，尤其是下层农民，也是支持纳粹在德国上台的重要力量和“决定性因素”之一[1]，法西斯魔王希特勒曾称农民为第三帝国的“第一等级”，认为中小农民是抵御一切现代社会罪行的“最好保障”；意大利法西斯也宣称为农民的事业而奋斗，谋求意大利的“乡土化”[2]；日本“二二六事变”中的少壮法西斯军人，更自称是与财阀作斗争的“被压迫的日本农民的代表”[3]。此外，近代的拿破仑式帝政，当代的原教旨主义狂热，也无不与农民的倾向与心理有关。

农民在各个前工业化国家现代化道路上的复杂表现，使得农民学成为现代化研究与发展问题研究赖以建立于其上的基础学科之一。从更广阔的视野上看，农民既是前工业时代“人”的一般存在形式，那么对文明进程中的农民的研究也就是人学——人类不断在反思中加深对自己的认识——的一个不可或缺的重要部分，“农民性”是人的个性发展史中的

[1] 茨登内克·措弗卡：《魏玛共和国后期农民的倾向》，载 T. 奇尔德斯编《纳粹选民的形成（1919—1933）》，伦敦 1986 年版，第 37—63 页。
[2] B. 莫尔：《民主和专制的社会起源》，华夏出版社 1987 年版，第 364—366 页。
[3] J. 贝特兰：《不可征服的人们》，求是出版社 1988 年版，第 26 页。

一个阶段，农民学因此也是经济学、社会学、历史学、文化人类学等一切人文学科的重要构成与交叉领域。显然，农民研究的必要性，已经远远超出了它对于我们这个农民国度的现实问题、对目前的改革事业所具有的功利价值。

二

人们对农民问题的关注和研究已有长久的历史，但真正把农民学作为一个具有独立的理论体系和完整的内在逻辑结构的研究领域却是 20 世纪的事。西方不少人把它的创始人归之于以 A. 恰亚诺夫为代表的一批具有民粹主义倾向的俄国学者。他们在第一次世界大战爆发后、资本主义“现代文明”发生危机的年代里，发出“都市文化的时代已经过去了”的呼声[1]，并开始把民粹派对农民问题的传统兴趣，从对俄国农民“村社精神”的浪漫主义颂扬转移到对“非资本主义”的农民社会的抽象研究与理论分析。1918 年，恰亚诺夫提出建立“社会农学”，以区别于从科学技术角度研究农业的传统农学，并在此后发表的一系列著作中阐述了“社会农学”的基本理论与方法论。“社会农学”除了探讨自给自足小农家庭经济运行机制的理论模式外，还涉及农村社会学、政治、文化、土地问题、合作化等内容。在恰亚诺夫看来，“社会农学”不仅是关于传统农民和农民社会的“测量体系”，还是组织农民去“创造一种新的人类文化，一种新的人类自觉”的工具[2]，换言之，它是一门认识农民、改造农民的学问。

1930 年，在“劳动农民党”冤案中，恰亚诺夫本人及这一学派的几

[1] И. 克列姆涅夫:《我的兄弟阿列克塞到农民乌托邦国的旅行》，莫斯科 1920 年版，第 5 页。(克列姆涅夫即恰亚诺夫的笔名)

[2] A. 恰亚诺夫:《社会农学的基本思想与工作方法》，见《恰亚诺夫选集》第 4 卷，海牙 1967 年版，第 20—21 页。

乎全部学者都被逮捕，成为斯大林时代大规模镇压的首批受害者。“社会农学”在苏联的发展遂告中断。在这一时期的西方，除了以 J.H. 波耶克为代表的一些荷兰学者在“二元经济”理论指导下对爪哇农民的研究外，由于大多数人认为工业化时代已对传统农民作出了末日审判，对农民的研究基本上只是为历史学家所关心，其水平明显低于俄国。在这个时期，农民研究的地位，由 agriology 这个学科术语可见一斑。从构词形式看 (agrio-=“农…”，-logy=“…学”)，这个术语意为“农人学”，然而实际上它的研究对象是无文字的原始民族的风俗习惯，故我国有人译为“蛮俗学”。显然，那时的学界心目中，农业居民在某种程度上是被视为野蛮人的。

第二次世界大战后，尤其是 60 年代以来，情况有了明显的变化。首先，战后大批不发达国家（基本上是农业国）获得独立，发展问题日益引起了人们的注意。“不发达社会学”因而兴起，而所谓“不发达社会学”实际上也就是农民学。

其次，两次世界大战、西方法西斯主义与 20 年代大萧条所展示的“现代社会”的社会病，促使人们对现代化本身进行价值理性和工具非理性的反思。“后现代主义”思潮在西方日益高涨。另一方面，在苏共二十大以后，社会主义旧模式的严重弊病也已公之于众。由此，企图在西方式现代化即经典资本主义道路和苏联式的社会主义道路之外，寻找“第三条道路”的人也日益增多，人们又想起了新民粹主义者“都市文明的时代已经过去”的呼声。正如“现代主义”是从对被中世纪宗法农民文化所否定的古典城邦文化的重新发掘（文艺复兴）开始的一样，“后现代主义”者也把眼光重新投向了被现代文明所否定的“农民社会”，从而唤起了对乡村的重新关注与“农民文化复兴”。日益活跃的“绿色运动”对工业化与农业大型化持激烈的批评态度，认为它们加剧了全球生态危机。绿色活动家们寄希望于据说是更有利于生态平衡的“农业社区”，并宣布“支持农民与农村社区所选择的结构模式”。[1] 后现代主义—新民粹主义与“绿色思潮”相呼应，成为推动西方农民学研究的强大动力。

最后，20 世纪以来对历史与现实中的农民问题所作的大量经济性研究，也呼唤着在理论上对农民的重新认识。过去人们认为，古典城邦以工商立国，古典罗马是奴隶制农场的天下，而中世纪欧洲则是庄园的世界，通常意义上的所谓“小农”——农民家庭农场经济，只是在很狭隘的时空中存在，可现在西方学术界已普遍放弃了这些看法。人们发现，古典城邦在更大程度上是古典小农而不是工商业者的集合，罗马的“拉蒂芬丁”（大农庄）发达程度十分可疑，它绝没有排挤掉古典农民经济。中世纪庄园制的时空范围也远远没有人们原先设想的那样大。因此，“小农”在历史上扮演的角色，要比过去人们所设想的重要得多。另一方面，过去的经济自由主义者认为现代化大生产与小农家庭经济是不相容的。自由主义者认为小农将在优胜劣败的社会达尔文主义法则下被淘汰。历史的发展似乎曾印证过这些假设。但是这种前景在今天已日趋渺茫了——在一系列农业高度现代化的西方国家中，占优势的仍然是家庭经营的小农场而不是工厂式的大农场，许多原殖民地国家在发展过程中还出现了殖民时代的种植园“大生产”为农民小经济取代的现象，同时，在许多社会主义国家中，“一大二公”的农业也未能显示出对农民家庭经营的优越性。显然，“小农”在未来的前途也远没有人们设想的那样灰暗。正如不久前去世的当代西方著名农民学家丹尼尔·索尼所说的：期待农民早日消失的任何想法都可能是不聪明的，我们被告知农民面临末日审判已有一百多年了，我们面前曾展示过没落中的农民在绝望挣扎的种种画面。尽管如此，他们与他们的问题仍然非常重要，农民的“最后力量”是不应低估的！[2]

因此，60 年代以来，农民学在西方形成了方兴未艾之势，正如著名

---

[1]《人类进步基金会 1992—1995 年纲领》，巴黎 1992 年版，第 24 页。

[2] 丹尼尔·索尼:《农民》，见《社会科学国际百科全书》第 11 卷，纽约 1968 年版，第 503—511 页。

英国学者希尔顿所说：农民学正日益“把历史学家、经济学家、政治学家、人类学家、社会学家和农学家团结在一种共同的兴趣之中”[1]。60—70年代被称为“农民学辉煌的十年”。“农民学（peasantology）”这一术语就产生于这个时期。在这十余年间，各种有关农民的出版物出现了“真正的泛滥”；农民学研究刊物，如荷兰的《乡村社会学》、英国的《农民研究杂志》、美国的《农民研究》和《农业与人文价值》等等纷纷创刊问世。英国学者T. 沙宁认为，这一时期对农民的“发现”与“再发现”，以类似于“落到牛顿脚边的苹果的全部戏剧性力量”使学界与社会都为之倾倒。[2] 他把这视之为社会科学领域罕见的、其影响可与自然科学领域中牛顿定律的发现相比拟的重大突破之一。

不管此说是否夸大，农民研究自那时以来取得的划时代进展是毋庸置疑的。“辉煌的十年”使农民学作为一门科学的地位得以奠定。从那时以来，不但传统的国别农民研究、断代农民研究有了新的突破，而且大到对整个农民社会制度的宏观考察，小到在特定地区、社区、村庄、家庭与个体耕作者水平上对农民行为的微观分析，都有长足的进展。弗尼沃尔的“多元社会”论，波普金的“理性小农”论，马里奥特与列菲尔德的“小共同体”论，T. 沙宁的“难对付的阶级”论等，各种理论令人眼花缭乱。在经济领域，关于农民经济是“道德”性的和“生计”性的还是功利性的之争，关于边际效用和边际生产力分析是否适用于农民经济以及农民经济的运动规律、分化、演进模式的探讨久盛不衰。在社会学领域，农民共同体、农民家庭类型、农民婚姻与继承、农村社会分层、产业革命与绿色革命对农民社会的影响等等，都是研究的焦点。在政治领域，农民运动、农民起义、农民政党、农民战争、农民革命，及其与民主、专制、现代化的关系为人所注目。在文化人类学领域，人们对各大陆的上百个农民共同体进行了个案研究，其范围涉及“小共同体”在作为整体的社会联系中的地位、乡村的“小传统”与民族文化的“大

[1] R.H. 希尔顿：《中世纪农民：哪些课题？》，载《农民研究杂志》1974年第1期。
[2] T. 沙宁：《农民与农民社会》，牛津1987年版，第1页。

传统”的联系、农民文化与精英文化的联系等等。在史学领域，农民史是法国年鉴派借以发动“史学革命”、建立“新史学”的主要突破口，继 M. 布洛克在战前发表的《法国乡村历史的起源》等书之后，新一代年鉴派学者 G. 迪比、勒罗伊–拉迪里等又进一步把农民史研究推向了高潮。[1]

总的来看，当代西方农民学仍然是三股思潮并存，即古典主义（正统的自由派资本主义）、马克思主义和新民粹主义—后现代主义，尤以后者有渐成主流的趋势，这明显地表现在俄国新民粹派的“社会农学”在几乎被人遗忘的几十年后又被重新发现，而且受到异乎寻常的推崇。1966 年，西方三个著名农民学家——美国的丹 · 索尼、法国的 B. 克布莱与英国的 R. 史密斯联合整理了恰亚诺夫的代表作《农民经济理论》[2]，作为“美国经济协会译丛”之一出版。该译丛只收了两部书，另一部是瓦尔拉的名著《纯粹经济学要义》——现代西方经济学大厦之基础边际效用价值说的奠基作之一。两书都是被作为经典看待的。次年在荷兰海牙又出版了 8 卷本的《恰亚诺夫选集》。“恰亚诺夫主义”因此风行一时。当代西方农民学家自然并不同于当年的新民粹主义者，但无疑后者对现代文明或所谓“都市文明”的反思引起了当代农民学中后现代主义思潮的强烈共鸣。同时，当代农民学与“社会农学”一样，也有基础人文学科和实用改革理论的双重功能，把认识农民与改造农民紧密结合，把“不发达社会学”与现实发展要求紧密结合。所有这一切，都是值得我们借鉴的。

[1] 参见 E. 沃尔夫：《农民》，纽约 1966 年版；T. 舒尔茨：《改造中传统农业》，耶鲁大学 1964 年版；T. 沙宁主编：《农民与农民社会》，伦敦 1971 年版；T. 沙宁：《难对付的阶级：发展中社会的农民政治社会学》，牛津 1972 年版；B. 莫尔：《民主与专制的社会起源》，华夏出版社 1987 年版；J. 米格代尔：《农民、政治和革命：第三世界政治社会变革的压力》，普林斯顿大学 1974 年版；R. 列德菲尔德：《农民社会与文化：对文明的人类学探讨》，剑桥 1961 年版；E. 霍布斯鲍姆等：《历史上的农民》，牛津 1980 年版；E. 勒罗伊—拉迪里：《朗该多克的农民》，乌尔巴那 1974 年版。

[2] 该书实际上是恰亚诺夫两部著作的汇编，即 1923 年的《非资本主义经济制度理论》与 1925 年的《农民农场组织》。

自然，当代西方的农民学理论决不能照搬到我国，这不仅是因为西方农民学某些流派中的唯心主义倾向和西方偏见，而且还因为，在一般意义上农民问题之外，中国农民问题还有其特殊性，尤其是目前的西方农民学的发生背景和所担负的功能与我们完全不同：苦于“现代病”的西方人急于“走出现代化”，而苦于宗法羁绊和不发达状态的我们则急于“走入现代化”。双方考察农民问题的角度和农民研究的价值论基础，自然相去很远。如果说过去的中国思想界曾经深受“现代主义的欧洲中心论”影响的话，那么，今天的中国思想界同样受到“后现代主义的欧洲中心论”影响。“影响”即交流，交流决非坏事。然而我们必须清醒地看到：西方农民学某些流派的“乡村理想主义”（rural idealism）与“乡土中国的传统思潮”具有完全不同的土壤，轻易地互认“知音”未必可取。因此，我们不但不能照搬正统的古典主义，也不能盲目趋时，附和西方的后现代主义农民观。拥有世界农民人口2/5、正在从事世界上最伟大的农民社会改造工程的中国，应该有自己的农民学理论体系。

三

研究农民问题面临的第一个问题，或者说农民研究的全部逻辑前提是：什么是农民？这个问题看似简单，实际上并不好回答。国外人类学家“在议论究竟什么是农民时面临着巨大的困难”[1]，有关农民定义的讨论从70年代到90年代一直在进行[2]。在这个问题上大体上有三种意见。一是把“农民”看作历史上一切时代的个体农业生产者，包括古典时代农民城邦的公民、中世纪的农奴、村社社员与独立农民，直到当代的农

[1] 莫里斯·布洛克：《马克思主义与人类学》，华夏出版社1988年版，第125页。

[2] 参见T.沙宁主编：《农民与农民社会》，伦敦1971年版，第99—100、104—105、150—160、240—245、254—255、322—325页；T.沙宁：《定义中的农民》，牛津1990年版。

场主，但不包括非农业生产者居民。二是把“农民”看作不发达社会、宗法式社会或“农业社会”的居民，包括这个社会中的农业生产者与非农业生产者，但不包括非农业社会的农民（例如发达国家的家庭农场主）。持前一种见解的基本上是所谓“古典主义”者，他们以资本主义时代“经济人”的眼光看待历史上的一切农民，把他们都视为“理性的小农”或“便士资本家”，与现代农场主的区别只是“资本”较小、生产水平较低而已。持后一种见解的则多从新民粹主义—后现代主义立场出发，把农民看作一种不同于“都市文化”的文化体现者，或者用“农民”这一术语来表达前工业时代“整个社会的特征”。这一派的代表，美国农民学家丹·索尼曾提出“农民社会”的五个标准：(1) 农业人口占半数以上，(2) 半数以上劳动力务农，(3) 有一个建立在领土基础上的国家，它拥有至少 5000 名官吏与职役，(4) 存在着城乡对立，5% 以上的人居住在城里，(5) 个体家庭劳动为主，家庭外劳动力在农业中的意义必须远远小于家庭成员的劳动。在他看来，近 200 年间至少有 25 个国家完全满足上述“农民社会”的条件，并且在不同时期内还有许多其他国家部分地满足这个定义。另一方面，虽然在发达的资本主义或社会主义工业国家中，仍有“上百万的”农业生产者，但按上述定义，这些国家被认为“已不再有一个农民阶层”。[1]

第三种意见是马克思主义学者所主张的。他们把“农民”定义为特定生产关系中的一个阶级，即中世纪的农民阶级。这个定义既不包括“农业社会”的非农业生产者，也不包括非农业社会的农民（如当代美国农民）。但这个定义的具体标准随着人们对封建社会及其生产关系的理解不同而不同，在当代西方的马克思主义农民学中，较有代表性的是著名英国学者 R. 希尔顿的七条标准：(1) 农民作为主要耕作者，占有——无论是否他们自己的——农业生产工具，自给自足并一般地生产得比维持生计与自身再生产所需的更多，(2) 农民非奴隶，不是他人的财产，但可

---

[1] E. 霍布斯鲍姆等：《历史上的农民》，牛津 1980 年版，第 223 页；丹·索尼：《农民》，见《社会科学国际百科全书》第 11 卷，第 504—509 页。

以是也可以不是农奴或隶属民，(3) 他们在多种多样的条件下占有土地，他们可以是所有者、租地者（交纳货币、实物或分成租，并附以或不附以劳役）或自主佃农，(4) 他们主要使用家庭劳动，偶尔也有限地使用奴隶或雇佣劳动，(5) 他们通常加入比家庭更大的单位，一般是村社，(6) 农村中的辅助性工匠可以仍作为农民本身来看待，(7) 农民在不同程度上受上层压迫阶级包括国家组织的剥削。[1]

在我国，农民定义问题似乎并没有引起过什么讨论。这可能是因为中国传统思维并不太注意定义与概念的严格性，也可能是因为在我们这个农民国家中，这个问题根本不算什么问题吧！我们通常把农民称为小私有者、小生产者或小资产阶级，然而这些并未经过严格定义的概念却十分模糊。例如在“小生产”这一概念之下，我们曾把古典时代的雅典式小农、宗法状态下孤立的小经济、作为资本主义分化逻辑前提的“小商品生产”，与作为社会化商品经济大系统的一个有机单元的家庭经营混为一谈了。此外，那种在自给自足的农村中划分“资产阶级”（富农）、“小资产阶级”（中农）、“半无产阶级”（贫农）与“农村无产阶级”（雇农）的理论，与其说与西方的马克思主义农民理论相似，毋宁说与西方的“古典主义”农民理论更接近。只不过古典主义农民观把农民视为“便士资本家”，意在肯定农民经济中包含着资本主义企业的“经济合理性”原则，而我们把农民称为小资产阶级，则意在否定其可恶的“私有者属性”罢了。

需要强调的是，所有这些概念中最含混不清的莫过于“小私有者”这一概念。所谓“小私有者”在许多人心中是介于富人与无产者之间的“中产阶级”。按许多人的说法，美国式的民主所以能实现，就是因为有一个广大的“中产阶级”。同样也有不少人认为，希特勒所以能搞成法西斯独裁，也是因为“中产阶级”充当了纳粹的社会基础。[2] 涵盖如此复杂内容的“小私有者”或“中产阶级”概念，究竟在什么意义上适用于

[1] R. 希尔顿:《中世纪晚期的英国农民》，牛津 1975 年版，第 12 页。
[2] E. 弗洛姆:《逃避自由》，工人出版社 1987 年版，第 111—137 页。

不发达社会的农民？这是个值得思考的问题。这倒不是出于五六十年代国内流行的理解——农民中的贫苦阶层几乎一无所有，与“无产者”差不多，因而“私有者保守性”很少，而是根源于这样一个重要问题：自然经济的宗法社会中，在什么意义上可以谈论“私有制”？众所周知，自然界中许多动物都有满足自己欲望的占有行为，即所谓“动物个人主义”。当两只小鸡在争夺一条蚯蚓时，我们能否说鸡群中存在着“私有制”？当尚未学会说话的婴儿因被人夺走奶瓶而哭闹或因“想要”而伸手去抢别人手中的玩具时，我们能否说他一出娘胎便具有了“私有者意识”？当然不能。其所以不能，是因为作为自然属性的私欲与作为一种社会规范的私有权——私有者权利观念是两种本质上不同的东西。前者是一种“动物个人主义”本能，一种兽性力量。后者则是人的社会性发展到一定程度的产物。过去的资本主义辩护士把二者混为一谈，以私欲的永恒来证明私有制的永恒。而我们的理论家为了反驳私有制永恒说，也不敢正视动物性私欲存在这一客观事实，实际上把马克思主义变成了“人之初，性本善”的学说，把原始人视为大公无私的道德典范，把共产主义看作“人人皆雷锋”的君子国。

但事实上，那种“我的是我的、你的也是我的”的兽性占有欲与宗法团体对个人权利的剥夺，在宗法时代总是同时并存的，而且都与真正的私有者权利——它的原则是“我的是我的，你的是你的”——相抵触。正如马克思所说，那是个“权力统治着财产”“通过任意征税、没收、特权、官僚制度、加于工商业的干扰等办法来捉弄财产”[1]的时代。E. 弗洛姆认为，中世纪有自私，但无个性。我们同样可以说中世纪有私欲，但并没有严格意义上的私有权。私有权作为一种社会规范，意味着对所有私有者权利的同等尊重，当这些权利主体发生关系时，“等价交换”就成了这种关系的唯一原则。因此真正的私有权与任何形式的个人权利一样，只有在发达的交换经济即商品经济条件下才能存在。显然，它并不是永

[1]《马克思恩格斯选集》第4卷，第330页。

恒的。它不存在于动物界，也不存在——至少不能以成熟的形态——存在于自然经济下的宗法社会。

私有权的缺乏不仅与人的社会性不成熟、“动物个人主义”的自然本能太泛滥相联系，而且与人的个体性不成熟，即宗法式群体的统治相联系。我国宗法社会的私欲以“人不为己、天诛地灭”为准则，却远离西方近代个人主义“人不靠己、天诛地灭”的价值准则。相反，在我国宗法时代盛行的是“在家靠父母，出外靠朋友”等等。我国源于宗法时代的“私”的概念，与通常被我们译为“私”的西方语言中 private 一词的含义，也有常为人所忽略的重大区别。古汉语的“私”在金文中作“厶”，据考证原为生殖器之形；[1] 而 private 源出拉丁语 privatim，其词根意义为独特的、另外的、个体、个性等等，其转义为独立的、非官方的、非权势的、民间的、平民的等等 [2]。可见，中国宗法文化中的“私”强调私欲，而西方古典文化的 privatim 强调个体与权利。由此产生中西人们对有关“私”的许多概念理解相差很远。如“私法”这一概念在中国人听来，往往联想起私设公堂、为所欲为之类 [3]，但在西方“私法”与民法基本同义，指的同排除了统治—服从关系的平等权利主体间的关系规范。又如两晋南北朝时门阀世族倚势封山占水的风气，往往被我国学者用以证明“大土地私有制”高度发达，但从 private 的概念看，这种“权力捉弄财产”的现象恰恰只能说明私有制极不发达。

总之，如果我们不把“私有”与自然人的“动物个人主义”本能混为一谈，而是从私有者权利的角度看问题，那就很清楚，自然经济的宗法农村是不存在严格意义上的私有者的。诚然，从宗法农业社会处于原始共同体到资本主义私有制之间的过渡类型出发，从宗法时代作为由蒙

[1] 见陈独秀：《实庵字说》（四），《东方杂志》34 卷 10 号第 73 页。

[2] 例如：古罗马作家西塞罗曾有两句名言：“Populi Romani Eat Propria Libertas”（自由是罗马人的个性，其中 Propria 即 Privatus 变体）；“Privato（Viro）dare”（给予平民）。把这两句话中的 privat 衍生词用汉语的“私”来代替，显然讲不通了。

[3] 如《晋书·祖纳传》：“时王隐在坐，因曰：尚书称三载考绩，三考黜陟幽明，何得一月便行褒贬？陶曰：此官法也。月旦，私法也。”

昧的兽性的自然人向具有发达个性和社会性的成熟的人转化中一个特定阶段出发，从这个时代毕竟已产生了交换与商品关系因素这一点出发，应该肯定宗法农村是存在着私有制成分的。但宗法农村的本质的规定性之所在，宗法农村所以不发达、所以异于近代之处，恰恰在于它不存在严格意义上的私有者，不管是大私有者，还是小私有者。

毫无疑问，作为“小私有者”的农民是有的。正如马克思所指出的，这些小私有者是两种意义上的自由人——他们既摆脱了宗法关系的束缚，也失去了宗法关系的保护，而成为真正的权利主体，其才成之为私有权的拥有者。在当代，他们就是发达商品经济条件下的农村个体商品生产者——家庭农场主。所谓农民“小资产阶级”，所谓“便士资本家”正是指他们而言。与过去关于资本主义两极分化将消灭小资产阶级农民的预言相反，今天他们在各发达国家的农业中广泛存在着。相反，在前资本主义的宗法农村、封建农村中，这种“小私有者”又在哪里呢？人们常常批评小农“一小二私”，并亟欲以“一大二公”来改造之。然而真正“一小二私”的小资产者农民在我国历史上曾经大量存在过吗？如果我国历史上果真长期存在着严重的“小私有者自发势力”，果真存在着经常地、大量地、每日每时地产生着资本主义和资产阶级的“小商品生产者的汪洋大海”，我国何至于几乎被逐出近代世界民族之林而长期陷于宗法式的停滞中？

对农民问题的反思就从这里开始。笔者以为，传统的宗法农民与其说是“小私有者”，毋宁说是宗法共同体成员。这是对农民问题进行微观考察的结论，也是理论农民学抽象分析的逻辑起点。当前的学术界，有人力戒空疏之弊而大倡微观分析，有人深恶饾饤之学而力主宏观概括。其实，传统学术之弊不在于它是太宏观了还是太微观了，而在于它缺乏形式化的科学思维，因而微观分析中往往长于形象描绘而缺乏严格的逻辑运算与数值运算，宏观概括中又往往形成一些模棱两可、难以证伪的学说，而缺乏严密的形而上体系，使研究和探索难以在宏观—微观—宏观或抽象—具体—抽象的认识循环中建立实证机制以推动学科的发展。

可以证明：这本身就是宗法农民社会的思维方式或农民式的学术风格。这种思维不能说没有它的长处，但它本身便应成为农民学研究的对象客体，因而研究者无论从主体外在于客体的角度还是从思维方式科学化的角度说都必须超越它。而这对于同样生活在传统氛围之中的研究者来说并不很容易，这也许是中国的农民学研究者面临的诸困难之一。

第一章

欲识庐山真面目

——什么是封建社会

一、“农民”（peasant）与封建社会

如今的人们不会对“新时代的农民”之类词组感到别扭；仍然断言农民是现代化之弃儿的言论，也比过去少多了。然而无疑，当人们提到农民的时候，更多地还是联想到人类的农业文明时代。在古汉语中，甲骨、金文时代就已分别有了“农”与“民”这两个词，但作为一个词的“农民”则出现得稍晚。《礼记·月令》有“农民毋有所使”句；《春秋谷梁传》成公元年条称：“古者有四民：有士民、有商民、有农民、有工民”；《吕氏春秋》则提到“古圣之重农民”。在这些较早出现“农民”一词的典籍中，“农民”这一概念已经有了职业与身份等级这双重意义：

“农（農）”主要是个职业概念。“農”字下为“辰”，古时指贝壳制的农具，是为意符；上为“曲”，曲古音奴，是为音符。但远古汉语多同音义通，因而曲亦有“奴”义（后之“部曲”“委曲”诸词仍然保有此义痕迹），于是“农”也就有了身份低下的意思。

“民”主要是个身份概念。“民”，古同“氓”“萌”，指卑贱的下人。后世无论是贱民、下民、草民、子民等称呼，还是官民、绅民、君民等对举，都显示了“民”的卑下身份。这种身份是传之子孙的。包括“农民”在内的“四民”最初几乎就是四个种姓：“农之子恒为农”“工之子恒为工”，等等。那时绝大多数“民”自然是务农的，于是“民”在很多

场合也有了职业含义:“农者，民。”[1]“农”“民”成了近义。因而古字书《六书略》作了这样的“解字”:“民：象俯首力作之形”。

清代的《康熙字典》不满意《六书略》的解释，认为“四民兼士农工商，岂力田始称民乎？《六书略》之说，穿凿不可从”。这一批评当然是有分量的。不过如果我们注意到一字可有广、狭、古、近诸义的话，则《六书略》之说也未必为“穿凿”。即如《康熙字典》本身对此亦有旁证，该书“萌”字条曰:“耕亦曰萌”，而古时萌与民通，这是《字典》也提到的。其引《说文》曰：民，“众萌也，言萌（懵）而无识也。”又氓:“《说文》:‘民也’”，“《石经注疏》作甿，甿与氓通。”又《汉书·刘向传》“民萌何以戒勉”条注曰“萌与甿同”。可见，古时民、氓、萌皆训“甿”，而“甿”就是农奴。《周礼·地官·遂人》曰:“凡治野：以下剂致甿，以田里安甿，以乐昏扰甿，以土宜教甿。稼穑：以兴锄利甿，以时器劝甿，以强予任甿。”郑玄注曰:“变民言甿，异外内也。甿，犹懵懵无知貌也。”

可见，尽管从广义、近义而言，“民”为士农工商之总称，但从狭义、古义而言，民（氓、萌）本同甿，指务农的下等人。他们在“田”边“忙”碌，“俯首力作”，而被上等人视为“懵懵无知”“萌而无识”的贱者。他们以凝固的身份被置于公社之中，致之以“下剂”，安之以“田里”，教之以“土宜”，劝之以“时器”，任之以“强予”。在后世“民”的概念广义化以后，上述“民”的狭义仍然处处可见。如农时被称为“民时”(《国语·齐语》:“无夺民时，则百姓富”)，农事被称为“民事”(《孟子·滕文公上》:“滕文公问为国，孟子曰：民事不可缓也”)，农兵被称为“民兵”(《玉海》卷一三九《庆历兵录》:“凡军有四：……曰民兵，农之健而材者籍之”)，农具被称为“民用”(《国语·周语上》:“民用莫不震动，恪恭于农”，注:“用，谓田器也”)，农业被称为“民功”(《国语·越语下》:“不乱民功，不逆天时，五谷睦熟”)，等等。而最明

[1] 董仲舒:《春秋繁露》卷十三。

显的是在户口管理上，直到明清仍把农籍称为“民籍”。明代有军、民、匠、灶（盐户）诸色户籍，皆世代相袭，不得更易。明时的屯田又有军屯、商屯与民屯之别。这里的“民”非军非商非匠非灶，实专指农户而言。清代亦然，《清会典》卷十七《户部》称：“凡民之著于籍，其别有四：一曰民籍，二曰军籍，三曰商籍，四曰灶籍。”“凡民之别：有民户，有军户，有匠户，有灶户，有渔户。”所谓民籍、民户，即指农籍、农户。农者民也，民者农也，职业概念与身份等级概念混而为一了。

显然，这个意义上的“农民”只能是个前现代的概念。因为现代文明可以有农业这种职业，但不可能有身份等级制。

人们一般用“农民”一词去翻译英语中的 peasant（总称 peasantry）与 farmer 两词，这自然只能是近似的：不同文化背景使两种语言中的词汇间难以精确对应。不过西方也有过存在身份等级制的农业文明时代，因而他们的“农民”也是职业概念与身份概念的结合。其中 farmer 这个词是由 farm（农业、农庄）派生的，主要是个职业概念，常与 fisher（渔民）、artisan（工匠）、merchant（商人）等职业并列。现代社会中仍有农业，自然也就有 farmer，但当今发达国家的农业主要由市场经济中的农场构成，因此在现代语言中，farmer 已逐渐含有“农场主”之义了。

需要指出的是，farm 一词源于古法语 ferme，而该词原义为“租佃”（相应地，farmer 也源于 fermier“租佃者”），可见土地租佃与农业的关系在西方与在中国一样由来已久。但这里的租佃作为一种纯经济行为，不具有身份性意义[1]，因而也不具有时代性意义。实际上狭义的 farmer 即租地农场主仍然是今天一些发达国家农民的重要构成。

而 peasant 一词则更多地带有身份等级的含义，常与 lord（主人，该词古时也主要表示一种身份，而与土地并无多少关系。只是在近代，人

[1] ferme 一词与英语的 rent 一样甚至不区分租出与租入方，也就是说租出与租入都称为 ferme，出租者与佃者都可以叫做 renter，他们的身份等级则完全是另一个问题。因此像农奴因人身关系对主人履行义务之类的事，是与 rent（ferme）关系无干的。

们才在其前面加上 land，而构成了 landlord“地主”一词[1]）等词对举。在历史上，peasant 是法语 paysant 的英国化，paysant 一词又由拉丁语 pagus 派生。而该拉丁词意为“异教徒、未开化者、堕落者”，带有强烈的贬义。因而法语的 paysant 一词也是对卑贱者的贬称。13 世纪的作品《躲开乡下人》，把“农民”一词的六个词尾变化解释为“村民、乡巴佬、恶魔、强盗、土匪与劫贼”，而其整体变位则为“贼人、乞丐、说谎者、歹徒、废物与异教徒”[2]。英语中的 peasant 在 18 世纪作名词用时意味着“一头畜牧和一个大老粗”，作动词用（即动词 to peasant，这是现代已消失的用法）时意即“附庸与奴役（subjugate and enslave）”。[3] 在不少其他欧洲语言中，“农民”也都被看作与其说是一种职业不如说是一种下贱的身份与出身。如早期俄语中，农民被称为斯美尔德，此词由动词“发臭”变形而来。而波兰语称农民为 cham，原指神话中与贵族族源不同的野蛮人，含有粗人与“杂种”之义。[4]

当然，与我国传统上一方面现实中的具体农民被贱视为务农之“氓”，另一方面又对作为农业文明象征的抽象农民或农民精神颂扬备至，“重农”“上农”“农本”“农师”“神农”之称遍载典籍一样，上述欧洲各国在中世纪也有自己的“重农抑商”传统，更不是什么天生的“工商民族”（这一点我们以后还会谈到）。从柏拉图、辛尼加到中世纪的神学大师，颂农贬商、抑城扬乡之语说得不比中国人少，但与中国的情形一样，这些话改变不了基本的事实：农民这一概念就其主要意义而言，既不是与工、商、牧、渔并列的一种职业，也不是与业主、雇主或收购商对称的

---

[1] landlord 一词仍然含有 lord 一词原有的身份性含义，只是特指其为“有土地的主人”而已，因此它与中文的“地主”还是有区别的。例如我们常提到的“平民地主”“庶民地主”，直译为英文就会令人难以理解，因为既为 lord，就不可能是“平民”。这类名词似只能译成 plebeian land proprietor（平民土地所有者）、plebeian land renter（平民土地出租者）或 plebeian land manager（平民土地经营者）之类。然而这些词组，尤其是后一词组在语感上与其说接近于 landlord，毋宁说更接近于 farmer。

[2] C. 奇波拉主编:《丰坦那欧洲经济史》第 1 卷，第 81 页。

[3]《牛津英语词典》，1933 年版，第 7 册，第 594 页。

[4] T. 沙宁:《农民与农民社会》，牛津 1987 年版，第 467 页。

纯经济行为的另一方（承租人、受雇者或供货方），又不是与大农场之类对称的一种经营形式（家庭经营之类）。农民首先是一种卑贱的社会地位，一种不易摆脱的低下身份，即使一个农民改变了其经营形式，改变了他在经济行为中的角色，乃至改变了职业，只要他没有改变那种低下的身份等级，他就仍然是一个 peasant，就仍然会听到社会向他说："喂，你是乡下人！"只有当一个个具体农民摆脱了"共同体的财产"的地位而确立了个人的尊严，从而作为社会群体的农民们也改变了其低下的身份之后，农民这一概念的职业意义、经济行为之一方的意义与经营形式意义才会凸显出来——然而他们因此也具有市民即"公民"（citizen）的权利与人格，而不再是 peasant 了，尽管他们仍然可能是 farmer——务农者或农场主。

《不列颠百科全书》对 peasantry 的解释是："小规模农业生产者的一种亚文化群，peasant 与其他农业生产者不同之点就在于要受外部权势的支配。这种使其整合于更大社会的方式通常被认为是定义 peasantry 的标准，虽然有些作者在给 peasant 一词下定义时强调诸如自给自足或小规模生产等特征。在 peasant 社会，生产手段的最终支配权通常不是掌握在主要生产者手里。生产品及劳务不是由生产者直接交换，而是被提供给一些中心，重新分配。剩余的东西要转移到统治者和其他非农业者手里。……这种权力往往集中于一个城市中心，尽管并非永远如此。"[1]

尽管《不列颠百科全书》具有相当权威性，但这一解释仅仅是西方农民学关于"农民"定义的五花八门的观点中一家之言而已。虽然如此，笔者认为此言是有可取之处的。作为一种职业的农民，包括作为一种经营形式的"小农"，都可能成为现代社会的积极成分，但作为一种通过"受外部权势支配"而"融入较大社会"的身份等级，peasant 却是前近代社会的特征现象。因此就不难理解，在"乡村理想主义"复兴的"后现代"世界上，"农民（paysan）的终结"与"从农民到农场主"（from

[1]《不列颠百科全书》1985 年第 15 版，第 9 卷，第 229 页；中文版《简明不列颠百科全书》第 8 卷第 586 页中，把 peasantry 译为"小农阶级"是不够准确的。

peasants to farmers）仍然是学者们孜孜探索的课题。

农民（peasant）是前近代的传统群体，农民（farmer）则是一种超时代的职业。然而所谓农民学不是 farmerology，而是 peasantology，这是不难理解的：农民学并不是从技术的角度研究农业的发展（这是农学的事），而是从人文的角度研究农民社会的现代化，因而前近代[1]农民及其改造便成了关注的重点。主要由这种农民（peasant）构成的前近代社会自然是应当加以讨论的对象，甚至可以说，农民学就是前近代社会学或前近代社会改造学。

提到“前近代”，人们自然会想到长期以来学术界与理论界用以相应于“近代”与近代以前的两个概念：资本主义与封建主义。近年来，随着学术研究的主流（至少在中青年学人中）从“历史阶段论”向“文化类型论”转移，人们不那么喜欢谈论强调时代性的“封建主义”而越来越多地热衷于探讨强调民族性的“传统社会”了。然而正如美国华人学者黄宗智先生最近在一篇海内外均引起很大反响的文章[2]中指出的：这两种论述模式之差异并没有表面上看去那么大。据认为源自马克思主义的中国学界“封建主义—资本主义”对立模式，与以非马克思主义为主流的美国学界“传统社会—现（近）代社会”对立模式，其实都属同一“规范认识（paradigm，我国学界多译为‘范式’）系统”。前一模式之“封建”与后一模式之“传统”、前者的“资本主义”与后者的“近代化”、前者的“资本主义萌芽”与后者的“近代早期”，乃至前者描述的“封建制”经“萌芽”而趋向“资本主义”与后者所说的“传统社会”经“早期”而趋向“近代化”的过程，都十分类似。当然，正如黄先生所述，这种范式目前正面临深刻的危机。他的不少具体论点，笔者认为值得商

［1］“现代”与“近代”原为同一外来词的两种译法，这种翻译导致一些混乱。当我们说“近代”时容易被理解为非现代的，而当我们说“前现代”时又可能被理解为指近代，因此本书只能用“现代”与“前近代”，虽从逻辑上看不无欠缺，但或可减少误解。

［2］黄宗智:《中国经济史研究中的悖论现象与当前的规范认识危机》，载《史学理论研究》1993 年第 1 期，第 42—60 页。

権，但他倡议的范式革新是切中时弊而又正合时宜的。因此，对“封建社会”或“传统社会”的重新认识，乃是我们首先要做的工作。

需要说明的是：笔者用“封建社会”来称呼有待重新认识的前近代社会仅仅是出于符号的使用，这并不意味着我赞同所谓“五种形态依次演进”之说，正如许多美国学者不用“封建社会”一词并不意味着他们拒绝“五形态说”中包含的若干“规范认识”一样。我不用“传统社会”这一术语，除了因“传统”这一概念太缺少确定性外，还在于过去十年的“文化热”赋予了这一概念太多的文化决定论色彩，而这是我不太赞同的（以后我还将谈到这一点），至于“封建社会”（feudal society），谁都知道它的原义是指采邑（feud）制社会，但恐怕很少有人（包括“五形态论”者在内）认为这一原义可用来概括前近代社会的一般状况——事实上就是概括前近代西欧的状况也是成问题的。它的“所指”的转化与泛化可以说已约定俗成，笔者只是把它作为前近代社会的同义语来使用罢了。

二、“似乎不成问题”的问题

什么是封建社会？今天提出这个问题，可能会有人感到滑稽。我们这个有几千年封建历史，又搞了几十年反封建革命的国家，还不知道什么叫“封建社会”么？

当然这个反问不是没有道理。但是认识无止境，我们曾经由于获得了对于封建社会的理性认识而胜利地完成了土地革命，然而站在今天的高度看，我们过去的封建社会观就大有反思之必要了。

什么是封建社会？许多人以为，这就是地主占有土地，以租佃方式（包括劳役地租方式）剥削农民的社会。然而事实证明，有许多地区是没有或几乎没有租佃关系而仍不失为封建社会的。下文将要述及的旧中国关中农村就是如此。其实，在实行领主制的西方，封建主也很难说是拥有土地支配权的，否则“圈地运动”就没有必要了，[1] 毋宁说他们的权利主要来自对劳动者的人身的支配。

还有一种流行的观点认为，封建社会本身是地主大土地私有制占主导的社会，而它的社会基础又是小农经济。据说小农经济经不起风吹雨打，一定会发生两极分化，于是就产生了地主与贫农，基于这一认识，我们在土改消灭了地主大土地私有制后，就着手“改造”小农经济，说是如果不这样，就会有“旧社会复辟”，农民“吃二遍苦、受二茬罪”的危险。然而历史却给我们开了个大玩笑，随着“小私有”的尾巴越割越短，封建残余不仅没有越来越少，反而在“小私有尾巴”被割得精光的年代里出现了封建主义大泛滥的灾难局面。

又有一种看法，说是在“最彻底的民主革命”即土地革命摧毁了地主阶级之后，中国在经济、政治上是没有封建主义势力了，然而在观念上由于“中国传统文化”（据说，它的核心是儒家文化或“儒道互补”文化）的影响，封建的东西还是很多。可是，我们恰恰是在号称与“传统观念实行最彻底的决裂”的“文化大革命”与批孔运动狂潮中，在对仁义、孝悌、中庸……以至“学而优则仕”等传统观念的激烈批判中，在“破四旧”“横扫一切帝王将相、才子佳人、牛鬼蛇神”的民族虚无主义鼓噪声中，在父子分派、夫妻互讦、干群对立、师生反目的“传统道德危机”中，看到了新中国建立以来最严重的一场封建主义横行的悲剧！

当然笔者决不是企图证明“文化大革命”没有传统背景，或者说反封建与反传统文化无关。但是显然封建主义是不能以泛泛的“传统”视之的。事实上，从语言哲学的角度看，任何从“传统”中继承下来的概念、术语、命题、名词都是一种语言符号。这种符号与它要表达的语义之间并不可能完全吻合。“传统”的符号下可以表达现代的语义，反之亦

[1] 我国的一些书籍往往把西方资本主义原始积累时期的“圈地运动”，描写成类似我国古代权贵恶霸“跑马占圈”强占土地那样的行为。其实，圈地运动实质上是“自由择佃”运动，是封建主把其领地上纳租较少的旧“佃农”赶走而代之以愿意缴纳较高地租的租地农业家（养羊业）。它与其说是用“大私有”取代“小私有”的运动，毋宁说是用自由私有权取代领主权的运动。

然。而日本与“亚洲四小龙”等“儒家资本主义文化圈”[1]内的新兴工业化地区，却在“弘扬传统文化”的过程中进行了对传统的改造并推动封建主义传统的消亡。袁世凯、张勋之流可以在传统文化的大旗下复辟封建主义，“四人帮”同样可以在“与传统决裂”的民族虚无主义大旗下复辟封建主义。反之，“五四”运动可以在激烈反传统的大旗下反对封建主义，而日本和东亚的“儒家资本主义”也同样可以在传统文化的大旗下克服封建主义劣根性。历史已经证明，正如孔、墨、老、庄的一系列概念可以在予以新的解释后为现代文化服务一样，自由、平等、博爱、人性、民主、纪律乃至社会主义、阶级斗争、无产阶级专政等等西方近现代文化中的范畴，都可以予以封建主义的解释而后以扭曲的形态为封建主义服务。在宗法社会里，我们可以看到集体无意识支配下的“民主”、非理性的“自由”、宗法式的“平等”、披着“人性”外衣的中世纪人情、打着“博爱”旗号的温情脉脉的宗法面纱、人身依附基础上的“纪律”等等。在宗法社会的基本结构不变的条件下引入西方文化的一些行为模式，其结果很可能是：播下了民主，收获的却是群众性歇斯底里；播下了自由，收获的却是散漫；播下了平等，收获的却是平均主义。然而人们却将其称之为“极端民主化”“自由主义”“绝对平等观”等等，仿佛现在是民主、自由、平等太多了，只要加以束缚，使其既不“极端”又不“绝对”，即可尽善尽美！而当人们播下“产品经济”，却收获了自然经济，播下了“计划调节”，却收获了超经济强制，仿佛只要向传统“让步”“后退”“放宽”“松绑”，便可解决改革的任务。然而历史告诉我们，在许多人格依附型社会中，“自由放任”的结果只能使中央集权变为一盘散沙，统一国家变为领主林立，并不能使自然经济变为商品经济，只能“放”出无数山头、土围子与众多土皇帝，却“放”不出一个代表现代文

[1] 笔者使用这一概念并不意味着同意“儒家文化复兴论”者把日本与诸“小龙”的成功归之于儒家文化的论点，只是想指出一个简单的事实：这些地方封建主义消亡过程确实并未伴以“彻底反传统”的激烈文化运动，尽管人们可以对这一事实作出不同的价值评估。

化的企业家阶层！

可见，反传统文化也好，改革也好，都要求我们重新认识封建主义，把“什么是封建社会”这样一个人们往往认为已经解决的问题，重新提到了人们面前。

其实，如果说重新认识封建社会的现实意义在改革时代才突出起来，那么它的理论意义早在50年代学术讨论中已很明显。众所周知，对新中国史学发展影响巨大的“古史分期问题”的讨论，就是以封建社会从什么时候开始为争论焦点的，它自然要涉及什么是封建社会的问题。在论战中居主流地位并成为正统的“教科书”观点的郭沫若学派，建立了这样一种封建社会观：

> 封建社会不是在自然经济化过程中形成的。相反，“商品货币经济的发展”是“向封建制转变的一个特征”。
>
> 封建社会不是古代公社躯壳对财产关系的束缚。相反，却是土地自由买卖的“真正的私有财产”制度。
>
> 封建化不是人身依附化过程。相反，却是“奴隶解放”过程。
>
> 封建社会并不意味着理性的沉沦。相反，它是在“百家争鸣”的思想解放运动中产生的。

这样一种观点可以称之为中国的“自由封建主义”学说，对它的评价我们以后再说。这里要指出的是，与学术理论上这种把“商品货币经济的发展”等等视为封建化特征的正统观点相呼应，我们却把自然经济宗法农村中的中农、贫农与雇农称为“小资产阶级”“半无产阶级”与“农村无产阶级”，并且一直在自然经济、宗法共同体与人身依附关系色彩浓厚的现实生活中大反“资本主义”。

可见，“学术上”对封建主义的认识水平与现实生活有着非常紧密的联系。

三、从一场争论谈起

1938 年 1 月的一个冬夜，延安的一个窑洞彻夜灯火长明，农民出身而成为无产阶级政党领袖的毛泽东，与来访的“乡村改革派”代表人物、城里人出身而服膺传统文化、并以代农民立言而自命的梁漱溟，进行了一次很有意义的通宵争论。论题是从梁漱溟所著《乡村建设理论》开始的。梁漱溟认为中国农村社会贫富分化不鲜明、不强烈、不固定，阶级对立因而也就不鲜明、不强烈、不固定，因此无所谓封建社会，也不需要发动革命，只需要改良主义的“乡村建设”就行了。毛泽东不同意梁的观点。他认为中国农村存在着尖锐而不可调和的阶级分化与阶级对立，无疑是封建社会，必须进行彻底的革命，改良是无济于事的。两人相持不下，最后毛泽东对梁漱溟说：今天的争论不必先作结论，且听下回分解吧。

11 年后，毛泽东领导的中国革命取得了辉煌胜利，梁漱溟也心悦诚服，承认他的主张行不通，看来这场争论终于有了结论。然而又是几十年风风雨雨过去，今天当我们回顾这场争论时，不免又有了些新的联想：

毛泽东认为中国农村阶级分化严重，因此是封建社会；梁漱溟认为中国农村阶级分化不明显，因此不是封建社会。他们的观点针锋相对，他们对中国农村社会现实的考察也大相径庭。然而仔细分析便不难发现，他们两人在一个基本问题上却是完全一致的。他们都认为封建社会应该是个贫富阶级分化、对立很鲜明、很强烈、很固定的社会，而革命（如果需要的话）就是为了解决这个阶级分化问题，解决了，反封建的任务也就完成了。可以想见，这种看法绝不只是他们个人所独有。对贫富不均深恶痛绝并把它视为最大的社会弊病（如果有“封建社会”那么个可恶的东西，其可恶之处当然也全在于此），实在是中国人、中国农民与代他们立言的文化精英们源远流长的传统观点。无怪乎几十年来，我们虽然也认为“平均主义”不是社会主义，但绝大多数人都把它看作是“彻底反封建”的“革命民主主义”，而予以高度评价。

有趣的是，毛泽东与梁漱溟在争论中同引西方社会作参照。前者认为，中国社会与西方社会虽各有特点而本质并无不同，后者则相反，认为中国社会根本不同于阶级对立的西方社会。这里我们先不去评价两人的是非，但值得玩味的是，身处西方社会的马克思主义导师们对封建社会的认识，却明显不同于毛泽东与梁漱溟在争论中表达的上述基本共识。他们当然不否认西方中世纪领主与农奴的对立以及由此而来的黑暗，然而他们恰恰认为封建社会的特点就在于：在那里建立在财产关系基础上的阶级对立（而不是建立在统治与服从关系基础上的等级对立）是不鲜明、不强烈、不固定的。《共产党宣言》认为，只是到了资产阶级时代，才“使阶级对立简单化了。整个社会日益分裂为两大敌对的阵营，分裂为两大相互直接对立的阶级”，而在此以前的中世纪则充满了“封建的、宗法的和田园诗般的关系”，充满了“家庭关系上的温情脉脉的面纱”。列宁也曾指出，封建时代“占绝对优势的还是宗法的、资本主义以前的特点”，即“商品经济极不发达，阶级分化还极不明显”。[1] 这里所讲的封建社会的特点，恰恰是梁漱溟用以证明中国农村并非封建社会的那些特点。

作为马克思主义者的毛泽东自然与梁漱溟不同，他深知农村宗法关系的封建性质。他提出的中国农民身上“四大绳索”（政权、族权、神权、夫权）的论点，他在井冈山时期对“一姓一支部，支部会议就像家族会议”之类现象的批评，以及他在“文革”中拿宣扬宗法伦理的孔孟之道开刀，都反映了这一点。但他仅仅是从宗法关系为贪婪的私有者所利用（而不是为共同体所利用）的角度来看问题的。他不反对、并且实际上提倡“不患寡而患不均”的孔孟之道，乃至居然把“批孔”运动纳入了反对商品经济与所谓“资产阶级法权”的轨道，似乎孔子的罪恶就在于他不像法家那样主张以“专政”手段来“抑商”。显然，他对封建关系与宗法关系本质的理解，与马克思主义创始人完全不同。

---

［1］《列宁全集》第2版第25卷，第232页。

产生于西方发达商品经济的市民社会土壤中的马克思主义，无疑是为穷苦阶层呐喊的正义旗帜。但它首先是一门关于人的科学，阶级斗争理论是马克思主义社会学的重要成分，但马克思、恩格斯并不是从贪婪的坏人剥削了勤劳的好人这样一种抽象的道德立场来看待阶级关系，而是把阶级关系纳入人的历史，即人的个性发展的历史过程中去考察的。马克思、恩格斯在解释他们的历史观时指出：任何人类历史的第一个前提无疑是有生命的个人的存在，人类社会的历史是“已成为桎梏的旧交往形式被适应于比较发达的生产力，因而也适应于更进步的个人自主活动类型的交往形式所代替”的过程，在这种历史观看来，“有个性的个人与偶然的个人之间的差别，不仅是逻辑的差别，而且是历史的事实”。而这种历史观的价值理想则是“个人向完成的个人的发展以及一切自发性的消除”[1]。

早在摩尔根发现原始公社的具体形式（氏族公社）之前很久，马克思就认定人类最初是以共同体的形式存在的，“我们越往前追溯历史，个人，从而也是进行生产的个人，就越表现为不独立，从属于一个较大的整体”。[2]但这当然不是被今天某些理论家们涂上了玫瑰色的那种“自由、平等”的“原始民主制”社会[3]。相反，它是丝毫谈不上自由的，它“以个人作为某一部落或共同体的成员的一定的存在为前提（他本身在某种程度上就是共同体的财产）”[4]。

马克思认为，从这种共同体发展到具有个性的独立个人是一个漫长的历史过程，只有到了近代资本主义的“市民社会”，发达的货币经济与交换关系才以“物的联系”取代了“人的依赖纽带”，从而把“狭隘人群的附属物”变成了“摆脱了自然联系”的“单个的人”。到这时，“社会联系的各种形式，对个人说来，才只是表现为达到他私人目的的手段”，

---

[1]《马克思恩格斯全集》第3卷，第23、29—81、77页。

[2]《马克思恩格斯全集》第3卷，第46卷上册，第21页。

[3] 马克思曾专门批评过卢梭把原始时代视为社会契约下的民主时代的观点，见《马克思恩格斯全集》第46卷上册，第18页。

[4]《马克思恩格斯全集》第46卷上册，第496页。

而财产关系才“抛弃一切共同体的外观”而成为“纯粹的私有财产”。这一历史性的变革所带来的人的个性的飞跃成长，正是近代文明得以冲破封建樊篱而造成人类历史上空前灿烂辉煌的工业文化的全部基础！商品经济虽为人的自由个性的发展创造了前提，但它的极端发展却走向了自己的反面。私有制基础上的“自由竞争”造成人的异化，亦即人的自由个性的异化，人们“自由地”成为资本的奴隶，“自由地”失去了自由。因此，马克思认为必须在进一步丰富人的社会联系和更高的社会生产力的基础上实行社会主义变革，以“自由人联合体”的公有制取代私有制来克服人的异化，实现人的复归，即人的自由个性的复归，使每个人的自由发展成为一切人的自由发展的条件，从而使人的自由个性得以真正地翱翔在广阔的天空。

出于对人的发展进程的这种理解，马克思把人的历史划为三个阶段或形态：1. 以自然经济的孤立、分散为基础的“人的依赖关系”，2. 发达商品经济条件下“以物的依赖性”为基础的人的独立性，3. 建立在“个人全面发展”和“共同的社会生产能力”基础之上的“自由个性”。

在马克思看来，封建社会就是“人的依赖关系”占主导地位的社会形态之一。“人的依赖”或曰人身依附，是马克思主义封建社会观的核心。马克思、恩格斯、列宁在谈到封建主义时，无数次讲到“人身依附关系构成该社会的基础”，封建制下“物质生产的社会关系以及建立在这种生产的基础上的生活领域，都是以人身依附为特征的”[1]。必须指出，我们的理论界过去也常常谈论封建社会的人身依附关系，但是我们对这种依附关系的理解与马克思却有本质的区别。我们只把它理解为农民对于封建主的人身依附，即农奴制，产生此种依附的原因是封建主对农民实行了强制性约束。而马克思所指出的人身依附关系却是以“个人尚未成熟”为基础的、个人对于共同体的依附，即个人“从属于一个较大的整体”，个人是“狭隘人群的附属物”，个人本身就是“共同体的财产”等等。而

[1]《马克思恩格斯全集》第23卷，第87页。

这种依附关系之所以常常表现为农民依附于封建主，只是因为后者作为“天然首长”、大家长或保护人而成为共同体的代表与体现者。从这个角度说，他们本身也是依附于共同体而存在的。所以马克思多次指出，封建依附关系是一种“相互的人身束缚”，“在那里，我们不见独立的人，但发现每一个人都互相依赖——农奴和领主、家臣和封建诸侯、俗人和牧师。”他们和“所有同时代人一样，本质上是共同体的成员”[1]，只不过一些是作为代表共同体的“天然首长”而拥有特权的成员，另一些则是通过依附于共同体而实际上依附于它的代表者的、无权的成员罢了。

正因为如此，马克思认为封建所有制是“以某种共同体为基础的”，农奴制也“以一定形式的共同体作为前提”，它“是以共同体为基础的和以共同体下的劳动为基础的那种所有制的必然的和当然的结果”。封建制度与家长制、行会制等一样，是一种“把个人互相联结起来的共同体的力量”，或用列宁的话说，是“中世纪联合”“停滞的社会对联合的狭隘需要”[2]。总之，马克思所理解的封建社会，就是自然经济下以人的依赖关系为基础的宗法共同体。

显然，我国理论界长期流行的封建社会观与马克思的封建社会观有着巨大的差别。这两种封建社会观都谴责封建主对农民的压迫，但我们把它看作是个人（“贪婪的私有者”）对共同体（“广大劳动群众”）的压迫，而马克思却把它看作是共同体（通过其代表）对个人（人的个性及独立人格）的压迫。我们在封建社会里只看到私有者个人在剥削社群，而正统马克思主义看到的却是“剥削者的公社和被剥削的个人”[3]。我们只看到农民依附于地主，因而自然认为打倒了地主，也就不存在了人身依附问题，而马克思看到的是个人依附于共同体，由此得出逻辑结论是：即使打倒了地主，只要没有经历过发达商品经济的洗礼，没有在发达的交换中产生“成熟的个人”，则人身依附关系也就依然存在，甚至还可以

[1] 马克思：《资本论》，人民出版社 1953 年版，第 1 卷，第 53 页。
[2]《列宁全集》第 2 版第 2 卷，第 383 页；第 2 卷，第 208—209 页。
[3] 普列汉诺夫：《我们的意见分歧》。

依然占统治地位。我们把反封建理解为“均贫富”，而马克思把反封建理解为个人摆脱共同体的束缚；我们实际上认为在封建社会里“贪婪的私有者”太自由了，而马克思则认为封建社会的弊病恰恰在于：在共同体的束缚下“每一个人”都没有自由；我们从“私有制是万恶之渊”的角度去批判封建社会，而按马克思的观点，在封建社会与其说不受任何束缚的自由私有制是万恶之渊，不如说束缚私有制自由发展的宗法共同体才是万恶之渊！

应该怎样理解这两种封建社会观之间的差异呢？

四、马克思的封建社会观怎样变成农民的封建社会观？

当然，对上面的问题最简单的回答是，肯定我们的传统理论突破了对马克思学说的“教条主义”理解，或否定我们的传统理论并认为其背离了“真正的”马克思主义原理。然而这是不能令人满意的。

严格地说来，天底下恐怕没有真正的“教条主义者”。作为实践主体的人在使用作为语言符号的“教条”来表达一定语义时，总是要掺入主体因素的。历史上欧洲宗教运动对圣经“教条”的不同解释和我国的经学论战，其背后都有丰富的社会内涵。封建社会理论的演变当然更是如此。从马克思、恩格斯、列宁、斯大林到毛泽东，他们的封建社会观的演变实际上是各人革命实践的反映，马克思主义与东方新式农民运动的结合，是其中的关键。

最先把马克思主义运用于小农国家的革命运动并取得成功的是列宁。众所周知，包括列宁在内的俄国马克思主义者，最初是从民粹派阵营中决裂出来的。民粹派知识分子当然已不同于普加乔夫式的传统农民领袖，但总的来看，民粹主义思潮的主流仍然是俄国传统的“农民社会主义”。它站在传统的宗法农民共同体——农村公社的立场上，对资本主义文明的侵入非常反感。它认为传统的农民村社中有可贵的“集体主义”“社会主义”乃至“共产主义”精神，有“集体劳动习惯”，且“村社中没有悬殊的阶级差异”，因此俄国并不存在封建社会，而只存在着“人民制度”[1]。俄国的弊病全在于专制国家与地主用“冷酷无情、贪得无厌的利己主义原则”剥削人民，并在村社内部培养起“个人主义”和“私有财产的利益”，由于这些外在压迫，才使本来“自由”的村社农民陷于依附状态。如今他们又“引进”资本主义瘟疫，导致“社会感情、社会习俗的大大倒退”，危及了村社的和谐与安宁。因此要通过革命打倒这些“个人主义”“利己主义”和“自由主义”势力，通过全国村社化而走向集体劳动、“按需分配”的社会主义制度。

对民粹派的上述观点，列宁站在马克思主义的立场上予以尖锐的批判。他指出村社是一种“半农奴式的”宗法共同体，它剥夺了农民“最起码的公民权利”，因而成为农奴制与工役制的基础。在列宁看来，封建主义是具有自然经济、份地制度、人身依附与超经济强制、极低下的技术水平这四大特征的社会（注意：他在这里没有提到私有制）。因此与这四大特征相联系的“中世纪的联合”——村社共同体与地主制一样，都是封建制的支柱。民主革命就是要把农民从这种共同体的束缚中解放出来，使他们“独立地和市场发生关系，同时造成人格的提高”。他还特地指出，如果废除了地主制而仍然保留村社制度，即使份地分配再平均，也仍然等于“永远保存旧的土地占有制”，至少是“把中世纪土地占有制保存了一半”，至于村社“集体劳动”，更是“企图用独轮车战胜火车的骗人儿戏”。出于对宗法共同体的厌恶，列宁甚至曾主张革命后应该把土地分给“农场主”“富裕农民和中农”，而不应该分给“贫农”或“无法成为农场主的”“懒惰农民”“懒汉”和“废物”，以便彻底消灭“宗法经济”，使“农场主从废物中分化出来”。[2] 值得注意的是，从 1885 年“劳动解放

［1］《俄国民粹派文选》，人民出版社 1983 年版，第 8、410、435、591、1010 页。

［2］《列宁全集》第 2 版第 16 卷，第 242 页；第 6 卷，第 316—317 页；第 17 卷，第 141、106 页；第 6 卷，第 384 页；第 3 卷，第 176、162 页；第 1 卷，第 376 页；第 16 卷，第 242—243、253 页；第 21 卷，第 388 页；第 22 卷，第 22 页；第 24 卷，第 7 页。

社”成立之日直到1906年，俄国无产阶级政党为完成民主革命而制定的土地纲领中，甚至没有提出废除地主制的任务（只提出“收回割地”），却把解除村社束缚、“农民有权自由放弃份地和退出村社”放在显著位置。

这一时期列宁对封建关系的理解与马克思也有细微区别。但总的来说，列宁与马克思以及他们之间的一代马克思主义者如拉法格、考茨基、普列汉诺夫等人的封建社会观，基本上是一致的，即作为民主革命对象的封建社会，是宗法共同体对个人的束缚，而不是什么“个人主义”对“集体主义精神”的亵渎。如果说马克思对具有浪漫的人文主义色彩的民粹派理论还不是完全否定的话，那么更倾向结构论的列宁对“村社社会主义”的反感还甚于马克思。他多次指出民粹派企图维护宗法关系，是“与大地主站在一起了”，是“为警察局的禁令辩护”，“落到了公开反动的地步”[1]。的确，这一时期的贵族保守派也鼓吹“抑强扶弱”，维护“公社精神”。而许多民粹派分子眼看“农民革命”无望而“个人主义”日益猖獗，遂转而谋求与当局妥协，企图依靠沙皇的力量来保护宗法共同体，抵抗资本主义“瘟疫”。这些人不知何故被滑稽地称之为“自由主义民粹派”，其实他们更接近列宁所说的“警察民粹主义”或普列汉诺夫所说的“皇帝与国王的国家社会主义”[2]，也就是封建社会主义。

然而1906年以后，在普列汉诺夫等人仍然按严密的理论逻辑行走在既定轨道上时，列宁的言辞却发生了戏剧性的变化。这一变化源于俄国历史的戏剧性发展。如果打个比方，19世纪的沙俄好比一个既有“父爱”又有父权、既无自由又无风险的旧式宗法大家庭，当先进的自由民主派与社会民主派呼吁解散这个大家庭时，家长（沙皇及贵族）与子弟们（村社农民）最初都视之为胡闹。然而商品经济的侵蚀，使家庭内部的不和谐产生了：子弟们在市场的吸引下变得不那么安分守己甘受束缚，家长

[1]《列宁全集》第2版第2卷，第409—411页；第6卷，第384页；第2卷，第208—209页。

[2] 金雁:《论警察民粹主义：民粹主义新论之一》，载《苏联历史问题》，1990年第3—4期合刊。

们在市场的诱惑下变得私欲膨胀难守父道，于是渐渐地“父不父，子不子”，双方都挖开了大家庭的墙角，用列宁的话说就是“地主与农民都走上了革命的道路”。俄国的问题于是逐渐从要不要“分家”的问题，变成了如何“分家”的问题。子弟们要废除大家长，带着自己的一份遗产分家过自由日子，而家长们却想把“家长权”变成“嫡长子继承权”，独吞家产而把子弟们都从大家庭中赶出去！

显然，如果问题仅在于“分家”与否，或者如果第一种“分家”方式占了上风，俄国的社会民主党人（包括列宁在内的马克思主义者）会很容易地选择自己的立场。俄国的事态恰恰是按第二种方式进行的。到1905年后，“分家”进程终于闹到了撕破脸的地步。

本来，所谓1905—1907年“革命”，如果不是只看几次街头事件而是宏观地看，它主要是一场自由主义的反对派运动。它与沙皇政权的矛盾还是个要否“分家”的问题。沙皇政权为了抗击“分家”派，最初是寄希望于村社农民的传统皇权主义，让“孝子”们来捍卫大家庭的，因此在第一、二届杜马中，当局都极力扩大农民代表比例而压缩各城市阶层（甚至贵族）代表的比例。然而出乎“家长”意料的是，这时已不是当年民粹派“到民间去”而在农民那里碰了大钉子的时代，杜马中的农民代表几乎都站到了反对派一边，而农村中的骚乱更是搞得“家长”焦头烂额(但同时也因侵犯了新兴的农村中产阶级而让自由派摇头不已)。[1]

于是沙皇政权以铁腕手段镇压了“革命”后，立即搞起了一场它自己的“最勇敢的革命”(列宁语)，俄国一方面出现了严酷的政治高压（所谓“斯托雷平反动时代”），一方面出现了“最彻底的”（列宁语）经济自由化（所谓“斯托雷平改革”）。这从理论上说是个矛盾，实际的逻辑却十分简单：“子”既不“孝”，“慈父”又何为乎哉？何况“父”早已不“慈”，只是为了拉拢子弟们反对自由主义“分家”派才装出慈父面孔的呢？1905—1907年“革命”的戏剧性结果就在于：刺刀挑破了大家庭的

[1] T. 沙宁：《1905—1907年的俄国：只有一瞬间真实的革命》，麦克米兰公司1988年版。

温情面纱，透过破口一看，原来家长与子弟都对分家心痒久矣！于是对当局来说事情便变得十分简单：赶快把家长权变成家产所有权吧！用斯托雷平的话说，国家原先要“抑强扶弱”，充当“公社精神”的化身，而今不然了，“国家是为强者而存在的”！

然而对反对派而言，事情却变得十分复杂。斯托雷平一步到位地摧毁农村公社，用国家权力扶植少数人“化公为私”，如果抛开道义的角度看这无疑是极为“进步”的资本主义改革，它不仅符合自由主义者的“分家”主张，而且与社会民主党人以“进步的”（尽管可能是非人道的）资本主义取代封建主义的“资产阶级革命”理念，以及以这一理念为基础、以支持农民冲破公社束缚为内容的土地纲领并无矛盾。正如列宁所说：我们原来的土地纲领“甚至通过斯托雷平的土地法令实现了”。但另一方面，俄国农民却深受这种不公平的“进步”之苦，当“分家”成为对他们的剥夺时，他们便自然成了大家庭的维护者，反对大家长的斗争也自然变成了寻找新的大家长带领他们反对“嫡长子”，以免后者把他们从家庭中驱逐出去的斗争。1906 年以后，维护村社的农民运动广泛发展，[1] 斯托雷平改革步履维艰，社会上民粹主义情绪明显增长，1911 年斯托雷平本人也被民粹主义者所刺杀。

一边是“改革”的专制当局，一边是“反动”的人民运动，夹在当中的反对派何以自处呢？一些自由派人士逐渐认同了当局的“分家”方式，放弃了反对派立场；另一些人则超脱地钻进了东正教文化的象牙塔中“整理国故”去了；以普列汉诺夫为代表的正统马克思主义者则坚持一贯理念，既不认同专制当局的“改革”，又不认同“反动”的人民和民粹主义，从而日益成为理论逻辑上无懈可击但对实际政治丧失了影响力的纯粹“思想家”。

而列宁却以政治家的敏锐与对俄国现实的深刻理解修正了自己的主张。在“分家”与否实际上已不是问题，而两种“分家方式”（即列宁说

［1］ 金雁：《农村公社与十月革命》，载《苏联历史问题》1987 年第 4 期。

的普鲁士道路与美国式道路）之争又明显地是当局的“方式”占上风的条件下，只有通过与农民一起反对“分家”（实即反对斯托雷平式的“分”法）才有可能最终实现按自己希望的方式“分家”。至于这在理论上是否“反动”则并不重要，因为“在经济学形式上是错误的东西，在历史上可以是正确的”。

因此，列宁在1907年前后通过总结第一次俄国革命的经验，对农民问题作了一次全面的反省。他指出，党过去光骂民粹派，而没有看到民粹派是“先进的、革命的小资产阶级民主主义”，比自由派好得多。过去他说过“村社……的害处是越来越大了”，而现在“斯托雷平解散村社给农民带来更大的害处”，过去党低估了农民运动的革命性，而“在俄国当前的情况下”，农民是“最彻底”的革命民主主义者，农民革命是资产阶级民主革命的“最高限度”，反对地主及“土地私有制”的农民土地革命的胜利就是民主革命的完全胜利。而党的土地纲领不仅不应该与村社作对，而且应该主张土地国有化。[1] 应当说列宁当时说这些话时带有很强的实用考虑，因此他不仅强调了“在俄国当前的情况下”这一限定语，而且指出这一土地纲领主要是作为“否定的概念”提出的，即它只说明我们不要什么（实即不要斯托雷平式的“分家”），而不说明我们要什么。

然而斯托雷平改革激起村社复兴运动的戏剧性形势、村社文化传统与社会主义者的理想主义精神的结合，使得这实用性的一步既经迈出便一发难收，越走越远，最后一直走向“‘农民战争’同工人运动的联合”[2] 的反对资本主义的十月革命。而在革命中生效的土地法令，竟是曾为俄国马克思主义者长期反对的、民粹主义者（社会革命党人）起草的纲领。这一法令全面否定了斯托雷平式的“分家”（因而实际上也否定了“甚至已经通过斯托雷平法案实现了”的早期社会民主党人为民主革命制定的土地纲领），但并没有搞另一种方式的“分家”，而是全面“复活”了农

[1]《列宁全集》第2版第3卷，第113页；第16卷，第232—233页、253页、424页；第19卷，第82页；第21卷，第390页；第22卷，第23页。

[2]《列宁全集》第2版第43卷，第371页。

村公社。在这前后列宁主义者仍然激烈抨击民粹主义者，但已经不是抨击他们的“警察”倾向，而是抨击他们的“资产阶级民主”倾向；不是抨击他们搞“皇帝与国王的国家社会主义”，而是抨击他们搞资本主义；不是抨击他们维护农村公社，而是抨击他们留恋“小私有”。一句话：不是抨击他们搞民粹主义，而是抨击他们搞得还不够，抨击他们“背叛了自己的纲领”！

在这一过程中，列宁主义者的封建社会观已经与俄国早期马克思主义有了惊人的差异：反封建的民主革命的“最高限度”与“完全胜利”既然以村社农民的目标——消灭地主，废除“土地私有制”为标志，封建主义自然就被理解为地主制、“土地私有制”与租佃关系等等，而“超经济强制”与人身依附有时被提起也忘不了强调它们是以“封建私有制”为基础的。另一方面，自然经济渐渐成了可有可无的特征——因为在自然经济状态下只要打倒了地主，仍然算是“彻底”消灭了封建制和民主革命的“彻底”胜利，至于宗法共同体、个人对宗法共同体的依附以及宗法共同体对财产关系的羁绊，则不但被从封建主义概念中勾销，甚至还常常作为“反对封建私有制”的农民革命原则而受到赞颂。

这种趋势到斯大林那里更加发展。像“共同体”“人的依赖关系”这类马克思封建社会理论中的基本概念，在斯大林关于封建社会的全部论述中竟然根本没有出现。在“五种社会形态说”的经典论著《论辩证唯物主义与历史唯物主义》中，斯大林把封建制仅仅归结为农奴制与个体“私有经济”。他不仅否认了封建共同体，还否认了“奴隶社会”的共同体，说那时“公有制没有了”，“奴隶主”是“十足的私有者”，而此后在封建制下“私有制在这里得到进一步的发展”。[1] 他先是用“非经济的强制”这一概念取代了人身依附关系的概念，后又进一步认为“封建制度的基础并不是非经济的强制”而是地主制。[2] 这与马克思关于人身依附关系是封建社会基础的论点形成鲜明的对比。

[1] 斯大林：《列宁主义问题》，人民出版社，第650—651页。
[2] 斯大林：《苏联社会主义经济问题》，人民出版社，第32页。

与俄国相比较，中国革命的农民运动色彩更浓得多，加上中国共产党虽长于实践，但马克思主义理论准备先天不足，相当长的时间内基本上是向斯大林的苏联实行“拿来主义”，因而也“拿来”了他们的封建社会观。另一方面，我国传统农民的宗法性、自然经济性更甚于俄国农民。“农民革命”是穷则思变、死里求生，而不是出于市场经济发展后小农场主冲破宗法束缚的发展要求。我国农民古来有“均贫富”的传统，很早便产生了“剥削”的概念。如李自成便知道“王侯贵人剥穷民，令其冻馁”[1]的道理，然而自由个性的发展水平很低。由此产生了对人身依附视而不见的“自由封建主义”论。这种封建社会观的农民色彩尤甚于苏联。指出这点是很有意思的：列宁曾用农民力图成为农场主来证明其在反封建斗争中的革命性，因为农民“不反对商品经济”。应当说这的确符合我国农民穷则思变的实际情况，这种分析也确实指引中国革命取得了胜利！

[1] 吴伟业:《绥寇纪略》卷八。

第二章

羌笛声中杨柳怨

——旧关中小农社会分析

一、封建社会的“关中模式”

上文从理论演变的角度，谈了马克思主义封建社会观在与东方新式农民运动相结合过程中的发展。但是，封建社会观毕竟不仅是个抽象的思辨问题。让我们从理念世界回到经验世界，看看中国封建关系的基础究竟是什么。

谈到这个问题，不能不再次提到毛泽东与梁漱溟的那场争论。毛泽东认为农村分化剧烈，而梁漱溟认为不剧烈，实际状况究竟对谁的观点有利？应该说，就全国总情况看，毛泽东的估计比较符合实际，但梁漱溟的看法也不是没有经验根据的。事实上，封建社会的具体模式千姿百态，不要说中国的小农制、西方的庄园制、印度和爪哇的种姓制村庄与俄国的米尔制等大的民族模式之间的差别，就是同一国家或民族内也有不同的模式。如在俄国，库班—顿河的哥萨克、乌拉尔的移民、中央黑土区的米尔农民和波罗的海沿岸的个体农户，在社会结构的类型上差别极大。法国中世纪朗格多克的农民与诺曼底的农民也很不相同。[1] 在中国，一般来说包括毛泽东出生的湖南在内的东南中国，是地主—佃农关系高度发达、商品经济也相对活跃的地区，而华北的旱作农业地带（梁漱溟搞“乡村建设”的主要地区），农民究竟在多大意义上可以理解为

[1] 见 A. 恰亚诺夫：《农民经济理论》，霍姆伍德 1960 年版；勒罗伊－拉迪里：《朗格多克的农民》，乌尔巴那 1924 年版；G. 弗尔昆：《中世纪领主制与封建制》，伦敦 1976 年版。

传统理论所描绘的、作为地主对立面的佃、雇农，不是不可以具体研究的。当代一些日本学者与西方学者，主要根据满铁在40年代对冀、鲁两省33个村庄的调查，认为华北产粮地区“地主制并未形成”[1]，华裔学者黄宗智也认为华北是“以自耕农为主的社会”[2]。事实上，我党的一些理论工作者，如我国马克思主义农民学的开拓者陈翰笙，也认为华北农民是自耕农，华中华南农民是佃农。[3] 其实从明代开始，一些史籍中就有类似的说法，而明末北方农民在“免粮”旗帜下反抗朝廷、南方农民在“抗租”的旗帜下反抗地主这种鲜明对比，也反映了南北方农民在社会学类型上的差异。[4]

然而笼统地说华北农民是自耕农当然也不符合事实。实际上华北的封建社会本身也包括了许多不同模式，甚至省与省、县与县的农民群体都可能有很大差异。例如在陕西，陕南汉江流域稻作地区与贫瘠的陕北高原都是地主—佃农关系高度发达的地方，而夹在两者之间的关中平原（包括渭北旱塬），封建社会鼎盛时期中国的统治中心所在地、封建关系发展得最成熟的地区，近代以来却是全国地主制与租佃关系最不发达的典型地区之一。

把前近代[5]的关中农村[6]作为一个模式来研究，具有重要的意义：

（一）关中是中国“黄土文明”的发祥地、封建社会与大一统国家的摇篮，周秦汉唐的立国之基。当中华民族领先于世界各民族时，关中是灿烂中华的灿烂中心；当中国被世界近代化进程所抛弃时，关中又是停

[1] 吉田宏一:《20世纪前半叶华北谷物地带农村分化动向》，载《东洋史研究》昭和61年（1986年）45卷1号。

[2]（美）黄宗智:《华北的小农经济与社会变迁》，中华书局1986年版，第27页。

[3] 陈翰笙:《30年来的中国农村》，见《中国农村》第7卷，第3期（1941年）。

[4] 明代赋税基本上是土地税，故佣户不纳粮，犹如自耕农不纳租。

[5] 此所谓“前近代”并非时间概念，乃是社会概念。

[6] 本书所谓关中是指与陕南、陕北并列的陕西三大地理单元之一，在自然地理上指秦岭以北、黄土高原以南的关中盆地，在行政上指今陕西的渭南、咸阳、宝鸡三地区和西安市郊（但不包括上述行政区边缘延伸至深山区的部分），在历史上大致与古之“三辅”（京兆、左冯翊、右扶风）或“关中三府”（西安、西府凤翔、东府同州）相对应。

滞中国的停滞典型。中国在世界上由先进变落后，而关中在中国也由先进变落后。关中农民曾经是“秦王扫六合”的锐气所依，近代以来又以保守著称。中国国民性之谜在很大程度上恐怕是与“关中之谜”的解答相联系的。

（二）旧关中农村比起通常所理解的封建社会来，有许多令人沉思的特点。例如：宋元以后关中农村逐渐小农化，大地产与无地农民均减少，到民国时代，租佃关系几乎消失。这与通常所讲的“两极分化”“土地兼并”“租佃经济”模式迥异。又如，明清以来，关中的租佃关系不断萎缩的同时，“雇工”经营却颇有发展，但与之相应的却不是商品货币关系的发达，而是相对自然经济化的日益加深。再如，与商品货币关系斩断宗法纽带的一般推理相反，近代中国商品经济最发达的东南农村宗族关系与族权势力最强大，而相对闭塞保守、自给自足的关中农村反而相对少有活跃的宗族组织和强大的族权。但关中农民的自由个性与独立人格却并不因此而得以比南方发达。最后，关中农民从来没有过宗教狂热。历史上的农民宗教运动如太平道、五斗米道、摩尼教、白莲教、拜上帝教等等都未能在关中引起反响，这与仅一山之隔的、历史上多次发生宗教风潮的陕南地区形成了极鲜明的对比。但同时关中旧式农村对科学与新事物的麻木不仁与保守态度以及“世俗的”迷信与非理性也极为典型（与此相应的是：产生于这种大众文化土壤之上的“关学”，作为宋明理学中的所谓“唯物主义”流派而在哲学史界颇得好评，然而正是这一学派在社会思想方面却极为保守，反对变革、主张复古的色彩最浓厚）。因此，对关中小农社会的研究会促使人们重新思考一系列重要的理论问题。换言之，对关中的“经验性研究”会有其“超经验”的即逻辑上的意义。

（三）关中农村也是以往农村社会调查和经验性农民学研究很少注意的死角。在旧中国，我党的农村调查以根据地为重点；满铁庶务部与“乡村改革派”学者对华北、江南以及四川等地的调查名噪一时，至今仍被国际学术界作为研究中国农民尤其是北中国农民的主要经验材料。而国民党专家（如地政学院及农村复兴委员会系统的诸学者）、在华西方学者

（如卜凯等）和其他农民学家，包括国统区的马克思主义学者，所注意的又主要是长江流域与华南农村。至于关中本地的学界，在言必称周秦汉唐的传统下，少有对近古及近代关中农村感兴趣者。因此，在我国农业文化中占有重要地位而在近代中国又具有鲜明特征的关中农村，不但缺乏系统的研究，连经验材料的积累与整理都几乎是空白。这种状况不应继续下去了。

“关中模式”的产生机制值得深入研究。我们知道，关中在历史上并非从来就是小农世界。隋唐及其以前，我国实行国家份地的等级占有制，即平民的“均田制”与权贵品官的等级占田制。当时关中是京畿所在，冠盖丛集，甲第连云，权贵势家之多天下无双，他们大都在肥沃的关中占田置产，从关中西部的岐山到东部的同州，庄园密布。见于史者如王方翼的凤泉别业、李从的歧阳庄、关光的云阳、鄠县庄、皇甫权的温泉别业、李邈的高陵庄等等。而“太平公主田园遍近甸，皆上腴”[1]。宰相李林甫“京城邸第田园水硙，利尽上腴”[2]。元载“城南膏腴别墅，边疆接畛，凡数十所”[3]。玄宗时的宦官们“京师甲第他园，良田美产，占者什六”[4]。“上腴之田为中人所名者，半京畿矣”[5]。总之，那时的关中是权贵大地产的天下，留给小农的空间之少，可想而知。

不过，这并不是说那时关中的“租佃制”就很发达。因为显然关中的这些庄园主人皆非民间地主而系权贵，他们并非以财、而是以势役人，谈不到契约性的租佃制。当时的关中农民与其说主要是佃农，毋宁说是农奴。他们是受束缚，但同时又是受“保护”的，长安的权贵们尽掠四海之财，对自己的依附者自然可以多一点宗主之情，因此关中农民较之其他地区的农民生活相对安定。无怪乎当唐末黄巢占领长安后，关中农民不但不响应“阶级兄弟”，反而逃到主人那里“聚为营保”，把农民军

[1]《白孔六帖》卷八十。

[2]《旧唐书・元载传》。

[3]《册府元龟》卷三三八。

[4]《白孔六帖》卷八十。

[5]《新唐书・宦者传》。

置于无民无粮的绝境，结果打遍天下的黄巢大军竟被活活饿垮了！

唐亡之后，关中作为全国统治中心的地位一去不复返，权贵云集的状况因而改变，小农在关中的比重也就逐渐增长。另一方面，关中经济地理上的闭塞形势在宋以后也日渐增加，由汉唐时代欧亚大陆商道的中枢，逐渐变为一个孤立闭塞的盆地。关中社会的相对自然经济化程度日益加深，商品货币关系的相对衰败使农村经济分化步履维艰，却加深了人身关系的依附性。

到北宋时，关中小农在人口中的比例已高于全国平均水平，而且在继续上升。这可由北宋两次主客户统计数字看出：

表 1　客户占全部户数的比例（%）[1]

<table>
<tr><th colspan="2"></th><th>北宋初（约 980 年左右）</th><th>北宋后期（约 1080 年左右）</th></tr>
<tr><td colspan="2">全国平均</td><td>42</td><td>31—34</td></tr>
<tr><td rowspan="8">关中诸府州</td><td>雍州</td><td>43</td><td rowspan="2">（京兆府）29</td></tr>
<tr><td>乾州</td><td>19</td></tr>
<tr><td>同州</td><td>18</td><td>13</td></tr>
<tr><td>华州</td><td>41</td><td>15</td></tr>
<tr><td>耀州</td><td>24</td><td>24</td></tr>
<tr><td>邠州</td><td>29</td><td>10</td></tr>
<tr><td>凤翔州</td><td>33</td><td>26</td></tr>
</table>

北宋的客户是无田的佃农，其数量多寡反映租佃关系的兴衰。从表中可知，大约从宋代起，自耕农经济在关中逐渐占了优势。这一趋势继续发展，若干世纪后便形成了我们在新中国建立前见到的那种模式。

[1] 梁方仲:《中国历代人口、田地、田赋统计》，上海人民出版社 1980 年版，第 132—143 页

二、关于“关中无地主”

土改时期，陕西有“关中无地主”之说。所谓“无地主”当然不是完全没有地主，而是说地主很少，占地也不多。当时这个说法与所谓“关中特殊论”一样，属于需要纠正的“糊涂认识”之列。然而实际上当地领导对此心中是有数的。1950 年 4 月 9 日，中共渭南地委就土改问题给省委的一封汇报信中就指出：

> 本区地富数量不多。除极个别地主外，其占有土地一般超过中农的数量也不大。尤其是富农，在一些地区平均有地几与中农相等。……这就是说，本区绝大多数地区的土地一般不能满足贫雇农要求，即使动了富农（的土地）也无济于事。……据我们了解，除临潼外，其他各县地主很少，二华（指华县、华阴）则有许多乡乃至一部分区的范围内无地主，这些地区的土地改革内容究竟是什么，是很需要研究的一个问题。[1]

类似说法也常见于当时更高级别与更为公开的场合。如陕西省人民政府主席马明方，在 1950 年 8 月陕西省第一次各界人民代表会议上作的关于土改工作的报告中称：关中 41 县市“土地比较分散，可没收征收的土地很少”，“农民在土地改革中，只能得到有限的土地，有些农民甚至还得不到什么土地”。[2] 省土改委负责人之一薛和防也称：关中“土地分散，甚至完全无地主的乡确实有，完全无土地问题的乡不多有”。

统计数字更能说明问题：渭南专区 13 个县第一期土改区内，土改前地主占有全部土地的 5.93%，富农占有 3.63%，而中、贫农分别占有当地土地的 57.56% 和 23.8%。而这 4 个阶层的人口比重分别为：地主

---

[1] 渭南市档案馆：土地改革档案，91 卷。

[2] 陕西省土地改革委员会编：《陕西省土地改革资料汇编》，第一集（1951 年 10 月），第 4、11、170 页。

三、关中无租佃

如前所述，土改前的关中几乎是个自耕农的世界，地权极为分散。地主不是没有，但的确很少。以渭南 13 县而论，土改中划定的地主户在总户数中所占比例最大的是华县 1.43%，渭南 1.39%，最小的是华阴 0.01%，蓝田 0.02%。[1] 然而就是这些地主，大多也不是传统概念中出租土地收取地租的“地主”。他们主要是因雇工经营或放债而得到地主这一成分的。有关资料中对这一点几乎众口一词。中共渭南地委认为，“本(专)区地主多为经营地主”[2]。咸阳专区负责人亦称:“地主的土地主要不是出租而是雇人耕种，剥削雇佣劳动。这是关中地主压榨农民的主要方式。”[3] 关中新中国建立前的黄龙地委在合阳县的调查报告中也指出，该地“出租土地户很少，并且（租地的）数量也很少”，“地主生产方式不是出租土地，而是雇佣劳力营业”。[4]

关中并不是完全没有租佃关系。但第一，它是全国土地租佃率最低的地区之一，租佃关系的规模可以说是无足轻重的。据大荔县的“典型乡”平原四乡的调查，全乡“自耕地”达 12092.57 亩，而“出租地”仅 579.9 亩，仅占总耕地的 4.6%。[5] 1947 年合阳县东北区第十一乡共有耕地 10669.5 亩，租佃地仅 740.33 亩，占 6.9%。[6] 这些调查均与 30 年代国民党政权关于关中土地租佃率在 6% 左右的统计相吻合。第二，更重要的是关中这些少量的租佃关系面貌也十分复杂。正如《合阳县东北区社会调查》所云：租佃双方“各阶级皆有”。在合阳东北区第十一乡的 740 余亩租地中，地主 1 户出租 30 亩，富农 3 户出租 57 亩，中农 5 户出租 158.3 亩，其余近 500 亩即绝大部分租地是祠田、社田、学田。可

[1] 渭南地区档案馆：地委全宗，96 卷，第 32—38 页。
[2] 渭南地委关于土改问题致省委的汇报信（1950 年 4 月 9 日）。
[3] 严克伦、白治民:《咸阳专区地土改革基本总结》(1951 年 5 月 31 日)。
[4] 中共黄龙地委:《合阳县东北区社会调查》(1948 年)。
[5] 大荔县档案馆：大荔县土改委，1950 年长期卷 8 号，第 4 页。
[6] 合阳县档案馆:(永) 第 17 全宗，19 卷；第 17 全宗，12 卷。

见“地富出租土地不多”，而租入土地者中也包括贫、中、富农乃至地主等各阶级的人。大荔平原4乡的租地中，地主出租的占26.9%，富农占4.4%，中农占40.2%，贫农占17.92%，庙田占10.7%。而整个咸阳专区，在地主土地中出租地只占4%。[1] 如果说封建制就是租佃制，那关中就很难说有什么“封建”关系了。

以雇工经营为主的“经营地主”较多，本是华北地区明清以来相当普遍的现象。这一事实本身就是对传统“封建社会”观的一个挑战：为什么自然经济（相对而言）的华北多雇佣，而商品经济（相对而言）的江南却多租佃？“自然经济下的雇佣制”与“商品经济下的租佃制”相比，哪一个离“封建”更远、离“资本主义”更近？这些问题不仅使理论界困惑，而且更使实践者踌躇。中共中央在抗战时曾颁布政策，认为经营主是“用资本主义经营方式经营土地的地主”[2]，但在土改时则倾向于把雇工地主与租地地主同等看待，均视为封建势力。关中土改中也体现了这一精神。当时有文件解释说：雇工经营“并不表示地主经营方式的进步，只是因为川原地区人口稠密，劳动力过剩，土地肥沃，产量特别丰富，雇人耕种要比出租对地主更为有利的缘故。地主的剥削是残酷的，……雇农除了所得的工资口粮以外，70%以上的剩余价值被地主榨取去了”[3]。这种解释显然是不得要领的。剥削残酷与否和生产方式进步与否并无直接关系，土沃人稠也不是雇工经营发达原因（否则土更沃人更稠的江浙一带何以反盛行租佃？），既说不是进步方式又用资本主义经济范畴“剩余价值”来称呼其剥削所得，更是自相矛盾。但是，关中的雇工经营的确有它的特点。

首先，关中雇工现象也是各个阶层都有，面貌十分复杂。尤其是关中以西陇中一带黄土干旱极贫困地区，自明代以来就有大批到关中打工度荒的传统。这种因人口过剩与极度贫困化而产生的“季节性移民”，造

[1]《陕西省土地改革资料汇编》第一集，第54页。
[2]《陕西省土地改革资料汇编》第一集，第54页。
[3] 中共中央《关于抗日根据地土地政策的决定》(1942年)。

成了极廉价的劳力源泉，使得关中人在他们面前几乎全民俨为雇主，形成了独特的“麦客”现象。西府之民不分贫富皆雇“客”收麦，已相沿成习。早在明清时代的地方志中，就记载着这样的风俗：“麦秋刈获，必须麦客。其人俱秦陇之民，自西租东，良莠不一。……曩年岐山千阳，均遭巨案。”[1] 民国年间关中西部请“麦客”收麦的现象更为普遍，而且往往是由村子出面，集体雇请。由于这种做法几乎遍及各阶层，土改时地方党委曾专门规定，雇“麦客”不算剥削。当时解释这一规定的理由是：“因为算与不算并不影响本户的阶级成分，同时在本区，请麦客子是普遍的现象。”[2] 直到今天，“麦客”仍然在金秋的关中田野里显身手，同时带来若干社会问题。

其次，关中的雇佣关系与商品经济和社会分工的发展几乎没有什么关系。雇工普遍领取实物报酬（麦子或棉花），其生产也并非面向市场。雇主经济的商品率并不高于常人。关中地区一些商品价值较高的作物（如棉花）在“经营地主”的经济中并无特别的重要性。笔者曾翻阅过数百件经营地主的“单行材料”，竟未发现一例完全或主要种棉花或其他商品作物的。相反，某些材料显示出“雇佣关系”与商品经济之间甚至存在着某种“负相关”。如渭南丰原区，抗战以来因交通梗阻、货币信用崩溃，以至倒退回以物易物、实物经济的状态，与此伴生的是租佃关系进一步萎缩（按材料解释是由于货币贬值时人们多以货币赎回原典、押出去的田所致）、“雇佣关系”进一步膨胀（因过剩劳力大增）。[3] 这使人联想到江南商品经常比关中发达而“经营地主”却远较关中为少的现象。这种形式的“雇工”，究竟体现的是随着经济市场化而产生的对劳动力商品的需求，抑或是随着经济自然化而产生的对比物化劳动更原始的自然形态劳动的需求？

再次，关中“经营地主”经济的劳动生产率并不比小农高。过去曾

[1]（乾隆）《宝鸡县志》卷十二《风俗》。

[2] 宝鸡地委研究室编：《土改简报》第4号，1950年11月28日。

[3] 渭南地区档案馆：地委全宗，93卷，《渭南丰原孟家乡调查》。

有人认为，经营地主是一种先进的资本主义生产。另有一些人不同意资本主义之说，但仍认为它是“新中国建立前农村中最成功的经营形式，与出租地主性质不同”。他们认为华北经营地主与小农相比，技术水平与土地生产率均无甚区别，但劳动生产率较高。这是由于人口压力下小农存在着边际劳动报酬递减的现象，而经营地主则因雇工可以辞退，不存在由于劳动过分密集而导致“内卷化”的问题。[1] 然而关中的情况却不能支持此种说法。笔者曾统计了渭南二区崇凝、平和、花园 3 乡 58 户“经营地主”的材料，这 58 户共有自营地 2606 亩，雇工 127 人，平均每人仅摊到 20 亩多一点，[2] 比当地每劳力可种地 30 余亩的水平 [3] 低得多，如果再加上短工及主人家庭成员的所谓“附带劳动”，则甚至可能低于当地平均每劳力有地十七八亩的标准。可见这里“经营地主”经济中的劳动密集化程度并不亚于、甚至很可能还高于小农！其所以如此，笔者认为可能有两个原因，一是因关中存在的特权性的沉重土地税延缓了边际劳动报酬递减的出现——过度集约化带来的报酬递减可因土地缩减带来的税额降低而得到补偿。关于这一点，上述材料中劳动密集程度较低的几户大都是有可能规避赋役的地方权贵这一事实或可为佐证。[4] 二是雇工“工资”的极低水平也使雇主可以比较不在乎“递减律”。因为即使报酬递减至正常边际以下，它比起“工资”来仍要高出一截，对雇主来说仍是有利的。事实上，这些“雇工”与主人间多有依附关系，有被主人称为亲戚或“朋友”，只给吃饭不付工资达 8 年者 [5]；有为权势者利用恶势力迫使无代价干活者 [6]；如此等等。

---

[1]（美）黄宗智:《华北的小农经济与社会变迁》，中华书局 1986 年版，第 67—68、161—176 页。

[2] 渭南市档案馆:（永）土改委全宗，28 卷。

[3] 见《渭南丰原孟家乡调查》。

[4] 如平和乡刘景华，122.5 亩自营地，雇 3 人，刘为副乡长多年。又如合阳县灵泉村官僚户党振清，自营地 150 亩，雇工仅 2 人。合阳县档案馆,（永）第 20 全宗，148 卷，土改委。

[5] 合阳县档案馆:（永）第 20 全宗，149 卷，第 12 页。

[6] 渭南市档案馆:（永）土改委全宗，28 卷，第 57 页。

总之，无论是本身已陷于“内卷化”和劳力过剩的小农仍然请“麦客”来收麦，还是“经营地主”的“超边际雇工”，都是商品经济条件下不可能发生的怪现象。如果再考虑到关中“雇农”大都自有相对于这个概念而言不算很少的土地，以及依附性雇工的存在，则我们可以断言，关中的“雇佣”既非资本主义，也与华北其他地区（如黄宗智等先生所研究的冀、鲁一带）的经营地主雇工有很大区别。它不仅不具有近代性质，而且未见得比“封建的”租佃经济更称得上“成功的经营形式”。然而，关中的“雇工”虽然比租佃更为常见，但与大量的自耕农相比，“经营地主”其实也是不多的，如果说关中社会的性质并不取决于那一点点“租佃制”的话，它恐怕也未必就取决于如此的“雇佣”制。

四、关中有封建

如此一个“无地主”“无租佃”（自然是相对而言）的自耕农世界是个什么性质的社会？无疑它不是个现代社会，也不能说是近代社会。而如果我们把近现代化过程以前的社会或曰前近代社会视为“封建社会”的同义语的话，则我们就不能不同意《宝鸡专区土改工作总结》中所说的:“没有地主的乡村同样有封建势力”[1]！而且在许多方面,“关中模式”的封建社会比起其他地方，例如太湖流域的租佃型封建社会来，前近代的色彩（亦即封建色彩）还更为浓烈。距省会西安这个文明古都仅几十公里的临潼县铁炉区，就提供了一个例证。

铁炉区与关中多数地区一样，大土地所有制不发达。以“三皇”发迹的第五乡为例，40 年代地主连同富农总共占 6.8% 的人口，只占有全部土地的 12%，人均占地比全区平均值仅多出不到一倍。另一方面，雇农户仅占总户数的 0.7%。仅从土地关系上看，很难说是个“分化”严重

［1］ 宝鸡市档案馆：第 13 全宗，1 目，1 卷，第 65—66 页。

之地。然而三四十年代这里在“铁炉王”韩国璋统治下，却完全处在中世纪式的黑暗之中。

韩国璋是铁炉区斜韩村人，原来是个只有7亩地的贫农。1935年起他勾结土匪，逐渐成为一个地头蛇。1936年他参加国民党军队，当了西安军管区兵役视察员，在家乡扩大势力，勾结黑社会与土匪武装贩毒，1940年因贩毒事发被当局通缉，次年被警方逮捕。但在贿赂了“上面”以后他不仅被放了，并且成为特务，回乡掌握保安团，继续从事官匪一家的勾当。1945年他再次被通缉，遂上山为匪，1946年玩弄丢卒保帅之伎，枪毙一小匪后下山邀功，居然又当上了“县自卫总队”副队长。不久他遭人告发，被押解至西安，但在再次行贿打通“关节”之后，他又回到临潼，反而加官成了县警备团长。

这样一个混迹于黑白两道专制势力的恶霸，从30年代末以来成了铁炉的土皇帝。当时人称铁炉区为“韩国”，“铁炉王”韩国璋以他的谋士张仰载（本地中农出身，1939年起任县教育局督学、铁炉镇镇长、教育科长、田粮处科长等职）和聚敛能手、人称“韩国银行”的韩炳森（1943—1949年间铁炉镇镇长）为左右臂膀，号为“三皇”。下有保长韩建茂等“五帝”及周围各区乡的“五霸七雄”（均为保长）和大小爪牙数百人，对铁炉区1万多人民进行了“黑”（黑社会）白结合、官匪一家、族权政权与财权合一的10年血腥统治，并把势力扩大到铁炉周围3县（临潼、渭南、蓝田）的8个区。他们建有炮楼，私设公堂，凭借亦“团”亦匪的武装，强奸、勒索、敲诈、抢劫、迫害、贩毒无所不为，仅人命案，据说在铁炉区就有52件、61人，连同周围8区，被他们一伙勒死、绞死、活埋、打死、逼死的历年共不下百余人。其中“镇长”韩炳森在1942—1949年间便杀了28人。

“韩国”统治者们的确利用权势，强占、诈取了不少地产。然而事实表明，他们对成为“大土地私有者”并没有很大兴趣。“铁炉王”韩国璋在10多年中把他的土地由7亩扩大到78亩，这在当地也就是个小地主的水平。韩炳森有地79亩，均为他在镇长任内所霸占。张仰载在肆虐期间地产由 31 亩扩大到 103 亩，是这伙人中最多的，也仍然属小地主。位列“五帝”之首的韩建茂有地 30 亩，相当于中农规模。以他们的凶残歹毒和手中权势，又经营了 10 年之久，只要有兴趣，在拥有近 4 万亩耕地的铁炉区和 10 余万亩耕地的周围 8 区势力范围内，他们何难成为千亩级以至更大的大地主！然而在一个“按权分配”的社会里，他们并不需要这样做。韩国璋一伙作为“三皇五帝”，已经把整个铁炉区近 4 万亩耕地和 1 万多人民都变成了满足他们兽性私欲的工具。他们以“公家”的身份，掌握了当地田粮征收和一切地方财务大权，通过“五霸七雄”等一批爪牙，向人民私派粮款，敲诈勒索，强迫“献礼”和无偿劳役，加上侵吞“公”款，武装贩毒，聚敛了从区区几十亩“私有土地”上无论如何也剥削不到的巨额财富。“铁炉王”本人就在铁炉镇、临潼城以及西安、渭南与富平等地都置有大量房产。他住在筑有炮楼的深宅大院中，过着荒淫奢侈的生活。威福如此，他怎能满足于当一个劳心费神的“经营地主”呢？韩炳森更是聚敛有术，他在镇长任内一年搜刮的财物据说折粮多达 8238 石，相当于从每个铁炉人头上刮去 70 多斤粮，而在他那几十亩“私有土地”上受剥削的雇工却只有两人！[1]

在旧时的关中，像铁炉这样的情况决非例外。从西府到同、华，整个关中在土改时都有“冷分地、热反霸”的特点。农民对分地多不感兴趣（因为没有多少可分之地），但对“恶霸”则恨之入骨。而关中也确实多“恶霸”，像临潼的“三皇五帝”“五霸七雄”，长安县的“河东王”（罗田伯）、“河西王”（张子敬）、“瞎城隍”（刘镇西）等，不一而足，而“恶霸”主要并不是一个以财产所有制关系为基础的阶级概念，而是一个以人身依附关系即统治—服从关系为基础的等级概念。关中的恶霸中有相当一部分人有形资产尤其是地产并不多。如渭南专区 13 县共有民愤最大的恶霸 112 名，其中地主 60 名，富农 8 名，农民（指中农及其以下者）40 名，其他 4 名，[2] 亦即地主只占其中的一半稍多。大地主更是寥寥

[1] 渭南地区档案馆：地委（永）8 卷，铁炉区恶霸材料。

[2] 渭南地区档案馆：地委（永）96 卷，第 30 页，铁炉区恶霸材料。

无几。而这些人中还有不少是像前述的“铁炉王”那样，先成为恶霸然后才当上地主的。宝鸡专区许多地方农民首先要求清算的是那些私派粮款、贪污敲诈、飞扬跋扈的乡保人员，“但这些人又多是富、中农甚至贫农”[1]。

恶霸是“黑道”（其实许多是黑白结合）上的权势者，“白道”上相应的权势者则是官吏势要、乡保头目，还有一种虽无名目而或倚势或恃强横行乡里的地头蛇，关中人谓之“村盖子”者，也都是关中农民的灾星。凤翔县的调查表明：“政治上国民党与乡保人员压迫及经济上的剥削最重，超过了地主对农民的经济上的剥削”，“群众对国民党乡保人员的仇恨超过了对地主阶级的仇恨”。长武县的报告说：“群众只恨直接敲诈过的伪保甲人员，这些人在丁、粮、款等问题上的贪污敲诈引起群众很大不满，要求清算。”以下的统计很能说明问题：

在凤翔县陈村区农民 63 件诉苦状中，诉说政治压迫（指倚仗权势凌辱、打骂、霸占等）的有 36 件，诉说乡保人员压榨的有 23 件，而诉说地主经济剥削的只有 4 件。

岐山县周原区农民诉苦 213 例中，诉说国民党剥削的达 121 例，诉说高利贷剥削的有 45 例，诉说“地富政治压迫”的有 9 例，而诉说地主经济剥削的只有 38 例。[2]

这种状况在土改初曾使许多人不知所措：在“无土可改”的情况下，当时有的地区土改以划阶级成分为中心，而匪霸权豪、“干部作风”诸问题却往往因其“成分不高”而拖延不解决，农民便发动不起来。“而二乡沈家坡村解决了敌伪总甲长贪污苛诈等问题，因此该村虽无地主，农民却发动得很好！长武二区二乡无地主，但斗争了有霸占行为的伪保长胡培元、村盖子胡四以后，群众便发动起来了。”[3] 因此，当时的地方文件

[1] 宝鸡市档案馆：地区土改委，第 13 全宗，2 目，4 卷。
[2] 宝鸡市档案馆：地区土改委，第 13 全宗，1 目，1 卷，第 97—118 页；2 目，4 卷，第 1—11 页；5 卷，第 20—24 页。
[3] 宝鸡市档案馆：地区土改委，第 13 全宗，1 目，1 卷，第 96—97、65—66 页。

特地指出不要为“成分”所限，认为这些地区的“反封建斗争”主要是解决匪霸权豪的问题，“其次是新中国建立后负担不公、干部作风不好”的问题，[1] 云云。

显然，这里已经涉及了关中“封建关系模式”的主要特征：

有产（生产资料，主要指土地）者与无产者的对立模糊，而有权（身份性特权与政治权力）者与无权者的对立突出。主佃冲突几乎不存在，主雇冲突也并不激烈，而官（豪）与平民的冲突则异常紧张。

建基于生产资料所有制（尤其是土地所有制）的阶级分化模糊，而建基于人身依附关系（统治—服从关系）的等级分化极为鲜明。“按资产（包括地产）分配”的两极分化很不发达，而“按权分配”“按身份分配”的两极分化则异常尖锐。

如上所述，关中的土地分配是相当“平均”的，然而透过这一“平均”的背后，关中人的效用消费却是极大的不均，其程度决不在江南之下。像“铁炉王”那样的土皇帝，“私有土地”比一户中农多不了多少，但他的奢侈享受与为之铺垫的铁炉人民的苦难有如天渊之别。这当然只是个特例，全关中的消费分配是个什么情况？没有统计。在当时极度自然经济化的条件下，也无法用统一的价值尺度去统计。但我们知道的是，在关中土改中分到了各种土地外“经济果实”的农民，要比分到了土地的农民多得多。在渭南专区，前者占总人口的 46% 而后者只占 27%，在宝鸡专区，前者占总人口的近半数而后者只占 24% 强，在全关中 3 个专区，前者共占总人口的 51% 而后者只占约 29%。[2] 如果这两种分配大体按同一平均度进行，那么这两组数字之比可以近似地被看作效用消费分配不均度与形式财富分配不均度的比值，换言之即土改前关中社会分化中的 x 系数约在 0.6—0.5 之间。[3] 这两种不均度间的关系可简示如图 2。

[1] 宝鸡市档案馆：地区土改委，第 13 全宗，1 目，1 卷，第 96—97、65—66 页。

[2]《陕西省土地改革资料汇编》第一期，第 67、81—82、23—24 页。分到土地的农户比重见第一章。

[3] 关于 X 系数及其意义，见本书第四章第三节。

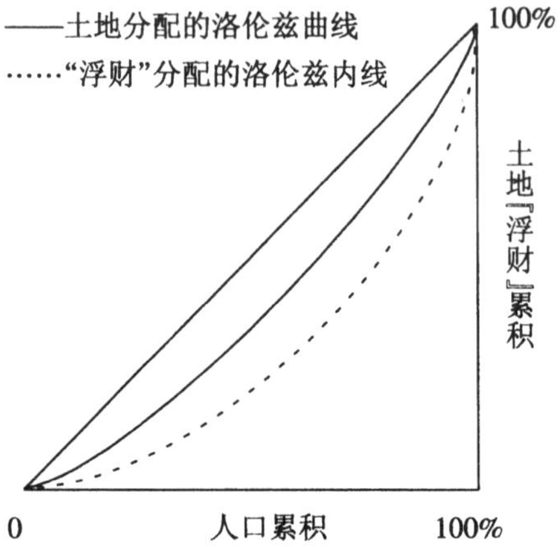

图 2

虚线所示的基尼系数虽不可从图上求得，但根据本章表 2，可知其应该大致为：

$$\frac{\text{土地分配基尼系数}}{\text{X 系数}}=\frac{0.22}{0.6\sim0.5}=0.37\sim0.44$$

这个分化水平已远远超出商品经济兴起后的今日农村（参看第二节所载 1985 年数字），也超过了像美国这样的发达国家，按世界银行的标准已经属相当不平等的了。

如果按流行的说法，封建社会剩余劳动的一般形式是地租，或者更一般地说，封建的分配关系以土地所有制关系为基础，那么以上情况就是不可理解的了。无论剥削是基于租佃关系还是基于雇佣关系，“地主阶级”在社会总产品中所占有的份额，都必然要小于他们在社会土地总量中所占有的份额，而不可能相反。

但是，如果剥削是基于人身依附关系，基于统治—服从关系呢？

关中的情况恰恰正是如此。

在关中，没有黑道或白道的权势，就简直做不成“地主”。民国时代关中赋税之沉重变本加厉，而各种赋税“都以地亩为标准征收”[1]。加上国民党的田赋杂派、壮丁费等等，到40年代在眉县每亩所派粮款总额达13.435斗，而当时的地租每亩为16斗（地租率平均为42.8%），最低11斗。而在凤翔，一亩土地所负担的赋税已占总产量的42%，[2] 与地租率恰好持平。可以想见，在这样的条件下要当成地主，只有凭借权势规避应负税粮并将它转嫁于无权势的平民。否则地租与地税相等就意味着净租率等于零！因此，关中的地主几乎都是地方上的权势人物：从县以上的官僚、军、警、特及民团首领，区、乡、镇、保头目，田粮、税务、兵役经管人员直到匪首恶霸、族长道（一贯道等）首等等。而且其中绝大多数是先有权而后才有其地，很少是先当地主后取得权势的。相反，如果无权势的一介平民成为“地主”，则他纵不被重税所压垮，也将成为“五霸七雄”们鱼肉的对象而很难长久。因此，正如《眉县二期土改总结》所示：本地地主不多，但“大多数在伪政府里担任过乡镇长、保长，又是匪首，很多人都是明官暗匪”[3]。笔者曾根据合阳、渭南两县土地改革中留下的“地主成分单行材料”档案进行了统计，在合阳县留下单行材料的197户地主中，124户是军政官吏及乡保基层权势人物，38户以经商、贩烟、高利贷起家，21户是匪霸、道首、公堂与庙产掌管人，而以“务农”起家即仅靠剥削雇工、佃户积累起产业的只有9户。[4] 在渭南县，笔者统计过的216户地主单行材料中，黑道与白道上的权势人物占到157户，经商、放债、贩毒起家的51户（与前项有重叠），而以“务农”起家的仅16户，其中只有5户是“财东娃”出身，即以平民地主身份传了一代的。[5] 许多地头蛇土地不多，权势不小，直接役使的雇工、佃户不多，假“公家”之名盘剥的依附农民不少。他们的土地或通过弄

[1]《合阳县东北区社会调查》。
[2] 宝鸡市档案馆：地区土改委，第13全宗，1目，1卷，第89—93、97—118页。
[3] 宝鸡市档案馆：地区土改委，第13全宗，2目，5卷。
[4] 合阳县档案馆：土改委，《地富成分单行材料》，（永）第20全宗，149—150、172—180卷。
[5] 渭南市档案馆：土改委，《地富成分单行材料》，（永）27—40卷。

权舞弊逃脱税籍，或倚仗权势“卖地不割粮”，或虽在税籍而公然将税负强行“飞洒”于无权百姓，因而被群众暗骂为“活绝户”（当时名义上只有绝户土地才不负担赋役）[1]。只有他们才能在地税如此沉重的关中保持地主身份（如果他们想有这种身份的话）。而那些经商放债起家的地主实际上也是依附权势致富的，如贩烟，即非有权势者不能为。至于只靠“土地私有制”进行经济剥削的平民地主，即使有那么几户也是风雨飘摇，大多传不到下一代。从逻辑上与事实上我们都有理由认为，在“关中模式”中最不稳定的经济，不是通常被认为是易于“两极分化”的小农经济，而是平民地主经济。

在关中，凡地主大都必须是有权势者，但反过来说，有权势者却不一定需要成为地主。更确切地说，在这样的社会中本来就不存在着在私法关系中可以成为权利（包括所有权）主体的独立人格，因而也不存在明确的私法关系和私有财产关系，不存在脱离于统治—服从关系之外的真正的私有财产。因此正如我们在铁炉区看到的那样，“天然首长”完全可以不凭借“私有制”而在人身依附的基础上任意剥削共同体中的宗法农民。在这里，无权势的人当不了地主，有权势的人又不一定想当、不一定需要当地主。这就是关中地主少且小，恶霸多且大，半数恶霸不是地主，而小农得以“繁荣”不衰的奥秘所在。

无权者无法进行积累，有权者又不需要进行积累，这就使得关中地区弥漫着一种积累欲贫乏而消费欲高涨，竞争意识淡漠而身份意识强烈，人人都在等级壁垒中混日子的文化氛围。在合阳县，人们的印象是“抗战以来……有钱人买地的日减”[2]。而眉县的水稻产区则是“人民生活好奢华，爱吃好的，每年所收无存”；“群众生活程度较高，尤其在栽稻苗时，大吃大喝，不仅喝酒吃肉，家家如此，不吸大烟的人在这几天也要吸一吸，形成严重的浪费现象，造成普遍的揭借粮食。虽然生活程度较

[1] 合阳县档案馆:（永）第20全宗，148卷。

[2]《合阳县东北区社会调查》。

高，但一般群众粮无积蓄，到冬季就无粮吃，要到齐镇富人家中揭借。”[1]正如我们以后将看到的那样，此风其来久矣！

积累与创业意识的缺乏造成了一种无竞争、无分化的牧歌式宗法气氛，于是严酷的等级压迫与温情脉脉的宗法面纱共存，“地富放债只对外乡穷人，不对本乡穷人。”新中国建立后（！）组织“生产救灾委员会”，“以当地地富为委员（！），干部作领导，3 个村共组成 24 个生产小组，修水渠，上山收扫帚……互助修房，锄草，由该委员会保证春荒时不饿死人”[2]，云云。上文提到的铁炉区，在“反霸”之前的 1949 年入冬时，居然已有 63.5% 的劳动力与 51.3% 的耕畜加入了互助组，而此时对“三皇五帝”一伙人的清算却尚未开始！[3] 无怪乎到土改时，一方面“一些地区各村农民私下开会，研究怎样包庇本村地主，以免土改中把地分到外村去”[4]，另一方面一旦真的土改起来，又造成严重的绝对平均主义。有的地方 1 辆大车分给了 10 家人，1 头牛分给了 5 个村子，等等。[5] 而同时政府还要花费很大力气向农民“提倡劳动致富、生产发家，反对好吃懒做和穷光荣的思想”[6]。

等级壁垒与宗法式氛围的存在，积累、创业与竞争意识的缺乏是自然经济的结果，而它们反过来又强化了自然经济，抑制了交换与市场机制的发展。加上民国时期的灾荒、战乱的影响，使陕西农村经济在 30—40 年代变得更加闭塞、更加实物化、更加自给自足，商品经济的发育程度实际上有所倒退。40 年代后期的关中农村没有货币地租，雇工报酬是实物（粮食、棉花等），高利贷也是几乎清一色的“麦债”与“花债”。货币是如此无用，以至于不少店铺、作坊的商业收入，也不是以多少钱

[1] 《眉县齐镇区第三乡土地调查总结》（1950 年 4 月 20 日）。
[2] 《眉县齐镇区第三乡土地调查总结》（1950 年 4 月 20 日）。
[3] 渭南地区档案馆：地委（永）8 卷：《关于铁炉区五乡群运试点总结报告》。
[4] 宝鸡地委研究室：《土改简报》第 12 期，1950 年 12 月。
[5] 宝鸡市档案馆：土改委，第 13 全宗，2 目，3 卷。
[6] 合阳县档案馆：（永）第 20 全宗，148 卷，第 4—5 页。

而是以多少石麦子来统计的。[1] 关中地区一度商品率较高的作物如棉花，此时也大步退回家庭，成为男耕“女织”的原料了。

[1] 关中各县留下的不少店铺账都可以见到这种记账方式，兹不赘举。

第三章

问渠哪得浑如许

——『关中模式』的社会历史渊源与宗法农民研究中的理性重构

一、民国中前期的关中模式

在上一章中，笔者主要引用了关中各县土改档案，描述了土改前即40年代后期或民国末年关中农村社会经济模式的主要类型学特征，本章将论述“关中模式”产生的社会历史渊源。为此，我们不妨把视线由近及远，作一番历史考察。

首先看看民国时期。据国民党政权农村复兴委员会与日伪时期满铁的调查，30年代全国各地出租土地在耕地中所占比重见表3。[1]

表3 各省土地租佃率

省	县	出租地（占全部耕地%）	村外租入（占全部耕地%）	省	县	出租地（占全部耕地%）	村外租入（占全部耕地%）
陕西	渭南	6	3	河南	许昌	14	12
	凤翔	6	5		辉县	40	16
	绥德	40	32		镇平	58	—53
河北	遵化	8	2	云南	昆明	47	46
	密云	36	—5		禄丰	29	14
	丰润	34	27		玉溪	41	30

[1]（美）D. 帕金斯:《中国农业的发展》，上海译文出版社1984年版，第119—121页。

（续表）

省	县	出租地（占全部耕地 %）	村外租入（占全部耕地 %）	省	县	出租地（占全部耕地 %）	村外租入（占全部耕地 %）
山东	泰安	23	12	浙江	崇德	34	16
	青岛	14	3		东阳	69	67
	潍县	78	63		龙游	45	—29
广西	苍梧	34	18	江苏	太仓	93	91
	柳州	15	13		常熟	82	69
	桂林	37	29		松江	87	85
					无锡	31	19
					南通	33	2
					启东	64	63

从表 3 可见，我国农村卷入租佃关系的土地，长江流域在 2/3 以上，黄淮海流域约占 1/4 至 1/3 不等，而关中东部的渭南、西部的凤翔，土地租佃率都只有 6%，不仅少于江南，也少于一般公认为自耕农较多的华北绝大多数地区，甚至也显著少于同省的陕北（绥德）一带。

另据国民党政权编制的 1941 年合阳县河西乡“农会名册”所载户主名录，第五保 108 名，内 1 名“佃农”、1 名“师范毕业”，此外 106 名均为“自耕农”；第六保 107 名，内 2 名“佃农”（湖北、河南移民各 1），余 105 名均为“自耕农”；第八保甘贤、坡赵庄 96 名，内 1 名“雇农”，余皆“自耕农”；该保其余各村 48 名，内亦有 1 名“雇农”，其余为“自耕农”；第十保 150 名，内 1 名“佣耕”，7 名“佃耕”（其中 4 名为外籍移民，豫鄂各 2）。[1] 这里所谓“自耕农”可能包含若干自营地富，但真正的自耕农仍应占有绝大多数。合阳县五福乡第三保 1944 年共 355 户，有地 11183 亩，户均 31.5 亩。其中最多一户有 100 亩，最少一户有 5 亩，5—20 亩者 136 户，60—100 亩者 10 户，其余 209 户有地均在 20—60 亩

[1] 合阳县档案馆：（永）74—97 卷。

表 4　武功县地权分配

	档次	1	2	3	4	5	6	7	8	9	10	基尼（Gini）系数
头道塬 人均 4.3 亩	户数	50	103	146	139	221	175	75	114	11	6	0.3842(按户分配) 0.2256(按人分配)
	人数	183	439	681	714	1334	1264	619	1061	152	96	
	亩数	134.1	734.5	1649	2300	5237	5917	2999	6875	1150	1280	

	档次	1	2	3	4	5	6	7	8	9	基尼（Gini）系数
二道塬 人均 3.1 亩	户数	90	185	133	98	118	59	35	57	2	0.4498(按户分配) 0.3073(按人分配)
	人数	342	851	777	545	730	409	270	623	23	
	亩数	263.1	1224	1458	1559	2593	1935	1427	3627	245	

	档次	1	2	3	4	5	6	7	8	9
三道塬 人均 1.2 亩	户数	377	—*	—	42	37	8	2	2	1
	人数	1660	1098	589	372	364	63	16	11	17
	亩数	—	1229.5	944.6	651.2	843.3	258.7	80	115	106

	1	2	3	4	5	6	7	8
渭南三厂号人均 1.8 亩	54	35	22	5	4	—	1	3
	173	165	115	38	71	—	8	30
	142.5	188.5	233	75	82	214	40	150

* 表示空栏系原书据以影印的稿本残损不清之处。

间。[1] 从这一土地分布看来，该保也应该是自耕农占大多数。

合阳在关中东部，关中西部各县可以武功为代表。据 1936 年（民国时期经济状况最好的一年）地政学者马玉麟的调查，武功县 4 个地理区域的地权分配状况大致如表 4。[2]

从表 4 统计看，武功县在民国中期的地产也是相当分散的。地权分配的基尼系数如按人口统计，在头道塬区只有 0.2256，与土改前号称“关中无地主”的状况类似。二道塬区为 0.3073，略高于土改前，但仍是“比较分散”的。三道塬与渭河南岸山麓地带（所谓“三厂号”）因数据不全无法统计，但显然说不上土地集中，同时该二处在该县农业中的地位也不重要。

地权的分布是如此，土地的经营形式呢？马玉麟按当时流行的统计口径，把农户分为自耕农（含雇工自营户）、地主（指土地出租者）与佃户三类。其中纯自耕农户占全县农户总数的 72.76%，户均有地即户均营地为 18.80 亩。与之相比，纯地主及纯佃户的比重可以说微不足道。前者仅占总户数 1‰，户均占地亦仅 29 亩，比自耕农户占地水平大不了多少，可以认为其中多数是小土地出租者。后者占农户总数的 2.54%，户均佃地亦仅 5.52 亩。实际上，武功当时的租佃主要发生在“自耕农兼佃户”（占农户总数 23.47%）与“地主兼自耕农户”（占 1.26%）之间。但就这两类户而言，自耕的比例也都远大于租出、佃入，前者户均耕种 24.66 亩，其中仅有 5.86 亩为佃入；后者户均有地 39.79 亩，其中仅出租 12 亩。纯、兼租佃户通而计之，全县土地租佃率总共也不过 4% 左右。因此“地权面积与经营面积之分布情况基本相同”[3]。大略而言，称之为“无地主”“无租佃”并不算十分夸张。

按关中通例，雇佣关系在武功县农村比租佃关系更多一些，但也发

[1] 合阳县档案馆，（永）74—81 卷。

[2] 马玉麟：《武功县土地问题之研究》，《中国地政丛书》之 68，台北 1983 年版，第 35471—35480 页。此表据书中数据改制，其中基尼系数系笔者计算的结果。

[3] 马玉麟：《武功县土地问题之研究》，第 35456—35459、35464、35484、35503—35505 页。

达不到哪里去。尤其是纯雇农户，全县平均每38.38户农户中才有一户，每65.13个农业人口中才有一个。[1]

按马玉麟的描述，当时的武功农村几乎没有什么值得称道的商品经济。全县乡村人口中96%以上为“纯农户”，仅3%强为非农户或兼业户，“所谓兼业者亦不过为户长一人，而乃兄乃弟乃子乃孙仍居南亩，不改后稷之遗风”。其中头道塬地区竟至于全部为纯农户，无兼业可言。其他地方的兼业则有所谓“永安倒瓜（瓜贩），姚安换花（以物易物），川口打铜（铙钹、锣等），圪垯拧绳（麻绳），布网灌蜡（祭祀用烛），许家造杈（农具）”之谚,都是十分琐细的副业。[2] 与民国末年货币信用崩溃、关中普遍以物易物的情形相比，这时的货币信用尚属相对稳定，但实物经济色彩仍十分明显，雇工工价与地租均主要为实物形态，货币地租仅在县城所在的三道塬地区偶尔可见。除了权贵倚势经营的鸦片种植外，马玉麟未提到任何商品性农业。在这种牧歌式的宗法经济氛围下，芸芸众生中是难得有什么“两极分化”的。[3]

但这仅是就平民中的“分化”而言，若谈到“官家”那就是另一回事了。据马玉麟这个国民党籍学者指出，武功民间固无甚大地主，却有“三个特殊地权者”：

1. 国立西北农专（按即今西北农大）在杨陵镇有地50余顷。

2. “西安某要人，于民国22年灾荒时在武功县……，贱价收买民田20余顷。……现在除租出一部分外，雇役农民数十人，种植鸦片等作物，因该镇所产鸦片之佳，在陕省首屈一指。”

3. “本县某要人，于民国22年灾荒时在霸王村购民田5顷余，租于农民耕作，一说现已移作学田，不知确否。”

---

[1] 马玉麟:《武功县土地问题之研究》，第35494页。

[2] 马玉麟:《武功县土地问题之研究》，第35437—35438、35517页。

[3] 无疑，民国时期一些政治、学术流派，包括国民党的主流派在内，是不喜欢强调、并力图淡化“土地问题”的。但马玉麟所属的以萧铮为首的地政学院——地政研究所却是国民党内最积极鼓吹“土地改革”的一翼，他们的各种报告与研究论著一般都是强调土地问题的尖锐性的，因此我们似不必怀疑马玉麟在这方面作了“掩饰”。

除了西北农专一例当别论外，其他二位“要人”之成为“特殊地权者”，且每一“要人”占地均超过全县所有平民地主占地之总和，这充分体现了“关中模式”的特点：无权势者当不了地主。但更多的“要人”之贪欲显然是不必通过成为地主来满足的。因此马玉麟感慨地指出，武功县之地权转移具有封建性，与商业社会及资本主义社会有别，并举南方为对照曰：“如闽粤等省在数年前有南洋华侨大量投资于农村土地，……而武功县则异于是。……武功县之地权取得者，可分为军政商农各界，其中军政界之取得地权者，多为较大之地主，因其金钱之来也易，其购置田产也亦较占便宜。”地权转移中政治因素极为突出，“其在私人与团体方面多为半似强迫征收。前者为拥有政权者。如某要人等及其他士绅阶级，……其在官厅方面，全属强行征收。……他如田赋之完纳，捐税之交纳，以及不良政治之横征暴敛”，均为人民之大害。[1]

武功如此，关中其他地方也强不到哪里去。陈翰笙先生当时曾撰有《崩溃中的关中小农经济》[2]《破产中的关中农民》[3]等文，对民国中期关中农民的苦难有翔实而生动的记述。值得注意的是，“关中小农经济”的“崩溃”与“破产”，并没有伴随着平民地主经济的兴起与民间分化的加剧。一小撮暴富的权贵与普遍贫困而缺少“分化”的民间相映，这一关中模式的特征与模式本身在整个民国时期都是存在的。

二、清初以来的关中模式

我们再考察一下民国以前“关中模式”的情况。

人们可以找到一些文献资料，用以证明明清时期关中地区的“土地兼并”与“两极分化”。如有人引用过清雍正以前陕西户县试行“并丁

[1] 马玉麟：《武功县土地问题之研究》，第35487、35496—35500页。
[2] 见《申报月刊》第1卷第6号（1932年12月）。
[3] 见《东方杂志》第30卷第1号（1933年1月）。

于粮”时一些地方官吏的反对意见：“一邑之中，有田者什二，无田者什八，乃欲专责富户之粮，包赔贫户之丁，将令游惰复何所惩？”[1]然而如果据此便以为当地真的是80%的农民都为无地佃、雇农，那就离事实太远了。实际上，具有“国家自为兼并”之悠久传统的我国，各种官私文献中对老百姓中的“兼并”行为往往是神经过敏的。“三代子百姓，公私无异财；人主擅操柄，如天持斗魁，取予皆自我，兼并乃奸回。”在这种传统观念看来，“阡陌闾巷之贱人，皆能私取予之势，擅万物之利，与人主争黔首而放其无穷之欲”，那真是最大的灾难。因此，历来的文献中关于“兼并”“田连阡陌”与“地无立锥”的惊呼比比皆是，而从来几乎无人对民无“兼并”之志表示担心。如果这些惊呼都可以作为统计概念看，那中国早就谈不到什么自耕农的存在了。正如近年来一些论著所指出的：即使在土地确实相当集中的江南一带，像顾炎武所谓“吴中之民有田者什一、无田者什九”之类的说法也未免夸大其词、不能过于当真。而在明清时期的关中，像前引丘秀瑞那种说法本来也很少见，反倒是对民无“兼并”之志的担心屡屡见之于文献，这不能不说是明清关中农村的特点之一。

清初的泾阳县，据说是“昔之产在富，今之产在贫”。这里的“产”系指地产而言，即当时的普通穷人大都是有土地的自耕农，而富人的土地反而不多，“有家累千金，而田不满百亩者”，以至于地价下降，“视明季仅什一耳”[2]。这种现象经盛清而至晚清犹然，以至于当局颇有怨言，认为富人“家资巨万无一陇之殖，则对于国家终岁不输一钱”[3]。因而多次采取措施，“劝谕富者多置陇亩”[4]。这在具有“抑兼并”传统的我国封建时代不能不说是一种反常。然而从历修县志不断重复类似记载看，这种“劝谕”似并无多大效果。

---

[1] 陆耀：《切问斋文钞》卷十五，《财赋》引丘秀瑞：《丁役议》。

[2] （康熙）《泾阳县前志》卷三，《贡赋志》。

[3] （民国）《续修陕西通志稿》卷二六《田赋一》。

[4] （康熙）《泾阳县前志》卷三，《贡赋志》；（道光）《泾阳县志》卷十四，《食货略》。

另一个关中大县三原，土地也极为分散，“中人之家不能逾十亩”[1]，而“卑县富户，全恃贸易，每家仅有墓田数十亩”[2]。有清一代这种状况并无多少改变。与泾阳类似，这里的当局也屡思促进“兼并”而不可得：“饶裕之家，劝令买地，多以为累。万金之子，身无寸土”[3]。历修县志对此相沿不改，只是清初的“千金之子，身无寸土”，到了中叶便成了“万金之子，身无寸土”[4]了。

富平县也是如此，“县之靠千万家，田鲜阡陌连也”，“县则膏腴，鲜十亩之家”[5]，早在明代已然。西安附郭的威宁县，据说也是“荐绅鲜干谒，无侈田广宅”[6]。关中东部的合阳，明清以来也是“人乃以田多为累”[7]。如此等等。

当然，这绝不是说关中完全没有大地产。但除了马玉麟所说的那种“特殊地权者”以外，明清关中的平民地主中数百亩者已极罕见，上千亩者则笔者尚无所闻。[8] 而关中的“特殊地权者”由于下文将提到的一些原因也不多。因此总的说来关中的“产在贫”，即绝大部分地产属自耕农所有，应当是可信的。

这方面最有力的证据是原始的关中地籍文书。有幸的是，我们近年来在关中东部的朝邑（今大荔属地）、韩城、潼关等地发现了一批清前期至民国年间的地籍档册，如鱼鳞册、清丈册、地粮册等，为研究这一问

[1]（乾隆）《三原县（刘）志》卷一，《地理志》。

[2]（光绪）《三原县新志》卷八，《杂记》。

[3]（乾隆）《三原县（张）志》卷八，《风俗》；（乾隆）《三原县（刘）志》卷一，《地理志》。

[4]（乾隆）《三原县（张）志》卷八，《风俗》；（乾隆）《三原县（刘）志》卷一，《地理志》；（康熙）《三原县志》卷一，《地理志》。

[5]（万历）《富平县志》卷九，《习俗志》。

[6]（乾隆）《西安府志》卷十九，《学校志》引《威宁县志》。

[7] 肖钟秀：《合阳县乡土志・物产》。

[8] 明清关中平民（以及可能平民）“大地产”之突出事例，就笔者所知，除下引杨秀元的“半半山庄”（田数不详）外，尚有富平韩文星有地300余亩，但韩“十二世同居”，合家百口，人均有地并不多（《富平县志》卷八，《艺文》）；朝邑刘大受有田七八百亩（咸丰《朝邑县志》卷中，《人物志》），但刘是否“特殊地权者”尚待考。

表 5　清代关中地籍中的土地分配不均度

地　名	年　份	基尼系数			计算依据
		a. 原值	b. 修正值（一）a×65%	c. 修正值（二）a−0. 1450	
朝邑县加里庄	康熙三十年 (1691)	0. 2988	0. 1942	0. 1538	《眷录旧簿加里庄地册》
	乾隆十六年 (1751)	0. 3405	0. 2213	0. 1955	《眷录旧簿加里庄地册》
	嘉庆十四年 (1809)	0. 2892	0. 1880	0. 1442	《加里庄畛丈册》
	民国三十一年（1942)	0. 2618	0. 1702	0. 1168	《平民县地籍原图》
朝邑县步昌里下鲁坡	光绪十六年 (1890)	0. 4809	0. 3125	0. 3359	《步昌里八甲下鲁坡村鱼鳞正册》
	不早于民国二十一年 (1932)	0. 4607	0. 2994	0. 3157	《步昌里八甲下鲁坡村鱼鳞正册》
朝邑县步昌村	民国三十一年（1942)	0. 4172	0. 2712	0. 2722	《平民县地籍原图》
朝邑县南、北乌牛村	雍正七年 (1729)	0. 3638	0. 2365	0. 2188	《南北乌牛等九村地亩阔尺册》
	道光十九年 (1839)	0. 2737	0. 1779	0. 1287	《南乌牛村河东口岸花名册》
朝邑县雷村	雍正七年 (1729)	0. 3503	0. 2277	0. 2053	《河西河东六转减明清册》
	乾隆五十三年 (1788)	0. 3006	0. 1954	0. 1556	《雷村等处地籍名册》
	道光二十四年（1844)	0. 2662	0. 1730	0. 1212	《雷村河西、东鱼鳞减明册》
	光绪二年 (1876)	0. 3858	0. 2508	0. 2408	《雷村清豁地粮花名册》
朝邑县广济村	道光五年 (1825)	0. 4029	0. 2619	0. 2579	《广济村分户地籍文簿》
	民国三十一年（1942)	0. 4618	0. 3002	0. 3168	《平民县地籍原图》
朝邑县？村北社	同治五年 (1866)	0. 2838	0. 1845	0. 1388	《存北社垦地册》
朝邑县南韩	道光二十六年 (1846)	0. 2366	0. 1538	0. 0916	《赵渡镇南韩畛官册》
朝邑县北韩	嘉庆十年 (1805)	0. 4409	0. 2866	0. 2959	《北韩畛丈册》

（续表）

地　名	年　份	基尼系数			计算依据
		a. 原值	b. 修正值（一）a×65%	c. 修正值（二）a−0. 1450	
朝邑县南北韩	?	0.3290	0.2139	0.1840	《北韩家畛丈册》
	民国十七年（1928）	0.2938	0.1910	0.1488	《南、北韩家畛丈册》
朝邑县东林村	乾隆元年 (1736)	0.4353	0.2830	0.2903	《东林等村滩粮银册》
	民国二十一年（1932）	0.3647	0.2371	0.2197	《东林村地亩册》
朝邑县营田村	同治五年 (1866)	0.2756	0.1792	0.1306	《营男庄四社各藏地册》
	民国二十年（1931）	0.2898	0.1884	0.1448	《营田庄北社地册》
	民国三十一年（1942）	0.2323	0.1510	0.0873	《平民县地籍原图》
朝邑县？村	?	0.4927	0.3203	0.3478	无名地籍册
朝邑县赵渡	民国十七年 (1928)	0.4763	0.3096	0.3313	《东滩丈册》
	民国三十一年（1942）	0.4398	0.2859	0.2948	《平民县地籍原图》
朝邑县？村？社	民国初年	0.2677	0.1740	0.1227	《长畛田块及户主详图》
韩城县张带村	嘉庆十四年（1809）	0.3558	0.2313	0.2108	《张带村黄河滩地鱼鳞册》
潼关县寺南里	道光年间	0.2337	0.2104	0.1787	《寺南里鱼鳞册》
31 组分配的总平均基尼系数		0.3514	0.2284	0.2064	—

题提供了极好的第一手资料。尤其是其中不少村、庄、社往往有若干不同年代的册籍并存，时代连续性强，更对研究该地区中长时段土地关系的发展过程极为有利。为简化篇幅起见，笔者对部分册籍作了不平均度分析，计算出各该册籍中反映的土地分配中的基尼系数。见表 5。

表中所列基尼系数 a 项（原值）系据各册籍所载原始数据（分户田亩数）计算而得。其中近 1/3 数据大于 0.4，近 2/5 的数据小于 0.3，31 组分配的总平均基尼系数原值为 0.3514。与笔者在第二章表 2 中根据土改档案算出的土地分配基尼系数（各县不等，大体在 0.2 上下波动）相比，这批原值似乎要高出一截。然而据此便断言清代（以及民国前中期）土地分配的不平均度比土改前或民国后期更大，就过于轻率了。事实上造成这种差距的主要原因在于两者的统计基础不同，表 2 中的土改档案列举的是按人口计算的土地分配状况，而表 5 所据的册籍列举的则是按户计算的土地分配状况。显然，从统计科学角度看，前一种方法更能说明问题。因为大量事实表明，占田大户的平均人口规模通常都大于无地少地的贫户，因而其人均占田额与后者的差别小于按户计算的差别，换言之，按户计算的“不均度”分析对实际“分化”的程度是有所夸大的。因此我们不能直接以此原值与表 2 中的数据作比较。

而数据分析表明，在一定的人类学背景与家庭—社会类型中，地产的扩大与家庭人口规模的扩大之间的相关性，可以在概率的意义上大致确定，从而对上述“夸大”的程度作出有价值的估算。例如在上文表 4 中，我们可以算出武功县头道塬地带按人计算的土地分配基尼系数为按户计算值的 58.7%，绝对数值小于后者 0.1586；二道塬地带则分别为 68.32% 与 0.1425；[1] 从关中土改档案中也可算出 [2]，整个渭南专区的以上两项数值为 59.75% 与 0.13。还可以举其他的例子来加以对比（此处从略）。总之，就关中而言，如果假定在我们考察的这段时间内，农村家

[1] 见表 4，计算如下：$\frac{0.2256}{0.3842}=58.7\%$，$0.3842-0.2256=0.1586$，$\frac{0.3073}{0.4498}=68.32\%$，$0.4498-0.3073=0.1425$

[2] 据渭南地区档案馆地委全宗，96：21 卷数据，算得渭南 13 县基尼系数为 0.1924（按人）与 0.3221（按户）。

庭—社会类型并未发生什么具有人类学意义的重大改变的话（这一假定符合人们通常的认识），则以百分比计，按人口分配的基尼系数一般为按户分配的基尼系数的60%—70%，以绝对值计，在中等分化（基尼系数<0.5）以下区间内，按人口分配的基尼系数一般比按户分配的基尼系数要小0.13至0.16的幅度。我们可以各取这两个区间的中值作为修正系数，在原始地籍没有按人分配记载的情况下，根据a×65%与a−0.145两个公式取基尼系数的两组修正值b与c（b与c之差可视为模糊区间），从而把按户分配的不均度近似地换算为按人分配的不均度，再与表2中的相应数据作比较。

从表5中可以看到，经过如上换算之后，这31组分配的基尼系数两项修正值中有近半数在0.2以下，另有1/7强的数据超过0.3，其余近2/5在0.2—0.3之间，31组分配的总平均基尼系数修正值为0.2064—0.2284。与土改前关中土地分配状况（基尼系数，在渭南一期土改区为0.2218，二、三期土改区为0.1973，宝鸡专区为0.2284）几乎相同！就其中同一地区具有几个时间断面数据的加里庄、步昌里、南乌牛、雷村、广济村、北韩家、东林村、营田庄等处而言，它们在数十年乃至两个半世纪间土地分配状况不断有所变化，但并无越来越趋于集中（“兼并”）的长期趋势。其中加里庄、步昌里、东林村、营田庄等地最晚的数据与最早的相比，不均度有所下降，雷村、广济村则有所上升，但无论升降都并非连续不变，而是呈波动状，并且除个别情况外都在较平均的或低分化的范围内。总而言之，在这些册籍所涉及的地区，自康熙迄民国的二三百年间，土地分配状况虽然是因时因地而各异，但地权分散这一特点是较明显的，它既为所涉各村、也为所历各时所共有。显然，这些地方的农村主要由自耕农构成，地主与租佃关系均很少，这一特征至少在入清时已然。

以上册籍虽仅限于关中东部数县，且有部分是残簿，有的还有某些特殊背景，但如果把它们视为随机抽样的话，有清一代直至民国关中土地分配的大致面貌还是可以略见一斑的。最谨慎地说，关于“土地兼并”

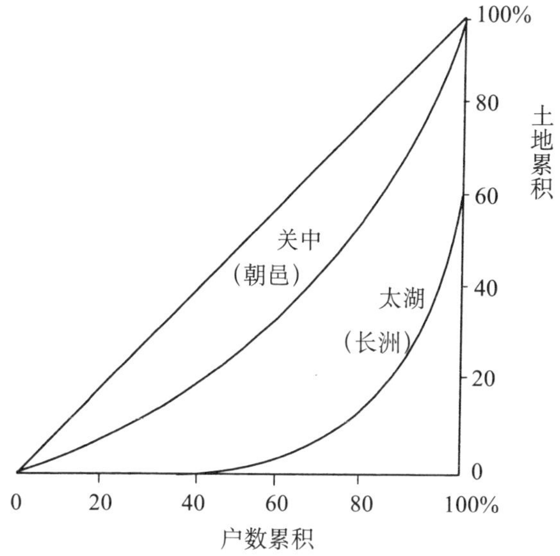

图 3

的传统理论起码不能为这些抽样所证实。我们还可以把这些抽样与同样也是随机地幸存至今的其他模式的样本材料做一对比。图 3 在同一坐标系中给出了关中（以朝邑县加里庄为代表）与太湖流域（以长洲县某地为代表）在清代的地权分配的洛伦兹曲线[1]。必须说明的是，由于原册籍中无人口资料，两条洛伦兹曲线都依据按户分配数据绘成。由于上文所述的原因，每条曲线单独地看都并不完全符合当地地权“分化”的实际水平，但两条曲线的相对差异却很能说明问题。如果以基尼系数来表示，那么朝邑县一例只有 0.2892（原值，下同），而长洲县一例则达 0.8430。两者之差恐怕比大多数地区的“土改前后之差”还大！然而即使像长洲县的那个例子，正如章有义先生的研究文章所言：“小土地所有者仍然占有土地的 30% 以上”，并无顾炎武所说的“无田者什九，有田者什一”

[1] 朝邑线，据嘉庆十四年《加里庄畛丈册》数据绘；长洲线，据《中国经济史研究》1988 年第 4 期 94 页所载三册鱼鳞簿统计表绘。

之景况，佃户数甚至还略少于业户，佃、业之比平均不过0.98 : 1，“这同顾炎武所说的9 : 1，相差何等悬殊！”

然而关中与太湖流域相比，更是“相差何等悬殊”了。如果对于长洲之例而言，“人们设想的地主所有制支配下地权不断集中的必然性，在这里没有得到证实”[1]的话，那么对于朝邑之例而言，就应该说地主制本身的存在“在这里没有得到证实”了吧！

总之，无论从史料上看，还是从保存至今的地籍资料看，“关中无地主”——自然是相对而言——并不是土改前与民国时期才有的现象，它至少已存在了二三百年了。

三、长畛、土地流通及其他

如果细分一下，清代关中地籍所反映的土地形式大致有两种类型：一是“长畛”田制，这是一种十分规整有序的狭长形条田制，可以以朝邑县加里庄的田制为典型；另一种是不规则地块制，可以以朝邑县步昌村为典型。这两种类型均有历史悠久的稳定性。如我们比较嘉庆十四年和1942年的加里庄田图，以及光绪十六年步昌里和1942年的步昌村田图[2]，就会不无惊讶地发现，时隔几十年乃至100多年，代跨清、民国两朝，这两个地方的土地不仅分散程度（基尼系数）没有明显变化，甚至连田块组合也是基本如故！

“长畛”或作“长甽”，关中的一些农书常把它的历史渊源上溯到2000多年前赵过在关中搞的“一亩三甽岁代处”之代田法。目前，尚无法判断这种说法有无道理。不过这种规整的田制确实给人留下很深印象。

---

［1］ 章有义:《康熙初年江苏长洲三册鱼鳞簿所见》，载《中国经济史研究》1988年第4期，第91—95页。

［2］ 参见清嘉庆十四年《加里庄畛丈册》、光绪十六年《下鲁坡村鱼鳞正册》以及1942年《平民县地籍原图》（平民县土地测量队清丈组绘）。

由于长畛规整，这些地方的地籍记录模式也与其他地方不同。关中的许多“鱼鳞册”之类地籍不是逐块田地登录“四至”，而是只登录一个大“畛”的“四至”，然后按畛内条田排列顺序（例如从东到西）依次登录各条田的田主、亩积、粮银等，而不再有四至之录。无疑，这种极为规整的土地布局与那种传统观点是不相容的。这种观点认为，自唐宋以后中国土地“自由买卖”、频繁易手，以至耕地经不断分割组合后变得“畸零散漫，不成片段”。据认为这是租佃制发达的原因之一，因为土地交错插花的状况不利于统一经营，却适于分散出租。苟如此，则关中土地的规整布局就应当是“关中无租佃”的原因之一。实际上，不仅长畛田制十分规整，就是不规则地块制，在关中也很少有零分碎割的。以这种地制之典型步昌里为例，光绪年间该里下鲁坡村残册载地283.94亩，分为400块，平均每块0.7亩。[1] 关中西部的地块更大，如武功县，据民国时期马玉麟调查，该县塬区（占县境绝大部分）每坵田平均5.97亩，每户平均有田仅2.5坵多一点。[2]

从这批地籍中还可以得知，关中地区的土地买卖远远没有传统观点所设想的那么频繁，这一点由《下鲁坡村鱼鳞正册》可见一斑。该册籍编成于光绪十六年，系光绪十五年清丈后所立。该次清丈之章程规定：嗣后有田块易主者，须以纸签贴于原主名之上并标明易主之因。[3] 这一规定连同册籍本身至少到民国二十一年（1932年）仍在行用。[4] 40余年之间，全册400块土地上贴签更改情况如表6。

---

[1] 光绪十六年《下鲁坡村鱼鳞正册》，本册田块编号为1102—1501，题为一套数册中之一册。

[2] 马玉麟:《武功县土地问题之研究》，第35464—35465页。

[3] 该章程见霍勤勋:《朝邑县幅员地粮总说》，光绪十九年刊本。

[4] 该册籍上的贴签最晚者为1234号地“李经训民廿年买”，但多数贴签无年代，故尚不能断言其中没有民国二十一年以后者。

表 6　下鲁坡土地转移状况

易主原因		田块数	面积（亩）	占易主田块数百分比	占易主面积百分比	占原田块数百分比	占原土地总面积百分比
购买	a	12	21.153	15.19	31.10	3.0	7.45
	b	34	32.74	43.04	48.14	8.5	11.53
继承		22	16.21	27.85	23.83	5.5	5.71
对换		23	19.06	29.11	28.03	5.75	6.71
合计		79	68.01	100	100	19.75	23.95

说明：a 指标明为“买”者。
　　b 指标明为“买”者与推测为买者之和。
　　合计指“购买 b”项与其他两项之合计。

该册籍所载全部土地总面积为 283.94 亩。在这 40 余年间因买卖而易主的土地最低估计（仅计签贴上标明为“买”者）有 21.153 亩 / 次，占总面积的 7.45%，最高估计（把其他易主原因不明者均作买卖计）为 32.74 亩 / 次，占总面积的 11.53%。如按田块数计，则经过买卖的田块最低估计为 12 块 / 次，占总块数的 3%，最高估计也不过 34 块 / 次，占总块数的 8.5%。按照这种土地买卖的频率计，则全部土地平均被买卖一次的周期长达至少 400 年（按最高估计面积计），乃至千年以上（按最低估计块数计）！设想这一频率会延续这么长时间当然是没有意义的，但至少可以说，与人们喜欢引用的“千年田八百主”之类说法相较，当地的现实土地买卖率在这一时期简直可以视为零！需要指出的是下鲁坡村位于朝邑县城附近，又属于不规则地块制的典型地区，从这两点看该村应属关中土地流通较活跃的地方，如果此地尚且如此，其他地方更复何言！

总之，地块规整，地权分散，买卖率低，这是清代（至民国）地籍资料中所见关中土地状况的特点。上述地籍中虽无租佃率方面的明确记载，但根据以上特点，我们可以推定其租佃率也是很低的。

四、“自然经济的经营地主”与“过密化”问题

与土改前关中民间少量的“大地产”多为“自然经济下的雇工经营”相仿，清代关中在并不发达的大地产中也主要盛行所谓“经营地主”制。雇工比租佃更常见。而雇工经营与“商品经营”之间呈“负相关”（即愈是自然经济，雇工经营愈比租佃更占优势；愈是商品经济相对兴旺，租佃制反愈比雇工制相对活跃）的现象，则似乎比土改以前还明显。

清代关中租佃现象与“陕商”有密切关系。在朝邑县，“本地田产断难敷用，因而农必兼贾，四出奔走，远求衣食，习以为常。往往有地亩专付佃人，家中全数经商者”[1]。在三原县，“阜县富户，全恃贸易，每家仅有墓田数十亩，皆给予守墓之人耕种，并不取租，只令纳粮”[2]。在这类情况下，“陕商”虽不置田产，却多为“小土地出租”者，而地虽出租，家计收入却并不仰赖于地租，因此甚至有不要地租只求佃户代纳税粮的。这样一种情形，当然与通常所说地主制租佃经济大有区别。

而在“陕商”未兴之时，未兴之地，自然经济之古风淳然，民皆亲营畎亩，租佃因之不兴，而雇工反相对活跃。如在民无经商之习的西府诸县，笔者在第二章中论述过的“麦客”现象在明清时代就一直很盛行。在关中三府 40 余县中，有商之习者不过泾阳、三原、富平、朝邑等数县而已，因而上述情况在关中是很普遍的。即使在陕商较集中的几个县，在陕商未兴之时，和因战乱、货币危机等原因而致使商业相对凋敝时，商人们便纷纷撤回关中，经营土地以求自给自足。这时因劳力相对过剩，反而多雇工经营者。因此便有了经济“商品化”伴随租佃化，经济自然化反而伴随雇佣化的“反常”（就传统观点而言）现象。[3]

清代几种关中农书典型地反映了这种“自然经济的经营地主”的行为规律。清前期兴平县人杨屾的《知本提纲》与《修齐直指》，是关中

---

［1］霍勤勋:《朝邑县幅员地粮总说·霍序》。

［2］（光绪）《三原县新志》卷八,《杂记》。

［3］（乾隆）《宝鸡县志》卷十二,《风俗》引《旧志》。

“自然经济经营地主”的理论指南。《知本提纲》提出的经营目标是尽可能完全的自给自足，“四农必务其大全：耕以供食，桑以供衣，树以取材木，畜以蕃生息。不出乡井而俯仰自足，不事机智而用度悉备”[1]。而这“四农”之中的每一项也务必求全，“在耕”的方面，各种粮食果菜药物以至花卉，无不兼植。“九谷之类，多为布种，养赖自不乏矣”，“分地作圃”，“环树桑株，收蚕利而衣帛有出（注：养蚕取丝，以为一家衣帛之薮）；中构庐亭，备花卉而游赏自如；广植杂果以继夫稼穑（注：必取其杂而不拘一种，期于广而不欲寡少）；下布菜蓏，以佐朝夕。”[2]在“桑”的方面，杨屾主张从种桑、养蚕、缫丝直至制衣都在农场之内完成，“丝成而织纴可讲（注：养蚕获效，若织纴不讲，终属无衣），机备而衣帛有出。”[3]在“树”的方面，则要求兼植材木、果木、花药、苇竹，以求“宫室器具之需、果蔬花药之用”也能自给自足，而“苇荻亦切日用；土莳亦同移竹”[4]。最后，在“畜”的方面，要求“大而耕牛乘马，小而夜犬晨鸡，以及驴骡驼只之类”皆为豢养，以便“衣皮食肉”“养体服劳”之需。[5]总而言之，务求万事不赖于人，百物无籍于市，“丝谷倍收，蔬果备茂，衣食并足，俯仰两尽，出作入息，安享升平。”“至于金银为用，乃便民交易衣食器物之术，本饥不可食，寒不可衣，无关于立命之重”，不值得为此“分外营求，徒多扰累”，“角争倾残，究竟身心两苦，自无宁刻。”[6]

同由杨屾著成，乾隆时临潼人齐倬作注，光绪时咸阳人刘光蕡作评的另一部关中农书《修齐直指》，则除了体现自然经济思想外，还突出地反映出当时关中农业中劳动过分密集、边际劳动报酬递减严重的特征。通过超边际的集约化实现所谓“好亩抵十之法”“一岁数收之法”乃至

[1] 杨屾：《知本提纲·农则前论》。
[2]《知本提纲·农则耕稼一条》。
[3]《知本提纲·桑蚕一则》。
[4]《知本提纲·农则树艺一条》。
[5]《知本提纲·农则畜牧一条》。
[6]《知本提纲·农则耕稼一条》。

“二年十三收之法”是该书的基本主张。“好亩抵十之法”据说即历史上所谓的区田法，“隔一区种一区，繁难劳人”[1]。而其效果据实践过此法的户县人王心敬说是“功颇勤，亦只可亩收五六石而止”[2]。除此而外，该书（及其注、评）还介绍了许多其他高度耗劳而边际报酬极低的办法；如“猴井”之法：

> 度井深浅，如井深四丈，则两井相去四丈。井各置一滑车，绠长八丈，两头各系桶，一桶入此头之井，一桶入彼头之井，绳之中间系牛马拽之中。行至此头则彼头之桶汲水而出，行至彼头则此头之桶汲水而出。两头各立一人，泻水于田，一童子牵牛往来行走。较水车费人而价廉。[3]

该书主张“买田不如粪田”（注：若田多粪少，广种薄收，赋税人工又多，其实收谷甚少。可见买田不如粪田）。在扩大耕地面积与提高劳动密集度之间，该书选择了后者。

如果说《修齐直指》与《知本提纲》基本上还是文人说“农”，纸上谈“耕”的话，那么杨秀元的《农言著实》则是一部“自然经济下经营地主”的经营实录。这本用地道的关中三原土话写成的“半半山庄主人示儿辈”之作并不是为出版行世，而是为向农庄的继承人传授实际经验而写的。作为实践记录，它与《修齐直指》等书中的理论模式可以说是高度吻合。

《农言著实》给人的第一个强烈印象是“半半山庄”经济的自给自足性。曾有学者认为该山庄是个“使用长工种植苜蓿作饲料的大农场”[4]。实则该“农场”虽然也种苜蓿，主要还是以粮食为产出之大头。而苜宿、

---

[1] 杨屾：《修齐直指》，见《区种十种》，第 80—82 页。

[2] 王心敬：《区田法》，见《区种十种》，第 57 页。

[3] 杨屾：《修齐直指》，见《区种十种》，第 80—82 页。

[4] 足立启二：《清代华北农业经营上社会构造》，（日）《史林》，第 64 卷 4 号（1981），第 66—93 页。

粮食和农场里种类繁多的其他作物都是为消费，而不是为市场生产的。种的苜蓿根用以喂牛，茎叶收割后堆垛青饲料供自用。粮食实行麦谷二熟制，为求保险并适应多种消费需要，“笨谷要种，稞谷也要种。”麦谷之外，兼种荞麦、扁豆、豌豆、大麦，综观全篇所列农活，与种粮有关者在4/5以上。粮食主要供自家消费，“要过日子，还旧账，纳钱粮，人情门户，一切应酬，都要靠粮食哩！”少量上市的粮食也是从上述各种消费中挖空心思地挤出来的，“上冬来早辰（晨）吃米粥，可以不用饼，有大麦炒熟碾，拌得一吃，午刻做些面食，有余底麦，还能粜了使钱。”这种“商品粮”的生产模式似乎比一般小农还要“传统”。粮食、饲料之外，这个农庄食油靠自种菜子，吃菜靠自种的萝卜、白菜、蔓青等，还自栽果树与用材木，自编笼筐，自打土坯建房，甚至还自割白蒿造火绳……杨秀元认为可以不种的作物只有一种伤地且“不大收成”的芝麻。在这样的经济中，需要购买的与可供出售的同样贫乏，除了购买少量铁木农器和支付雇工报酬的货币部分（可以想见这个部分不会大）外，农庄也没有什么货币支出。通观全篇，自然经济的氛围可谓跃然纸上。

该书给人的第二个印象是劳动的高度密集，其密集的程度不要说为现代农民学中套用“经济人”行为模式的“理性农民”论者[1]所无法理解，比传统小农也有过之而无不及。举例而言，当时三原农民收麦多用大钐镰扫割，工效自远较用手镰握割为高。可是杨秀元却认为：“原上（普通人）多得用杆子（即大钐镰之土称），不肯割，这示为省钱计耳。殊不知杆子虽好，难免不伤麦”，而且据说茬口也高，麦草有所浪费，因而他主张用手镰割麦。“叫人割麦，不惟多收粮食，也可以多积些草。庄稼汉积草屯粮，不其然欤？”这种只求“颗粒归仓”而完全不顾工效的做法在实践中曾使他吃过苦头，如道光二十二年麦收时，因他坚持弃钐用镰，不仅拖延了收获进度，而且误了茬后谷子的播季，“不惟收割之时少收了麦，兼之锄谷之时多费了钱，虽悔何及！”但话虽如此，他那

[1] S. 波普金:《理性的农民：越南农村社会的政治经济学》，伯克利1979年版。

弃钐用镰的大主意却不因此而改变！又如，在当地的长畛田制下，农民收获时用钯搒麦，一般都顺条田的走向而搒，以求工效。但杨秀元却示儿辈云："收麦用钯搒麦，不宜顺搒。东西畛子南北搒，南北畛子东西搒。顺搒多搒不净，横搒则无遗粒矣。"再如，五月锄谷时，他主张"人愈多者愈好，勿以日子（按指日工）价大，吝惜小费而不为也。即或无雨，也要叫人缓缓搒之，天旱误锄谷，往往如此。且常云：'谷锄黄叶豆锄角'，有余工锄谷，何说之辞？"

这个农庄全部土地都实行雇工经营而无出租之说，所雇劳力有"火（伙）计"（长工）、"芒（忙）工""日子"（日工）及"铁匠"等等，庄主本人的经营十分勤勉，据说是"定省外，日与力作人为伍，早作夜休，无间寒暑。虽极细事，亦必躬亲历试，期得当而后快"[1]。劳力投入可谓不少。然而值得注意的是这本农事之书却经常有"无事"的记载，这时庄主便会安排些"无事找事"的活计让雇工去干。如"正月无事，着火计尽行到麦地拾瓦片砖头，丢在地头起全堆……年年如是。久而久之，砖瓦自无……总要年年如此费工"。是不是偌大个农庄尽为古建筑遗址？看来不是，这只是在净化土壤方面精益求精罢了。"二三月内，实在无活可做，或拉土，或铡草，就着两样事了。但此二事除过麦秋二科，若无活可做，就着做此事"。"嗣后无活底天气，九、十、冬、腊，悉照此"。四月"草锄完，实在无事，莫过于拉土。就是冬月亦然。农人无闲日，此之谓也"。六月里唯一的农活是"钓老鼠"，"如有黄鼠巢，用竹钓竿数十根，着火计钓上几天。也必须要主人亲身至地看去。"为的是防止火计闲得瞌睡，"盖夏天炎热，火计或不留心，将钓竿下上，在树下打睡，或黄鼠出来，将绳子咬断跑了，岂不可惜工夫。"对于如此费神的"守株待鼠"之法，笔者初时以为所钓之"黄鼠"或为有毛皮价值的黄鼠狼之类，及询问三原乡亲，才知不过是普通田鼠而已。"钓鼠"之余，"火计无事，定行将大小树木并果木树一齐用水浇到。"九月"秋收以后，本无活做，

[1]《农言著实·杨士果跋》。

即牲口亦闲了。此时正要教火计好好底喂牲口……一地将冻，再无别事”。“冬天无事，或着火计一人打土，或叫人打土。”“腊月火计无事，亦照六月，定行将树木一齐浇上一次。”如此等等，不一而足。

对于此类记载，人们易于理解为精于算计的地主（在这方面不能说他们不讲“理性”）不让雇工得闲。这种理解自然不错，但问题在于上述劳动投入中很多是难有相应效益的。如铡草，杨秀元安排三人一铡，除持铡、递草者外，“再或用一人专心抖擞，一天至少也能收拾二三升麦。”而用“经济人”或“理性农民”的眼光看，“二三升麦”值得花一个劳动日吗？但在该农庄中这恐怕还不是劳动收益最小者。那么，农庄为什么不辞退一些雇工以提高投劳收益率呢？

在中国经济史研究中倡导“过密化”理论的黄宗智先生，曾据冀、鲁两省民国时期的一些材料认为，“过密化”（或译“内卷化”）是租佃制或小农制的现象，经营地主经济不存在“过密化”问题，因为经营地主可以辞退其雇工，而小农却不能“辞退”其家庭成员。[1] 笔者在第二章中已根据关中土改档案指出，在民国时的关中情况并非如此。而现在据清代关中农书看，民国以前的情况同样并非如黄先生所言。像半半山庄那样的“自然经济下经营地主”，其经济中的劳动过度投入与边际劳动报酬递减很可能（至少从该书的叙述看来）比当地的小农还高。而在这样的条件下，其土地产出率则有可能略胜普通小农一等。“以故弗丰种茂。有相之道，乡之老于陇亩者咸愧叹弗如。”这与黄先生所说经营地主土地生产率并不高而劳动生产率则居优势的情形恰恰相反。另外，黄先生把经济“商品化”与经营地主相联系（这与“规范认识”相仿），而同时又把此二者都与“资本主义萌芽”相区别（这与“规范认识”相悖）。以关中情形而论此说只能吻合一半：关中经营地主诚然与“资本主义”无缘，但与经济“商品化”也是未必有缘的。

《农言著实》中交代说：“有熟人平素与咱家做日子活者，看人底忠厚

[1] 黄宗智：《华北的小农经济与社会变迁》，中华书局1986年版，第67—68、161—176页。

诡诈，留与不留，临时斟酌可也。”值得注意的是，这里提出的辞退与否的标准不是农活的需要与否，而是“人底忠厚诡诈”。换言之，不是经济原则而是“道德原则”支配着这种“雇佣关系”。尤其耐人寻味的是，上述交代仅指“日子”（短工）而言，对于“火计”即长工的雇用与辞退，全书无片言只语述及。这对于连用坏的旧扫帚如何处理、马房里点几盏灯、点到何时等“极细事”都不厌其烦地详加记录的本书来说似乎令人不解。看来，对“火计”的辞、雇在这里似乎不是一个问题，至少不是一个庄主的“理性”考虑所及的问题。从书中种种“无事找事”的活计都是让“火计”而不是让“日子”去做看来，该农庄似乎没有辞退“火计”的事。这并不意味着在这里“火计”与主人之间存在着人们通常作狭义理解的那种“人身依附关系”。因为从大量其他文献可知，清代关中的主、雇之间并不存在“主仆名分”。“火计”长留主家看来既非由于他们在法理上处于农奴地位，也非出于农庄经济合理性的考虑，而只是习俗如此而已。对“火计”而言，这与其说是一种束缚，毋宁说更多地像是某种“保护”。然而人们切勿把这种“保护”给浪漫化了。书中明显地反映出主人是不让“火计”有片刻闲暇的，只是那种“无事找事”的派活更多地是出于“不用白不用”的考虑，而很难谈得上有多少效益可言。相比之下，倒是那些把家中小块土地出租（并且不在乎地租多少）而自己跑到外省经商赚钱的“租佃制地主”更带有一点“理性农民”的色彩（确切地说，是带有一点“理性”的即“经济人”的色彩，但很难说是“农民”了）。

至于杨秀元那样的经营地主，如果不是更甚于汪洋大海般的传统关中小农、至少也是与他们一样地属于斯科特所说的“道德经济”[1]、希克斯所说的“习俗经济加指令经济”[2]、或我们所说的自然经济范畴。雇工在这里不是或主要地不是作为劳动力商品，而是作为劳动的自然形态来使用的。换句话说，劳动力在这里与传统小农之对待其家庭劳力投入一

[1] 参见J.斯科特:《农民道德经济：东南亚的叛乱与生计》，纽黑文1976年版。

[2] J.希克斯:《经济史理论》，商务印书馆1987年版。

样，是没有价值的、“不用白不用”的“力气”而已。正如恰亚诺夫所指出的 [1]，在这种情形下劳动力就不会被作为成本要素而在农户的“核算”中考虑，劳动力的使用也不受边际劳动报酬递减与比较效益原则的制约，而是在劳动者的“苦役感”所能承受的限度内只要粗产出大于零就会被使用。

正是这样一种机制，使关中“经营地主”具有引人注目的传统性与保守性。如果说在许多情况下，自然经济的土地出租者阶层总是攻击孜孜求利的农场主们离经叛道的话，那么在关中恰恰相反，“经营地主”及其在理论上的代表（如杨屾等）是以卫道士的姿态攻击那些把土地租与他人而自己全力经商者的“与其逐末于难必，何若返本于正途？”“食出于耕，衣出于织”，“岂不远胜于积金者分外营求，徒多扰累者乎？” [2]“课子弟读书，教妻妾绩纺，督仆隶耕作” [3]，明清间合阳人扬丕孟这幅流传一时的庭联，堪为这些“经营地主”的典型写照。

五、关中模式的若干背景

从以上四节的分析中可以看到，土改前关中的那种封建经济模式，至少在清代已经形成。从清初至民国，关中经历过多次剧烈的社会动荡，明末农民战争与清初抗清运动余波、清中叶陕南白莲教起义的影响、清末的“回、捻之变”、光绪与民国时期的两次大饥荒以及民国时期的战乱等。但没有证据表明这些震荡对“关中模式”有什么根本性影响。

那么“关中模式”在清代与民国几百年间存在的背景与原因何在？深层原因需求诸清代以前的历史，这有待另文探讨。仅就清代而言，从史实上看可以指出以下因素：

---

[1] A. 恰亚诺夫《农民经济理论》，霍姆伍德 1966 年版。

[2] 杨屾：《知本提纲・农则前论》、《知本提纲・农则耕稼一条》。

[3] 党丕禄：《胡孝廉浙江金华府东阳县杨公墓志铭》，载稿本《合阳文征》。

一是自然经济。明清时代的关中，已从汉唐畿辅通达之地，变成了西北一隅闭塞之区，相对自给自足。“浑浑噩噩于铄哉！风之淳而俗之美矣！”“垂白之老，足不履县境，目不识官胥。”[1]“年丰人乐……其民淳淳是也。士之子恒为士，农之子恒为农，所谓不见异而迁也。”[2]“士多兼农，耻于奔竞；农勤稼穑，安分守己……工则拙于制造，不求进步，惟勤夺耐劳是其特色……无富商大贾，商务不甚发达。”[3]“民有先王遗风……敦厚力本，遍满境内”，“齐民专务稼穑，不事纺织，不习商贾，民少生业。”[4]明清以来关中一些地方志的“物产志”中，常坦然书曰：“无特产可述”[5]，“输出者甚微，无足纪”[6]，“无他奇产，产独服食。”[7]尤有甚者，《合阳县乡土志》说：该县“商务无可言者”，出入境商品少得可怜，唯一繁荣的生意竟是鸦片贸易，“每年当不止十万金，此则可为长太息者矣！”[8]

清代关中有几个县（如泾阳、三原、富平等）以出商人著名，号为陕商。陕商在南方各省如湘、苏、川等颇为活跃，获利亦不赀。但他们对关中本地经济却几乎没有影响，在家乡既不兴业，也不置产，唯事奢侈摆阔气而已。所谓“贾虽多,何与于泾”[9]？其实不独泾阳为然也。[10]

当然也有些史料反映清代关中商品经济有所发展。尤其是近来学术界对“规范认识”进行反思，不少论著在否定“萌芽论”的同时盛称“商品化”，对传统的自然经济论提出质疑。关中经济史研究自不能回避之。不过这涉及何谓“自然经济”的理论问题，我们可以另文探讨。这里只

[1]（万历）《岐山县志》卷一,《风俗》。
[2]（乾隆）《宝鸡县志》卷十二,《风俗》。
[3]（民国）《合阳新志材料》（稿本）《习惯》、《实业》条。
[4]（乾隆）《西安府志》卷二十,《学校志》引《富平志》《同官志》。
[5]（顺治）《宝鸡县志·土产》。
[6]（民国）《合阳县乡土志·物产》。
[7]（正德）《朝邑县志》卷一,《物产》。
[8]（民国）《合阳县乡土志·物产》。
[9]（康熙）《泾阳县前志》卷三,《贡赋》。
[10] 参见钞晓鸿:《陕商消费行为初探》（中国经济史会第二届年会论文，油印稿）。

想从史实上指出两点：第一，现实中的自然经济只能是个相对的概念，对考察“关中模式”来说主要是相对于其他模式而言，江南等商业繁盛之地且不去说他，就以同居北方黄土地的邻省山西来比，虽然世有秦晋商人之说，“山陕会馆”之建，其实清代关中农村的商品经济已比山西逊色不少。晋人所作的《马首农言》列专章大谈物价，而前述杨屾、杨秀元诸关中农书却都对物价麻木不仁，只字不提。第一历史档案馆所收刑科题本中，有不少山陕农村租佃雇佣关系的案卷，其中货币地租、货币工酬在总数中所占比重，山西亦远比陕西为高。因此无论对自然经济这一概念作广义还是狭义理解，清代关中农村的相对自然经济化都是无法否认的。

第二，清代关中农村的“商品经济”有相当成分实际属于“卖炭翁”型“商品经济”，甚至是“自给而不足”的“前自然经济”类型。这种经济不仅在广义上实属自然经济的一种形态，而且比之陕北陕南这些更加“自给而不足”的地方来，关中这类经济也谈不上发达，不仅如此，随着历史的进程它还有由“自给而不足”向自给自足演进的趋势。例如关中唐宋以后桑麻之业衰落，而植棉业虽在元明时已出现，大发展却是在晚清至民国时期，因此在这两个时期之间，关中许多县便经历了一个以食易衣的阶段，所谓“诸凡之费莫不取给于一耕”“因衣之费而食已减其半”[1]之说便是这一阶段的特征。然而随着清中叶关中桑麻之业在一定程度上的复兴与清后期植棉业的普及，这个阶段逐渐结束，而棉花发展为一些县大宗输出的商品性作物又是迟至清末及民国之事，因此清中后期的关中农村中，男耕女织的自给自足经济便多少取代了以食易衣的“自给而不足”经济。在此情况下即便从狭义上说，自然经济色彩也有更加浓厚之势。在这时的乡村市场上，以食易衣的交换逐渐变成了“棉布相易”的交换，如清中晚期大荔等县的“翻纺”之俗，“贫家妇女贷棉二斤，纺之可得线三十两，织之可成布三丈余。以所成之布易棉四斤，除归还

[1] 杨屾：《豳风广义》。

所贷之二斤外，是赢棉二斤矣。以此二斤纺之织之，又易棉四斤，以此四斤纺之织之，又易棉八斤，以此八斤纺之织之，又易棉十六斤。棉布相易，生生不已，谓之翻纺。故四五口之家可终岁不买布而着衣不尽。”[1]这种“棉布相易”与“以食易衣”相比，就其目的都是追求使用价值(“四五口之家”之“着衣”)的自足而言，都属自然经济的一种形态，性质上并无不同，但市场形式却有所变化，“以食易衣”时布匹由南方贩来，粮食由县境贩出，是外循环型市场；而“棉布相易”时棉布的产销都在当地，是内循环型市场。从形式上看市场关系是有所萎缩的。

第三，由于全国政治、经济、社会的宏观形势影响，关中的相对自然经济化也有加深的趋势。清前期曾经十分活跃的关中商人（所谓“陕商”）到了晚清便因种种原因趋于衰落。关中一度繁荣的某些商品性地主产业也多每况愈下。如关中东部同川府属诸县的毛皮加工、毡帽制作与贸易，在明清时期曾十分兴盛，产品远销四川等地，各省商匠云集大荔羌白镇等一批“工商业中心”。但好景不长，清后期已趋于凋敝。“十余年来商贾不至，裘侩亦十亡二三，羌白镇之懋迁衰矣。”[2]

因此，无论就绝对量而言关中农村商品经济在这一时期是否有所增加，相对自然经济化的加深是无可怀疑的。自然经济对农业中“关中模式”的作用是多方面的。一方面自然经济本身意味着作为商品的地产流通速率低下，民间经济性分化迟缓，阶级分化难以对“等级分化”取得优势；另一方面，商品性农业的缺乏和与农无关的“商利”并存，更使人不愿投资于土地，使地权更趋分散。清末民初的肖钟秀，就把合阳县“人乃以田多为累”的原因归之于山西商品粮市场的萎缩：

> 合阳无他大宗特产……盖特为粟类之出产场而已。而向者以山西为输销之尾闾……故虽丰穰之岁，粟价不至甚贱。每石常可四五金，而农不病。农不病则视田益贵。……戊寅以后户口大耗，山西

[1]（道光）《大荔县志》卷六，《风俗》。
[2]（道光）《大荔县志》卷六，《物产》。

民食无所待于泛舟之粟，于是输出之路绝。重以铜钱缺乏，银价日低，凡农所资，人工牛马与夫铁木器具无不腾贵倍蓰，而粟独贱，每石不过一二金，终年之需不足取偿，而人乃以田多为累。……由是观之，受困于粟类之无销售场，其实情矣。[1]

这种见解把一种中长时段的历史趋势归因为“戊寅以后”的局部事变，不免肤浅。不过商品性农业的缺乏与乡村经济自给自足化对地产投资的阻抑，确是“关中模式”诸因之一。

自然经济之无助于土地商品化是很明显的。但对关中来说，更重要的是传统宗法共同体对土地所起的凝固与调节作用。从直观上看，关中的“长畛”田制很容易使人联想起前近代欧洲那种以重分或不重分的条田和连环保为特征的村社田制（俄国的米尔，日耳曼的马尔克等），巧的是凡关中实行长畛制的地方，“社”的组织也的确很发达（不实行长畛制的地方也有“社”，但似乎作用没有那么大）。清代关中的许多地籍册都是按“社”编制的，有的还明显以“社”为征收赋税的单位。如朝邑县加里庄在清嘉庆年间共有地5400亩，其中就有5240亩属于东、西、北三社。而大部分畛地均是按户平分，恰如“份地”一般。[2] 事实上，关中沿黄、沿渭以至沿泾地区因河道摆动、漫滩，时常造成土地重分，或者发生社际、村际、县际乃至省际土地纠葛，“社”在进行重分与处理纠葛中起着重要作用，也因此才能长期保持规整的条田体系。

即使在没有长畛的地区，“社”与宗族组织对土地的干预能力也很强。关中可以看到这样的情况：某一时期内某社某姓的几十个村民“不约而同地”“分别”向另一社另一姓的几十人出卖土地。如宝鸡县南臯村西社王姓在1946年前后分32起向东社赵姓“出卖”土地120.3亩（每起卖地额最高9.25亩，最少0.8亩）。1930年前后西社白姓又分9起向同社车姓村民“出卖”土地182.7亩（每起最多10亩，最少1亩）。尽

[1]《合阳县乡土志·物产》。
[2]（嘉庆十四年）《加里庄畛丈册》。

管这些买卖都以个人名义成交，但显然决不会是个体私有者间真正的“自由交易”。笔者所见清代关中卖地契照例都写明：“如有房亲族人说话者，有卖者一面应承”[1]，这也说明族人对这种交易是有“说话”权的。

关中民风有所谓“父兄弟，一罹法网，辄救护，必脱乃已”[2]。宗族关系方面，关中没有南方那种法典化的族规、财力雄厚的祠堂族产与足以向政权挑战的族权，但有着远比南方发达的按宗族关系向国家集体承当差役的连环责任制。清人“摊丁入亩”以后，关中许多地区实行所谓“地丁属地，差徭属人”，“属人之中，宗法寓焉。故一问某大族之里甲，即生长分、次分，与同姓不同宗者之关系，或分甲分里分乡，而次序依然不紊，亦不可谓毫无优点也。”[3] 民国后提出改属人为属地，但实际上直至40年代，宗族连环责任制仍在许多地方延续。集体责任对个人责任的制约必然相应地产生集体权利对个人权利的制约，强化共同体的干预能力。

最后也是最重要的，是国家——实际上也是最高一级的宗法共同体——权力的影响。明清时代，苏松重赋为天下之最，而关中重赋则堪称北方之最。明清之际方孝标曰：“江南、陕西、湖广……三省者财赋之重区也。”[4] 所谓陕西，主要指西、同、凤“关中三府”而言。明人吕柟云：“即今西安之地，北有郑白诸渠，故其地称陆海，税额独重于他郡省也。然渠堰未通，虽通不均，而征如故，如之何民不贫且逋哉？”[5] 在关中内部，最富庶的一些县承担的赋税更是重中之重，如渭南县，“渭南（土地）不当汉中二十之一，……而赋益汉中一郡。……民之贫，以税之多。”[6] 不仅如此，明代陕西又与湖广、河南号为诸王府建藩最多的三省

[1] 宝鸡市公安局档案室：“伪财政科”第35卷，第53—57页；“清政府”第7卷，道光—光绪年间地契。

[2]（万历）《岐山县志》卷一，《风俗》。

[3] 范清丞：《合阳赋役沿革略》。

[4] 方孝标：《纯斋文选》卷一，《实迹纪略序》。

[5]（万历）《陕西通志》卷十一，《水利》。

[6]（顺治）《渭南县志》录《旧志·序》。

（这点与例不建藩的江南不同）之一，无端又添一层负担。特别是明代王府号称有“钦赐”庄田动辄数万顷，实际并非果有如许之田，而往往是把如许之田在理论上应出的“庄租”，摊增于诸县田赋之中加征得来再拨给王府的，陕西在这方面尤为典型。在这种情况下所谓赐田实为增赋，而赋税又是按地征派的，人若无优免之特权，则赋愈重愈不敢多有其地。今人往往以王府之例论证明代之“土地兼并”，其实王府之咎更有远大于此者，而在某种情况下，王府之滥设实际上是“阻碍”土地兼并（自然是指平民中的“兼并”而言）的！

入清以后，关中重赋不仅未减，反有变本加厉之势。如合阳县清初田赋即由明万历年间的平均每顷白银3.18两上升至4.192两，丁银总额由3072两升至7600两，即翻了一番多，而每年额派银更由298.2两剧增至6084.4两，为明之20倍有余！[1]

对富庶地区实行重赋苛敛，体现了中央集权制封建国家一种“平调”传统，这种“平调”一方面人为地剥夺了富庶地区的优势，使其难有出头之日，另一方面在这些地区内也抑制了民间富庶阶层的崛起——假如他们没有特权（尤其是优免权）的荫庇的话。而正是在这一点上，明清的关中不仅有别于作为全国中枢而冠盖连云、权贵麇集的汉唐关中，而且也有别于同时代同为“财赋之重区”的江南与湖广。因为这时已不同于门阀时代，除少数世袭勋贵外，以科举取功名而获得优免权的缙绅阶层已成为权贵的主体。而关中自五代后不复为政治、文化中心，人才结构出现了极为突出的“武盛文衰”，缙绅阶层因而远不如江南、湖广为发达。如合阳，宋以前曾是“人材鼎盛”之地，而万历年间县令刘应卜却叹道：“访人文盛衰，匪独甲第寥廓，乙榜不见收者已七科矣。”[2] 朝邑在关中素称文化发达，但入清后亦有“科名不盛”之说[3]。文化地理学家陈

[1] 分见（万历）《合阳县志》卷三；（顺治）《合阳县志》卷三；范清丞：《合阳赋役沿革略》；肖钟秀：《合阳县乡土志》。

[2] （顺治）《合阳县志》卷二，《庙祠》。

[3] （咸丰）《朝邑县志》卷上，《建置》。

正祥先生曾以武功与钱塘两县为代表，对比了关中与太湖流域缙绅盛衰的变迁，如表 7 [1]。

表 7　历代中进士人数统计

人数　朝代 地区	唐	宋	明	清
武功（代表关中）	14	7	2	0
钱塘（代表东南）	0	82	155	270

他举的这两县无疑是极端的例子，作为整体，关中与江南的对比没有如此惊人，但总趋势的确如表所示。在极为沉重的土地税下，又缺少一个享有合法（或合惯例）优免特权的庞大缙绅阶层，土地之难于集中就势所必然了。江南重赋而缙绅多，故田多归于“产无粮，身无徭，廛无税”的缙绅；关中重赋而缙绅少，黑道之权贵（所谓“恶霸”）又往往不以土地为其权势的物化形式，宜乎“人乃以田多为累”了。平民地主不胜重赋之困，“即富者，罄其所获以输，至苦矣。”[2] 由此便形成了明清以迄土改前（如上一章所述）关中普遍存在的一个传统：积累欲贫乏症。这在关中农村各阶层中都明显存在，对一般人来说，“民亦不甚爱土”，“视田若浼焉”[3]，“昔之产在富，今之产在贫”，“劝令买地，多以为累”。对少数平民地主来说，则奉行在有限土地上高度“过密化”投入劳动的经营方针，而不轻易扩大地产。对于“陕商”而言，则一方面在工商业领域见好就收，奉行“人贵知止，有足富者，非可以必终，何日仆仆然毋有已期也”[4]，“财取足用而已”[5]，“财不贵积”[6]，“苟可以足日用……夫

[1] 陈正祥：《中国历史文化地理》，三联书店 1983 年版，第 48 页。

[2] （顺治）《渭南县志》卷五。

[3] （康熙）《泾阳县前志 · 贡赋器》。

[4] 康海：《康对山先生全集》卷四一，《咸宁李处士墓志铭》。

[5] 康海：《康对山先生全集》卷三四，《封承德郎吏部文选清吏司主事马公墓碑》。

[6] 马理：《奚谷田文集续》补遗。《来槐事封君墓志铭》。

何以厚为哉”[1]的哲学，其资本积累规模远不如晋商、徽商以及江浙湖广诸商邦，一方面也不在家乡置地产，“千金之子身无寸土”，“家资巨万，无一陇之殖”，而仅以挥霍（包括交结官府及转向科举之费）为能事，形成了关中“商贾多不量力，竞争事奢侈，外似富而内无深藏”的风气[2]。所谓富平“商习……少余即出……作富贵状”[3]，“十金之子，即耻布衣”，“裘马绮罗，充塞街衢”[4]，“习侈善享……得分银尺布，则置酒弗计蔬馔，召倡优好，弹弦踏蹦，不辟长老”[5]云云，就是其生动的写照。这种与西方的视积累为“天职”的所谓“新教伦理”恰好相反的传统延续到土改前，便出现了笔者在第二章中提到的借债“大吃大喝”的“齐镇现象”。

多年来，我国学术界多以与“租佃制”相联系的“商人地主化”为我国历史上一大弊病，认为“以末致富，用本守之”的传统，使得工商业的资本积累无由形成。然而，倘若富人们不仅不愿积累工商业资本，甚至连地产也不愿积累了，除了奢侈挥霍化，他们唯一所乐于“积累”的便是权力，那社会又将如何呢？对此问题，关中可为一标本。无权势者当不了（或很难当）地主，有权势者又不屑于或用不着当地主，这大概是关中地区有些历史的现象了。实际上，“以末致富，用本守之”在我国经济史上恐怕只是个表象，或者只是个次要的“传统”，真正的传统则是无论以本还是以末致富，都要“用权守之”——如果不是“以权致富”的话！历来我国的土地就不是（或主要不是）“按资分配”，而是“按权分配”的，最有资格当地主的并不是商人，而是权贵，或用前引马玉麟的话说是那些“特殊地权者”。有权势的江南缙绅兼并土地，无权势的关中“陕商”不置田产，都不过是这一“传统”的不同表现模式而已。[6]

由于土地税之沉重有如地租（但它的基础却不是所有者的权利而是

---

［1］康海：《康对山先生全集》卷三六，《封承德郎刑部主事张公墓志铭》。
［2］《古今图书集成·职方典》卷五〇三，《西安府部》。
［3］（万历）《富平县志》卷九，《习俗》。
［4］（康熙）《泾阳县前志》卷一，《地理》。
［5］康海：《康对山先生全集》卷十九，《风俗论》。
［6］参见拙文：《古典租佃制初探》，载《中国经济史研究》1992年第4期。

统治者的权力)，人们的产权观念又十分模糊，因此明清以来关中人对于“国有地”与“私有地”“赋税”与“地租”的分别，常常是含混不清的。如前所述，明代关中就曾把王府的“庄租”摊入赋税中征收。清乾隆元年朝邑知县冯尽善署《东林村等十四村社庄镇滩粮银册》中，各分项下一会儿称“滩租银”，一会儿又称“滩粮银”，而合项皆总计为“滩粮银”。《加里庄畛丈册》中有“无粮地”若干顷亩应于何时“起租”之记载。武功县境内的“渭南三厂号”一带据说是官地，民国初年正式“售于民”，然而在文件中时而称耕者为“佃户”，时而又称为自耕农，时而称所收为“租课”，时而又称为田粮，而“省方有令升科之说”，土地学者对此也搞不明白。[1] 这与江南租佃制下“佃户交租、业户完粮”的明显区分很不相同。总之，在关中，统治者的权力与所有者的权利界限不清，因而统治权产生之“赋”与所有权产生的“租”亦似异而同。对于关中人来说，反正是无权势的要向有权势的送东西（不管叫“租”叫“粮”），小民要向官府送东西就是了。而对于关中的“父母官”来说，这就叫“夫民父母视民之财犹己之财而节缩焉，奈何称不便哉”[2]！同时，在小农、小地产盛行的关中，传统的平均主义也就有了特定的模式：地权平分并不是主要问题。明末李自成据说有“均田”之倡，其实殊堪怀疑，而其在关中所行者惟计亩征税而已，史有明证。[3] 清末同盟会纲领有“平均地权”一句，而传到关中后，陕西同盟会却将其改为“土地国有”[4]，这或许也是地方特色吧。

---

［1］ 马玉麟:《武功县土地问题之研究》。

［2］（顺治）《合阳县志》卷三《食货》引知县叶梦熊语。

［3］（顺治）《麟游县志》卷三上《田赋器》。

［4］ 兰草编:《历代名人祭黄陵》，陕西人民美术出版社 1987 年版，第 52 页。

六、关中模式的经验意义与逻辑意义

行文至此，可能有人要问：你说的“关中模式”从宋元明清一直讲到土改前，可是土改前的封建社会毕竟已不是纯粹的封建社会了！难道那个时候的商品经济、城市工商业和近代以来的中国的种种变革对它就毫无影响？

影响自然是有的，不过本章的目的在于从逻辑上对宗法农民及封建社会进行类型学分析，而不在于从直观上描述关中农村的所有细节，因此近代因素在研究的抽象过程中可以舍弃。实际上，科学中的任何纯粹类型都是从浑沌的表象中用逻辑方法抽象出来的，它与现象并不完全吻合，然而可以反映现象中本质的规定性。从马克思研究社会关系时使用的典型化方法，到当今西方社会学界流行的韦伯的理想类型方法，都建立在这一基础上——虽然对于抽象出什么、舍弃掉什么，它们有各自的价值标准。

事实上，与以自然经济下依附性的宗法小农汪洋大海为主要特征的“关中模式”相区别，我们还可以找到其他许多封建社会的具体模式。外国且不谈，我国东南地区就存在着商品经济相对发达而地主—佃农制占压倒优势的另一种模式，其中尤以太湖流域为中心的江浙地区为典型。这里的农民不仅在很大程度上卷入了地区、国内市场，还在一定程度上卷入了国际市场。而另一方面，这里从宋元以来自耕农日趋消失，土地异常集中，而且地主土地几乎都出租，很少或几乎没有“经营地主”，所谓“吴中之民，有田者什一，为人佃作者什九”[1]虽然已被近来的一些实证分析证明为夸张之说，但民国时的一些统计表明那里的土地租佃率常达 90% 左右，与关中形成鲜明对比，我们可以称之为“太湖模式”。

同其他地区一样，现在已有不少学者就以往对太湖流域农村中地主制的过分强调提出质疑。如樊树志先生认为：“根据农村调查资料，苏

[1] 顾炎武:《日知录》卷十。

南地区地主占有30.87%的土地，富农占有6.54%的土地，而中农、贫农则占有50.51%的土地。上海更胜苏南一筹，南汇、川沙、上海三县，地主占有土地分别为13.29%、14.98%、18.00%，富农占有土地分别为11.84%、6.45%、13.29%，而中农占有土地达44.78%、40.12%、40.30%，贫农占有土地也达22.37%、18.19%、18.03%。”[1] 这组统计反映的地主制比重比民国时期多数官方统计反映的还低，似难令人完全置信。不过“土改统计”对地主占地往往有所夸大，则不只苏沪为然，樊先生的批评应该是有道理的。

尽管如此，从明清时人的一般论述与民国时期一些权威性调查（如前引农村复兴委员会与满铁庶务部的调查）看来，太湖流域农村租佃制不论绝对量如何估计，相对来说它应属全国最发达最典型之列。因此我们把它从逻辑上设定为与“关中模式”相对的另一极是完全可以的。

在理论分析中，“关中模式”与“太湖模式”已经抽象为一种理想类型，它与现实的关中农村与太湖农村并不完全等值。关中农村中可以有“太湖模式”的成分（关中并非完全没有商品经济与地主租佃制），反之，太湖农村中也保留着“关中模式”的因子（太湖地区也不是没有自然经济的成分，宗法式自耕农也并未完全消失）。而关中、太湖以外的我国封建农村，如果把少数民族土司地区除外，也基本上可以视为这两种模式的综合。大体而言，华北的关中模式成分大一些，华南华中太湖模式的成分大一些。然而，我们过去的中国封建社会概念和农民概念基本上只是建立在太湖模式基础之上的，诸如西方的农民是农奴，中国的农民是佃农；西方是庄园制，我国是租佃制；西方封建主是贵族领主，我国则是“地主、工商业者、高利贷者三位一体”；西方是农村公社，我国则是土地自由买卖；乃至把社会矛盾归结为地主与佃农的矛盾，把社会危机归结为“两极分化”“土地兼并危机”，并从中导出西方发展而中国停滞的种种因果解说等等，莫不以太湖型的社会为依据。

[1] 樊树志：《关于地权分配与地租率统计失实问题》，1990年上海“社会科学计量研究方法讨论会”论文提要复印稿。

然而这类解说是否成立？“关中模式”的提出至少指出了这个问题。

对于关中模式，人们首先会关心它的经验意义。这一模式在统计意义上是个无足轻重的、偶然的与罕见的例外吗？在中国历史上或在封建社会范围内，关中型的或准关中型的结构占有什么样的地位？换句话说，关中模式在前近代社会研究中有怎样的经验价值？

这个问题很难准确回答。众所周知，我国历史上除与赋役有关的统计外，社会统计资料尤其是可信的资料不多，全国性的这类资料则几乎没有。因此我们无法说关中式农村在全国究竟占百分之几，但是我们至少可以说，关中模式在我国封建社会各个时期都并不是偶然与罕见的例外，它是有重要经验意义的。

近年来全国不同地区近代经济史与农村史统计分析的新进展，几乎都表明过去对地主制的强调有不同程度的夸大。如前引樊树志的统计，假如属实而且并非特例，那么它与本书所说的关中模式的差异，实比它与过去所描绘的（乃至顾炎武所说的）那种太湖模式的差异要小。太湖流域本身尚且如此，他处更不必言。

另外，研究土改史的学者也许都知道，土改时我国许多地区都出现过“地方特殊论”。北方一些地区认为本地不如南方发达，情况特殊，故地主少；南方一些地区认为北方土地多，地主都在那里，本地地少情况特殊，故不能与北方并论；甘肃一些地区认为本地土地极贫瘠，故地主多占土地无益，是为特殊；浙江一些地区认为本地土地特肥沃，人多贵之而不愿卖，富人买地难，故地主奇少是为特殊，如此等等。土改时对这些“本地特殊论”大多是从政治上进行批评而不是从实证上予澄清，实际上并不能驳倒这些说法。而“特殊”者一多，便令人疑其多少带有某些普遍性了。

历史上的一些资料也发人深思。我国唯一进行常规性主佃统计的宋朝，主户统计数一般远远超过客户（佃户），与一些文人记载（如“吴侬之野，茅屋炊烟无穷无极，皆佃户也”[1] 之类）对比强烈。过去论者从

[1] 方回：《续古今考》。

某种思维定式出发，往往信后者而不信前者，[1] 现在看来，恐怕对两者都应持谨慎态度，清代地籍与顾炎武所述的差异就很能给人启发。宋朝以外也偶有主佃统计的例子，如乾隆十一年四川什邡县户籍编审，在籍共6086 户中，主户 5908 户，佃户仅有 180 户。[2] 即使考虑兼佃因素，也改变不了该县的“关中”色彩。

民国时期除官方或有政治背景的非官方调查外，还有一些学者为学术目的进行的实证分析，其中也有不少关中式或准关中式的实例。如“乡村建设派”一些学者在山东邹平等地的调查，以及李景汉先生的定县社会调查 [3] 等等。据李先生的调查，二三十年代定县地权分配的不均度并不高，自耕农在农户中占绝大多数，佃、雇农都很少，而且据说自耕农仍在增加而佃、雇农仍在减少中。这些学者的基本理论及他们根据这些调查所得出的结论（中国非封建社会、无需民主革命等等），是本书不能同意的。但对这些调查资料本身，对这些受过近代实证社会学严格训练的学者们提供的统计，人们不能置之不理。统计者的立场与思想倾向会不会影响统计的客观性呢？当然不能排除有此可能。但显然这并非主要。因为我们在档案中看到，由同样一些人几年后在四川的调查，得出的结果完全是“太湖模式”的。如巴县三峡乡佃户占 90%，自耕农、半自耕农仅分别为 4% 和 6%；合川县佃农占 88%，自耕农不过 4—5%。[4] 他们并没有因“立场”问题而掩饰这些地区的高租佃率。因此我们只能认为华北农村与四川农村确实是不一样的，关键只在于如何理解这一事实。[5]

实际上，能证明“关中模式”的经验意义的材料还可列举许多。我

---

[1] 宋代户口统计之弊中，有压低客户比率的因素（如无产税户），但也有抬高客户比率的因素（如“诡名挟佃”）。过去有的著述为了强调宋代客户多，只指出前一因素而回避后一因素的存在，这是不合适的。

[2] （民国）《什邡县志》卷五，《食货·户口》引史志。

[3] 李景汉：《定县社会调查概况》，北京大学出版社 1933 年版。

[4] 中国第二历史档案馆：第 236 全宗，42 卷，《考察四川各县报告》。

[5] 近年来我国经济史家对华北农村的再研究已经在很大程度上回到了当年那些学者指出的事实，即肯定了华北地区自耕农占绝对优势。参见史建云：《近代华北平原自耕农初探》，载《中国经济史研究》1994 年第 1 期。

国老一辈马克思主义农民学家陈翰笙等人，以及当代日本学者旗田巍、吉田浤一、美籍华裔学者黄宗智等在不同场合都曾指出近代（包括民国）华北农村主要是自耕农的汪洋大海。至于古代，至少在晚唐改行两税法以前，自然经济下专制国家控制的“自耕农”（“关中式”的农民）作为中国农民的主体应该毋庸置疑，否则在逻辑上我们就不能解释那种“以丁身为本”的征发制度何以能够运转这么多个世纪，以及晚唐以后的这种制度的运转何以变得困难起来。尽管在这些世纪里关于“并兼之徒”横行于世、贫弱之民地无立锥的记载史不绝书，但我们很难把一种统计概念建立在这种以“抑兼并”为天职的专制国家及其文士的形容性描述之上，而无视其基本征发制度所必具的逻辑前提。宋元以来，“太湖模式”的比重增长，但对此仍不宜估计得过分，否则我们将不能理解以抗粮抗差（这些主要是自耕农的负担）而不是抗租为目的、以反官府反朝廷（它们并非佃农的直接剥削者）而不是反地主为旗帜的农民战争（典型的如明末农民战争）为什么仍屡次发生并有如此浓厚的社会基础。史学家王毓铨先生曾说他有个总体印象：“全国统一在一个朝廷之下的时候，尤其是统一在一个强有力的朝廷之下的时候，‘自耕农’的数量多于私人佃户，至少不少于私人佃户。就地区讲，大江以南汉族地区多佃户，尤其是江南苏松。大江以北黄河流域多自耕农，而且基本上是自耕农。”[1] 这一估计是有道理的。

总之，“关中模式”的经验意义不可忽视。

尽管如此，笔者并不想在这里与强调中国封建社会的“太湖式”特征的论者过分争辩，而宁可假定他们是对的（在某些时期某些地区他们也确实是对的）。因为在我们看来，由于“模式”在这里已抽象为一种逻辑结构，所以从经验意义上去谈论我国农民是关中型的多还是太湖型的多，对我们的研究本身并不重要。因为，本书提出“关中模式”的目的并不是想要证明封建社会必须是或主要是“关中式”的，而只是想证明

［1］ 王毓铨：《莱芜集》，中华书局 1983 年版，第 363 页。

封建社会（或社会中的封建关系）也可以是“关中式”的，亦即不一定都是“太湖式”的。

显然，要证明前一个命题，关中这一经验事例固然远远不够，而再多的事例也未必有多大意义。这正如你既使看到一万只天鹅是白的，你也不能在逻辑上严格证明“所有天鹅皆白”一样。而要证明后一个命题，有关中这一个经验事例（如上所述，事实上远不止这一个）也就够了，这正如你只要发现一只黑天鹅，就足以证明“天鹅也有黑的”，亦即证伪“凡天鹅皆白”这一命题一样。笔者以为，“关中模式”对封建社会理论研究的意义主要不在经验方面，而在于逻辑方面。即它可以证伪“封建主义的基础是地主土地所有制”或“封建生产关系就是地主占有土地收取地租以剥削佃农的关系”这类举足轻重的传统论点，从而为我们重新认识封建社会、重新认识封建主义的本质规定性、进行封建社会形态学的理性重构打开逻辑思路。

现代社会学中的模式分析不同于传统的个案描述之处就在于，它不仅是一种经验概括，而且是一种逻辑建构。而在后一意义上各种模式（不论其在现实经验中的统计比例如何）应被看作是平等的。例如，过去对社会主义模式的研究中，人们曾提出“南斯拉夫模式”（以及其他模式），其意义并不在于类似南斯拉夫那样的社会主义国家究竟有多少，而在于它能证明社会主义未必都像苏联（所谓“斯大林模式”）那样。因而它也就能启迪人们去重新认识社会主义。如果说在分析此模式之前，人们只知道社会主义就是高度集中的指令性计划经济的话，那么在此之后人们就不能不对社会主义进行重新定义了。

“关中模式”的意义也是如此。笔者无意、也不可能证明封建社会都像、或大部分像关中那样，但只要证明封建社会也可以像关中那样，则我们就在逻辑上面临一个封建社会再认识的过程。从科学哲学的严格逻辑来说，有限个数的事例不可能证实、只可能证伪一个全称判断命题。一万只白天鹅不足以证明“凡天鹅皆白”，但一只黑天鹅就足以表明“凡天鹅皆白”之不能成立。那么，对“关中模式”的研究可以成为封建关系理论研究中的一只“黑天鹅”吗？

不管人们对此作何看法，重要的是，对关中模式与太湖模式的分析在逻辑上给我们的封建社会理论与农民理论提出了一系列无法回避的问题：

1. 即使说关中模式只是个特例，那么这个特例是不是封建社会（前资本主义社会）？如果说不是，那么它是什么？

2. 如果说是，那么在什么意义上、什么程度上可以这样说？例如，我们是不是可以在“关中农村并非完全没有大地产与租佃关系”这一意义上把它定义为封建社会？如果不是，则关中何以谓之封建？而大地产、租佃关系与封建社会还有必然联系吗？如果是，那么我们是否可以认为像关中那样自然经济、依附人格占绝对优势的宗法社会因为相对少有地主的大地产与租佃关系，因而封建性就比地主制与租佃制极为发达但农业商品化及卷入市场经济与货币关系的程度更深的太湖型社会更少呢？

3. 如果对上述问题予以肯定的回答，即承认关中模式的封建性比太湖模式要弱，那么在逻辑上我们就要回到“梁漱溟悖论”去了，在多少具有关中特点的北方许多地区，反封建的民主革命是否还有必要？何以民主革命正是在北方首先取得胜利，然后才有“百万雄师过大江”之壮举呢？

4. 相反，如果我们否定上述提法，即承认关中模式比太湖模式离资本主义更远，或者说封建性更强，那么，假如使太湖型农村的地主制与租佃制消灭而同时又使商品货币关系衰亡，或者说使“太湖型”农村“关中化”，是否就算是取得了反封建斗争的“彻底胜利”？假如说是胜利而不“彻底”，那么是否不但消灭大私有制，而且把“可能分化出大私有制”的小私有制乃至“私有制尾巴”都割掉后，就彻底胜利而不会再有吃封建主义的“二遍苦、二茬罪”的危险了呢？

5. 与此相联系的是对土地改革的理解。我们已指出剥夺大地产并不是关中土改的主要内容，但对于关中以外的、尤其是太湖型的农村来说，土地所有权的重新分配当然是土地改革的主要的、直接的结果。那么我们怎样从总体上来认识土地改革的伟大历史意义？难道仅仅在于它消灭了大地产，即把“太湖型”的农村“关中化”了吗？同时我们又怎样理解土地改革的历史局限性？难道仅仅在于它对富农作了“让步”，没有消灭一切剥削，或者在于它维护了“容易两极分化”的独立小农，因而没有消除吃“二遍苦”、受“二茬罪”的危险吗？

长期以来，我国的确有不少学者谈到土地改革时往往要联想起封建时代“天然首长”们为维护宗法共同体精神或“公社精神”所作的努力，正如俄国民粹派把土地革命的任务看作“复活农村公社”，惩罚“贪婪的私有者”一样。这些学者认为：“我们新中国建立后的土地改革，无论在推行的程度上，对土地兼并的限制上均较唐朝均田制彻底得多。”[1] 按这种说法，土地改革就是“彻底”的均田制、更大“程度”上的抑兼并，而历代的均田、限田、抑兼并之举则是不“彻底”的、“程度”较低的土改。而另一些学者则认为，历代封建统治者是私有者权利神圣不可侵犯论者，他们怎么可能推行这种准社会主义的或至少是民主主义的土改政策，哪怕很不“彻底”？因而历代的均田、抑兼并之举当然只是“虚假的外皮”，是“根本没有实行过的”“骗人”的东西。[2]

然则近代意义上的土地改革与历代“均田”究竟有何区别？仅仅是“彻底”与“不彻底”“真的”与“虚假的”之别吗？

显然，这些问题已超出了关中地区与太湖地区农村史的经验范围。它使我们在抽象—具体—抽象的更深层次上走向理论分析，即对前近代社会的再认识。

---

[1] 胡如雷：《唐代均田制研究》，载《历史研究》1955 年第 5 期。

[2] 邓广铭：《唐代租庸调法的研究》，载《历史研究》1954 年第 4 期；谭惠中：《关于北魏均田制的实质》，载《历史研究》1963 年第 5 期。

第四章

束缚与保护的协奏曲

——封建关系的三要素

一、自然经济与“命令经济”

“自然经济”是我们很熟悉的一个名词，但人们对它的理解差异很大。西方一些经济学家认为“自然经济”就是没有人为干预和调节而听其自然地按规律运行的“自由经济”。这种“自然经济”在我们的术语中恰恰正是与自然经济对立的商品经济。而我们则一般把自然经济理解为自给自足、男耕女织、没有分工、万事不求人的那样一种经济类型。这一概念具有两个特征：一是无剩余，生产仅足以“自给”；二是无交流，经济单位可以“自足”而无须与外界建立联系。这种“自然经济”概念无疑是宗法农民所憧憬的一种理想境界，正如西斯蒙第所描绘的那种“农村的幸福”，“那种幸福、那种安全、那种信赖将来、那种同时保障幸福及美德的独立性，到处都可同样地遇到。靠自己儿女帮助在一小块祖传土地上做完全部农活的农民，既不付租金给任何地位比他高的人，又不付工钱给任何地位比他低的人，他使自己的生产适合于自己的消费，吃自己的面包，喝自己的酒，穿家里做的毛衣和自种的亚麻织成的衣服。”

然而实际上，这样的经济作为一种现实类型几乎是没有的，只有原始公社的经济才真正是“无剩余自然经济”，而任何文明时代的自然经济都是有剩余的，因而它才能使个人对共同体的人身依附异化成为人身奴役。另一方面，与外界“无交流的”自然经济即所谓“鲁滨逊式的经济”，当然也只能存在于《鲁滨逊漂流记》这样的小说中，并不存在于任何可以称之为“社会”的人群中间。

事实上，作为封建社会基础的自然经济都是有剩余，因而是有交流的。而且我们甚至不能绝对地说，这种剩余，这种交流在数量方面一定比任何类型的商品经济少。历史表明，无论在中国还是在西方，封建社会早期的“自然经济化”过程都并不表现为劳务或产品的社会流动量比此前的古典商品经济时代减少了，而只是表现为这种流动的性质即支配它的机制改变了。欧洲中世纪庄园内部在领主权力支配下的社会分工，比通常只有10个左右奴隶的罗马庄园更复杂，中世纪庄园在三圃制与重犁耕作下的剩余产品率也不会比实行“十字耕作法”的罗马农业更低，但罗马时代相对发达的商品货币关系与城市文明到中世纪却严重地萎缩了。我国汉末至南北朝时代那种“奴婢千群，徒附万计”，“闭门成市，有求必给”的大地产内的强制性社会分工，也远比两汉“五口百亩之家”和“率十二夫为田一井一屋，故亩五顷，用耦犁二牛三人”的小型与中型经济之间的自由分工更发达。但战国秦汉时期古典商品经济的活跃气氛到这时却几乎荡然无存，社会回到了不知货币为何物的状况去了。隋唐时代有了规模空前的坊市制大城市与以大运河为骨干的物资运输系统，社会产品与劳务的流动量应当远比汉代要大，但唐代的农民却是“粟可耕而得，帛可织而成，至钱非官铸不行，业于农者何以而得之？”比起汉代农民仅向国家交纳的货币赋税每年每户就达二三千钱以上的情况简直不可同日而语。[1] 唐长安城市规模与人口数倍于汉长安，但商业区却从汉长安的“九市”缩减为“二市”，社会上的自然经济氛围明显变浓了。

可见，封建自然经济最本质的特性，与其说是几乎没有或少有劳务与产品的社会流动，毋宁说是没有或少有商品流通；这种经济与其说是“自给自足”的经济，毋宁说是不自由的经济。它所容纳的劳务与产品流动量可能相当大，只是不经过市场渠道，不能以自由人之间等价交换的方式进行，而只能在人身依附的基础上以超经济强制的方式进行。这是由当时人的个性极不发达、人作为自然个体只能以“狭隘人群的附属物”

[1] 见秦晖：《汉代五铢钱的流通数额问题》，载《陕西师范大学学报》1988年第2期。

的形式存在而决定的。所以，封建自然经济的真正含义应该是“自然人”的经济，而就其运行机制来说则是“命令经济”。

在一般情况下，这种“命令经济”所导致的劳务、产品流动是比较分散的，常常是在一个领地、一个庄园、一个村庄甚至一个大家族内形成循环，但在一定条件下（如在有所谓“亚细亚生产方式”色彩的国家中）它也可能高度集中，例如在古埃及便是如此。古埃及的经济是典型的国有的“命令经济”，它的小农决不是严格自给自足、对外独立的。恰恰相反，正是国家以超经济强制力量对生产与分配过程进行组织，进行大规模的劳务与产品调拨，才使古埃及在几乎没有货币与商人的条件下以宏伟的建筑与水利工程、发达的社会分工而著称。古埃及的城市人口与非农业劳动力所占比重之大在当时堪称奇迹。公元前 8 世纪埃及 266 公里长的尼罗河沿岸就有 19 座城市，平均每 14 公里有一座。古埃及农民的“可调拨产品率”（包括劳务）往往高达 50% 以上，[1] 恐怕比我们现在一些地区农业经济中的商品率还高得多。因此不少西方学者认为古埃及的经济不是自然经济，而是人类最早的“计划经济”或曰“农业计划化”。我国明代高度发达的屯田制度与历朝庞大的官工官商也是类似的例子。然而在我们看来这类经济当然不是什么计划经济或产品经济，而是不折不扣的自然经济，原因就在于这种经济中没有自由个性只有人身依附，没有自由人联合体只有宗法共同体，没有真正的计划机制只有“天然首长”的“命令”。

的确，这种本质上是自然经济的“命令经济”与计划经济似乎有些相似。它们都排斥自由商品经济，尤其对于憧憬西斯蒙第式的“农村的幸福”并把计划经济看作排斥两极分化的束缚—保护体制的宗法农民来说就更是如此。俄国农村公社至少从 16 或 17 世纪就存在着强制性的集体耕作“共耕地”的制度，它与赋税征集中的连环保一样为沙皇专制

[1] B. 屈格尔、B. 钦普等:《古代埃及社会史》，剑桥 1983 年版，第 248—249、226—230 页。

服务，并由后者以警察手段予以支持。[1] 在“共耕地”之外的一般家庭份地耕作，也受到公社“命令”的强制干预，这就是所谓“强制耕作（Flurzwang）制”。在此制度下作物品种及面积分配、轮作方式、农活日程及内容安排均由公社硬性规定，农户必须执行这种“计划”。在民粹派看来，这便是“计划经济”了，而社会主义只要把这一机制扩大到全国，使整个经济“从属于一个单一的经济体制，该体制是由单一的管理意志来驱动的”[2]。这里有个原则问题：产品经济、计划体制与自然经济、命令体制的本质区别何在？

应该承认，我们现在还不能从具体实例出发分析“产品经济”的特征，因为它作为完成的形态在今日世界上还未出现。但原则上我们知道马克思设想的那种产品经济是个人全面发展基础上的自由个性的产物，是自由人联合体与每个人的自由是一切人自由的条件的产物，而决不能与人的依赖性或个人成为共同体附属物相联系。反过来说，只可能有与自由个性对立的自然经济—命令经济，不可能有与自由个性对立的产品经济—计划经济。前者是依附性的“自然人”的经济，后者是个性化的“社会人”的经济。正如马克思所说，这种具有发达自由个性的社会化的人，是以建立在交换价值基础上的生产为前提才有可能产生的。因此，产品经济也只能是商品经济极度发达的产物，在商品经济极不发达条件下通过人为取消市场并代之以行政命令而形成的决不是产品经济。

产品经济决不是超经济强制的产物，而是在市场基础上形成的经济结构本身在高技术条件下自觉地模拟市场程序、通过博弈论与线性规划来进行效率优化，劳力、资源配置优化的“预先”调节的经济。其理论模式可以以苏联的数理经济学派坎托罗维奇等人描述的“电子计算机乌托邦”为例，而其现实模式则在“（前）民主德国模式”中可抽象出端倪。由于它需要对经济中无数的子系统各自的供需变量其在生产、流通、

[1] O. 菲格斯:《集体耕作与 19 世纪中国土地公社》,（英）《苏联研究》1986 年第 38 卷 1 号。

[2]《恰亚诺夫选集》，海牙 1967 年版，第 4 卷，第 21 页；第 3 卷，第 163—172 页。

分配、消费的全过程中的相互关系动态函数进行测量、运算、控制，其机制极为复杂，因此不少人认为它是无法实现的。这或许过于悲观，对此我们只能采取走着瞧的态度。但无论如何，假如它将来能实现，那只能是高度发达的信息社会的事。另一方面。由于这种体制的实质是一种“预先修错”机制，它比起通过市场反馈来“即时修错”的商品经济来，将更不能容忍那种为维护“天然首长”的权威而拒绝或拖延修错的体制，所以在理性民主不发达的官僚权贵体制中，连市场机制尚且无法正常运转，更无以谈论什么“产品经济”。

苏联20与30年代曾流行所谓“社会主义自然经济”（“社会化的自然经济”“有组织的自然经济”等等）的理论。这一理论原意在于反对“商品资本主义”即商品经济。它不仅否认自然经济本身必然是封建性的，而且把它的“高级形式”当作社会主义的理想类型，为实现它，要以牺牲商品经济成分来进行“社会主义原始积累”。这当然是一种完全错误的理论。但从另一个意义来说，把早期社会主义国家的经济类型称为“社会主义自然经济”却比称之为产品经济要确切得多。所谓“社会主义”，是指无产阶级掌握了政权，推翻了地主资产阶级统治，因而开辟了社会主义现代化的发展方向。所谓“自然经济”则意味着这一时期还存在着它脱胎而出的封建社会或不发达社会的遗存，严重存在着封建的及宗法农民共同体的因素，其中包括以“命令经济”的形式隐藏在“大生产”外壳下的自然经济因素。毫无疑问，社会主义在自身发展中必须消灭这种“命令经济”，实即变态的宗法自然经济因素的残余。

正如封建自然经济并不排斥超经济强制下的“计划”，即命令一样，它同样不排斥权力基础上的交换或“市场”。事实上，任何严格的中世纪社会都从未完全消灭过市场与商业，而被权力扭曲的“市场”甚至可以在封建经济中表现得十分“繁荣”。阿拉伯世界与我国的封建经济中，尤其是我国封建经济的“太湖模式”中就不乏这种景象。近年来我国在开放搞活的过程中以权谋私现象大量出现，有人便说这是因为商品经济的侵蚀造成了“权力成为商品”的弊端。其实，这种弊端原来就存在于“社会主义自然经济”体制之中，只是由于革命年代的理想主义道德自律使它在一个时期内被掩盖着而没有显露出来罢了。它在改革过程中的泛滥，与其说是体现了“商品经济的侵蚀”，毋宁说恰恰是体现了宗法自然经济势力对商品经济的抵抗与反扑。

总之，作为一种价值理想的自给自足的“鲁滨逊式经济”和以“天然首长”的权力意志为中心的“命令经济”，是封建自然经济的两个方面，它们显示了封建共同体的两个特征：物的孤立性与人的依赖性。

二、宗法共同体的“公”与“私”

在宗法自然经济条件下，人的能力只在狭窄的范围内与孤立的地点上发展，无法形成普遍的社会物质变换、全面的关系、多方面的需求以及全面的能力体系，即使在“命令”体制下存在着物质变换，也是通过人的依附而不是“物的联系”来进行的。这样，人的社会性便因缺乏“物的联系”而无法发展。另一方面，人的个体性又因不能脱掉自然人的宗法关系的脐带而无法形成。在这种宗法联系的基础上又复制出对人身的直接的统治—服从关系。因此这时的人便不是以个体，而是以“狭隘人群的附属物”的形式存在的。由此形成了“中世纪的联合”，即以否定个性为特征的宗法共同体。它在精神上表现为“集体表象”或集体无意识对个人的支配，在政治上则表现为公法关系对私法关系的干预、权力对权利的干预，在经济上就形成了束缚财产关系的形形色色的共同体羁绊。

封建社会存在着“私有制”吗？提出这个问题在许多人看来简直是个笑话！我们从前述斯大林时代形成的封建社会观中接受的是：“奴隶社会”里已存在的“完全的、十足的”私有制，到封建社会又“进一步发展”了。我们在中国上古史中极力寻找那使私有财产突破共同体束缚的人和事并以之作为封建制历史的起点，我们对宋代“不立田制”“不抑兼并”的政策痛加申斥，以为简直是封建得黑暗透顶，而对唐代及其以前的均田制和唐代以后“立法多右贫抑富”的朱元璋则颇多褒誉，并惋惜其“封建的局限性”——它毕竟没有把宗法共同体编织得天衣无缝而仍使私有制有空子可钻。我们往往认为封建社会的法律是维护私有权的，是维护私有财产关系的神圣性的，是维护“富民”的利益的，因而资产阶级民法确立的私有财产神圣不可侵犯的原则似乎算不了什么发明。

然而很奇怪，许多国家在古典时代以维护私有财产关系为中心的法律，在封建时代却销声匿迹了。被马克思称为“我们所知道的以私有制为基础的法律的最完备形式”[1]的罗马法，在欧洲中世纪被人忘却，日耳曼的农村公社习惯法、教会法与拜占庭的《农业法》取而代之。而这些法律的目的“并不是把属于每个人的东西给予每个人，而是维持集体的团结”[2]。只是到了中世纪后期，首先在城市市民社会中才又出现了罗马法复兴的趋势。我国古典法虽无独立的私法体系和权利观念，但也是以惩治财产侵犯为核心的。从《法经》六篇到《汉律》九章，均列“盗”为诸篇之首，所谓“王者之政莫急于盗贼”是也。《秦律》仅存断简残篇，而其中竟然有关于子盗父、父盗子、假父（义父）盗假子（义子），奴婢盗主之父母不为盗主，夫有罪，妻先告，妻财不收。妻有罪，其财畀夫等等让后世“礼法合一”的法学家们瞠目结舌的规定。《管子·明法解》声称：“贫者非不欲夺富者财也，然而不敢者，法不使也；强者非不能暴弱也，然而不敢者，畏法诛也。”明确宣布立法的目的在于保护“弱”而“富”者，即无权势的富有平民。然而魏晋以后，随着我国社会的自然经济化，法律也出现了“以礼入法”“儒家化”的重大转折，从以惩治财产侵犯为主变为惩治纲常侵犯为主，从惩治“以贫犯富”为主变成惩治“以下犯上”为主。魏律首倡“八议”，公开宣布对权贵网开一面。北齐首创“重罪十条”。后称“十恶”，全属侵犯纲常、“亏损名教、毁裂冠冕”的“不赦”之罪。此后历代法律均以之“特标篇首，以为明诫”。这与以“盗”为诸篇之首的我国古典法形成鲜明对比。

---

[1]《马克思恩格斯选集》第3卷，第143页。

[2] 勒内·达维德:《当代主要法律体系》，上海译文出版社1984年版，第36—38页。

的确，封建法律是要维护“天然首长”的私欲的，但这正是通过否定私法意义上的私有权，在公法的意义上即在统治—服从关系的基础上处理财产而实现的。封建法律恰恰决不允许严格的财产关系存在，而要在共同体的基础上使财产关系受“我的是我的，你的也是我的”的法则支配以满足“天然首长”的私欲。因此与其说封建法律维护“富人”的利益，不如说是维护权贵的利益，那些不贵而富、无权势而富者，即所谓“豪民”“并兼之徒”，是不受法律保护的。“阡陌闾巷之贱人，皆能私取予之势，擅万物之利，以与人主争黔首而放其无穷之欲”[1]的现象历来要受到打击。马克思曾指出：在中世纪，“私有财产是特权即例外权的类存在”[2]。在以人身的纽带而不是物的纽带维系的封建共同体中，实际上只有作为等级权力的家长权、宗主权与统治权等特权，而没有作为个人权利的所有权。在这里，一切私人领域都有政治性质，或者都是政治领域。在这里，政治制度就是私有财产制度，但这只是因为私有财产制度就是政治制度。因此不难理解，封建主义可以没有法律形式上的私有制（即私有财产可以隐含在政治权力之中），但决不可以没有宗法共同体；封建主义可以有形式上的公有制（为“天然首长”服务的公有制），但决不可以有自由的、纯粹的私有制。

宗法共同体之为封建主服务已如前述，但如果以为它仅仅是封建主凭借权力创造出来的，那就大谬不然。事实上，作为共同体成员的宗法农民性格中也有积极维护宗法共同体的一面。在人的个性未成熟的时代，宗法农民对“父权加温清”的宗法秩序，特别是对于它的价值体系。是不易产生仇恨的。但对于“贪婪的私有者”则不然，尤其是同为芸芸众生的平民中发生贫富对立，更易引起他们的反感。他们希望得到共同体的庇护，希望共同体能发挥“抑兼并”的功能并给他们带来和谐、宁谧的田园诗式生活。如果宗法共同体因功能紊乱而做不到这一点，他们也可能发动起义去推翻它并建立新的共同体。

[1] 王安石:《王临川集》卷八二《度支副使厅壁题名记》。

[2]《马克思恩格斯全集》第1卷，第381页。

这样，在自然经济下维护宗法共同体便成了社会的集体无意识，我们于是在任何封建社会都可以看到形形色色的“公社”。如前所述，马克思曾指出封建所有制是“以共同体为基础的”，只有到了资本主义时代财产关系才“抛弃一切共同体外观”而成为纯粹私有财产。在他看来，封建财产关系实际上是原始公社向资本主义私有财产制度之间的过渡形态，因而“一切中世纪的权利形式，其中也包括所有权，在各方面都是混合的、二元的、二重的”[1]。马克思以后的马克思主义理论家也多次指出过这一点。如保尔·拉法格认为：“资本主义的财产是个人所有的财产的真正的形式”，“1789 年的资产阶级革命创造了土地私有制。在此以前，法国的土地……完全被剥去了土地的私有财产性质”[2]。考茨基在他那曾被列宁誉为继《资本论》之后马克思主义经济学著作中最优秀作品之一的《土地问题》一书中也指出：封建土地关系是“公社的土地与土地私有制之间的折衷办法”，而资产阶级革命不论具体形式如何，最终结果总是一样，即“原始的土地共产制的残余之废除，即是土地私有制之完全确立”[3]。普列汉诺夫和列宁在与民粹派论战时更是多次表述过这种看法。只有到斯大林那里，更确切地说是由于农民革命派—民粹派的影响，才有了封建主义可以无须公社而只建立在“个人主义”或“完全的、十足的”私有制之上的理论。然而也必须指出，马克思的时代，人们对封建共同体的认识主要来源于毛勒、梅因等人的“原始残余”说。因此马克思一方面强调这种共同体与封建人身依附关系的联系，另一方面又在某些场合下（特别是在后期马克思以及恩格斯那里），把这种共同体看作原始公社的遗存而不是封建制本身的因素，甚至把所谓的村社的“原始民主”看作与农奴制对立的东西。现在看来这是值得反思的。人们很早就知道中世纪私有权“退化”的现象，但以往多归因于原始的日耳曼人的征服，使“原始的土地所有权形式，即村社的与家庭的集体财产，在文

---

[1]《马克思恩格斯全集》第 1 卷，第 146 页。

[2] 保尔·拉法格：《财产及其起源》，三联书店 1962 年版，第 114、115 页。

[3] 考茨基：《土地问题》，三联书店 1955 版，第 40、42 页。

明的西方又重新出现了。在那里，罗马精神曾使个人财产得以盛行”[1]。然而当代西方学者对中世纪村社制的研究已经推翻了上个世纪毛勒等人关于中世纪马尔克是日耳曼人原始制度在后世的残余的观点。[2] 目前西方学者一般都认为马尔克是封建化以后在12世纪以降逐渐出现的。60年代以来许多荷兰农民学家在研究了保存到殖民时代的爪哇（荷属印尼）农村公社之后也认为它不是原始遗风，而是专制时代的产物。近年来苏联与我国也有一些学者指出，西欧、印度、俄罗斯封建时代的村社并不是一种不断消亡的原始公社残余，而是在封建自然经济条件下另行发展起来并得到加强的。[3] 以俄国为例，15世纪以前俄国农民主要以独户村的形式自由散居在“黑色土地”上，所占有的土地可以继承与买卖。那种集中居住、土地“公有”并定期平分的村社是16世纪以后随着农奴化进程发展起来，后来又随着农奴制的衰落而解体的，二者本是一而二，二而一的。我国民族学界对一些少数民族（如西双版纳傣族）社会的研究也表明农村公社与农奴制之间有密切的联系。至于内地，众所周知，我国曹魏屯田、晋代占田与北朝至隋唐的均田等国有份地制乃至“百室合户千丁共籍”的大家族公社制也是继两汉“卖买由已，是专地也”的土地私有制之后出现的，而且这个时期也恰恰是我国农民人身束缚状态或曰农奴化程度最严重的时期。过去由于人们拘泥于“原始残余”说，便否认这些并非由原始时代延续下来的“公有制”是中世纪公社，这其实是出于对中世纪公社本质的一种误解。其实，中世纪公社的本质就是作为宗法自然经济逻辑结果的宗法共同体。它的具体形式千差万别，它的起源也可以各不相同（即可以由原始公社异化而成，也可以——在或多或少经历过古典时代的民族中——由古典私有制演变而来，还可以由于征服等原因而出现），但基本特点都是由人从属于狭隘群体而导致对独

[1] P. 布瓦松纳:《中世纪欧洲生活与劳动》，商务印书馆1958年版，第20页。

[2] 参见马克垚:《西欧封建社会研究近况》，载《世界古代史论丛》第1辑，三联书店1982年版，第134—139页。

[3] л. 阿拉耶夫:《农村公社与阶级社会》，载（苏）《历史问题》1977年第2期；曹维安:《关于俄国农村公社重分土地问题》，载《陕西师范大学学报》1987年第3期。

立的所有者权利的否认。

过去有人力图以占田制、均田制无碍于权势者的私欲来证明它们“实质上是私有制”，或认为这些制度仅是毫无意义的一纸具文和骗人的宣传。的确，均田制下的土地占有并不“均”，而占田制既不能防止有权者多占田，也不能防止平民占不到田。但这事实恰恰证明了它决不是土地私有制。封建社会宗法共同体的实质是：它用父权加温情的羁绊阻碍了统治—服从关系之外的纯粹私有权的形成，而在此基础上那种对宗法式平均的价值追求却与等级特权形成了和谐统一，正如宗法自然经济中对自给自足的“农村幸福”的价值追求与“命令经济”下的超经济榨取形成和谐统一一样。

宗法共同体之排斥纯粹私有制已如前述，但把它称之为“国有”“公有”或“公有私有二重性”所有制也不确切。事实上，“所有制”这一概念本身就是从人身关系中独立出来的财产关系的产物。近代资本主义国家的国营企业与社会主义自由人联合体所有制，以及无论社会主义还是资本主义国家都存在的公私合股、公私合营这些“公有、私有二重性”的企业，作为法人，与独立的个人所有主一样，都是私法意义上的所有者。在这种具有发达个性的社会中作为法人行使所有权的国家与作为统治者行使行政管理权的国家是清晰可分的。这样的所有者在封建时代绝不存在。当时父家长对族属的关系，国家对臣民的关系和主人对其所有物的关系往往通过“人的纽带”混在一起。在这种情况下很难用近代的或罗马法意义上的财产所有权概念来区分“公有”与“私有”。举个今天社会中宗法残余的例子：当一个有权者凭借其统治权（而不是所有权）把公房任意分给其关系户（而不是持货币前来交换的平等的主顾）时，谁能说得清这究竟是“公有”还是“私有”呢？

我国在晚唐以前，体现所有权的“租”与体现统治权的“赋”或“税”往往无法区分，即便在宋以后这种区分也是相对的。明代的王庄是“除国赋为籽粒”，即直接把赋税看作地租的。而当无田可封时往往通过把“庄租”分摊在民田赋税上的办法来解决。谁能说清这“王庄”的所有者是何许人？就以前述关中的情况看，谁能说清“铁炉王”对于铁炉人民及其土地来说究竟是统治者还是所有者？有人说，“租税合一”是东方社会“亚细亚生产方式”的特征，其实西方中世纪也是如此，只不过我们是一个中央集权的大皇帝下的租税合一，西方则是领主林立的无数“小皇帝”“土皇帝”下的租税合一罢了。谁能说领主仅仅是“私有者”而不是农村公社的保护者，谁能说他仅仅是根据“土地所有权”而不是根据人身统治权来剥削农奴的？

因此，在宗法共同体中占支配地位的是人的纽带而不是物的纽带，是统治—服从关系而不是财产关系。把财产关系从宗法共同体的人身依附关系中解放出来，使之成为自由人的自由财产、在“公社”的废墟上建设现代的自由所有制（自由私有制或自由人联合体所有制），是民主革命在财产关系上的基本内容。

三、人身依附关系：强制的与“自愿”的不自由

从上个世纪以来西方学术界就存在着封建制度的基础究竟是“土地”还是“人群”的争论。[1] 大体而言，具有结构主义倾向的学者持前一种观点，具有人文主义倾向的人持后一种观点。马克思曾多次指出，中世纪对土地的所有权只是对人的“所有权”的附属品。由于他是在与资本主义所有制比较的意义上研究封建制的，所以不能不经常使用“所有制”之类的概念。到了斯大林那里，由于对唯物史观的片面理解，把社会问题归结为经济问题，把经济问题又归结为所有制问题，同时更可能是出于回避苏联现实生活中超经济强制与人身依附大量存在的事实，所以他极力缩小人身依附的重要性，一方面把人身依附说成只是一种“强制”行为，另一方面又声称封建制的基础不是这种“强制”行为，而是土地

[1] M. 布洛克:《封建社会》，伦敦 1962 年版，第 441 页。

私有制。这种观念传到中国便更为根深蒂固，因为我国封建社会后期，特别是清代，由于人口膨胀，人多地少的矛盾极为突出，封建主只怕无地，不怕无人，众多过剩人口使得“强制”手段相对地说并不重要，因而中国人对人身依附的认识便更为模糊。许多人都认为人身依附便是封建主强迫农民为自己劳动，其所以能够“强制”是因为他们是大土地所有者，而其所以必须“强制”者，则因为据说农民是“小私有者”，不像一无所有的工人失业便无以为生，所以不加以“强制”农民便不会为封建主劳动。按此逻辑，对于没有土地的佃、雇农而言所谓人身依附已不知所云，因为他们不承佃地主土地或受雇于地主便无以为生，正如工人不出卖劳动力便无以为生一样，实在是用不着“强制”的。而打倒地主、取消“土地私有制”之后，人身依附便应当绝了根。然而当今中国人在盘根错节的“关系网”中痛苦挣扎，呼唤“独立人格”而不可得的时候，人们不禁要问：摆脱人身依附，就这么简单吗？

另一方面，随着苏联对“斯大林主义”的批判，70 年代以来一批苏联学者针对斯大林的封建社会观过分强调土地所有制的弊病，提出了“超经济强制社会”的概念。[1] 他们把斯大林关于封建社会的基础不是超经济强制，而是大土地所有制的说法来了个颠倒，认为这一基础恰恰是超经济强制而不是大土地所有制。在他们看来，封建社会里占支配地位的是政治原则而非经济原则。封建主由于在政治上占统治地位，便可使用强权迫使农民成为自己的附庸并接受剥削。其中有的人还认为，生产关系经济基础决定上层建筑的唯物史观只适用于资本主义社会，在强权因素占支配地位的封建社会是不适用的。

的确，上述观点对于封建社会理论上的传统观念是个突破，而且我们前面列举的大量事实表明，确实有不少封建社会中并无大土地所有制，封建主是依靠特权从“命令经济”中对农民进行剥削的。然而问题在于：

[1] B. 伊柳舍奇金:《超经济强制制度和社会进化第二个基本阶段的问题》，莫斯科 1970 年版。提出类似观点的还有 я. 达尼洛娃，A. 古列维奇，ю. 科比夏诺夫等。

封建主的强权又从何而来？斯大林时代的观点认为这种强权来自大土地所有制，“超经济强制社会”论者否定了这一论点。但并未对这一问题本身作出自己的回答。更重要的是，以“经济决定论”的模式把唯物史观庸俗化的做法虽已陈腐，但这并不是说研究封建社会可以不考虑经济层次。而从“经济决定论”变成“强权决定论”更算不上一种认识方法的进步。用“鲁滨逊手持利剑奴役了星期五”的说法来解释封建社会，未免把问题看得太简单了。

我们且不说在许多封建社会里人们往往“自愿”处于依附地位，那种社会往往温情脉脉的。表面上并无严酷的强制色彩，倒是资产阶级使用暴力来“强制”他们接受自由时使用了严酷的超经济手段。我们只需指出，像中、苏等国都曾通过群众性民主运动用激烈手段彻底铲除了旧的封建特权等级，但至今未能从社会中消除人身依附关系，而且连超经济强制本身也在一定时期以某种形式重新膨胀起来。显然，如果说反封建及民主革命不能仅仅归纳为摧毁大土地私有制的话，那么它也不能仅仅被看成是一个反强权运动，虽然无论反对地主制还是反对封建强制确实都是必不可少的。

其实，“超经济强制社会”论者虽然反对斯大林的封建社会观，但在一个基本点上却与斯大林并无区别。这就是他们都把人身依附关系与“超经济强制”看作一回事，认为封建社会的农民之所以不自由是因为封建主对他们施加了强制，只要消灭封建主，解除这种强制，农民便自然获得了自由。他们没有看到封建社会人身依附关系的最深刻的根源在于自然经济条件下个人的不成熟，即个人必须依附于共同体。显然，对人身依附关系的这种理解深深地打上了农民—民粹主义的烙印。众所周知，民粹派是坚决抨击农民依附于农奴主、依附于“贪婪的私有者”的，但他们却不认为宗法村社的强迫轮种、警察式共耕地以至连环保也是一种人身束缚，相反还主张发扬“米尔的连环保精神”以及“个人服从米尔”的精神，甚至主张使“个人的我、个人的意志在米尔集体的概念面前逐渐模糊和消失”[1]。然而可悲的是，正是这种使个性与独立人格泯灭于宗法群体之中的状况直接导致了人们对宗法共同体保护人——沙皇与农奴主的依附。“宁可全部土地归沙皇，只是不要归地主”的村杜观念[2]造成俄国农民的皇权崇拜以及一般的权力崇拜。

在这种独立人格、自由个性、主体意识沉睡的状态下，即使取消“强制”，造成的也不会是自由，而是宗法式的散漫，即使打倒了旧的特权者，共同体还是会产生新的“天然首长”！

可见，封建社会的人身依附关系或依附人格是有层次的：第一层次是封建主对农民的“超经济强制”，第二层次是自然经济条件下所有人都是宗法共同体的依附者。第一层次建立在第二层次基础之上。封建主的等级特权表面上看，似乎只是靠暴力或“强制”来维持的，但其背后却是在缺乏发达的交换经济的条件下人的个性不成熟以及个人对狭隘群体的依附。因此，只以政治斗争的方式打倒封建主并废除其强权，或者再加上把他们作为“贪婪的私有者”而没收其财产，而不以社会化商品经济取代宗法自然经济，以自由所有制取代宗法共同体，则人身依附关系乃至一般的封建关系是无法消灭，至少无法彻底消灭的。

封建社会中的个人依附于共同体，一方面是由于共同体的束缚，包括超经济强制性的束缚。例如俄国农民不能放弃份地、不能退社、主要经营活动也不能违背村社统一安排，我国的均田农民也不能脱离土地而自由迁居、改业等等。另一方面也是由于共同体的庇护，包括“天然首长”的庇护，因为宗法共同体除了“父权”的一面外，毕竟还有“温情”的一面。它虽然在各等级之间没有平等可言（这正是维护宗法关系所必须的），但对每一等级内部的阶级分化却有严格的抑制作用。它把“村社民主”与宗法专制、“村社平均”与宗法剥削有机地结合起来，给以农民逃避竞争、分化、风险、动荡的保护，给他们带来安全、宁谧、信赖将来的感觉。事实上只要宗法共同体的功能不被“贪婪的私有者”完全

[1]《俄国民粹派文选》，人民出版社 1983 年版，第 38、408 页。
[2]《列宁全集》第 2 版，第 16 卷，第 296 页。

破坏，农民都能得到一定程度的“保障”，在农村公社和我国的均田制下农民都能领到“份地”。它在理论上是平均的“一份”，在实际上也是对平民中不平均的一种障碍。因此在西欧中世纪，最富的与最穷的往往都是自由人，而农奴（村社成员）则处于中等地位。即使在我国封建社会后期共同体职能衰竭的情况下，也可以指望家—国一体化的“天然首长”来行使“右贫抑富”“抑兼并”的职能，或在一种新的宗法机制下达到“关中模式”的平均。此外，“自给自足”虽是小农的价值理想，但在自然经济条件下要在数口之家内发展生存所必须的一切分工实际上并不可能，极低的生产力也使这种生产不能完全脱离共同体的简单协作而真正个体化。在缺乏交换的条件下，这种“有无相周”“人牛力相贸”变工互助以及兴修水利等一系列协作只能由共同体来安排。因而共同体的“命令经济”对农民也有保护的一面。

因此，封建社会的人身依附实质上是宗法共同体对个人的束缚—“保护”纽带。由于它是束缚性的，所以它有“强制”的一面，由于它又是“保护”性的，所以“自愿”处于依附地位在封建时代实是极为普遍的事。中世纪早期的农奴制就是在罗马法自由契约原则下通过自由人“自愿”接受庇护而形成的。当19世纪前期莱茵地区废除农奴制（同时也废除村社）时，许多地区的农民纷纷上书请愿。要求继续处于依附状态——否则谁来保护他们呢？俄国农民反对斯托雷平改革，要求恢复村社制度。我国在两晋南北朝时代人身依附关系最巩固的时候几乎没有发生什么部曲、佃客反对主人或反对宗主督护的大家族公社的大规模斗争，却发生过一系列由宗主、“大族”首领率领其依附者向企图限制这种依附的中央政府发难的“起义”。总之，弗洛姆所讲的“逃避自由”在封建时代并不罕见。因而，人身依附关系并不以超经济强制为前提，尽管它常常造成这种强制。相反，封建的“天然首长”们只是因为代表了共同体因而使对共同体的依附转化为对他们的依附。这种依附关系是因宗法共同体的存在而存在的，因而“天然首长”们的地位也是仰共同体的存在而存在的，实际上他们也不是独立的人。而他对依附者的超经济强制必须为宗法共同体的束缚—保护关系服务，才是一种封建性的强制关系。如果他以独立个人的地位而用超经济强制手段来瓦解宗法共同体，切断其束缚—保护的纽带，如同英国的血腥立法、圈地运动等等那样，那么这种“超经济强制”的性质就不是人身依附关系，而是相反，变成人身依附关系的对立面，变成以暴力手段强迫人们从共同体的保护（因而，也从共同体的束缚）下“自由”出来的工具了。

因此，人身依附关系与“超经济强制”关系并不是一回事，尽管这两者也有联系。有人身依附的地方不一定有超经济强制，有超经济强制的地方也不一定有人身依附。人身依附虽然常常在政治上以等级不平等的形式从制度上规定下来，但它绝不仅仅是一种政治现象。所以不奇怪，在一些从政治上否定不平等是如此彻底——不仅废除了等级，也废除了阶级——的国家，只要宗法共同体及其相应的文化心态仍然存在，人身依附关系就仍然会顽固地延续下来。

最后，人身依附关系还有第三层次亦即最深的层次，即人对于自然界的依附。人脱离动物状态而“人化”的过程，就是他认识到自己是一个与周围自然界有别的主体的过程。但这一过程是十分漫长的。在自然经济状态下，由于社会联系的狭隘性，人虽已部分认识到自己的独立存在，但仍在很大程度上把自己看作自然世界的一部分，即“自然人”。对于农民来说，就是把自己看作土地的一部分，或者说是土地的附属物。

中世纪农民“束缚于土地上”，或曰农民是“土地的奴隶”，是人们谈论封建社会时常常提到的一个命题。但以往人们往往也把这一命题与“强制”联系起来，认为是封建主用超经济强制手段把他们固定于土地上的。确实，许多封建社会中“农之子恒为农”是一种强制性法律规范或社会规范。欧洲中世纪农村公社与我国实行均田制的时代，都不允许农民放弃、转让份地，更不许随意迁居、改业。直到今天，在我国户籍制度中“农业人口”与“非农业人口”之间的壁垒仍有浓厚世袭身份乃至种姓制色彩。但从根本上说，农民依附于土地是由其“自然人”状态所决定的。当今我国许多贫困落后地区的农民事实上仍株守土地无法脱身，是城市的富裕对他们无吸引力？是某种法律不允许他们离开土地？都不是。把他们束缚在土地上的就是自然经济本身。在没有广泛交往与信息、物质与能量的社会交换、因而人的社会性不发达的地方，农民事实上只能是土地的附属物。没有劳动力市场，没有做买卖的活动余地、条件与本事，没有投身于竞争的物质、精神准备，农民离开土地怎么生活？利润率的概念对他们有何意义？近代西方人用鸦片打开中国市场之前，曾想用棉布来实现这一点，但他们失败了。洋布“竞争”不过土布，农妇的纺车打败了兰开夏的机器纺织品！这曾使那些把农民视为“便士资本家”的“理性小农”论者大惑不解。农民不知道手工纺织不合算吗？他们不理解，建立在交换价值基础上的“合算”“不合算”概念。宗法农民是没有的。在他们看来劳动力是没有价值的——闲着也是白闲，生产资料与原料也是没有价值的——棉花自种，兰靛自栽，纺车不用白不用，因而土布仿佛是“白捡”的，这不比花钱（尽管很便宜）买洋布合算吗？显然，对这种“戈森定律”支配下的小农而言，法律上的自由（在近代它的经济意义就是商品交换的自由，竞争与分化的自由）有什么实际意义？

依附于土地，或者说依附于自然界的“自然人”，在与自然结为一体时也就与他人结为一体了。他们不能脱离人与人之间那原始的宗法血缘关系的自然脐带以及由此复制出来的种种关系，也就是不能脱离宗法共同体，而在存在着剩余产品并且无法以交换而只能以“命令”方式流动的条件下，共同体便异化为他们的对立面，使他们通过共同体而依附于“天然首长”，由此产生种种不公平的制度——这就是人身依附制度，这就是封建主义。

四、束缚与“保护”：一张恢恢天网

封建主义对农民意味着什么？

在农民的理想中，封建主义的人身依附应该意味着保护而不是束缚，由这种关系形成的宗法共同体应该只有宗法式的温情而没有严酷的父权，只有田园诗式的和谐而没有恶势力的压迫。在这种共同体中的自然经济应该只有“鲁滨逊式经济”中那种自给自足的“农村的幸福”而没有“命令经济”下的超经济榨取。如果封建社会中的广大人民，主要是农民，没有这样的价值追求，那么仅仅靠封建主的淫威，这个社会是无法维持的。封建社会绝不仅仅是一小撮坏蛋犯下的罪行。这个沉重的十字架是经历过封建制的每个民族的每个社会成员共同背负起来的。

但是，为人的本质所决定的社会化、个体化的发展终将与这种自然人的宗法式纽带不相容。为了维护这种纽带，便需要限制乃至扼杀这种个性发展，而为限制这种发展就必然要有等级的权力，要有高高在上的“天然首长”，而只要社会生产能够提供剩余产品，“自然人”的私欲便会使“天然首长”运用这种权力把它作为攫取的对象，从而置广大共同体成员于被束缚被压迫被奴役的地位。因此，宗法农民作为价值追求的封建主义的“好的方面”和他们所反对的封建主义的“坏的方面”恰恰互为因果，和谐统一。他们要想得到保护，就必须接受束缚，而他们若要摆脱束缚，便不能依恋任何外在的保护，而必须按“人不靠己，天诛地灭”的人生哲学生活。他们要么成为同时摆脱了束缚和保护的两种意义上的自由人，要么就不能获得任何自由。在人类社会的发展及个人自身的发展没有完全达到新的自由人联合体时代以前，这是个铁的逻辑！

因此，在现代化潮流的冲击面前，每个想卸掉这一十字架的民族，这个民族的每个人，都要在这种两难处境中经受考脸。他们必须学会面对一个竞争的、动荡的、有风险的世界，而不能期望在打倒封建主以后重建一个田园诗式的乐园。

第五章

『朱门』之外有平均，『冻死骨』中无分化

——宗法时代的社会分层

一、等级分化与阶级分化

在谈了那么多共同体之后，可能有人要问封建社会不是个分化剧烈的社会吗？小农经济不是“经不起风吹雨打”很快会“两极分化”的吗？的确，阶级分化观点是我们过去理解封建社会的重要方法，在重新认识封建社会时，我们不能绕过这一问题。

从广义角度上说，分化就是差异，而无差异则无矛盾，无矛盾则无发展。从这个意义上说，任何有新陈代谢能力的社会都必然有这种或那种性质的分化，有因这些分化而产生的不同利益群体。即使未来的共产主义社会，如果它仍要发展的话，也不会是像我们过去常常设想的那一种无差别无分化的“大同”境界。

我们过去认为“分化”与社会主义水火不相容。于是谈“分化”而色变，千方百计抑制之，结果扼杀了竞争与进取精神，造成了停滞的“穷社会主义”。改革以来，这种状况完全改观，随着商品经济的发展，目前的农村存在着分化现象已是众所周知的事实。那么，这种分化与旧中国农村中传统分化模式有何区别呢？

很多人会回答：旧中国农村的分化是剧烈的“两极”分化，是尖锐的阶级对立，而现在农村里的分化不过是先富后富、富多富少的区别。总之，分化程度不如旧中国农村严重。当年苏联实行新经济政策时，苏联人也是这样解释新经济政策下的农村分化与沙俄时代农村分化之区别的。[1]

这种看法对吗？当然，在很多情况下是对的，但也不尽然。只要不回避现实，人们不难发现：第一，如果仅就纯经济性质的分化而论，现今一些商品经济较发达的农村“两极分化”的程度已经超过了新中国建立前许多自然经济下的农村。如本书第二章曾提到，1985 年浙江、江苏、辽宁、宁夏等省区农民收入分配基尼系数均比新中国建立前关中渭南、宝鸡二地区数十县农村土地分配基尼系数要高。由于收入分化中的纯经济成分一般均小于土地占有的分化水平，因此也就意味着 1985 年上述 4 省区农民收入分化程度高于新中国建立前关中农村（不计“权势剥削”等超经济因素时的）收入分化程度。第二，如果把超经济分配因素计入，则我国现今许多地区的总分化水平虽未必高于我国历史上的自然经济时代或封建王朝时代，但也未必低于今日的工业发达国家。据美国学者艾尔玛·阿德尔曼按我国统计年鉴提供的数据计算，还在改革前“大锅饭”一统天下的 1978 年，我国收入分配的基尼系数在农村为 0.227，在城市为 0.164，堪称为平均了。然而如果合计城乡，则由于身份性壁垒造成的城乡差别立即把基尼系数扩大到了 0.331，已经达到了美国（1966 年为 0.34）的水平。[2] 而这还是按统计年鉴算，除城乡壁垒外的其他种种超经济分配因素与等级差别均未计入！而这还是改革前夕的“大锅饭”时代！改革开始后，分化更是显著扩大。有人在 1989 年初发表的著作中估计我国当时的基尼系数已“至少达到 0.5 以上”[3]，也就是说已经超过了所有西方发达国家。不管这一估算是否正确，至少我们仅从前述今日 4 省区农村与昔日关中的数据对比中已可以在逻辑上说明，封建社会在纯经济意义上的“两极分化”程度并不必然地比今日的市场经济更高！这显然使人对社会主义的优越性就在于公有制下无分化的传统观点提出反思。

那么，现今改革中的社会主义农村与封建农村的本质区别何在？难

[1]《布哈林文选》中册，人民出版社 1981 年版，第 33 页。
[2] 转引自姚先国:《两极分化：福音还是灾难》，学苑出版社 1989 年版，第 38 页。
[3] 姚先国:《两极分化：福音还是灾难》，学苑出版社 1989 年版，第 39 页。

道说现在的农村还不如封建农村来得“公平”？当然并非如此。以上对比是就经济性分化而言的，倘若我们把眼光由所有制关系领域转向人身关系领域，封建社会里“朱门酒肉臭，路有冻死骨”的极端不平等便呈现在我们面前。梁漱溟先生说旧中国农村分化不剧烈，从纯民间和纯经济关系的角度看至少在像关中那样地方确实是有道理的，但若说到权贵与平民间，从“权力剥削”的角度看，便没有道理了。即如关中，在几乎无分化的普遍贫穷的平民社会之上，却有一小撮“三皇五帝”那样的权势者穷奢极欲，享尽威福。在中国历史上，与“不患寡而患不均”的说教并存的，一面是王恺、石崇斗富，和珅财可敌国等行乐图，一面是饿殍盈野、易子而食的地狱篇。

问题在于，这样的分化是不是所谓“阶级分化”？这就要看我们如何定义“阶级”这一概念了。关于阶级的定义可有广、狭二义。在广义上，有一些人占有另一些人劳动的，或一些人付出的劳动与其得到的享受之间的比例明显高于另一些人的，都可谓之阶级。在这个意义上我们可以把原始社会以后，社会主义以前的文明时代都称之为阶级社会。而在狭义上，我们只把上述现象中建立在生产资料所有制关系基础上的那一部分称之为阶级。正是在这一意义上，我们把剥削定义为“社会上一部分人或集团凭借他们对生产资料的垄断，无偿地占有另一部分人或集团的剩余劳动，甚至一部分必要劳动”[1]，“凭借生产资料所有权，无偿占有别人的剩余劳动或剩余产品，就叫做剥削。”[2] 也还是在这一意义上我们才可以说公有制能够消除阶级分化，尽管“社会主义自然经济”的旧模式在严厉禁止经济分化的同时并没有任何有效机制来防止有权势者公款旅游、公款出国、公款吃喝、公款大置豪华小车以及多占住房等等。

然而在这个意义上，我们就很难把封建社会称之为狭义的阶级社会，如果要这么称呼的话，那也只是就它有阶级分化成分并且在逻辑上正向狭义阶级社会（资本主义社会）发展这一点而言的。或者说，把封建社

[1] 许涤新主编：《政治经济学辞典》上册，人民出版社 1980 年版，第 118 页。
[2] 徐禾、卫兴华：《资本主义前的各社会经济形态》，人民出版社 1980 年版，第 47 页。

会称为阶级社会，并不如把它称之为等级社会更为准确。

何谓等级？我们过去十分狭隘地认为只有公、侯、伯、子、男之类僵硬的世袭身份性阶梯才能称之为等级。因而许多人把西欧封建社会称之为等级的封建社会，而我国的封建社会则是非等级的封建社会，这实际上是把等级看作类似于种姓那样的东西了。实际上，当代西方中世纪史研究表明，西方中世纪封建主阶层并不如我们原先设想的那样凝固而排他，它在吸收其他等级成员并进行新陈代谢方面是相当活跃的。或者用某些西方学者的话说，中世纪的“贵族的循环”是“川流不息”的。因此法国农民史泰斗 M. 布洛克曾说：西欧封建社会与其说是个“等级制”社会，不如说是个“不平等”社会，这个社会中的封建主与其说是“贵族”，不如说是“首领”。当时社会阶梯变动不定，并不符合种姓制的严格公式。但无论如何，“封建制度意味着一大群人对一小撮权势者的严酷的经济隶属。”[1] 在这里，我们把等级定义为宗法共同体中具有不平等权利的人群，其中一些人可以凭权势使另一些人从属于己并无偿占有其劳务与产品。显然，阶级是根据财产关系、主要是生产资料所有制关系划分的，而等级则是根据人身依附关系和权利的不平等来划分的，它们是分别代表两种社会类型的利益群体组合方式。从等级到阶级的过程，也就是封建社会为近代社会所取代的过程。

封建社会无疑存在着财产的不平等，因而无疑有阶级分化的成分，但是封建社会最深刻的不平等是权利的不平等，财产的不平等主要是由它派生的。封建社会中占主导地位的不是“物的联系”而是人身的联系。马克思曾指出：资本主义那种私有财产关系为基础的分配“同以个人间的统治和服从关系（自然发生的或政治性的）为基础的分配相对立”[2]，这后一种分配正是封建社会分配关系的本质特征。如果说资本主义是按

[1] M. 布洛克：《封建社会》，第 443 页。关于西欧封建主的新陈代谢，可参看 J. 古狄等主编：《家庭与继承权：1200—1800 年西欧农村社会》，剑桥 1976 年版，第 192—328 页。

[2]《马克思恩格斯全集》第 46 卷上册，第 105 页。

资分配、社会主义是按劳分配，那么封建主义就是“按权分配”“按身份分配”的。“朱门酒肉臭，路有冻死骨”所反映的，与其说是有产者与无产者的对立，不如说是有权势者与无权势者的对立。前面分析过的“关中模式”中的剥削压迫关系，也主要不是建立在“大土地所有制”基础上而是建立在权势的基础上。

过去有一种说法，认为资本主义社会剩余劳动的一般形式是剩余价值，封建社会剩余劳动的一般形式是地租。这种说法似可商榷。把西欧农奴向封建主承担的种种封建义务，如劳役、代役租、死手捐、“习惯性”贡纳、禁用权与什一税等称之为“地租”，本是古典经济学为了说明资本主义的地租的起源而采用的说法。在中世纪共同体等级占有关系下封建主（领主）的土地是以“效忠”为条件从上级领主那里“受封”来的。他以同样条件把它交给自己的“封臣”——农民（农奴）。所以马克思曾说过，中世纪“农民有像封建主一样的封建所有权”[1]，而西方一些学者干脆把份地称之为“农民的采邑”。而同时这些份地又是农村公社中他作为成员应得的或必须承受的“一份”。封建主不能随意转移土地，把它从农奴甲那里收回而交给农奴乙；农奴也不能随意多“租”一些或“不租”这些份地。因此我们很难说只有领主是“土地私有者”而农民对土地没有任何权利。事实上，封建义务的基础并不是“无地的”农民耕种了“土地私有者”领主的土地，而是宗法共同体条件下他对“首领”的效忠关系、人身依附关系或统治—服从关系。封建农民承担的义务并不因他是否耕种或耕种了多少土地为转移，中世纪英国有相当数量的无份地农奴，他们并不因无份地就可以不承担农奴义务。在中古晚期租佃制出现后，自由人可以承租领主土地，交纳租金，但并不承担代役租等农奴义务。反之，农奴即使放弃了土地，代役租仍必须按期交纳。显然这类负担与其说是“地租”，不如说叫“人身租”更确切，因为它并不以土地属于领主为前提，而是以农民人身属于领主为前提。

---

[1]《马克思恩格斯全集》第23卷，第730页。

我国的情况不同于西欧，但封建剩余产品同样具有“人身租”的性质。唐末以前农民对国家承担的封建义务，如租庸调、户调式等基本上是“以丁身为本”，即国家运用统治权从农民的人身服从中榨取的。而农民对个别封建主承担的义务也并不建立在前者耕种了后者“私有”土地的基础上。从西晋到南北朝的300年间，中国经常处于战乱形成的“流民潮”中，封建主带着他们庞大的依附人群——宗族、宾客、部曲等“举族”迁徙，但人身依附关系及相应封建义务并不因他们丧失原有土地而改变，一旦到新的地方，便在“宗主督护”下“修壁坞、树藩障、考功庸、计丈尺、均劳逸、通有无”。“量力任能，物应其宜……分数既明，号令不二”[1]，建立起宗法共同体的剥削关系。显然，在这里共同体成员并不是因租种了“宗主”的土地才依附于宗主并受其剥削的。正如在“关中模式”中农民也并不是因租种了“三皇五帝”的土地才受压迫一样。我国封建社会中土地兼并问题的确是西欧领主制下所没有的特点，但晚唐以前在占田、均田制下无论“士族地主”还是“庶族地主”几乎都是凭等级特权占有一定数量土地的权贵，区别仅在于“士族”是旧的世袭的权贵，而“庶族”是新兴的权贵。以经济手段积累起土地资本的平民地主那时是极少的。晚唐以后我国的土地分配方式有了一定变化，尤其是在向“太湖模式”发展的地区更是如此。但即使在彼时彼地，我国的土地也仍然主要是按权分配，而不是按资分配的。关于这一点本书下节将有详细说明。因此，我国的封建地产并不是真正的财产，而只是等级权力的物化，所谓“地租”也不是财产的孳息而只是剩余产品按权分配的一种形式。

所以，我国封建社会“朱门酒肉臭，路有冻死骨”的实质，仍然是在人身依附关系基础上按权分配的等级分化，而不是在所有制关系基础上按资分配的阶级分化。当然任何封建社会内部都存在着阶级分化因素，但一旦这种因素冲破等级羁绊而成为占支配地位的分化形式，宗法共同

[1]《晋书·庾衮传》。

体就将不复存在，封建制度便完结了。

必须指出，阶级分化的程度并不像过去人们往往认为的那样必然与全社会的财富集中程度相一致。尤其在农村，摆脱了宗法束缚而纯粹在所有制关系基础上发展的阶级分化虽然会造成贫富两极，并且贫多富少。但由于社会竞争舞台上可容纳的“善于经营者”为数必然比“天然首长”多得多，资本积累的正常速度在社会平均利润率制约下又比通过权力来聚敛慢得多，所以完全的阶级分化往往会造成相对扩大（与封建主相比）的富裕阶层或“中产阶层”。例如德国在1882—1895年间农业耕地面积增长64.9万公顷，其中5—20公顷的自耕农场竟占到87%，英国在1885—1895年间发展最快的则是20—120公顷的自耕农场及小型资本主义农场，同时大农场与极小农场均趋于缩减。[1] 俄国农村宗法色彩比西欧浓厚得多，但比中国农村阶级分化程度则要高得多。据一般估计，革命前有20%的农户属于“富农”或富裕农民。与此相反，在封建农村则往往是百分之几的权贵与百分之九十几的普遍贫穷的依附农民对立。如英国11世纪《末日审判书》中的人口统计表明92%的人口是依附农民(奴隶、农奴与“自由”佃农)，而贵族只占3%。前面提到的关中封建农村也是在一片宗法小农的汪洋大海之上有一小撮权势者。可见，完全建立在财产关系基础上的阶级分化使民间分解为人数较多的贫穷阶级与较少的富裕阶级，而宗法共同体的等级壁垒则会在普遍贫困难以分化的平民社会之上压着极小一撮暴富的“天然首长”！因此，封建社会的最大弊端，与其说是剧烈的阶级分化，不如说正是等级权力压迫下民间阶级分化不发达。而“朱门酒肉臭，路有冻死骨”的中国封建社会在这一点上尤甚于西方。正是由于我国没有像西方封建社会晚期那样在平民等级中分化出一个足以打破等级壁垒的强有力的富裕阶级，使我国社会在宗法共同体的躯壳中左冲右突而挣扎不出去，终于被抛在近代化过程之外！

因此，当代中国人实在没有必要为农村中那一点阶级分化（假如它

[1] 考茨基:《土地问题》，第162—163页。

是真正的阶级分化的话）惊慌失措，重要的是防止按权分配的等级分化再度猖獗！在社会主义民主革命时期有一点阶级分化，恰恰有助于肃清宗法共同体残余，消灭人身依附基础上的等级分化。新中国农村比旧中国农村的进步之处，难道不也应该包括这一点吗？

二、宗法小农的分化与“恰亚诺夫循环”

过去我们的理论界长期流行一种“小农经济经不起风吹雨打”论，说是封建社会的农民经济很不稳定，随时都处在两极分化之中，仿佛中国的封建关系就是由“小私有”分化出“大私有”而产生的！因此新中国建立后如果不赶快集体化，便有“吃二遍苦”的危险。现在看来，这一理论也很值得商榷。当代西方资本主义农业的历史表明，即使在竞争、分化现象比较活跃的商品经济中，家庭农场经济仍有相当的稳定性，除了极少数国家外，它至今仍是大部分发达资本主义国家农业的主要经营形式。至于封建时代，在自然经济条件下农民作为宗法共同体成员处于束缚—保护关系中，阻碍经济分化的宗法羁绊甚多。宗法小农大体上是自给自足的，在落后的生产力水平上他们的生产条件都十分简单而且大致相同。他们之间虽然存在差别，但在市场联系极不发达的条件下这些差别很难扩大为竞争、分化。因此，如果说宗法农民作为一个群体会面临破产的危机，那主要是“命令经济”下宗法共同体的等级权势压迫造成的。但由于这种权势本身又建立在共同体的基础上，所以它不会让这种破产的趋势无限发展下去，而必然存在着某种修复机制，无论是西方农村公社中的即时修复机制，还是我国通过农民战争重建家—国一体化宗法共同体的周期性修复机制。

那么，除了宗法农民与压在他们头上的“首领”们之间的等级分化外，就宗法农民本身而言，他们的经济运行规律是怎样的？他们与商品经济条件下农民两极分化模式相比，仅仅是速度、规模上存在着量的不同，还是存在着规律性的本质差异？对此，当代农民学研究中提出了各种各样的看法，其中在国外最有影响的是俄国新民粹主义理论家A.恰亚诺夫在20年代提出的“周期性人口结构分化”理论。

新民粹派是在十月革命后根据原社会革命党制定的土地纲领实现了“农村村社化”、民粹派理想已变为现实的情况下对旧民粹主义的一种发展。它的特点之一，是不像旧民粹主义那样从“俄罗斯人特有的公社精神”之类浪漫设想出发构筑一幅斯拉夫主义“道德社会”的图景，而是力图把自己的主张建立在对“非资本主义经济制度”的一般理论分析之上，因此其影响自然超出了俄国范围。在苏联，恰亚诺夫的名字在30年代镇压运动之后几乎完全被人遗忘了，而西方的农民学研究，却从60年代起掀起了一股“恰亚诺夫主义”的浪潮，许多人奉恰亚诺夫为当代农民学与“不发达社会学”的泰斗。一些权威评论认为，他的“后马克思农民经济理论”，“影响了整整一代农民学的研究者”，[1] 他的农民分化理论因此也声誉大起。

恰亚诺夫认为自然经济条件下农民公社处于一种无等级的“民主”气氛下，农户自给自足，对外经济联系很少，因而阶级与等级的分化在他看来都可以忽略。那么农户经济状况是否都一模一样呢？当然不是，恰亚诺夫认为农民中确有“分化”现象。第一，它发生于各个村社共同体之间。因各村社所处农业环境、耕地状况不同，所以有的村社穷一些，有的村社富一些。第二，更重要的是，在同一村社内部为什么农户中也有贫富之别？他认为这主要是因为他们处于“人口结构周期”中的不同阶段所致。在他看来，自给自足，对外无联系而生产方式简单，技术与经营条件类似的农户，其经济状况主要随家庭中生产者与供养者的比例而周期性地改善与恶化。他根据革命前沃洛格达省的人口统计资料描述了农户平均生产人口与消费人口的变化：

[1] 丹·索尼:《新民粹主义农民经济理论：恰亚诺夫学派》，载（法）《经济、社会、文化年鉴》第21卷第6号（1966年11—12月），第1232—1244页；E.埃里克、E.霍布斯鲍姆等主编:《历史上的农民》，牛津1980年版，第242、223页。

表 8　人口结构周期

家庭建立时间（年）	1	2	3	4	5	6	7	8	9	10	11	12	13
每户平均消费人口	1.8	1.9	2.1	2.1	2.2	2.4	2.4	2.5	2.9	2.9	3.0	3.4	3.4
每户平均生产人口	1.8	1.8	1.8	1.8	1.8	1.8	1.8	1.8	1.8	1.8	1.8	1.8	1.8
消费者 / 生产者	1.00	1.06	1.17	1.17	1.22	1.33	1.33	1.39	1.61	1.61	1.66	1.88	1.88
家庭建立时间（年）	14	15	16	17	18	19	20	21	22	23	24	25	26
每户平均消费人口	3.5	4.1	4.1	4.2	4.8	4.8	5.1	5.7	5.7	6.0	6.6	6.6	6.9
每户平均生产人口	1.8	2.5	2.5	2.5	3.2	3.2	3.4	4.1	4.1	4.3	5.0	5.0	5.2
消费者 / 生产者	1.94	1.64	1.64	1.68	1.50	1.50	1.50	1.39	1.39	1.39	1.32	1.32	1.32

在第 26 年后按此趋势作外推统计，到第 37 年消费者 / 生产者之比将会回到 1.0，即完成一个“人口结构周期”。它可以表示如图 4。[1]

就是说，当成家之初，夫妇未有子女而父母尚有劳动能力时，家中没有纯消费人口，故经济状况最好。以后随着未成年子女增加，父母年老而渐趋衰落，至老人去世、子女成年完成一个循环，经济又从颓境中复苏。如此贫而富、富而贫，周期性循环不已。如在乌克兰的切尔尼戈夫省，据 1882—1911 年的动态跟踪调查，农户 30 年间经济状况变动如下：[2]

可见，时隔 30 年，贫困农户总的来说呈上升趋势，富裕农户总的来说呈下降趋势，而原来的中等农户则基本上还是中等户。当然这不是说这时的农村比 30 年前就更“平均化”了，因为新的贫困农户与新的富裕户仍然继续涌现。上表只是说明农户经济状况在周期性变化：在一个周期内富裕户从峰顶走向谷底，贫困户从谷底走向峰顶，而中等户则从峰

[1] 图表见 A. 恰亚诺夫：《农民经济理论》，美国经济学会 1966 年版，第 58—59 页。

[2] A. 恰亚诺夫：《农民经济理论》，第 67 页。

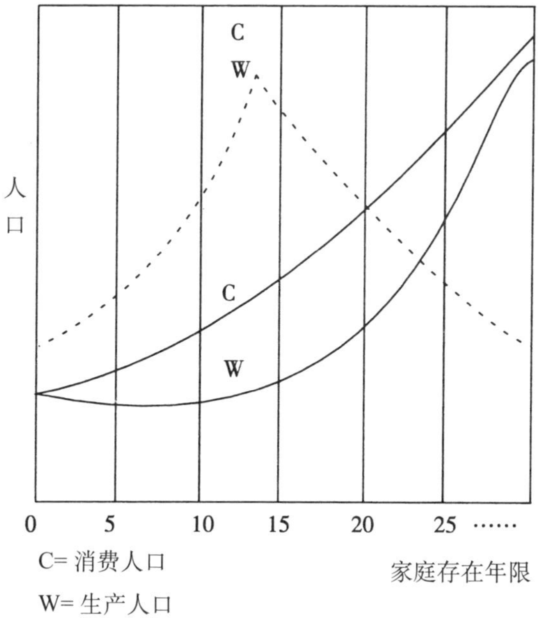

图 4

腰处中经峰顶（或谷底）走向下一个周期的峰腰。

表 9　农户经济周期

1882 年时播种面积（俄亩）	1911 年时播种面积变动率（%）					总计
	0—3	3—6	6—9	9—12	>12 俄亩	
0—3	28.2	47.0	20.0	2.4	2.4	100.0
3—6	21.8	47.8	24.4	8.2	2.4	100.0
7—9	16.2	37.0	26.8	11.3	2.4	100.0
9—12	6.9	35.8	26.1	12.4	16.1	100.0
>12	3.5	30.5	28.5	15.6	21.9	100.0

这种农民分化模式被西方农民学界称为“恰亚诺夫循环”。恰亚诺夫

以这种理论来反对苏联当时盛行的阶级分化说与西方自由主义经济学的优胜劣败分化说。在他看来，这种“周期性分化”既不反映阶级剥削，也不表明“优胜”的资本主义大生产正在取代“劣败”的小农，而只是“非资本主义”经济的一种自然循环。在这种循环中，穷的自然会变富，富的自然会变穷。波动不仅有周期性，也有一定幅度，不会造成“两极化”无限发展的局面。因此他力主“小农经济稳固论”，认为在如此美妙、和谐、田园诗式的共同体中，农民将安居乐业，只要“社会农学家”们承担起“组织者”的任务，从上面对他们的经济实行“科学组织”，并把先进的科学、技术与文化传播到他们中间，引导他们发扬村社精神，通过合作化，最后走向“非现金核算”的“无货币劳动组合”，从而实现村社社会主义的“农民乌托邦国”。[1]

显然，恰亚诺夫反对在苏俄农村中搞“阶级斗争”，更反对用强制手段消灭小农以实现斯大林式的集体化，这是他后来身遭不幸的原因。然而他那“无货币劳动组合”和把全部经济通过“科学组织”统一为“单一管理意志”下的共同体的思想，却正是通过斯大林之手得以实现的。

全面评价恰亚诺夫思想并非本书的任务，在这里我们只能就他的农民分化理论即“恰亚诺夫循环”谈些看法。

毫无疑问，恰亚诺夫提出“循环”说，反映了农民——民粹派对自然经济下农村公社的美化和对宗法共同体田园诗般氛围的无限向往。这种玫瑰色的幻想使他忘记了“村社民主”之上的沙皇专制，“村社平均”之上的等级剥削。当他津津乐道于19世纪农村公社内部“贫”“富”间的循环不已时，高踞于农村公社之上，不在“农民”等级之列的地主、贵族、黑帮、高级僧侣等权贵层的穷奢极欲并未进入他视野之内。而他作为周期性波动中心的，拥有播种地3—6俄亩的“中等农民”，用“阶级分化”之后的西欧资本主义农村的眼光看是非常贫困的——继列宁之后担任苏联人民委员会主席的李可夫曾感慨地说：我国的中农与比利时

[1]《恰亚诺夫选集》，海牙1967年版，第3卷第163—172页。

的贫农相比贫困到这种程度，以至于按我们的标准比利时的贫农就会成为地主！[1] 所以，农村公社中的“贫富循环”，实际上不过是特权等级压迫下难以分化的宗法农民的普遍贫困而已。

然而，如果不是从价值判断，而是从事实判断的角度看，恰亚诺夫所描述的模式却并非向壁虚构，而是有大量统计依据的。它的意义在于启示我们，宗法状态下农民中存在着某些常常被今人视为“阶级分化”的贫富差异，其实并不一定是真正的阶级分化。诚然，“恰亚诺夫循环”与西方经济学中的许多理论模式一样，本质上是逻辑抽象出来的一种“理想类型”，它以自给自足的“鲁滨逊式经济”为预设前提，实际情况当然远非如此简单。19 世纪的俄国农村虽不发达，但无疑已不是完全的宗法农村。决定农民贫富的绝不仅仅是“人口结构”这一因素，真正的阶级分化肯定已经达到相当程度，恰亚诺夫自己也承认，严格的“循环”不过是一种理想，由于土地买卖、雇佣劳动与租佃关系的存在，现实中的过程复杂化了。至于不存在俄国式土地重分公社的其他民族（例如中国）的封建农村，“恰亚诺夫循环”的作用就更受限制。因为这一“循环”得以正常运行的重要条件之一，是农户经济状况只受劳力匮乏制约而不受土地匮乏制约，这在定期重分土地的俄国村社中至少在一定程度上是现实的，人口多的农户，分到的份地面积也会更大，而在中国就不是那么回事了。

尽管如此，在同样是自给自足的中国农村，宗法状态对农民等级中的经济性阶级分化同样起着阻碍作用，就像“关中模式”中我们已看到的那样。因此，我国宗法农民的贫富差异中同样可以看到“恰亚诺夫循环”的成分。宋人谢逸曾说“余自识事以来四十年矣，见乡间之间，曩之富者贫，今之富者，曩之贫者也”[2]。明清时人谈到贫富变迁时常说的一句谚语是“三十年河东，三十年河西”。过去往往以这些材料来证明当时“阶级分化”之剧烈。其实，这些以 30—40 年为一周期的贫富循环是

[1]《李可夫文选》，人民出版社 1986 年版，第 113 页。

[2] 谢逸:《溪堂集》卷九,《黄君墓志铭》。

否含有等级权势下的恰亚诺夫循环（在理论分析中以37年为一周期）的因素，是很可研究的。“关中模式”中宗法农民贫富差异也是如此，尽管缺乏对农户的动态跟踪调查，但旧关中的富裕农户大都维持不久，而贫穷农民也很少陷入完全破产状态，他们之间的周期性对流是可以想象的。

总之，封建社会中存在着三种性质不同的“分化”现象：建立在人身依附关系基础上的等级分化，它产生于“命令经济”中的超经济榨取；建立在“恰亚诺夫循环”基础上的“人口结构性分化”，它产生于“鲁滨逊式经济”中的自然运动；建立在财产关系或所有制关系基础上的阶级分化，它产生于商品经济中的纯经济剥削。封建社会宗法共同体的束缚—保护关系反映在自然经济上，就是“命令经济”与鲁滨逊式封闭性自给自足经济的对立统一，因而权贵和平民间的等级分化与平民等级内的“恰亚诺夫循环”也形成了对立统一，它们共同构成封建社会中最本质的分化机制。当然，在指出这一点时我们必须抹去恰亚诺夫给这种“循环”涂上的民粹主义的玫瑰色彩，在我们看来，这种“非资本主义”的分化不过显示了中世纪平民等级的普遍贫困状态而已。

至于完全建立在所有制关系基础上的阶级分化，它在封建社会无疑是存在的，否则封建社会便不可能发展乃至走向自我否定。但它在封建时代是上升中的，因而是与封建社会本质特征对立的因素。如前所述，封建社会内部的财产制度，商品经济与交换关系都是被宗法共同体的等级权力严重扭曲了的，因而阶级分化在封建时代也只能以严重扭曲的形态存在。一旦它按自己的发展逻辑打破这种扭曲而实现了自由发展，那么它在摧毁宗法共同体的等级壁垒的同时，也将彻底破坏“恰亚诺夫循环”的过程，从而把宗法共同体的玫瑰色外表与野蛮的实质一并否定掉，封建社会的末日也就来临了。

必须指出，如果说“恰亚诺夫循环”过程在旧时代表现的还不明显的话，那么它在中、俄这类小农国家实现了土地革命之后却得到了相当典型的体现。在苏联，土地革命后不仅恢复了农村公社，而且大大强化了其职能，土地重分的频率与平均化程度，村社对农户经营与耕作的干预都大为加强。[1] 我国土改后虽没有出现村社化，但土地占有也基本平均化了，而当时农业技术、经营水平与商品率都十分低下，农户与市场联系薄弱，自然经济色彩很浓（我国尤其如此），因而“人口结构”确实成了制约农户经济状况的主要因素。当时的富裕农民主要都是家庭劳力多而且强的所谓“好汉”户。虽然由于这一时期很短暂，“循环”的周期性尚无由展示，但从几十年后我国重新实行小农制（家庭承包制）时的实践是可以推断出“恰亚诺夫循环”之存在的。众所周知，承包制中出现的问题之一就是人口失控，由于农户经济状况与家庭人口结构紧密相联，在一些不发达地区便造成农民生育意愿明显提高。这显然是因为在一定周期内它可以造成家庭人口结构的改善。无疑，如果说恰亚诺夫循环直到现在至少对我国农村人口再生产过程仍有一定影响的话，那么它对土改后一段时期内的农村经济作用当然是存在的。

恰亚诺夫循环在民粹主义者眼里是村社“劳动类型经济”的规律，但它与社会主义自由联合体社会化生产中的按劳分配当然风马牛不相及。它的存在只能说明宗法小农经济的“鲁滨逊化”倾向，说明自然经济与宗法残余的存在以及社会联系的不发达，说明大力发展商品货币关系、甚至发展真正的阶级分化（当然是在一定历史时期和一定条件下）的迫切性。然而在传统的理论模式支配下，我们在实践中却反其道而行，不但对宗法经济中狭义阶级分化的一切萌芽均痛加打击，甚至把“恰亚诺夫循环”下的“人口结构性分化”也杯弓蛇影地视为“资本主义两极分化”而加以挞伐。在苏联，不仅新经济政策时代就否定了布哈林“发财吧”的口号，而且还反对“错误地”指“靠勤劳的农民”[2]，在恰亚诺夫及其同事被错误镇压的同时，一大批因家庭劳动力充足而富裕的农民也被打成“富农”而受到清洗。

[1] B. 达尼洛夫:《集体化前苏联农村的土地关系》，载（苏）《苏联历史》1958 年第 3 期，第 97—102 页。

[2]《列宁全集》第 2 版第 40 卷，第 181—182 页。

三、宗法式社会的分化模式及其定量分析

下面我们进一步把上面两节所阐述的理论抽象化为一些数字模型，并进而探讨度量宗法式分化的指标设定与计量分析问题。

图 5 给出了三组分化的洛伦兹曲线图 [1]。我们现已知道，这三组分化中的宗法成分（前资本主义成分）以美国最低，不发达的坦桑尼亚次之，“三皇五帝”统治下的铁炉区最高。那么这个情况能否在分化曲线图上予以解析？显然基尼系数的计算不能解决问题。但这三条曲线的形状却能给人以启发。再参以其他资料（从略），笔者认为以下模型是可以考虑的：

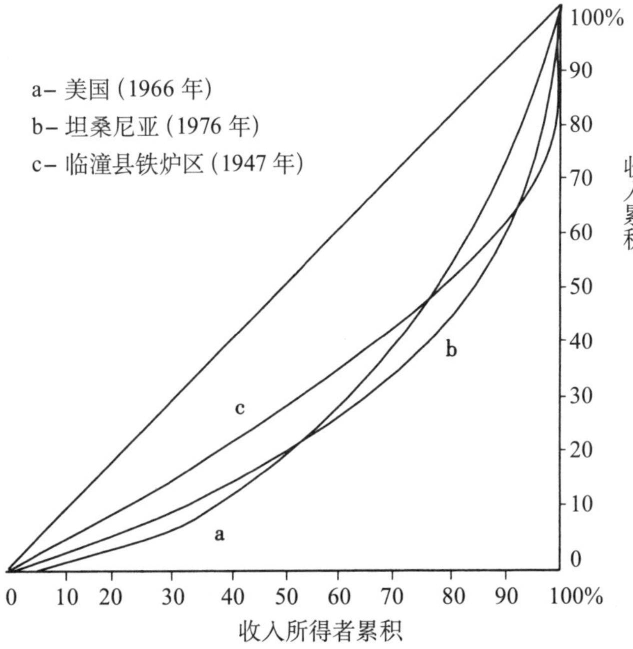

图 5

[1] 资料来源：美国及坦桑尼亚，见 G. 阿尔蒙德:《比较政治学：体系、过程和政策》，上海译文出版社，1987 年版，第 383、450 页。后者原系离散性折线，笔者以非线性回归校正为曲线。临潼铁炉区，据渭南地区档案馆，地委档案（永）第 8 卷中有关数字，以非线性回归法绘出。

1. 问题的提出

目前衡量社会分化程度的方法已比较成熟，使用的指标有离散系数、帕累托系数、基尼系数等，尤以意大利统计学家科拉多·基尼（1884—1965）根据洛伦兹曲线定义的基尼系数应用最广（基尼系数的推算方法亦有可改进之处，此处从略）。但是，这些系数都不能反映分化的性质，而这显然是比分化程度更重要的问题，由于其度量不易，因而产生了一系列问题。诸如：

（1）当前社会中的分配不公问题。单纯说目前的分化严重或不严重，并无多大意义。问题在于分化的性质，它在多大程度上是社会主义按劳分配中的分化（差异），多大程度上是资本主义的或近代型的分化，多大程度上保留着中世纪型的或宗法式的分化的成分？

（2）民主革命时期著名的毛泽东—梁漱溟争论。毛泽东认为农村分化严重，因而是封建社会；梁漱溟认为分化并不剧烈，无所谓封建社会。如果仅就经验资料而言，双方都可以找到证据，但实际上问题的实质难道仅在于分化程度的大小吗？

（3）历史学上的诸多有关争论：如近代太平天国战争后，江浙地区自耕农的增多究竟有利于还是有碍于资本主义的发展（实际上就是问分化程度是大些还是小些更有利于资本主义的发展）？这背后还隐含着更一般性的问题，即对历次农民战争及其所造成的分化状况的变化如何评价？类似问题在国外也常发生，如在俄国，就有平分土地是否有助于资本主义的长期争论。而对土地改革的评价问题在当代国际上“不发达社会学”界历来也是争议的内容之一。显然，这些问题的关键都在于上述事件在明显地改变了分化程度的同时是否也改变了分化的性质？

如此等等。当然，如同基尼系数等统计指标未发明以前人们也曾使用举例描述法表示分化的程度一样，现在人们也常用描述法来表示分化的性质。但显然其精确性与逻辑说服力是不够的。

另一方面，笔者在用洛伦兹曲线研究各种个案的社会分化资料时发现，宗法式社会与近代社会、封建主义与资本主义之间在分化程度上并无固定的高下之分，即基尼系数在上述各种社会中都有大有小，在理论上都可能表现为0与1之间的任意值。但洛伦兹曲线本身的形状却随着一种社会类型向另一种社会类型的过渡而出现规律性改变，尤其在效用消费（定义详后）的分配方面更为突出。

一般地说，典型资本主义条件下分化模式如图6所示，尽管自初始状态线a以下一组虚线越来越弯（即分化程度越来越大），但它们基本上都关于z轴对称，形如正“弓”（在少数不对称的场合如曲线t所示，则“弓”亦表现为向坐标横轴倾斜而不会向纵轴倾斜。即使在某些资本分配中洛伦兹曲线之“弓”似乎向纵轴倾斜，但经过从形式财富分配到效用消费分配的校正后它即恢复为典型状况）。

而典型的宗法式分化或封建条件下的中世纪型的分化模式如图7所示，初始状态线a以下的虚线同样向下弯曲，而且在理论上与图6一样均可趋近于坐标二轴（即分化的极端）。但不同的是这组曲线基本上都是不对称的“斜弓”，而且都向坐标纵轴倾斜（在少数例外中，这种倾斜在形式财富分配中不明显，但校正为效用消费分配后就明显起来）。连结各曲线的凹点（距完全平均线最远之点）得出线z，它与图6的z轴相应，

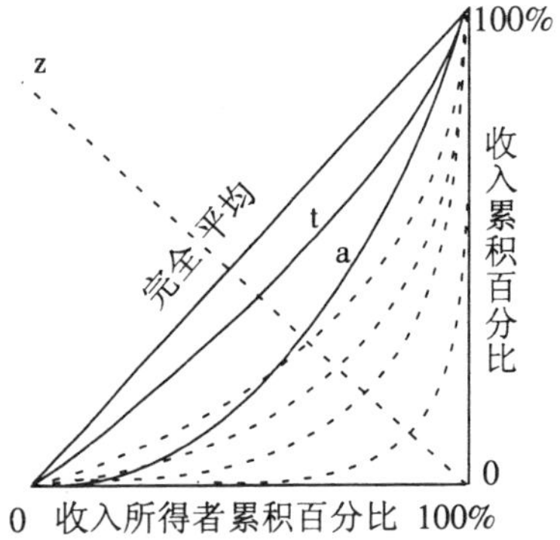

图6

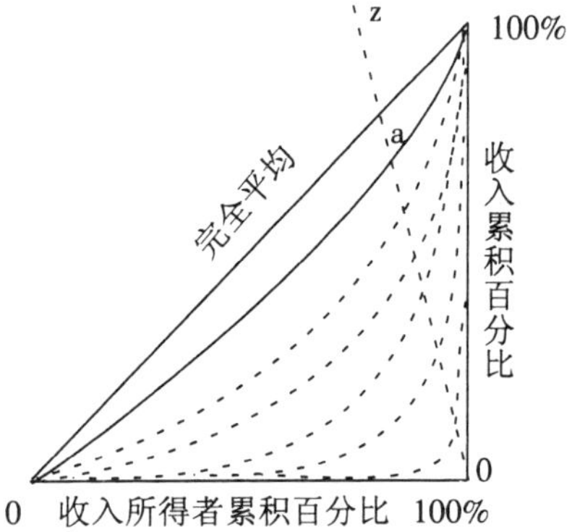

图7

但不是对称轴，而是趋近于坐标纵轴的准直线。[1]

以上叙述都假定分化为一不可逆过程，但实际上它往往是可逆的（即分化程度会变小）。然而无论怎样，“正弓”与“斜弓”的模式特征不会因此而变化，如果分化的性质不变的话。现实中可能的分化都介于以上两种典型状态之间，从而 z 线的斜率便成为可度量的指标，它反映社会分化在多大程度上具有宗法性质或前资本主义性质，我们把它称为 z 系数（“宗法式分化系数”的简称）。

2. 理论分析

z 系数的不同与社会分化内在机制的不同有关。宗法式的或封建的社会是以人身依附或“人的依赖关系”为基础的社会。在人身依附关系网络中共同体具有束缚与“保护”二位一体的功能，社会上充满身份性壁垒与特权的羁绊。独立的权利主体（因而也是所有权的主体）严格地说并不存在。马克思所说的“权力捉弄财产”，“一切个人领域都是政治领域”，“私有财产制度就是政治制度”，财产形态“以共同体为基础”，具有“共同体的外观”等等即指此而言。由此决定了森严的等级差别与同等级内部的平均趋势共存互补，狭义的阶级分化（单纯以经济关系即所有制关系为基础的分化）不发达而等级分化（以人身依附关系即统治—服从关系为基础的分化）高度发达。而资本主义则相反，它以商品经济中等价交换原则扫除了一切宗法等级、身份的壁垒，摆脱了宗法共同体的一切羁绊，使一切人至少在理论上都既解脱了束缚又失去了保护，并置身于形式上机会均等的自由竞争中，因而阶级分化便排挤了等级分化。

阶级分化与等级分化的对立意味着以私有财产关系为基础的分配“同以个人之间的统治和服从关系（自然发生的或政治性的）为基础的分配相对立”。等级分化是“按权分配”或“按身份分配”，形式上的财产收

---

[1] 所谓“准直线”，即在逻辑上我们可以把它看成直线以简化分析。当然这并不排斥现实中一组洛伦兹曲线的凹点的连结线一般并非直线。下文的“准正态分布”“准指数分布”也是在类似意义上确定的。

益（地租、利息等）在实质上也不是资产的增值而是特权的物化。而狭义阶级分化却是“按资分配”，市场机制作用下的利润率平均化规律使等量资本产生等量利润。而在逻辑上，由于权利与机会均等，资本在初始状态是“按能分配”的。所谓“能”指权利平等条件下的个人谋取利益的一切本领，它与社会主义按劳分配理论只承认“劳动”能力不同，但两者却也有个类似点：它们都为人人都有的即非垄断性的“天赋特权”（正是在这个意义上马克思把“按劳分配”也称为“资产阶级权利”），不像封建特权那样为少数人所垄断。一般地说，社会上低能者与能力超群者是少数，而能力中等的芸芸众生是大多数。因此可以认为“能力”在人群中呈准正态分布（图 8），因而资本分布以及由资本通过平均利润率而形成的利益分布在初始状态[1]亦呈准正态分布。

而在封建性分化中，宗法共同体的种种天然壁垒与羁绊在逻辑上排斥了上述初始状态，因而如果把自然经济下各个孤立经济体间因“恰亚诺夫循环”而带来的贫富之别略去不计，则身份性特权初始分布就决定了利益的初始分布。由于特权是一种金字塔型等级结构，“天然首长”之下是大批无权的依附者与次依附者，因而这种分布是非正态的，可以近似地以指数分布视之（图 9）。

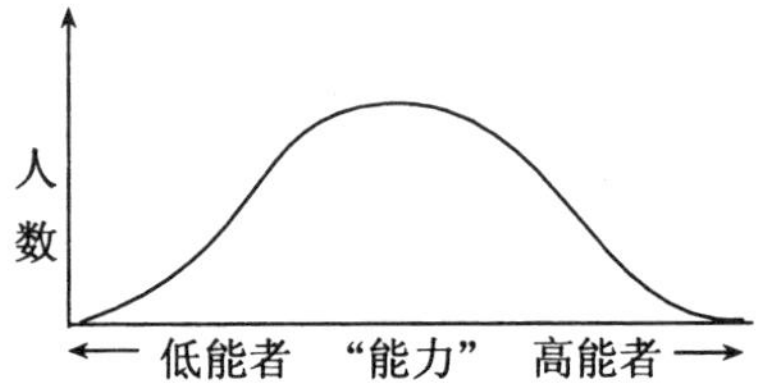

图 8

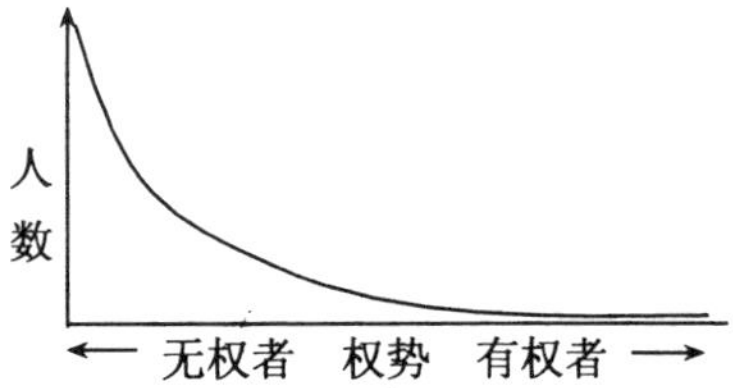

图 9

[1] 作为逻辑概念的“初始状态”是指既有的自由资本主义机制下的资本形成起点，它不同于作为历史概念的，在资本主义机制本身未建立时以前资本主义手段进行的“资本原始积累”。

数学上可以证明（略），如果分化程度为给定值（基尼系数相同），则上述两种初始分布将在洛伦兹坐标三角中转化为两种洛伦兹曲线：由正态分布决定的曲线是“正弓”（如图6），由指数分布决定的曲线是“斜弓”（如图7）。当基尼系数较小时，前者意味着列宁论证过的那种“美国式道路”，即资本主义发展的“起点平等”模式，而后者意味着宗法共同体的和谐状态，即上有节俭自律的“慈祥家长”、下有安居乐业的“孝顺子民”那样一种小康盛世。但这两种曲线均有下弯的趋势，对于前者，资本一旦形成，就会产生贫富积累效应（贫者受资本剥削而愈贫，富者得资本之利而愈富），把“弓”越拉越弯，使其严重偏离“按能分配”的初始状态，如图6中一系列虚线所示（这也就是资本主义平等的虚假的一面）。对于后者，由于“慈祥家长”也有七情六欲，难以超凡入圣，而不受制约的宗法特权将使其由取民有度变为横征暴敛，也使“弓”越来越弯。但无论这“弓”怎么弯（无论分化程度如何），其分化的性质不受影响，并可以以z线的斜率表示之。

3.z系数分析

在实际计算中，我们已知两个统计数列（输入数据）：

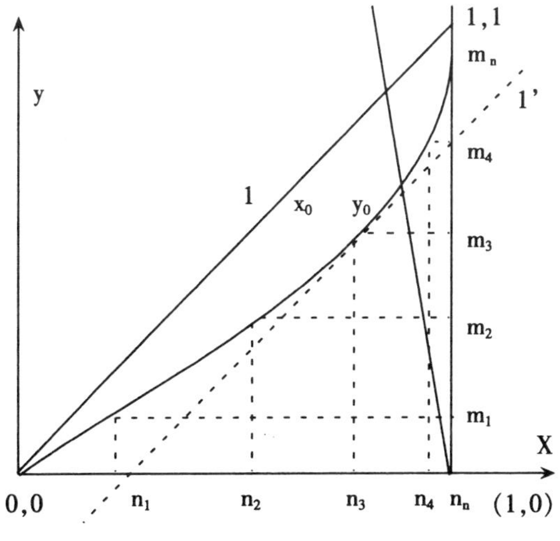

图10

分配者数：n_1、n_2、n_3……n_n

相应分配额：m_1、m_2、m_3……m_n（共 n 组分配者，以各组人均分配额由小到大构成数列）把上述数据转化为图中的坐 n 与 m。令：

$$n_1=\frac{\sum N_1}{\Sigma N_n},\ n_2=\frac{\sum N_2}{\Sigma N_2},\ n_3=\frac{\sum N_3}{\Sigma N_3}\cdots\cdots,\ n_n=\frac{\sum N_n}{\Sigma N_n}=1\ （或\ 100\%）$$

$$m_1=\frac{\sum N_1}{\Sigma N_n},\ m_2=\frac{\sum N_2}{\Sigma N_2},\ m_3=\frac{\sum N_3}{\Sigma N_3}\cdots\cdots,\ m_n=\frac{\sum N_n}{\Sigma N_n}=1\ （或\ 100\%）$$

由 0，0、n_1m_1、n_2m_2、n_3m_3、……n_nm_n（即 1，1）诸点所构成的连续可导曲线即洛伦兹曲线为一凸曲线，过该曲线与直线 l（即完全平均线）距离最远之点 x_0，y_0 的切线 l’与 l 平行，即其斜率亦为 1，设函数为 y=f（x），∴ f'（x）=1.

用牛顿插值公式计算 f'（x），

再用二分法计算方程 f'（x）−1=0 的根（x_0，y_0），则

$$z\ 系数\ \mathrm{tg}\,\phi=\frac{y_0}{1-x_0},$$

以上计算过程可用 Pascal 语言编成计算程序在机上操作（程序清单略）。

4. 双 x 原理及其计算

前面说过，在某些场合 z 系数会有失准现象：有些明显是宗法性的社会其 z 系数值未必高。这种情况主要见于形式财富的分配中。所谓形式财富即名义上归属于分配者的那些有形财富，尤其是生产资料。统计分析（资料从略）表明，在以人身依附关系为基础的社会里，不仅形式财富分配中的 z 系数一般都小于实际享受到的消费利益（我们称之为效用消费）的社会分配中的 z 系数，而且更值得注意的是前者的基尼系数也小于后者，如图 11 所示：效用消费曲线不仅比形式财富曲线更“斜”，而且更加下凹。而在资本主义条件下则相反，形式财富尤其是生产资料分配方面的社会分化要明显大于效用消费的社会分化，如图 12 所示。因此，这两者的比值成了反映社会分化性质的又一个指标。我们以“形式

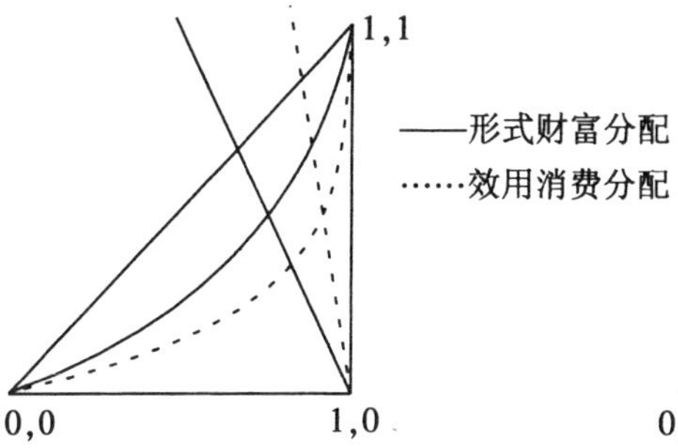

图 11

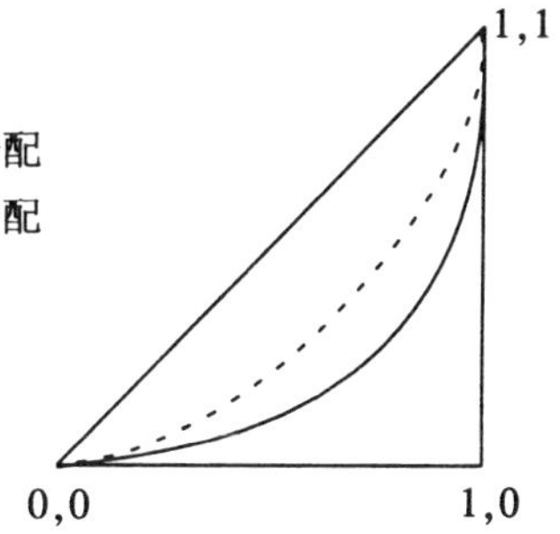

图 12

财富”与“效用消费”两词第一个字母，把这种关系称之为双 x 原理，而把上述比值称为 x 系数，即

$$x\text{ 系数}=\frac{\text{基尼系数}_{\text{形}}}{\text{基尼系数}_{\text{效}}}$$

一般地说，此系数大于 1，近代型分化色彩较浓，数值愈大，分化的近代性质愈明显。此数值小于 1，宗法式分化的色彩较浓，数值愈小，分化的宗法性愈严重。根据这一原理就不难理解，在由“无产者”与资本家构成的近代社会里，生活水准的差异并没有“无产”与“资本”两个概念所给予人们的印象那么悬殊，而在许多实行“每人一份”的村社份地制的中世纪社会，或像明清时代的关中那样的自耕农海洋，却在形式财富的宗法式平均背后隐藏着共同体成员与“天然首长”间生活水平的天壤之别。一个“无产”的西方在业工人尤其是熟练工人与洛克菲勒那样的超级资本家相比当然是贫穷的，但其实际生活水平差别的悬殊程度远远不能与大部分有地 20—30 亩的旧时代关中临潼铁炉区农民和名义上仅有地 70 余亩的“铁炉王”韩国璋之间生活水平之悬殊相比。人们往往以为现代西方工人生活的相对富裕是现代资本主义实行诸如“福利国家”那样的调节政策的结果。但只要略加分析就可以发现，即使在 19 世纪，乃至在原始积累时期，西方生活水平贫富分化程度虽然远较今日为大，但仍然明显小于当时形式财富分配的分化程度。正因为如此才使普

列汉诺夫有理由批驳民粹派关于“平均的”俄国村社优越于“两极分化”的英国的谬见，指出俄国农民的贫困无论绝对还是相对（与统治者相比）而言均远较英国工人为甚。

对两种分化机制的理论分析（从略）表明，一切近代社会（从“羊吃人”的时代直到今日“福利国家”）之间尽管分化程度（基尼系数）不一，但 x 系数均大于一切宗法式社会（从君贤民顺的盛世直到君贪民怨的乱世，其基尼系数也各有大小）。这不是由于某种调节政策，而是由于分化机制的区别所决定的。因此，由中世纪向近代的演进，与基尼系数的变大或变小并无多少联系，但与 x 系数由小变大、z 系数由大变小却有着必然的关联。

在实际计算中，“效用消费”往往难于计量，尤其是在自然经济时代。为此，可以用以下两个较易于计量的数值模型来近似地代表 x 系数（原理从略），其一，生产资料分配之基尼系数与生活资料分配之基尼系数的比值；其二，特定单项财富（如土地）形式价值分配基尼系数与其效用价值分配基尼系数之比值。

最后也应指出，z 系数与 x 系数分析与社会统计学的其他指标（诸如基尼系数、恩格尔系数等）一样也有其局限性，在一定条件下会产生失准现象。但尽管如此，它们对于从宏观上把握分化性质的演变仍有重大意义。

第六章

『自由封建主义』质疑

——中国封建社会特点问题

一、“亚细亚生产方式”“商业资本主义”与“自由封建主义”

前面我们归纳了封建主义自然经济，宗法共同体，人身依附关系以及封建社会的人群分化类型问题。那么，中国与西方的封建社会相比又有什么不同呢？或者，在文化类型说大兴而社会类型说消沉的今天，我们是否还有必要谈论“中国封建社会”这一命题？

我们上面已回答了这一问题，“中国封建社会”是确实存在的。但是，近代中国与西方除了社会类型之差异之外也确实还有文化传统的差异，这些差异使得人们在谈论中西社会类型差异时，不仅在价值判断上，而且在事实判断上都有截然相反的两类看法。

学术界都很熟悉马克思的“亚细亚生产方式”或“东方社会”的理论。根据这一理论，马克思认为亚细亚或者东方（其中自然包括中国）的社会是停滞的，自古以来并未发生多少变化。其主要特征是：没有私有制，只有农村公社与土地国有；农村公社内部农业与手工业紧密结合，外部则有通过组织大规模水利建设而建立起来的中央集权专制国家；普遍奴隶制，全国臣民都是专制君主的奴隶。马克思所说的这些特征不仅是相对于资本主义欧洲而言的，也是相对历史上的欧洲，其中包括中世纪欧洲而言的。按这种观点，东方（包括中国）社会在自然经济（农业与手工业的结合）、宗法共同体（没有私有制）和人身依附（普遍奴隶制）等前述封建社会各基本特征方面比欧洲中世纪绝对是有过之而无不及的。它是一种比封建社会（欧洲的）还要封建的“超封建社会”，或者说是距离私有制、商品经济与人的自由比西方中世纪还要遥远得多的“前封建社会”。这种看法当然并非只为马克思所有，上至黑格尔甚至亚里士多德，下至当代以威特弗格尔为代表的西方“水利社会”论者，市民社会中的西方人或多或少都是这样看待东西方差异的，即便在苏联有过视“亚细亚”与欧洲如“两股道上跑的车”的“两种类型”论者与视“亚细亚”为一较原始的必经阶段的“两个阶段”论者的长期论战，其分歧在实质上也不过是“封建主义”与“前封建主义”之别而已。

而在中国人看来，情况恰恰相反。在新中国建立前的社会史与社会性质论战中，代表官方（即国民党）立场的学者大倡所谓中国自秦以来就是“商业资本主义社会”之说，认为早在西方人挣扎在份地制、自然经济与农奴身份的黑暗中之前很久，中国已经有了私有制、商品经济与自由，而且还颇为发达，比起西方的资本主义来，不过是多了个皇帝老子，少了点大工业生产力而已；旧中国不是封建社会，至多不过有若干“封建残余”罢了。

与他们对立的中国马克思主义社会史学者们站在民主革命立场上，坚决认为旧中国是封建社会：古代是完全封建，近代是半封建，而所以“半”者主要就城乡差异而言，至于农村则基本上还是完全封建的。但是他们的论点主要集中在对大地产与租佃制的强调上。他们认为中国是租佃剥削而不是雇佣劳动制，土地高度集中而使用极端分散，地主与小农间存在着尖锐的阶级对立，因此中国是封建社会。显然，他们对“商业资本主义”论者关于中世纪中国私有权与商品货币关系等比西方中世纪更为发达的看法并未提出异议。因此毫不奇怪，这种倾向到新中国建立后便形成了中西比较中的中国“自由封建主义”学说。当然，“自由封建主义”之名是笔者对这种看法的概括，实际上并没有谁把“自由”与封建主义直接联系起来。但无论如何这种观点显然与“商业资本主义”论者的观点一样，认为中国中世纪与西方中世纪相比，自然经济、宗法共同体与人的依附关系，乃至社会分化的等级性等特征要淡化得多，实际上也就是认为中国封建社会比西方封建社会“自由”得多，它仿佛不是以对独立个人的压抑、而是以在“自由买卖”中产生的“大土地私有制”和“自由租佃制”为基础的。显然，这种中西比较观与“亚细亚生产方式”之类的理论相比，在对中西特点的描述上正好来了个颠倒。

之所以产生这种截然相反的认识，固然与人们所掌握的经验材料有关，但观念的差异也起着很大的或者说更大的作用。就以“自由”这一概念而论，我国汉魏时便有了“自由”一词，如《礼·少仪》“请见不请退”条郑玄注：“去止不敢自由。”《三国志·吴志·朱桓传》：“桓性护前，耻为人下，每临敌交战，节度不得自由，辄嗔恚愤激。”这里所谓“自由”，实为“任意”之意。毛泽东所反对的红军中的“自由主义”亦即此之谓。这种“自由”实与英语中 wantonly、arbitrarily、wilfully 及词组 at will 之义相当。任何社会都不可能让人“任意”胡为的，因此汉语中的“自由”一般都以否定式出现，如上引的“不敢自由”“不得自由”之类，还有古诗中的“欲立蜻蜓不自由”（道潜：《临平道中》）、“欲采蘋花不自由”（柳宗元：《酬曹侍御过象州》）、“浮名浮利不自由”（管仲姬：《渔父词》）等等。或者用为贬义词，如清代官员考绩评语有“偃息自由”，对只图安逸，不问公务，毫无节制，任意所为的官员，评以此语。[1]

而我们现在用“自由”一词去译解英文 free（相当于德文 freiheit、法文 liberte、拉丁文 libertas 等）这一概念，严格地说不完全贴切。事实上，古汉语中并无与 free 同义之概念。因为 free 除“自由自在”的含义外，尚有“从……脱离而独立”之意，而汉语中“自由”这一概念则没有此义。故所谓无产阶级“自由得一无所有”云云，从汉语的角度说就讲不通（“任意地”一无所有？！），汉语中的“自由”仅与受束缚相反对，而 free 不仅与受束缚，还与受“保护”相反对。在西方概念中，受人庇护的人是不自由的，而在汉语中受庇护与自由并不矛盾。例如，在许多中国人看来，国家的“抑兼并”仅仅束缚了“兼并之徒”，它并不妨碍或者说还保护了农民的“自由”，而如果说它最终没有保护住农民的自

[1]《满汉六部成语·吏部成语》，道光二十二年文英堂本。

由的话，那只是由于代表“私有制”的国家对“兼并”的打击“不如土地改革那样彻底”。而从西方市民社会的自由观出发，这种处于国家“保护”下的小农与西方“由好战的贵族保护它们不受外敌侵害”[1]的农奴同样是不自由的，或者说前者更不自由，更接近于“普遍奴隶”。

又如前已指出，中国农民社会中“私有”这一概念与西方市民社会中的 private 概念也有区别，可用以满足私欲的一切东西都可谓之“私有”的，而 private 则还有个性的、平民的、非权力的等微妙含义。所以，我们认为“私有”性膨胀的某些现象，在西方人看来恰恰是 private 性缺少的标志。例如过去的西晋占田制，今天的“官倒”现象都是如此。

正因为如此，我们在比较中西封建社会差异时往往会发现中国封建社会比西方有更多的“私有”性质与“商业”性质，而不是有更多的亚细亚性质、共同体性质与统治—服从关系性质。因而从这样的社会中既得利益者的观点出发便会得出“商业资本主义”的结论，以反对民主革命；而从该社会受压迫者利益出发的观点又会倾向于“自由封建主义”论，把革命简单地理解为仅仅是剥夺“贪婪的私有者”的自由，废除土地“自由买卖”与自由租佃等等。

必须指出，“商业资本主义”或“自由封建主义”在经验上都是以近古的即宋以后的中国社会，尤其是以这种社会中向“太湖模式”发展的类型作为实证基础的。而恰恰由于西方人亚细亚社会观中的“长期停滞”论的影响，他们往往把这种类型在空间上扩展到全中国，在时间上上推至远古。因为这种类型被认为比欧洲中世纪更接近于资本主义，而从远古以来就普及了这种类型的中国社会却又终于没有进入资本主义，因此在对祖先“商业”的或“自由”的灿烂文化优于西方而感到的自豪之中却往往又渗透着对中国长期停滞、不可救药的“民族性”的深深自卑。它深刻反映了宗法社会的中国人在东西文化碰撞中的心态特点。

中国为什么没有产生资本主义？这个极为复杂的问题并非本书所要

[1]《马克思恩格斯选集》第3卷，第40页。

解决或能够解决的。但在笔者看来，这个问题与其说是早就有了“私有权”“商业”“自由”乃至“理性”“人文主义”等准近代化特点的中国人，何以长期停滞而没有向近代化的门槛跨出“最后一步”的问题，不如说是中国传统社会的封建性何以特别强烈，宗法共同体何以特别坚固的问题。事实上中国社会决不是始终处于“太湖模式”那样的“自由租佃制封建主义”而停滞不变的。我们在前面已指出，晚唐以前的中国社会与晚唐以后的“关中模式”都是十分典型的宗法共同体，因此我们现在开展进一步的中西比较时，便主要以近古中国向“太湖模式”发展的那种类型，即成为“自由封建主义”主要实证依据的租佃型封建主义作为分析对象。

二、家—国一体的宗法共同体与“私有财产”

在“自由封建主义”论看来，我国封建社会不仅没有什么“亚细亚式的”土地国有，而且其财产，主要是土地财产比起西欧中世纪农村公社及采邑—份地制中的等级占有关系来具有更强烈的私有性。这一观点认为我国的土地是可以买卖、流通的自由地产，因而地主所有制主要是通过经济途径或“买卖”途径产生的。地主在其原始土地上通过租佃契约从佃农那里剥削到地租，再把地租投入土地市场，购买土地以取得更多的地租，从而形成土地资本的循环与积累过程，或曰“地租地产化”过程。在这一过程中，权力的因素不过是次要的“补充手段”，“特权地主只是地主阶级中的一个集团而已”。因此“土地占有权”与“政治上的特权”是风马牛不相及的两回事。我国的地主与其说具有权贵性质，毋宁说具有商人性质，或曰“地主、商人、高利贷者三位一体”[1]。按这种描绘，我国地主的行为方式与西方资本主义条件下土地所有者乃至现代

[1] 胡如雷:《中国封建社会形态研究》，三联书店1979年版，第47、46、2、20页。

城市中的房地产业者的行为方式几乎没有什么区别。

然而，我国这个号称“地主阶级的个人私有制”占支配地位[1]的封建国家，却有世界封建史上否认个人财产的最明确的法律规定，所谓父母在，子女“不敢私其财”，“无私货、无私蓄、无私器、不敢私假、不敢私与”[2]的儒家道德规范在曹魏时期“以礼入法”的法律改革中正式载入法典，此后，“诸祖父母，父母在而子孙别籍异财者，徒三年”[3]之类的条文成为历代相承的法律规范。唐、宋、明、清法典都有严惩“卑幼私用财”的刑罚，且有逐渐加重的趋势。可见，封建时代的中国只承认家族财产，不承认个人财产，所有权只是家长权的附属物。家庭之上，族权对财产的干预也很强，除了百室合户，千丁共籍乃至累世同堂、共爨合食的大家族公社以及社仓、族田等家族财产外，对个体家庭财产也有种种干涉，如土地买卖中的亲族邻里优先权，遗产不出族原则，乃至继承、分家、兼祧“应取合族甘结”等等。尤其值得注意的是，我国的宗族公社与族权越到封建后期越强大，越是商业发达地区宗族关系对财产关系的干预越明显。宗族化趋势在明清甚于宋元，“太湖模式”的农村甚于“关中模式”的农村。直到新中国建立前，东南沿海一些发达地区的宗族公产比重之大，令人难以置信。如浙江浦江县全县地产1/3为祠庙公产，义乌县族产庙产达22万亩之多，有的村庄竟有80%的地落到“祖先”手中。所以有人说，这些地方租佃制之发达，族人租种族、庙分产实为“很主要的一个原因”。[4]毛泽东在土地革命中所作的《寻乌调查》中，也提到寻乌县土地中“公田”多达40%，而地主“私有”土地才占30%[5]。像这样宗法关系下的租佃制，当然与“自由租佃关系”全不相干。

中国封建社会是个家—国一体的宗法共同体，“国”是“家”的扩展，“忠”是“孝”的延伸，“君”是“父”的放大。君权—族权—父权

[1] 胡如雷:《中国封建社会形态研究》，第25页。

[2]《札记·内则》。

[3]《唐律疏义》卷十二。

[4] 冯和法:《中国农村经济资料续编》，上海开明书局1935年版，第66—67、57—58页。

[5]《毛泽东农村调查文集》，人民出版社1982年版，第105页。

的同态结构使全国成了一个庞大的宗法公社。皇帝以父家长身份，通过限田、王田、占田、均田、屯田、公田等方式，乃至通过直接暴力手段干预财产关系。在晚唐以前，全国土地理论上都是占田制、均田制下国家授予的份地。即使晚唐以后。国有土地规模仍十分惊人。明代朱元璋就搞了可能是自井田制崩溃之后规模最大的“国有”农业——屯田。据顾诚先生考证，其土地可能多至400万顷以上，比全国官民田总数还多。[1] 如果再加上占官民田1/7的官用，则明初土地“国有化”比重达百分之六七十以上！即使所谓“民田”实际上也处在国家权力之下，如明代商品经济最发达的太湖流域农村，经朱元璋“籍诸豪族及富民田以为官用”[2] 之后，竟弄到苏州一府几乎全部官田化，“民田”不过1/15的地步。[3] 土地之外，国家权力对户口、城市工商业、矿业、外贸的控制也极为严密，并以行政力量摧豪强、抑兼并，在农村中建立各种“富者助财，贫者助力，春秋耕获，通力合作”的里社组织，[4] 甚至“社中有疾病凶丧之家不能耕种者，众为合力助之，一社之中灾病之者，两社助之”，[5] 形成宗法共同体温情脉脉的“保护”机制。

但是正是在这种宗法面纱背后，无所不在的“首长”权力得以肆无忌惮地取得其物化形式。在这方面我国封建时代比之欧洲中世纪可以说有过之而无不及。在晚唐以前的“田制”时代，我国实行贵族、官僚按品级占有相应数量土地以及依附人口的制度，宋代以后等级占田制虽未完全消失，但土地买卖日益活跃，表面上看来似乎确有“土地商品化”趋势。那么，是不是此后的地主就是凭经济力量拥有“自由地产”的呢？决非如此。这里不妨再打个比方：我们现今某些地方公家无偿提供住房的“均房制”在宗法特权扭曲下变成了住房“按权分配”，因此需要实行住房商品化改革。然而假若改革仍在特权扭曲下实现，虽然按商品化原

[1] 顾诚:《明前期耕地数新探》，载《中国社会科学》1986年第4期。
[2]《明史》卷七八,《食货志》。
[3] 顾炎武:《日知录》卷十。
[4]《明史》卷三,《太祖本记》。
[5]《元史》卷九三,《食货志》。

则提高了房租，但权势者却享有优免权，或以“内定”价格优先“购”房的特权，那么会怎样呢？那么住房“按权分配”的状况不会有任何变化，住房作为物化权力而非商品的性质也不会有任何改变，唯一区别仅在于无权势的住房户为取得共同体的保护需付出比以前多得多的代价（房租）而已。

我国封建晚期土地关系的实质正在于此。随着均田制的废除，我国赋税地税化程度越来越高，国家对土地征收的赋役量有直追出租之势，而且越是富庶的地区越是如此。前面讲的关中是这样，“太湖模式”下的江南更是这样。“江南田赋奇重”在历史上是出名的。吏治稍一败坏，苛征杂派稍有增加，赋税率便不但会逼近，而且会超过地租率。“计其租入，仅足供赋役而已”[1]，“地之所入，曾不足办粮之半”[2]，在我国封建晚期并非罕见现象。明末河南一些地区一亩地租折银三钱，而官税五钱，加上官僚衙吏经手时的贪污，竟达一两以上。[3] 在这种情况下，“受田者与田为仇”[4]，“村野愚懦之民以有田为祸”[5]，自是理所当然。这时对于无权势的平民而言，土地的价值等于零，乃至只有负价值，“地之价贱者亩不过一二钱，其无价送人而不受者大半”，“至欲以地自付人而莫可推。”[6] 即使在好的情况下，它至少也会使地价与地租之间的比率低到在自由地产条件下极为荒谬的水平。据笔者统计，两宋的平均地价仅相当于地租的157%，即一年半的地租便可买下这块地！这在真正土地商品化的条件下是绝不可能想象的。在西方古典时代，罗马的地价平均相当于地租的1666.7%[7]，即17年的地租才足以买下这块土地。当代发达资本主义国家中农业地租的比率就更低了。

---

［1］ 张履祥：《补农书》卷下，《策邬氏庄业》。

［2］（康熙）《三水县志》卷四。

［3］ 王铎：《拟山园集》卷十三。

［4］ 张萱：《西园闻见录》赋役前，袁表语。

［5］ 王夫之：《噩梦》。

［6］（康熙）《三水县志》卷四，《艺文》。

［7］ R. 邓肯—琼斯：《罗马帝国经济》，剑桥1974年版，第174—180页。

我国封建时代的地价如此之低，原因只有一个，那就是当时并不是只要有了钱就可以当得起地主。没有权势的平民即使买得起土地也无法稳定地占有它。明清时代有一种说法，即对权贵来说是“福字从田”，对无权势者来说是“累字从田”。我国的土地兼并，主要是由权贵，而非由富商进行的。

唐以前，我国的权贵主要是世袭的贵族，其特权主要是按等级占有土地与依附者（占田与荫客）。宋以后，我国的权贵除了世袭贵族外，主要是职业官僚，乃至官僚的后备军——有“功名”的士大夫，这两类人合称“缙绅”，其合法特权主要是优免赋税——不但优免本人，还可以优免其亲属、依附者乃至其他“关系户”。正是这种特权（以及在此基础上派生的其他特权）比任何“经济力量”更有力地促进了大地产的形成。

首先，即使假定缙绅完全是“公平”地按“购买”方式取得土地的，那么在这里体现的实际上也已不是“经济力量”。因为他们用以购买土地的资金，所谓“三年清知府，十万雪花银”，并不是任何意义上的经济积累（包括地租的积累），而是政治权力的体现物。而他们支付的地价又是为体现国家权力的赋役负担严重扭曲了的、非正常的、只有特权者能享受的价格。

实际上，缙绅“购买”土地往往只是象征性的，他们更主要的土地来源是“投献”。明清时代平民土地所有者（包括自耕农与平民地主）为逃避赋役重负和其他权势压迫，纷纷“自愿”把土地连同自己的人格都“投献”给享有特权的缙绅，以求得后者的庇护，或甚至还可借主人之权势压迫其他平民。由此，大量土地便涌向了“产无赋、身无徭、田无粮、廛无税”的“缙绅之家”。一个落魄穷儒一旦通过科举取得特权地位，“则奴仆十百辈皆带田而来”[1]，昨天还是“朝不谋夕者”，今天便“膏腴满野，大厦凌空”了。[2] 在“太湖模式”的形成过程中，这种权势下的投献起了主要作用。由于江南田赋奇重，以至农民不愿当权势压迫下的“自耕农”

［1］王士性：《广志绎》卷三。

［2］陆世仪：《复社纪略》。

而求为权势保护下的农奴。平民地主不愿当“累字从田”的“土地所有者”而求为狐假虎威的狗腿子。而江南文化发达，科举入仕者多，缙绅人数及权势远远超过其他地区，所以明代江南除“官田”之外便是缙绅地产，几乎无平民地主可言。

“购买”与投献还都算是温和的方式，至于直接以权势贱价强买、无价强占、国家封赐、暴力圈地乃至在“抑兼并”名义下剥夺富有平民地产以肥权贵等等，都是司空见惯的。宋代号称“不立田制”，国家权力直接干预经济较少，但也有北宋“西城括田”与南宋贾似道“公田”等几次大规模强夺民田的举动，明清更不待言了。因此，我国封建后期的土地兼并，主要并不是一个“地租地产化”的经济过程，而是宗法共同体的“天然首长”将其特权物化的过程。平民地主当然是有的，但与在“关中模式”中我们看到的一样，“太湖模式”中他们也不占什么地位。按顾炎武的说法，当时一县之内平民地主即没特权的“粗能自立之家”有百名左右，而缙绅中仅最低级的生员一县即有三百人，千人以上亦不罕见。如果一县地有 10 万顷，则生员要占去 5—9 万顷之多。[1] 明代一部小说中称，当时富家之中“以这枝笔取功名，子孙承他这些荫籍”的缙绅占七成，而“以这锄头柄恃豪富，子孙承他这些产业”的平民仅占三成。[2] 一般地说，平民地主不仅地产规模较小，而且很不稳定，其前途或是挤入权贵行列，或是夤缘攀附，作为权贵的依附者或“关系户”而存在，否则除了面临权势压迫外，还常常成为宗法共同体“抑兼并”的主要对象，其前景是不妙的。权贵地主是我国地主的主体，还可以从土地兼并在时、空上的发展与宗法权势分布的关系看出来。宋以前关中权贵云集，宋以后江南缙绅大盛，因而宋以前关中与宋以后江南土地集中程度都很高。而宋以后关中高级权贵少了，“三皇五帝”之类的土权贵并无合法优免权，因此便形成了宗法小农“盛世”背后更加黑幕化的权力剥削。

总之，我国封建地产无论前期与后期，无论哪一种模式，虽各有其

---

[1]《顾亭林诗文集》，中华书局 1959 年版，第 22—24 页。

[2]《醉醒石》第八回。

特点，但基本属性与世界其他封建地产一样，都是宗法共同体中等级权力的物化，都是“特权即例外权的类存在”，而不是纯粹的私有财产。

三、“伪商品经济”与租佃制

“商业资本主义”说与“自由封建主义”论都认为，中国古代与西方中世纪相比，商品经济发达较早。“商业资本主义”说以此否定中国传统社会的封建性质，“自由封建主义”论正确地批判了这一点，但往往因此对商品经济与封建社会，尤其是中国封建社会的相容性作出了不正确的估价。

什么叫“商品经济”？在有些人看来，似乎商品经济就是商业或商人很活跃的经济，而资本主义经济就是以其商人与商业的兴盛区别于封建宗法经济的。因此，有的书在谈论封建社会内部的商品经济时，往往强调它是“小”商品生产或“简单”商品经济，强调它是自然经济的“补充”，强调其规模与作用不如资本主义时代的商品经济。

这些看法虽不能说全无道理，但并没有看到问题的本质。商品经济就其本质来说，与其说是“商人”与商业活动频繁的经济，毋宁说是受价值规律支配与调节的经济。因此封建时代“商品经济”与资本主义商品经济的最本质区别，并不在于“小”与“大”“简单”与否，更不在于商人的多少、商业的时髦与否，而在于它实际上并不受至少很少受价值规律的支配与调节，而只受或主要受人身依附关系中的权力意志的支配与调节。因此，我们可以说存在着封建性的商人与封建性的商业，却绝不能说存在着封建性的商品经济，甚至也不能说商品经济作为自然经济的“补充”而具有封建性。实际上，建立在价值规律基础之上的经济即便处于“小”而“简单”的状态下，也是与封建自然经济（“鲁滨逊式经济”与“命令经济”的辨证结合）对立的，如果说封建社会内部产生了这种成分，那么它就只能是对封建经济的否定因素，而绝不可能是“补充”因素。

的确，我国封建社会比起西方典型中世纪时代“商人”与“商业”要活跃得多，但这并不是说我国封建社会中商品经济成分也比西方中世纪更发达或者我国封建时代价值规律在经济生活中的调节作用比西方中世纪社会更大。恰恰相反，我国以“天然首长”的权力为基础的官商乃至依附于官府的特许商、专利商为主体的“商业资本”实际上是以统治者的姿态对人民进行勒索的。这些权势者和他们的“关系户”“因权势以求利”“执国家之柄以行海内”。他们“云行于途，毂击于道，攘公法，申私利，跨山泽，擅官市”[1]，利用垄断地位在无竞争的“市场”上进行盘剥。当时的大宗商品，如盐、铁、茶、酒、矾等，乃至采矿、外贸行业，都经常处于官府垄断中，或组织徭役化生产，或进行赋税式征集，或实行强制性配售，完全不受价值规律调节。这种经济实际上是宗法自然经济性质的“命令经济”的一种形式，它所取得的并不是真正的商业利润，而是变相的赋税。

至于民间私商，不但经常处于“禁榷”之网的缝隙中，“抑商”政策的打击下，活动范围极有限，而且在盘根错节的宗法权势中他们的活动方式也是严重扭曲的。不贿通当事就搞不到商品，不攀附权贵就得不到市场，不打通关节就躲不过重税，是当时的常态。在这种情况下，一方面是按价值规律运行的正常商业无法发展，另一方面是有门路的“权商”囤积居奇，大发横财。所以，我国历来有“奸商”这样的称谓。现在，不少学者在为这一称呼鸣不平，认为这是“传统文化”奸商观念对商人形象的歪曲。其实不尽然。在宗法式的“命令经济”下的确存在着无“奸”不成商的现象。但另一方面，有的学者又由此认为封建统治者“重农抑商”政策是“反对病态商品经济，鼓励农业发展”的，因而具有“进步性”。[2] 这就更值得商榷了。因为用以“抑商”的封建权力和“天然首长形形色色的封建羁绊”，恰恰是“商”所以“奸”、所以“病态”的根

[1] 桓宽:《盐铁论·刺权九》。
[2] 胡如雷:《中国封建社会形态研究》，第 376 页。

本原因。“奸商”依附于“官商”“权商”而存在，而“抑商”政策恰恰是不“抑”而是百般维护“官商”和“权商”的！因此，在宗法条件下，“奸商”现象、“贱商”观念与“抑商”政策实际上形成了恶性循环：“商”愈“奸”则民愈厌恶之、“贱”视之，而民愈“贱商”则统治者愈得以行其“抑商”之道，愈“抑商”则“商”愈“奸”。这种循环典型地反映了我国封建自然经济之强大，宗法共同体之顽固与商品经济之孱弱。

相形之下，欧洲中世纪典型时期虽然并无我国那么活跃的“商人”与“商业”，也没有我国那么繁华的大城市，但显然有比我国更活跃的商品经济。欧洲中世纪工商业兴起于10世纪后大批出现的自治城市中，虽然规模既“小”又“简单”，市场也极为狭隘，但在很大程度上继承了希腊罗马古典城市的自由传统。在这种自由城市中，妨碍竞争的主要是行会，但行会发展得比较成熟是在13世纪后，其束缚能力远远不及我国的宗法共同体。因此我们虽不能说中世纪欧洲的手工业与商业经济完全受价值规律支配，而没有受到宗法的羁绊，但显然它比我国封建时代的“伪商品经济”具有更多的真正商品经济性质。欧洲中世纪也有抑商贱商思潮，而且有的学者认为比中国还厉害。[1] 但在欧洲这种思潮主要是教会思想家与封建主的宣传，在群众中，尤其在城市市民中并无严重的抑商情绪，因而并未出现我国那种“奸商”现象、“贱商”思想与“抑商”政策的恶性循环、反馈强化机制。所以总的来说，我国封建社会决不是商品经济发达早于或兴盛于西欧，而是相反，自然经济，包括“命令经济”及其披着“商业”外衣的变种比西欧中世纪典型时期顽固得多。

我国封建时代存在着“以末致富，用本守之”，商人、高利贷者发财后购买土地成为地主的现象，即所谓“地主、商人、高利贷者三位一体”，学术界多称之为商业资本转化为土地资本，或商业利润转化为地租。过去的“天然首长”们出于“抑兼并”的需要，往往大肆渲染“商人并兼农人”，致使今人也往往对商业、高利贷资本在“土地兼并”中的作用给

[1] 马克垚:《西欧封建经济形态研究》，人民出版社1983年版，第353页。

予不适当的夸大。其实如前所述，在我国传统的家—国一体的宗法共同体中，土地并不是按资分配的，而是按权分配的。即使在宋元以后的“太湖模式”中，“土地买卖”的表象背后也根本不是商品交换关系，而是统治与服从关系。人们往往认为商人转化为地主的原因是经营工商业不如置地收租稳定而保险，其实不尽然。在我国封建社会许多时期，平民地主的不稳定性远甚于封建性的特许商、专利商。因权势、靠“关系”而“以末致富”的人想用纯经济手段购买土地当平民地主来“用本守之”，是根本“守”不住的。因此，我国由商人而地主的转化，与其说是商业资本通过等价交换方式转化为土地资本，毋宁说是商人托庇于宗法特权，是统治—服从关系不同物化形式间的转化。具体地说，则是以“权商”致富，通过权力关系（而非等价交换关系）转化为权贵地主及其附庸以“守之”。

因此，在我国并不是所有时代的商人都热心于置办土地。像清代号为“皇商”的介休范氏等山西特权商人集团固然与土地联系密切，但明中叶以后极活跃的南方民间商人和著名的“徽商”却长期保持“虽有余赀、多不置田业”，“出贾既多，土田不重”[1]的局面，直到清中叶以后徽商日益形成宗法势力，才出现了商人参与土地兼并的风气。显然，权商置办地产与未能得到权力的有力庇护的商人“不置田业”，同样表明了浓厚的封建性。

过去有一种似是而非的流行说法，认为中国资本主义所以难产，就是因为土地“自由私有”、自由买卖与租佃，因此工商业积累都投资于购买土地剥削地租，从而资本原始积累搞不起来。而西方则是领主制加村社，土地不能买卖与自由租佃，故工商业积累只能变成产业资本云云。其实历史的事实是，在西方农奴制与地产“僵化”时代根本没有什么资本原始积累，而原始积累的开始正是在农奴制瓦解、租佃制盛行、土地可以买卖的16世纪以后。当时西方不是没有“以末致富，用本守之”，

[1] 顾炎武：《天下郡国利病书》第8册，《凤宁徽》。

以工商业利润购买土地的现象，但它并未妨碍原始积累。原因何在？我们可以列举不少。但根本的一条就在于真正的“自由租佃制”下的地租实际上是土地资本（地价）的利息，在当事者为真正的自由人的情况下，他们必定会从“经济理性”出发对各种资本生息形式进行选择，因而必然造成“风险”较小的土地资本生息率（地租率）远低于社会平均利润率的机制。正是这种机制像一只“看不见的手”，自行阻止了工商业资本大规模向土地转移的趋势。所以尽管英国在“圈地运动”之后土地关系包括租佃关系完全自由化，但因地租相对地价而言非常之低，土地买卖反而成为极罕见的现象。

而我国封建社会恰恰是不存在这种“自由租佃制”的，由于宗法共同体权力机制，例如封建后期“太湖模式”下缙绅优免、荫庇权的作用，地价与地租的关系极度扭曲。在极端情况下，像在明清相当普遍的“投献”风潮中，甚至会造成地价为零、地租率为无穷大的局面，即使是正常情况下，地租率也高得惊人。宋代平均地价的63%，清代也往往达地价的1/3至1/2以上。这与古罗马的地租率为地价的6%，近代资本主义农业地租率一般不超过银行贷款利息率的状况几乎不可同日而语。中国的土地如此有限，这样高的土地生息率招致“求田问舍”者蜂拥而至，如果在“自由”条件下，这势必会使地价急剧上涨到令人眩目的水平，从而把土地资本的生息率即地租率压回到平均利润率以下。然而中国的状况却是越到王朝末世，人口过剩越严重，土地越缺乏，地价反而越低，南宋末与明末的情形便是非常典型的例子。为什么会发生这种情况？道理很简单，我国的“土地所有者”主要不是以钱，而是以权占有土地的，哪怕表面上这种占有也采用“购买”手段。因此，我国的“地租”就其主体来说并不是土地资本的利息，而是权势带来的利益，并不是“土地所有权的经济体现”，而是统治—服从关系的经济体现。

所以，我们决不能被封建关系中存在的租佃契约所迷惑，甚至认为封建制就是租佃制，打倒了租佃制便反掉了封建制。什么叫“租佃制”？看来，这个术语在我们的概念中并不是很清楚的。笔者认为所谓租佃制应有广、狭二义。广义的租佃制是区别于剥削者组织生产而向劳动者支付必要产品的制度（雇佣制、奴隶制）而言的。在这个意义上只要生产者独自经营而向别人交付剩余产品与劳务，我们就可以称之为租佃制，而不论这交付是基于土地所有权还是人身权利或政治、宗教等方面的宗法特权。所谓西欧中世纪农民交纳“劳役地租”之说，只是在这个意义上才能成立。狭义租佃制则是纯粹建立在土地所有权基础上的经济关系，其实质是土地所有权或土地资本的有息借贷，也可以理解为一定时期内的土地使用权的买卖。显然，这种租佃关系的前提是土地之为商品，土地之为生息资本，而租佃双方必须是自由人。这样的租佃制固然不能说不存在于封建时代——因为“纯粹封建制”在现实中是没有的，但作为主导因素而言，无疑西欧农奴制决非这样的制度，我国封建时代的“租佃关系”也决非这样的制度。列宁曾自问道：“农业中资本主义（和半资本主义）生产方式的特点是什么？”答曰：“到处都有发达的租佃制。”[1]他所讲的就是这种作为纯经济关系的自由租佃制。我们还可以证明，这种租佃制在古典时代的罗马也十分盛行，至少要比中世纪典型时期盛行得多。[2]可见，租佃制与封建主义之间并无必然联系。我国传统社会之所以为封建社会，并不是因为有租佃制，而是因为有自然经济、宗法共同体与人的依附关系，或者说，不是租佃制决定了社会的封建性质，而是社会的封建性决定了当时的租佃关系只能是封建租佃，即以人的依附为基础的租佃。

四、封建共同体的三种形式

——我国封建人身依附关系比西方中世纪“松弛”吗？

谈到封建租佃关系之不自由，许多人往往从地主对农民实行强制约

[1]《列宁全集》第2版，第10卷，第310页。

[2] 秦晖：《古典租佃制初探》，载《中国经济史研究》1992年第4期。

束的方面去理解。的确，新中国建立前我国租佃关系那种“契约化”的外表在很大程度上只是由于清代空前的人口恶性膨胀、劳动力极度过剩而被强化的。在那种人满为患的状况下，地主不用过多地依靠强制便可控制住求佃无门的农民。但决不能把这种现象外推到我国整个封建时代。唐以前自不待言，即如宋之“旁户”、元之“随田佃客”、明清时代“缙绅多收投靠而世隶之”等现象，都是今天的学者们常提到的。明清小说中描绘的地主与佃户的关系，如妇孺皆知的《水浒传》中晁盖之类人物与其“庄客”的关系，显然也决非经济契约关系，而作为财主的晁盖对“庄客”的控制比起权贵来当然还算是“松弛”的。

然而，我国农民的不自由还远不能以地主对农民的“强制”程度来衡量。前面我们已从理论上指出，封建时代的不自由或人身依附，其最深刻的本质还不是一批人对另一批人的“强制”，而是个人从属于共同体。因此，我国传统社会关系中的人身依附（佃农依附于地主只是其中的内容之一）集中表现在异常强固的宗法共同体独特模式上。

如前所述，任何前资本主义时代的人们共同体都是以人的社会性不发达、“自然人”之间的天然纽带对社会的维系作用为特征的。西方人用以描述当时人的关系性质的术语，即被我们译为“宗法”一词的patriarchal（英语，法、德、俄等西方语言只是词尾略有变化）就是“父的”“父权的”“家长制的”“族长的”之意。这个概念与西方传统上所谓主教、贵族、宗主、恩主、师傅、庇护制、保护人等概念均从拉丁文pater（父）派生而来，原则上都可以理解为自然人血缘共同体父权—温情纽带在文明时代的异化形式。但西欧中世纪宗法共同体并不是自然人血缘联系的直接复制，相反，它是在希腊罗马古典文明个体化进程已经走得很远的情况下，在古典社会崩溃中以否定之否定形式“再现”的宗法关系，因而它不能不带有自由个体间契约关系的不少痕迹。著名西方古代法学家梅因认为，原始父权制依附关系与封建依附关系形式上差不多，唯一区别在于前者基于血缘关系的“本能”，而后者则基于罗马法的“自由契约”。在他看来，“把封建制度和原始民族纯粹惯例加以区分的主要东西是‘契约’在其中的作用。”[1] 当代史学大师布洛克也认为,“以血缘来维系的朋友”是“封建主义人的关系的特征”。封建主义“带有血缘关系社会的烙印，因为这种特定的人身隶属关系还保留了最初伴生的一些准家庭特征：由无数小首领训练出来的政治权威与王权僭夺”。但是，封建社会又根本不同于血缘关系基础上的社会，“虽然由血缘关系产生的义务在这里成为很重要的成分，但它不仅仅依靠亲属关系，更确切地说，当亲属关系的义务变得不完全时，封建纽带才适于发展。”他认为封建关系本质上是一种拟军事共同体，即武士保护下的村社与“首领”及扈从之间的互相依附，维系这种关系的同样是某种契约。“依附关系一开始被设想为在彼此面对面的两个活人间签订自由契约的形式。”[2] 的确，契约这种古罗马人际关系标准形式在西欧封建制形成过程中有重大作用。正如西方一些著述所说，中世纪早期的人们是作为个人而“自由地失去自由”的。在古典文明没落后的长期混乱中，已在一定程度上个体化的人们为逃避灾难而自愿牺牲个性，寻求军事首领的保护，从而形成了恩格斯所说的那种社会格局:“好战的贵族”保护自给自足的小规模农民公社，“使之不受外敌侵害,并具有民族的或至少是政治的联系。”[3] 我们可以把这种宗法共同体称之为拟军事共同体。在其中真正的血缘联系——宗族亲属联系已几乎不起或只起很小作用，实际的宗法关系是“战友”之间的联合或“战友”与“首领”之间通过相互效忠的宣誓而形成的一种拟制。尽管这种“契约”一经订立便具有常常是僵化得不近情理的极大强制能力，以至泯灭人性，在自然经济条件下置“首领”属下的共同体成员于农奴境地。但一旦社会结构的发展使得交换价值突破了狭隘的共同体躯壳，这种依附关系是可以较容易地通过立法形式废除的。

东欧的宗法共同体则是另一种形式。在蒙古征服以前，生活在地广人稀、气候寒冷的东欧大平原上的斯拉夫人居住极为分散，文明主要集

[1] 梅因:《古代法》，商务印书馆 1959 年版，第 205 页。
[2] M. 布洛克:《封建社会》，第 123、443、445 页。
[3]《马克思恩格斯选集》第 3 卷，第 40 页。

中在商路沿线的城市中，广大乡村地区处于半无序状态。12 世纪后罗斯国家分崩离析，大量人口从西方向东北迁移，并在那里形成了蒙古人庇护下的新的国家中心。在长期动荡与迁徙中斯拉夫人原有的宗族联系受到相当的破坏，但不像西欧有过发达的古典文明的影响与保护关系上的契约观念外壳，他们的宗法共同体虽以父权制家庭为最小细胞，但主要是新的莫斯科国家受蒙古人征税制度（八思哈制）影响而强制建立起来的地域性纳税团体。15 世纪以后，随着农奴化过程的发展，地域公社的“公有因素”在国家强制下日益加强，土地重分、共耕地、强迫轮种、劳动组合与连环保相继出现，公社的行政意义也更加重要。农民父家长—村社社长—专制沙皇三者的有机联系形成了俄国宗法共同体的特点：自然人的宗族纽带较松弛，契约性的军事保护色彩也很淡漠，但作为专制国家的一个地域单元，它的经济、政治职能都很发达，尤其是“公有因素”比份地固定而只实行敞地制的西欧村社强得多。俄国米尔没有日耳曼马克中那种严格的祖先祭祀，更无法与中国的家—国一体化组织相比，它主要是一种邻里共同体，以“公有制”作为维系其成员的主要纽带。因而如果说西欧的宗法农民的依附关系可以通过立法形式解除的话，则俄国的宗法农民即使在立法上解除了农奴身份，但在经济、政治上仍然依附于村社，或者用俄国人当时的话说，他们不过从“地主的农奴”变成了“村社的农奴”而已。可见，这种形式的宗法共同体纽带比西欧中世纪共同体要强得多。

中国的情况又不同于西欧与东欧。中央集权下的中国传统社会不允许军事保护制发达，除了统治权与所有权不分的“国有制”外，中国民间并无俄国米尔那样强烈的“公有制”色彩，甚至连西欧马克的敞地制也没有。然而，中国的宗法共同体却具有直接继承自然人血缘宗族的父权—温情纽带，并以异化的形式将其复制并极度放大的突出特点。由于特殊的历史条件，中国的宗法血缘纽带在进入文明时代后不仅未有松弛，反而进一步强化，国家是由父权制酋长“帅其宗氏，辑其分族，将其类丑”[1] 而形成的，实际上就是异化的氏族。春秋以降，我国虽然出现了古典商品经济冲击血缘共同体的过程，并达到“高岸为谷，深谷为陵”“父子异财”的地步，但这种变革不是以氏族平民推翻父权制大家长的“平民革命”方式进行，而是以“长者政治”变为“强者政治”的方式进行的。因而社会古典化，财产独立化，人们个体化的程度远远不能与雅典或罗马相比。同时，中国人始终是居住相对密集的农业民族，在封建化时代及其以后都没有出现过导致原有宗法纽带解体的民族迁徙，相反汉晋间的流民运动却以“举族迁移”的方式强化了这种纽带。所以，中国的家族、宗族制度虽有盛衰与形式的变化，却从未消灭，而且家国一体、礼法合一、公私不分、父权至上的体制在封建化之后日益完善。“田有官民之分”[2] 的观念与“普天之下，莫非王土”“土地王者之所有，耕稼农人之所为”[3] 的观念长期并存。因此，如果说俄国米尔中存在着宗法式的“公有制”与私有制对立的话，那么在中国的宗法共同体中则存在着强烈的父权（包括其放大的形式——宗主权、皇权等）与所有权、对人权与对物权，人身关系与所有制（无论是公有制还是私有制）关系之间的对立。曾有人认为，中国农民没有俄国农民中那种土地重分、劳动组合的传统，因而中国农民的私有制观念比俄国农民更强烈，这是值得商榷的。就自然人的私欲而言，中国农民是否比俄国农民更强烈，似乎难以判断，但就私法意义上的所有权观念而言，则中国农民与近代俄国农民相比固然缺乏“公有权”观念，却不见得就会有更多的“私有权”观念。近代俄国受资本主义发展影响，在宗法村社的海洋中已分离出了众多的自由农民私有的独立农庄，尤其在“欧化”程度很高的西部，村社已为独立农民取代。同时在商品经济初潮中合作制也有了高度发展，与宗法村社性质绝然不同的法人团体所有制，即自由商品生产者的契约性联合财产在十月革命前已经出现。因此俄国农村尽管与西欧相比仍是宗法或半宗

[1] 《左传·定公四年》。
[2] 《昭代经济言》卷一，王叔英:《资治策疏》。
[3] 陆贽:《陆宣公集》卷二二。

法社会，但与中国相比，摆脱了统治—服从关系羁绊的纯粹所有制（无论是私有制还是法人所有制）却发达得多。而中国农民不仅对法人所有制是陌生的，对独立农庄式的自由私有制也是陌生的。他们比俄国村社农民可能有更多的自私欲念，却不一定有更多的个体意识。与其说他们更看重“私有权”，不如说他们对所有权观念乃至一般意义上的权利义务观念都更为淡漠。

因此，中国传统的封建共同体比起西欧、日本的拟军事共同体和东欧式的邻里共同体，其宗法性质要强烈得多。我们可以把它称之为家—国一体化的拟血亲共同体。在这种共同体中“自然人”的宗法纽带与“孤立人”的狭隘意识都极为强固，人的社会化与个体化进程特别艰难，因而人的依赖关系也极为坚韧。但长期以来人们对此缺乏自知，“商业资本主义”论者认为中国没有农奴制，人民自古是自由的；“自由封建主义”论者认为中国的佃农“介于农奴与自由人之间”，也就是半自由的。显然，他们都严重低估了中国传统社会中的人身依附程度，其主要原因就是上面所分析的：把人身依附仅仅看作地主对农民的超经济强制。实际上，仅就超经济强制而论，如果跳出主佃关系的框框去看，其严酷程度也决不下于西欧或东欧。所谓“抑兼并”实质上正是宗法共同体以超经济强制方式剥夺民间分化的自由。历代统治者对户口的控制如此之严，人民迁徙、改业、分家乃至经营活动以及风俗习惯都受到严密束缚，至于没有“户口”的人，在中国简直就不能算人。历代“民之父母”们的“括户”“检籍”“土断”“山禁”“海禁”“矿禁”“捕亡人”“驱流民”“大索貌阅”“通检推排”“大军点户”为他们设下了恢恢天网。明代朱元璋“大军点户”，以从事反元战争的庞大武力充当户籍警，户口相符的便是“好百姓”，不符的便“拿去作军”，即送往军屯区充当军事管制下的农奴。明代军、民、灶、匠四种户籍实际上是种姓化的，比欧洲农奴制还要僵死的人身束缚。西欧农民受束缚于地缘共同体，他们的不自由是法律规定的，中国宗法农民受束缚于宗法血缘共同体，他们的不自由直接来自“自然人”的本性。法律上的不自由毕竟有范围局限，而“自然人”的不自由则笼罩了社会每一角落。西欧的不自由可以通过立法废止，或通过摆脱封建法权控制（逃入城市）而中止。但中国“任是深山更深处”也不会有一个自由的角落（可能会有和谐的桃花源）。摆脱了“白道”上的人身依附，就会陷入“黑道”上的人身依附，反之亦然。逃脱了“君父”的括户、大军点户，就必然落入权豪的私属地位，即使既摆脱了“君父”的控制又没有沦为权豪的私属，他们也会自己创造出从五斗米道到义和团那样的宗法帮会来束缚自己。

中国封建时代不缺乏维系宗法共同体的超经济强制，但缺乏或者简直从来没有过西方封建晚期那种摧毁宗法共同体而迫使人“自由”的超经济强制。当人们对明清时代、尤其是清代那种很大程度上因人口压力而不是因个性发展造成的主佃间的“非强制性关系”津津乐道，以为这体现了“人身依附的松弛”和资本主义的萌芽时，他们忘记了欧洲的资本主义恰恰是以“贪婪的私有者”不愿再受宗法传统的束缚，撕掉一切温情面纱而用赤裸裸的超经济强制手段进行原始积累的。圈地运动、血腥立法、1349 年工人法规乃至美洲的“再版奴隶制”等等，都为人的“自由”谱写了一曲铁与火的交响曲。从这个意义上说，断言中国农民面临的超经济强制比西方弱得多，或许可以成立。但因此说中国农民的人身依附也比西方农民弱，则大谬不然。相反倒可以说，中国的资本主义难产，在一定程度上正是由于中国缺少那种独立于共同体之外并以经济的或暴力的手段摧毁共同体的强制或非强制力量：既没有从平民中产生富裕的第三等级，又没有从权贵中产生以破坏村社为天职的容克式自由贵族。在中国那充满“人情”味的封建主义中，“父权加温情”、束缚与保护的结合远较西方中世纪为牢固。无论宗法权贵还是宗法农民，在独立个性方面都处于蒙昧状态，都要依附于共同体而生存。共同体失去保护职能，农民便推翻之而另建一个，共同体失去束缚职能，统治者便强化之而使其不垮。宗法共同体便在此种循环中处于“动态平衡”状态而延续下来，中国人的依附型人格也随之延续下来。

五、“抑兼并”——仅仅是一种“欺骗”吗？

宗法共同体的束缚—保护机制中很重要的一个成分，便是“抑兼并”。中世纪西欧的领主法权，包括庄园习惯法与农村公社习惯法都极力维持农民份地稳定，阻碍土地转移，防止土地占有不均的趋势。英国的圈地运动也曾受到王室与宗法贵族的阻挠，当然更不用说农村公社传统的阻挠了。至于俄国，直至斯托雷平改革前，沙皇政府一直标榜“抑强扶弱”[1]，声称:“公社是俄国人民的特点，侵犯公社就是侵犯特殊的俄罗斯精神。”[2]直到19世纪，沙皇政府还支持、有时甚至以警察手段强制维持村社“共耕地”与连环保，在村社集体保证租税总额不减的前提下减免贫户租税并把它摊到其他较富的农户头上。其结果，一方面在一定程度上抑制、阻缓了“富农”的发展，另一方面使“绝大部分具有劳动能力的社员没有赤贫现象”[3]。但是，把“抑兼并”作为一项重要国策来推行并不时作为一项大规模运动来开展的，应以中国为典型。

过去很长时期，尤其是在鼓吹“儒法斗争”的年代里，“抑兼并”被视为法家的思想，因此历代“抑兼并”的著名人物，从桑弘羊、汉武帝直到王安石、朱元璋、张居正都被冠以“法家”称号。其实，正统儒家思想中“抑兼并”的倾向绝不亚于法家。“不患寡而患不均”的儒家说教与对三代“井田制”的崇拜历来是我国“抑兼并”运动的重要思想来源，而推行“抑兼并”最激烈的恰恰是像王莽这样公认的超级腐儒。有趣的是，历来具有儒、法两种倾向的思想家在申述自己主张时常常互相攻击对方纵容了“兼并”。如王安石声称“俗儒不知变，兼并无可摧；利孔至百出,小人私阖开”[4]。汉唐诸儒无不把“兼并”归罪于秦代的法家政策，“信并兼之法”“尊奖兼并之人”[5]。其实，封建化以后的儒、法两家理论，

---

[1]《列宁全集》第2版，第23卷，第55页。

[2] 谢·尤·维特:《俄国末代沙皇尼古拉二世》，新华出版社1983年版，第392页。

[3] B. 亚历山大洛夫:《17—19世纪俄国农村公社》，莫斯科1976年版，第238页。

[4]《王临川集》卷四。

[5]《汉书》卷八四,《贾谊传》;《通典》卷一，引崔寔《政论》。

在摧抑兼并以维护宗法共同体这一基本点上并无分歧。其区别仅在于儒家倾向于以“礼义”、以宗法伦理的堤防来阻遏“兼并”，而法家主张用刑罚、用行政手段来打击“兼并”。事实上，这两种手法在历代封建王朝“抑兼并”的实践中常常同时并用。所以，“抑兼并”不能说是哪一学派的，甚至不能说是哪一封建国家的特有主张。它是宗法共同体，因而也是封建社会本质所决定的一种政策。

所谓“抑兼并”是围绕“贫富”问题而来的。我国早期“抑兼并”的思想家就认为，“万民之不治”原因在于“贫富之不齐”[1]，因此需要“令贫者富、富者贫”，甚至赤裸裸地声称要“杀富”！[2]汉代的桑弘羊认为，抑兼并就是要“除秽锄豪，然后百姓均平”，“损有余，补不足，以齐黎民。”[3]后世的封建统治者把这些思想发展为一套政策，为那些“庶人之富者”设下天罗地网。均田制时代且不去说它，就是号称在经济上实行宽松政策，以“不抑兼并”而为后世士大夫所议论的两宋，实际上也搞过好多次“摧制兼并，均济贫乏”[4]的运动。至今仍为许多人歌颂的王安石变法，就是对那些“私取予之势，擅万物之利”的“阡陌间巷之贱人”开刀的。到了明代，朱元璋“立法多右贫抑富”[5]，着实把当时的“富民”收拾了一番。直到明末，臭名昭著的三饷加派仍然号称“弗以累贫不能自存者，素封是诛”[6]，“殷实者不胜诛求之苛”[7]。这场逼得全国大起义的横征暴敛，居然也算是“右贫抑富”之举！

在许多人看来，封建王朝是代表“富民”利益的，它怎么会“右贫抑富”？于是便认定抑兼并是一种“欺骗”，是“假的”，是为了“缓和阶级矛盾”以维护“富民”的根本利益。然而史实却不能支持这种说法。

---

[1]《管子·国蓄》。

[2]《商君书·说民》，《商君书·弱民》。

[3]《盐铁论·轻重十四》。

[4]《宋史纪事本末》卷三七。

[5]《明史》卷七七，《食货志》。

[6]（康熙）《河南通志》卷四十。

[7]（顺治）《鄢陵县志》。

以朱元璋为例，他的“右贫抑富”政策在许多地区把沈万三式的平民大私有者几乎一扫而尽，“时富室多以罪倾宗”“豪民巨族，划削殆尽”[1]，“寄染遍天下，民中豪以上皆破家”[2]。今人可以轻飘飘地骂一句“欺骗”，可是当年洪武皇爷的严刑峻法可不是闹着玩的。君不见“富民”最多的太湖流域经朱元璋这么折腾之后，竟弄到几乎清一色“土地国有化”的地步。很难令人相信，他把这些人“划削殆尽”是为了保护他们的根本利益！至于说缓和阶级矛盾，也不尽然，实际上这种刻意渲染“贫”“富”对立的做法倒似乎是在强调“阶级”矛盾。许多“抑兼并”运动不是缓和而是大大加剧了社会上的紧张空气。

还有的人认为，“抑兼并”是一种进步的改革，只是由于这些进步改革家无法摆脱“封建统治者的局限性”，因此“抑兼并”总是令人遗憾地不能彻底。仿佛一场没有“封建局限性”的彻底改革中应当消灭的不是宗法共同体，而是私有财产神圣不可侵犯的近代民法原则，仿佛确立了这种原则的资产阶级立法者比朱元璋之辈具有更多的“封建局限性”。

显然，就“抑兼并”是要“令贫者富”这一点而言，它确实是一种“欺骗”，然而就它要打击平民中的“富”者而言，却决不是欺骗。至于它始终未能“摧制”住后者的发展，这与其说是反映了“封建局限性”，毋宁说是反映了私有制冲破宗法共同体羁绊而追求自由发展的革命性，或者说反映了“抑兼并”的反动性。

“抑兼并”的实质，是宗法共同体的“天然首长”们有意突出社会上的阶级分化——纯粹建立在财产关系基础上的分化，以掩饰和维护等级分化——权贵与平民间以宗法特权为基础的分化，从而达到巩固一小撮暴富的权贵对普遍贫困的平民依附者的统治的目的。所以毫不奇怪，历来的“抑兼并”者极力渲染“贫富”之别，却从不主张抑制“尊卑”之别。实际上他们眼睛盯着的只是“所谓富民者，制田里，供赋税，给徭

[1] 吴宽:《匏翁家藏集》卷五八,《莫处士传》。
[2] 谈迁:《国榷》卷八。

役者也”[1]，即那些无权势与显贵身份而竟敢致富的“贱人”。当然，有时候“抑兼并”也偶尔涉及权势者，但这也不过是高级权贵整治那些竟敢僭越等级的低级权贵，乃至最高权贵——皇帝整治不安于其等级的臣属权贵罢了，其最终目的是要达到“利出一孔”，即最高的“天然首长”对家—国一体的宗法共同体的绝对支配权。

当然，在按权分配的封建时代，所谓富民的非特权性只能从相对意义上去理解。实际上正如所谓“奸商”是权商的附庸一样，“富民”往往也是作为权势的“关系户”而恃势凌人、以权致富的，或者他们自己就是黑道上的土权贵——恶霸。但这也不表明“抑兼并”有什么进步性，因为用以“抑兼并”的宗法共同体权力恰恰正是造成这种状况的基本原因。显然，越“抑兼并”，只能越促使“富民”寻求权势荫庇，形成又一种恶性循环。

总之，“抑兼并”反映了宗法共同体对自由私有权的否定，统治—服从关系对财产关系的支配，等级分化对阶级分化的压制，反映了宗法共同体力图阻止每一等级内部的阶级分化以避免这种分化冲垮等级壁垒。这是封建社会的本质特征，而它在中国传统社会比欧洲中世纪更为突出。

前面说过，出于对封建社会本质的错误理解，过去人们往往把“抑兼并”与“均田”之类的东西和土地改革联想起来，仿佛两者之间的区别只在于“不彻底”的与彻底的、有“局限”的和无局限的、“骗人的”与真格的之不同。显然，这种看法是完全错误的。那么，土地改革与“抑兼并”的区别究竟何在？就在于土地改革作为近代民主革命进程的一部分，它的实质是以自由所有制（一般地说，在资产阶级民主革命中是自由私有制）摧毁封建宗法共同体，而“抑兼并”以及均田制等恰恰相反，是要以宗法共同体来束缚所有制关系。所以前者是反封建的，后者则是封建的、反民主的、宗法的。要摧毁宗法共同体，首先要冲击它的代表者——形形色色的“天然首长”即宗法权贵。土地改革打倒了宗法权贵，

[1]《皇朝经世文编》卷三四，张宸：《商屯仪》。

因而势必导致对权贵财产实行平民化，即导致财产的重新分配。从这个意义上说，土地改革的最根本的意义与其说是打倒了“大私有制”，实现了地产平均化，毋宁说是摧毁了宗法权力的物化体现，摧毁了特权即例外权的类存在，实现了地产的自由化。但是由于宗法共同体的根源在于自然经济条件下人的个性与社会性的蒙昧状态，在于由这种状态产生的人的依赖关系，因此对于摧毁宗法共同体来说，打倒了它的代表者仅仅是走了第一步，为完成这个任务还需要发展发达的社会化商品经济以及建基于其上的人的自由个性。土地改革只有与这二者联系起来，只有作为打开商品经济与自由个性之路的钥匙，才具有民主革命的性质，否则即使土地分得再平均，即使把地富都斩尽杀绝（其实，我国土改中由于实行了正确的政策，所以造成的地富死亡恐怕未必有朱元璋那“富室多以罪倾宗”“划削殆尽”的抑兼并运动那么多），也不过是一次“最彻底的”均田制或抑兼并运动而已。

第七章

农民的塞文与农民的万代

——农民在封建社会中的位置

"塞文"指英国塞文郡，17 世纪那里的农民曾积极投身英国资产阶级革命；"万代"指法国万代省，18 世纪法国大革命时，那里的农民支持反动的王党并发动了反对共和政府的叛乱。

一、农民的“两重性”质疑

我们已经证明封建社会是一个自然经济下的、以人的个性不成熟即人的依附性为特征的宗法共同体。它对其成员具有束缚—保护对立统一的功能，它使财产关系从属于人身关系，按资分配从属于按权分配，阶级分化从属于等级分化。

那么，当时的主要生产者，或者说主要居民——农民，在这个社会中处于什么位置？或者反过来说，这个社会在他的价值世界中处于什么位置？他是保守者吗？他是叛逆者吗？他想建立一个什么样的社会，又能够建立一个怎样的社会？当他与别的阶级一起建立了一个新社会时，又能给予这个社会怎样的影响呢？

在过去，关于这些问题的传统答案就是所谓“农民阶级两重性”说。即“农民是劳动者，所以他们具有反剥削反压迫的革命性，同时农民又是私有者，所以又有保守落后的一面”。新中国建立几十年来，人们在农民问题上作了不计其数的文章，在“农民战争史”领域里就动力与作用、平均主义、农民政权、皇权主义、让步政策等方面激烈争鸣，然而万变不离其宗，所有这一切都是在“两重性”理论的基础上进行的。只是在“劳动者属性”与“私有者属性”二者孰轻孰重上有分歧。

70 年代及其以前，多数人把农民抬得很高。他们认为农民的“小私有很弱小，从而他们私有者的保守性也较淡薄”，而作为劳动者的革命性应是主导的方面。[1]

与此对立的70年代以后影响日益上升的另一方则把农民贬得很低。他们认为农民的“私有观念是根深蒂固的”，因而“农民头脑中必然滋生着一种强烈的向上爬思想……农民们在贫苦的煎熬中希望有朝一日能够变成富人、地主、官吏，爬进剥削阶级的圈子里去”[2]。因此，农民的保守、落后一面很突出，而他们的革命性则有待别人引导才能发展。

还有一种意见则主张对农民要作阶层分析。而这种分析是按照新民主主义革命时期毛泽东分析农村阶级的模式进行的，上层农民“对赵公元帅礼拜最勤”，私有性最重，因而革命性最少，保守性最多；下层农民“绝了发财的望”，私有性最少，因而最革命、保守性最少；而中层的自耕农则处于两者之间云云。[3]

这样的理论符合人们长期以来认为革命就是“穷则思变”的认识，然而仔细一想，问题甚多。首先是关于“革命”与“保守”本身的评价问题，近年来反对“革命崇拜”，主张“保守主义”的呼声渐高，但他们所讲的“革命”与“保守”实际上是激进与渐进之别，或曰革命与改良之别。对这种呼声笔者不打算在此置评。这里要声明的是，本书中的“革命”与“保守”是个方向概念而不是速度概念。凡趋向于现代化的变革，无论是激进的还是缓进的，本书均定义为“革命”，而反此而为的，无论反得是否激烈，均谓之“保守”。在这个定义下，笔者无疑是肯定“革命”而否定“保守”的。下文对农民“两重性”的评价也以这组定义为基础。

农民的两重性在封建社会末期资产阶级革命中表现得最充分。众所周知，在英、法资产阶级革命中，农民都充当过革命主力军的角色，在某种情况下也充当过封建保守势力的支柱。这就是马克思所说的“农民的塞文”和“农民的万代”。但是，当时的革命农民并不一定是穷则思变的赤贫者。支持克伦威尔，在击溃王军的斗争中冲锋在前的，就主要是

[1] 谢天佑、简修炜：《中国农民战争简史》，上海人民出版社1981年版，第4页。

[2] 孙祚民：《中国农民战争问题探索》，新知识出版社1956年版，第24页。

[3] 谢天佑：《对历史上农民阶级必须作阶层分析》，载《学术月刊》1964年第1期。

被称为“小地主”的富裕自耕农。据说他们参加革命纯出于狂热的宗教信仰，而不是由于穷困，所以“并不在乎饷金”[1]。另一方面，保守派农民更不是什么“私有者自发势力”的代表，恰恰相反，他们大都是古代公社传统的捍卫者。英国支持王党的农民军主要来自康沃尔郡，这里农村公社遗存较完整，“田地财产不常易主，一家乡绅，一住就是几百年，左右前后常是他们的农民和田工”，这些人“老实、虔敬”[2]，并无什么“向上爬思想”。然而恰恰是这些依附农民、村社社员与宗法式田工成了英国革命中保守力量的主要支柱。法国革命中发生保王派叛乱的万代是个贫穷落后的地区，那里的农民是“受虐待”的农民[3]，也不是什么“向上爬”的农民。值得指出的是这场农民叛乱几乎完全是自发的，以致曾为国外的王党所忽视，而“狂热不及佃农”的当地贵族也是后来才参加的。[4]那种把“农民的万代”仅仅解释为受封建主煽动、欺骗的说法显然难以成立。

也许有人会说这只是欧洲的情况。的确，像英、法资产阶级革命那样在市民文化基础上发动的运动，中国并没有发生。然而历史上我们同样看到如下事实。

陈胜“佣耕于垄上”时，曾慨叹“苟富贵，无相忘”，结果受到伙伴们的讥笑：“若为佣耕，何富贵也？”看来这些伙伴倒确实是“绝了发财的望”，“只求一饱，聊以卒岁”的。与他们相比，陈胜岂不颇有些“向上爬的思想”吗？然而正是他，发动了我国历史上那场带有中国式古典平民运动色彩的起义。比起他那些不知“鸿鹄之志”的伙伴们来，陈胜的古典自由人格显得光彩夺目。无怪乎汉人对这位失败的英雄相当尊重，《史记》为之立《世家》，政府为之立墓并拨给食邑以奉祭祀。在“成者王侯败者贼”的中国，失败的农民享此殊荣的仅此一例。

---

［1］ F. 基佐：《1640 年英国革命史》，商务印书馆 1968 年版，第 209 页。

［2］ F. 基佐：《1640 年英国革命史》，第 216 页。

［3］ A. 索布尔：《1789—1848 年革命中的农民问题》，巴黎 1976 年版，第 96 页。

［4］ A. 马迪厄：《法国革命史》，商务印书馆 1973 年版，第 371—373 页。

按传统的两重性分析，典型的“小私有者”自耕农应该比佃农以及部曲、佃客之类的农奴私有性更重，因而也更保守。然而事实上我国历史上主要的农民战争大都是由破产的自耕农发动的，而部曲、佃客之类的农民却往往在主人周围形成宗法的坞壁堡寨一类组织，与起义农民为敌。隋唐以前此类事例甚多，无须赘列。即在隋唐以后的我国封建后期最大的一次农民起义——明末农民战争中也可以看到这个现象。众所周知，这次起义主要蔓延于自耕农较多的北方，而据说是“有田者什一，为人佃作者什九”的江南地区却只有零星的骚动。农民起义的主要纲领是“免粮”，即所谓“三年不征”“迎闯王、不纳粮”之类。这显然是自耕农以至平民地主的口号，因为无地的佃、雇农当时原则上是不负担税粮及加派的。而减免地租这类佃农的要求在北方农民战争中几乎毫无反映。相反，许多事例证明，“诸寨村佃”参加土豪寨主的寨堡武装与农民军作对，并不是个别现象。[1]

其实，我国封建时代的所谓“自耕农”实际上也不是严格的私有者，他们起来造反与其说是“穷则思变”，毋宁说是“死里求生”。“自由封建主义”论者往往从“土地兼并—农民战争—小农盛世”的公式出发，断言农民造反是因为失去了土地，他们是为成为土地所有者而战。其实，这种“无土地，毋宁死”的农民只是学者们的臆想。一般地说，我国封建时代的宗法农民失去了土地之后，只要能作为佃农乃至农奴而生活下去，是不会铤而走险的。宋代租佃制度比汉晋隋唐发达得多，明代江南租佃制比北方发达得多，但都没有发生大规模农民战争。而在其他各代，农民大批投庇于豪强大姓为附庸以寻求“保护”，和无处投庇的农民在盈野的饿殍中揭竿而起，常常是同一幅图景中的两个画面。《水浒》中晁盖那样的“庄主”率领“庄客”造反，并非小说家的虚构，而是史籍中不胜枚举的事实。所以，我国封建时代的“农民战争”从微观上看不乏撼天地、泣鬼神的壮烈场面，但从宏观上看却在很大程度上只是家—国—

[1] 秦晖：《甲申前后北方平民地主的政治动向》，载《陕西师范大学学报》1986年第3期。

体的宗法共同体的一种自我调节机制。它的发生不是因为宗法共同体的结构崩溃，而是因为宗法共同体的功能紊乱。我国封建王朝“盛世”的特征是“国富民穷”，而“末世”的特征则是“国家与民今日俱贫，而官独富”[1]。危机的根源与其说是“贪婪的私有者”破坏了宗法共同体，“阶级分化”瓦解了等级壁垒，不如说是国家失去了“保护”职能，因而农民不得不投靠民间庇护者，并拥戴他重建宗法国家，恢复共同体职能。我国的“农民战争”规模之大、次数之多远胜于欧洲，在欧洲，俄国农民战争的规模又胜于欧洲其余国家，而在这些国家中，中欧的德国农民战争与捷克胡司运动规模又比英、法等西欧国家实际上只是武装请愿性质的农民斗争要大。然而封建社会的解体却是西欧快于中欧，中欧快于俄国，俄国快于中国。这一事实说明了什么？

有人说，这说明尽管东方的农民更“革命”，但东方的封建势力也更“强大”。更大的“动力”奈何不得更大的“阻力”，于是东方的封建社会便顽存不溃。这种说法其实不值一驳，封建主之所以可构成更大的“阻力”，难道不正是因为它有更多的依附者吗？又有人从上述现象得出了否认农民在反封建过程中是革命力量的结论，认为农民斗争不但无济于事，反而起着破坏、反动作用，东方之所以停滞，就是因为农民运动太多，把资本主义萌芽破坏完了。这种说法不仅无视英法资产阶级革命中农民的作用，而且会引申出只要农民俯首帖耳、认命受穷，封建社会反会加速崩溃的荒谬结论。其实，当人们在对东西方“农民战争”的规模大小进行比较时，他们忘了这些农民运动的性质是不同的。摧毁封建社会的，不是在盈野饿殍中死里求生，为寻求庇护而战的农民运动，而是冲破浑浑噩噩的田园诗式宗法生活脱颖而出的农民“私有者的自发势力”争取摆脱共同体束缚而自由发展的斗争！正是为发展“私有制”而战的富裕农民，支持克伦威尔打败了王党，正是富于“私有者的冒险精神”、勇于“自发”和进取的北美清教徒农民赢得了合众国的独立，并奠定了“美洲

[1]《明史》卷二二六，《丘橓传》。

民主的基石”。中国的封建社会虽然号称“农民革命”最为活跃，但真正的农民私有者的运动恰恰从来没有活跃过，中国的悲剧难道不正在于此吗？

可见，把过去那种传统的“两重性”分析用之于前资本主义时代的农民，至少是用错了对象。其实，马克思、恩格斯当年是在解决国际工人运动所面临的农民问题时提出“两重性”理论的，他们所指的是资本主义条件下作为小资产阶级的农民在无产阶级社会主义革命中的地位，其出发点是用社会主义公有制取代资本主义私有制。因此，农民作为劳动者有反剥削反压迫的一面，使他们倾向于无产阶级，而农民作为私有者又有资本主义自发倾向，使他们接近资产阶级，所谓劳动者的革命性与私有者的保守性是在这个意义上说的。列宁在不发达的俄国强调这一理论，主要是在1905年革命，尤其是在斯托雷平改革之后，为使社会民主党人能够适应并利用当时反对斯托雷平资本主义改革的民间村社复兴运动而说的，在很大程度上带有把村社农民的保守运动纳入无产阶级革命轨道的实用目的。这一理论也确实达到了这个目的。然而在十月革命后，自然经济、宗法共同体和人身依附残余日益成为社会主义进一步发展的巨大障碍时，仍然坚持乃至强化这种理论，甚至为反对农民的私有性而与农民的宗法性结盟，就大成问题了。后面我们将会看到，这种错误对社会主义建设造成多么严重的后果！

至于把这种理论用之于封建时代的宗法农民，则完全是一种民粹主义的见解。显然，它的根源是我们前面指出的，民粹主义的或宗法农民的封建社会观。它认为封建时代的弊病就在于贪婪的私有者破坏了“劳动农民”共同体的集体主义，因而造成了无穷的灾难！

然而从马克思主义封建社会观的逻辑出发，这种见解是完全不能成立的。我们知道，马克思曾指出，作为资产阶级与无产阶级共同先驱的市民，是从中世纪农民等级中产生的。可见，无产阶级与资产阶级的阶级性，与中世纪农民等级有着历史的关系。在某种意义上，可以认为无产阶级继承了农民作为劳动者的属性，而资产阶级继承了农民作为私有者的属性。从劳动者—私有者农民中产生了纯粹的劳动者阶级——无产阶级，和纯粹的私有者阶级——资产阶级。在向中世纪宣战的时候，这两者原则上都是革命的阶级。显然，如果农民的革命性只能与劳动者的属性联系，而作为私有者的属性只能产生保守性，如果私有性越强烈，革命性就越弱而保守性越强，那么，没有劳动性却具有彻底的私有性的资产阶级，怎么可能具有革命性呢？

二、挣脱束缚的私有者——农民的革命性

实际上，从英、法、美等国家的历史可以看出，农民在封建时代之所以可以成为积极的、向上的、革命的因素，在新的文明诞生时之所以能成为资产阶级民主革命的主力军，显然不仅因为他们是劳动者，有摆脱封建主剥削压迫的要求，而且也因为他们是私有者，有摆脱宗法共同体的束缚而追求其自由私有权的要求。也就是说，农民作为反封建“民主派”的角色，不仅与其劳动者的属性相联系，也与其私有者的属性相联系。不仅如此，我们甚至可以说，农民在本质上首先是作为私有者，挣脱束缚的私有者，而体现出他们的革命性的。至于他们作为劳动者的反剥削要求，只有在融汇到自由私有制摆脱宗法共同体束缚的过程中去时，才能发挥革命的、积极的作用。

为什么这样说呢？这是由于私有财产制度在前资本主义时代的历史地位决定的。

我们知道，私有财产并非从来就是“万恶之渊”，它在刚出世的时候曾意味着人类历史上的一次大革命——对原始共同体的革命。但这个革命并不是一次性彻底完成的。私有制对古老共同体的最后胜利，需要以商品货币关系发达条件下私有者的独立人格为基础，即在资本主义商品生产条件下才能实现。这以前的历史仍属私有制的上升阶段。那种认为私有财产在进入阶级社会以后就成了腐朽的东西，成为保守落后乃至反

动性之源的观点，是完全错误的。相反，到资产阶级革命为止的整个中世纪历史，就是私有制以商品货币关系为武器，不断冲破古老公社的躯壳，冲破宗法共同体的形形色色的天然羁绊与温情脉脉的面纱，冲破宗法的、行政的、宗教的乃至一切超经济权力的束缚，冲破田园诗式的宁谧生活而争取解放，从而取得它的自由的、纯粹的形态的历史。而反封建的民主革命，就是要把财产关系从宗法共同体的人身依附关系中解放出来，使之成为自由人的自由财产，就资产阶级民主革命而言，则是自由私有财产。

因此，在封建时代，所谓革命的力量，反封建的力量，就是代表自由财产反对宗法共同体的力量。不管这自由财产是劳动者的，还是剥削者的。资产阶级的自由私有制对封建社会的革命作用，是人所共知的常识。而农民劳动者的自由财产则为资本主义自由私有制、为资本主义的自由分化与自由竞争创造了前提。即使在社会主义民主革命条件下，社会主义的自由人联合体所有制也只有在发达商品经济中得到充分发展的自由财产的基础上才能真正形成。农民成为自由私有者，就是使他们卸去了沉重的封建义务，同时也失去了作为共同体成员的某些权利，使他们摆脱共同体的束缚，同时也失去共同体的庇护，从而能够作为两种意义上的自由人，作为商品经济中的行为主体而出现在市场上，在理性的竞争中培养自己的自由个性。因此，为摆脱共同体束缚而战的农民私有者是封建社会中积极的、革命的力量，就是理所当然的了。

农民私有者的革命性，不仅表现在革命年代他们会站出来投身资产阶级革命运动，而且更主要地表现于他们在中世纪日常社会经济生活中，力求在宗法共同体的缝隙里扩展“私有者的自发势力”，发展独立的小商品生产与个体经济，然而这易为今人忽略而已。我们过去在为中国农民战争的“革命传统”而自豪的同时，往往对中世纪英法农民运动规模之小、形式之原始表现出某种程度的鄙夷，然而正是他们在日常经济生活中一点一滴地逐渐挖空了封建宗法共同体的墙脚，使它在市民运动的冲击下轰然倒塌。当越来越多的当代西方学者注意到，中世纪城市经济的发展并不是孤立进行的，它与农村小农“自发势力”的逐渐成长有不可分割的联系。[1] 14 世纪以小农经济，特别是富裕农民经济的成长为标志的农业生产力的决定性提高，即所谓“农业革命”，为以后的工业革命准备了重要性决不下于地理大发现、价格革命和重商政策的前提。14 世纪的英国在广大农民生产与交换能力普遍增长的基础上已滋生出一种与传统经济既存在联系又具有深刻否定因素的富裕农民经济，自此，传统的一元化经济管理结构正式走上了解体的路程。中世纪英国的市场结构从自给自足经济阶段、“领主市场”阶段走向“农民—市民市场”阶段，预示着根本性的社会变革的前景。正是农民“私有者自发势力”的增长，成为自然经济、宗法共同体与人身依附关系解体的根本动力，它产生了创造和参与新经济生活与新的交往方式，并初步具备了新的观念、新的品质、新的要求和新的力量的现实的人。[2] 那不仅仅是几个先知，也不是一小批精英分子，而是在整个人口中占有相当大比例的大众群体。只有在这样的基础上才能谈得上全社会的文化价值观念的更新和脱离共同体宗法纽带的成熟个人的出现，才能谈得上由封建社会走向近现代社会的转变。

封建社会在本质上是个自然经济、人身依附的社会，一个等级的社会，但它比原始共同体的进步就在于其中已经有了商品经济、个人财产、阶级分化的成分，开始了现实的人摆脱自然状态而走向个体化的过程，即包含了其自身的否定的方面。这些成分摆脱宗法关系强加于它们的扭曲形式的努力，在经济上便表现为有个性的“私有者自发势力”。因此，马克思主义者对中世纪宗法农民的私有者倾向是予以肯定的。恩格斯曾批判过那种农民对资本主义和私有化只能持抵制态度的观点，他说“农民恰恰认为，耕地公有被耕地私有取而代之，对自己是有利的”[3]。列宁

[1] R. 布伦纳:《欧洲资本主义的农业根源》，载（英）《过去与现在》第 97 号（1982 年）第 16—113 页。

[2] 侯建新:《中世纪英国农民个人力量的增长与自然经济的解体》，载《历史研究》1987 年第 3 期。

[3]《马克思恩格斯选集》第 3 卷，第 202 页。

更明确指出，农民之所以参加资产阶级革命，正是因为“农民希望成为私有者……他们希望根据他们现时的要求而不是根据官僚的指示来规定土地占有制”[1]。这决定了“它绝不反对资产阶级制度的基础，不反对商品经济，不反对资本”，因而它才能成为“资产阶级性质的”“民主革命的必然伴侣”,“造成资产阶级民主共和国的支柱”[2]。正是在这个意义上，列宁把农民称之为民主主义者。显然，离开了“农民希望成为私有者”，哪里还谈得上什么农民的民主性？

诚然，马克思等人对农民以“小”私有对抗“大生产”是持否定态度的，并认为这体现了农民的保守乃至反动。但第一，在封建时代还并不存在小私有对抗社会化大生产的问题，相反，那时存在的是私有制摆脱宗法共同体的问题，即便在近现代的不发达社会里，究竟是“小”与“大”的矛盾还是自由财产与宗法共同体残余的矛盾对于社会发展有更大的实际意义，也还须具体分析。第二，更重要的是，社会化商品经济中的小规模经营或家庭经济与自然经济的宗法小生产、自由小私有与束缚于宗法关系中的小私有是有本质区别的。所谓农民的“小私有”如果指后者，那就根本不是真正的小私有，而是“狭隘人群的附属物”，它的保守与其说是由于其私有性，不如说是因为其宗法性。如果这种小私有是自由的，则“小”就不会成为它进一步发展的障碍。它或者在自由分化、自由竞争、自由契约与自由联合中向自由私有制的大生产或自由人联合体的大生产转化，或者作为经济合理性的产物而成为社会化大生产体系中的一个积极元素发挥作用。马克思、列宁以至考茨基等人由于当时的时代局限，对这后一个前景是估计不足的。他们从19世纪至20世纪初的技术水平出发，认为社会化大生产必然是大规模经营，而把家庭经营仅仅与自然经济或简单商品经济小生产联系起来。这种观念无疑早已过时了。现代资本主义农业的发展与社会主义国家的农业改革都表明，通过高度发达的市场体系与高度社会化的交往方式，“小规模经营”完全可

[1]《列宁全集》第2版第29卷，第417页。

[2]《列宁全集》第2版第12卷，第39页。

以在与社会的信息、物质、能量的密切交流中成为社会化大生产体系的一个有机成分，而且其效益与合理性未必低于大规模经营。因此，我们必须改变对现实中农民“小私有”的评价，当然更不用说改变对历史上宗法农民小私有的评价了。

正是由于以往只把农民的革命性与“劳动农民”相联系，而把“私有者农民”看成保守的一群，我们就不可能真正认识中国农民在历史上的真正作用。我们有些人把“农民战争”捧上了天，以为唯有它才是“动力”，有些人又把“小农经济”贬下了地，认为中国之所以长期停滞，就是因为农民没有农奴化或“封建化”。前者对地主“大私有”痛恨万分，后者对农民“小私有”厌恶之极，唯独对宗法共同体麻木不仁，视若无睹。人们对农民的“阶级斗争”尤其是“农民战争”或褒或贬，但都对农民本身缺乏了解，因而产生了诸多歪曲。

例如，明清时代在北方发生大规模农民战争的同时，相对沉寂的江南各地发生了零星的“奴变”与“佃变”风潮。其中有一些是由商品经济中发迹的“豪奴”与“佃棍”，即富裕农奴与佃富农组织的，他们因经济力量的增强而“财大欺主”，力求自立，因此往往与西方的农民运动一样，只反主人，不反朝廷。而在我们今天一些研究者看来，这种不追求改朝换代的骚动比起“农民战争”来已是很“低级”的了，何况其领导者又是“对赵公元帅礼拜最勤”的“贪婪的私有者”。于是有人便从“阶级观点”出发对这些运动进行了甄别，把它们排除出“劳动农民的革命斗争”范畴而只视为“剥削者内部的”狗咬狗式争斗。其实，富裕农奴要求摆脱依附地位和自由发展的斗争，恰恰是宗法农民进步运动的高级形式，尽管这种富裕农民可能是“米尔中的吸血鬼”。无论如何，它的反封建性质并不比那种庄主带领庄客，宗主带领附庸“杀至东京，夺了鸟位”而重建家—国一体化宗法共同体的运动更少。但毋庸讳言，在我国历史上，这种性质的农民运动并不发达，今人对之也十分看不起，其中原委是颇可玩味的。

尤有甚者，人们往往还把历史上宗法共同体对私有化趋势的反动，一概作为“农民革命的成果”加以歌颂。在他们看来，唐初推行均田制与明初“抑兼并”都是对农民让步，体现了农民战争的作用。而均田制之瓦解只能归“罪”于地主的兼并，宋代“不抑兼并”更是由于割据战争中建立的北宋王朝不识农民战争“教训”所致的“恶果”。此类说法苟能成立，则从宏观历史角度看，农民只能成为反动的一群，而毫无进步性可言。因为，封建社会的历史并非私有制在农民战争“打击”下日趋衰落的历史，相反，却是私有制不断战胜宗法共同体羁绊与天然首长超经济权力的干涉而日益深化的历史。中国的特点只在于这一过程进行得特别艰难罢了。均田与“抑兼并”如果说因其“保护”作用而有适应农民宗法性的一面的话，那也绝不是一种进步。相反，农民私有性的一面决定了他们是要冲破这类封建羁绊的。唐代前期延续百年的均田农民逃亡运动，冲破了国家份地—农奴制下“军府之地，户不可移，关辅之人，贯不可改”的桎梏。他们“浮衣寓食，积岁淹年，王役不供，簿籍不挂”，“诱动愚俗，堪为患祸”。统治者曾竭力遏制这股潮流。除用武力实行检籍、括户外，还推行连环保，使邻里间“递相觉察，前后乖避，皆许自新，仍有不出，辄听相告，每纠一人，随事加赏”，然而农民依然“浮逃不悛”[1]。正是这种农民逃亡运动，打击乃至摧毁了均田、租庸调、府兵三位一体的国家份地农奴制，使中国封建社会在晚唐之后进入一个新阶段。均田户逃亡运动中固然有许多是不堪国家的压榨而投身权豪之家以求庇护的，但从当时统治者对逃户“计其户口等量为节文，殷富者令还，贫弱者令住”[2]的规定看，这种逃亡运动不仅是贫苦农民的流亡，还包括不甘受束缚的“私有者自发势力”在内，而后者恰恰是“天然首长”最受不了的。

我国历史上的农民战争，尤其是引起改朝换代的全国性农民战争，固然大部分是死里求生的饥民运动和私家庇护主率其依附者反对中央政权的运动，但也有一些与宗法社会内部商品经济的“自发势力”反抗共

[1]《册府元龟》卷四六八。
[2]《全唐文》卷二四六。

同体压迫有关。北宋的方腊起义便是一例。《清溪寇轨》说：方腊的家乡“民物繁伙，有漆楮松杉之饶，商贾辐辏。腊有漆园，造作局屡酷取之，腊怨”，遂聚众反。显然，方腊作为商品经济较发达地区一位为市场而生产的“农民企业家”——漆园主，由于不堪代表宗法共同体的“造作局”的勒索与压迫而起来反抗，并且其活动区基本上与清溪地区商品生产的市场范围相吻合，并无重建大一统王朝的企图，这在我国历史上是引人注目的。宋代文献除《清溪寇轨》外，诸如《九朝编年备要》《独醒杂志》《宣和遗事》乃至今人乡土调查所得的民间口碑材料[1]所述也基本相同。然而我们许多著作都置上述可信资料于不顾，却偏要根据元人刘彭寿出于方姓地主官僚耻于与方腊同里同宗的心理而杜撰的说法，把方腊说成跑到清溪来打长工的安徽人，似乎这样可以使方腊的形象多几分“无产阶级”的光彩。这实在是毫无必要的。富于进取心、勇于为“自发”而冒险与竞争的农民私有者，在因循守旧、安贫乐道、只求一饱、聊以卒岁的田园诗式宗法生活中崛起，其历史意义决不下于死里求生的农民劳动者崛起于盈野之饿殍中。如果说富于“自发倾向”的清教徒农民曾开创了此类的资本主义新天地的话，我们为什么要为中国封建农民那一点可怜的“私有者自发倾向”感到难堪呢？

当然，封建时代农民的私有性不同于资产阶级，那时的“自发倾向”也产生不出资本家。但资本主义自由私有制的产生本来就是由量变到质变的辩证过程，当农民（以及平民地主）的私有制逐渐摆脱宗法关系的束缚时，资本主义自由私有制的曙光也就出现了。因此，勇敢地冲击宗法共同体外壳的农民私有者与资产阶级之间并无不可逾越的鸿沟。在这里，有必要分析一下过去流行的一个命题，即“农民不是先进生产方式的代表”。这一命题用于资本主义时代无疑是正确的，但用于封建时代就要看怎么理解了。如果它仅指农民不是先进生产力的代表，则我们知道“先进生产力”实际上是封建制度被推翻后的产业革命中才出现的。在封

[1] 李之檀:《方腊故乡访问记》，见何竹淇《两宋农民战争史料汇编》，中华书局 1976 年版，第 577 页。

建时代，原始资产阶级所代表的生产力与一般封建时代生产力并无质的区别。如果这一命题是指农民不是先进生产关系的代表，则这种“先进生产关系”的基础正是先进的所有制关系——摆脱了宗法共同体束缚的自由私有制。绝对地说农民非其代表，也值得商榷。事实上农民作为私有者确有要求摆脱宗法束缚的一面，资产阶级不过是把这一面典型化了而已。我们知道，美国独立战争（典型的资产阶级革命）时的殖民地移民生产条件是十分原始的，当时不仅没有近代化的机器，就连“牛耕马运”也少见。殖民地农场的主要工具是锄头、斧子等。直到 1769 年，对弗基尼亚 10 个种植园仓库进行的调查，只发现有 4 张犁。一个弗基尼亚人说，1753 年他步行了 140 英里，没有看见一张犁或一架马车。在耕作制度上普遍实行撂荒制，即近乎刀耕火种，施肥与轮种都是罕见的事。[1]如果机械地理解“生产力”这一概念，很难设想这样的农民比旧大陆的封建庄园有何进步可言。但谁都知道正是这些农民——新大陆资本主义的开拓者，代表了“先进的生产方式”，其原因就在于在他们那里已扫除了一切宗法的、古代共同体的和等级的羁绊，私有者的自由个性得到了充分发展。他们是农民，但同时也是资本主义开拓者。

总之，在封建时代，农民的革命作用与积极作用首先是与其私有性联系的，至于他们作为劳动者在发展生产、反对剥削压迫等方面的革命性贡献，也只有放在私有制挣脱宗法共同体束缚这一过程中才能体现。即使是一无所有的赤贫农民、死里求生的饥饿群众，当他们向权势者发动斗争时，客观上也是在为私有制的自由发展而奋斗。从道义的立场，或者从人文精神的终极关怀角度说，我们当然无条件地同情劳动农民反对剥削的努力，但从理性的立场，或者从社会进步的逻辑上说，我们却不能无条件地认为凡是农民作为劳动者而反对剥削的斗争都必然具有革命性或积极性。难道法国的万代叛乱从农民的立场上看，不是“劳动农民”反对“贪婪的私有者”的斗争吗？然而它是反动的，其原因就在于

［1］ G. 菲特、J. 里斯:《美国经济史》，辽宁人民出版社 1981 年版，第 91 页。

它维护宗法共同体而阻碍财产关系的自由发展。同样，英国农民反对圈地运动的斗争，以及一切形式的宗法农民反抗资本主义的斗争，都不会因农民是劳动者便具有了进步意义。[1] 在资本主义出现以前，私有财产摆脱共同体的束缚作为一个连续的历史过程既然是个进化的过程，则与这种过程对立的一切农民斗争，即使是农民反剥削的斗争，当然也不具有进步意义。

因此，宗法农民作为劳动者反剥削的斗争并不无条件地必然进步（这要看它是否有利于个人摆脱宗法共同体羁绊），但挣脱宗法共同体束缚的自由私有者却必然是革命的，至少在理论社会学的意义上是如此。即使他们并不是劳动者，而是原始资产阶级，甚至于是地主。我们知道列宁正是把自由化地主用暴力破坏农村公社的斯托雷平土地改革称之为“彻底”的“革命”。所以，我们说封建时代的农民能起革命的、积极的作用，在本质上只能是就他们的私有者属性而言。

三、渴求“保护”的共同体成员——农民的保守性

毫无疑问，封建的宗法农民也的确有严重的保守、落后的一面。其根源何在？传统的看法是将其归之于农民的“一小二私”，上节已经否定了这种看法。事实上，真正的“一小二私”的农民，即不再附属于狭隘群体的独立小生产、摆脱了共同体躯壳的自由小私有，只能是资本主义时代的小资产阶级农民，在封建时代这种农民至少在典型意义上说是不存在的。宗法农民之所以保守，不仅不是因为他们是私有者，而且恰恰因为他们作为宗法共同体成员不是纯粹的即自由的私有者。他们除了有力求摆脱共同体的束缚，包括天然首长的束缚的一面，即私有性的一面外，还有希望得到共同体的庇护，天然首长庇护的一面，即宗法性

[1] 参见 E. 霍布斯鲍姆:《原始的造反者：19—20 世纪社会运动古风形式之研究》，纽约 1963 年版。

的一面。

我们的一些思想家常常埋怨农民“对赵公元帅礼拜最勤”，其实在宗法共同体的时代，农民如果以对货币—交换价值的崇拜取代对权力与“关系”的崇拜，这难道不是一种进步吗？在“存天理，灭人欲”的时代，农民如果有“自发倾向”的话，难道这是一种可诅咒的东西吗？遗憾的是，宗法农民对之“礼拜最勤”的，往往并不是赵公元帅，而是祖宗、好皇帝及其代表“青天大老爷”，是“大救星”，是宗法共同体的神秘权威与“天然首长”的魅力，是农村公社的传统习惯与米尔精神。当然，这并不是说农民生性畏惧权势，他们之中可能不乏李逵式的勇敢人物，但他们的个性不发达使他们天生具有需要外在保护的性格。因此他们事实上不能不作为宗法共同体成员而存在。

农民作为商品与劳动力的私有者，要求发展商品经济，独立地走上市场。从中世纪农民—市民市场的兴起到当前的社会主义商品经济之潮，农民都表现了投身于商品生产的巨大热情。但作为宗法共同体成员，他们又留恋自然经济下田园诗式的宗法生活，留恋“道德经济”的和谐与安定，希望有一个庇护所保护他们逃避商品经济所必然带来的竞争、分化、风险、动荡和破产的威胁。因此他们又有因循守旧、安土重迁、轻商抑商的一面。列宁指出：宗法农民“怕竞争就像怕火一样”[1]。俄国农民把做生意视为“犹太人干的丢脸营生”，把“做小本生意的人”与“吝啬鬼”作为同义词。[2] 我国的黄巢本来就是个以冒险为生的盐贩，但他成为“农民领袖”后，却在广州等地对商人大开杀戒。李自成义军有“平买平卖”的纪律，但在“拷掠比饷”当中却把商贾当成打击对象之一。太平天国的《天朝田亩制度》、圣库制度与百工衙、诸匠营制度更是否定商品经济的典型模式。

长期的宗法生活使得农民往往缺乏商品经营所必需的思维方式、心理素质与观念。俄国民粹派思想家弗列罗夫斯基曾谈到伏尔加河流域的

[1]《列宁全集》第2版第3卷，第345页。

[2] 弗·达里编:《大俄罗斯语详解辞典》(首次出版于1852年)。

一些农民根本就没有价格的概念，某农民曾为3匹马吃的草料收了他25戈比，而为6匹马的草料和8个人吃的面包与牛奶却只收了他3戈比就自以为够了，弗列罗夫斯基为此大为感慨。[1] 此类事例近年来在我国也常见诸报道。直到今日，我国一些落后地区的农民仍然以自给自足为最高价值追求。他们可能敢于上山打虎，但要走上市场去竞争，却是“爹妈没给这个胆”！

农民作为私有者，要求打破农村公社对他们私有制的束缚，摆脱天然首长的权力对他们私有者行为方式的干涉，作为劳动者他们也要求摆脱份地的束缚而自由地进入劳动力市场。但在自然经济条件下他们又必然具有宗法共同体成员的属性。西欧的敞地制公社——马克，东欧的土地重分公社——米尔，南欧的家族公社——扎德鲁加，以及印度、阿拉伯、爪哇等地的农村公社，都在中世纪农民生活中起着重大的作用。在德国，“中世纪的生产力方式适合平等的人的协同组合之需要，他们大家过着同样的生活方式，并且都为自己的消费而生产。大家都有公社的田地，可以使春麦、冬麦及闲田不断轮换着。”[2] 在俄国，农民向来认为“土地属大家，属于上帝，而不属于你或我”[3]。在爪哇，直到殖民地时代的19世纪，除少数殖民者的种植园外，土地仍然为农村公社所有，并在社员中频繁地（常常每年一次）重分。[4] 在宗法共同体必然没落的趋势面前，他们又往往维护村社，逆历史潮流而动，提出“所谓禁止出让份地一类的反动要求”[5]。在英法资产阶级革命前后200年间，两国都既发生过要求打破公社的农民运动，也发生过要求维护公社的农民运动。后者往往为王党所利用。在俄国，沙皇政府也曾长期寄希望于具有米尔精神的“宗法式的农民”[6]。我国的农民战争也经常出现维护宗法共同体的

[1] H. 弗列罗夫斯基:《俄国工人阶级状况》，商务印书馆1984年版，第226页。
[2] 考茨基:《土地问题》，第40页。
[3] M. 莱文:《俄国农民与苏维埃政权》，伦敦1968年版，第86页。
[4] E. 霍布斯鲍姆等:《历史上的农民》，牛津大学1980年版，第197—219页。
[5]《列宁全集》第2版第1卷，第253页；第23卷，第42页。
[6]《列宁全集》第2版第1卷，第253页；第23卷，第56页。

要求，即所谓“平均主义”要求。有人说平均主义只要求“均产”不要求“公产”，所以不能说它是反对私有制的，它只不过反对“大私有”而保护“小私有”罢了。但是，把“私有”置于天然首长权力的束缚—保护之下而维持其“小”，这实际上就意味着对作为私法关系的财产关系的否定，意味着私有者权利的不复存在。所以毫不奇怪，“均产”与“公产”实际上是无法区分的。明末的李自成义军据说曾经提出“均田”口号，但真正实行的是“三丁之中抽军一名，其余二丁供田三十亩”的军屯制，即国有份地制。[1] 孙可望等人的大西军更在云南将“军民田地尽占为皇庄，各营设立管庄”，[2] 不仅土地公有，所产“皇粮”也属公有，甚至连一草一木都属“皇草皇柴”。“民私用草一束者，或斩或杖”。据说当时有人“视自种之稻仍如己物，以为可以任意攫取，有城内民刁小二者偶于己田内摘去熟稻数穗”，结果被拿获，“以偷盗皇粮，详请枭示。”[3] 太平天国的《天朝田亩制度》更是以“但百姓之田皆天父之田”“收取籽粒，全归天父”“库为圣库，粮为圣粮”为原则的。有人说，这样的制度只不过是“空想”而已，其实并不那么简单。在宗法共同体的庇护下实现“无处不均匀，无人不饱暖”，这诚然是“空想”，然而强化宗法共同体对财产关系的束缚却是完全做得到的。明初朱元璋的“国有化”政策便是突出的例子。在中国封建后期本应出现商品经济与私有财产自由化趋势的时代发生这种“国家干涉主义”极度强化的反常现象，这是一个耐人寻味的谜。有的人把它归之于金元落后民族征服带来的野蛮遗风，看来大可商榷。因为明初的这种特点比金元要发展得多，决非区区“遗风”而已。以国家军事农奴制——屯田为例，元代屯田面积不过17.4万余顷，[4] 比起明初数百万顷来不过是个零头。值得注意的是元末农民军中屯田有了相当发展，仅红巾军毛贵部在山东就“立屯田三百六十所”，而

[1] 第一历史档案馆：顺治题本144：1号。

[2] 佚名:《滇南外史》。

[3] (康熙)《云南府志》卷五《沿革》;(康熙)《徽江府志》卷三《沿革》。

[4] 据《元史·兵志》统计。

元代“天下屯田”，不过百二十余所而已。[1] 联系到明末农民军实行的军屯与“皇庄”制度和《天朝田亩制度》那样的兵农合一的军事化份地制，不能不使人想到，明初那种反常现象与元末农民战争中的宗法倾向有关。它集中体现了作为宗法共同体捍卫者的农民运动对自由私有权的否定。

农民作为私有者和劳动者，都有发展自由个性、摆脱依附地位、成为自由财产私有者或自由劳动力出售者的要求。但作为宗法共同体成员，他们又有依附性即反民主性。“甘受奴役的现象发生于整个中世纪……普鲁士在1806年和1807年战败后，废除了依附关系，同时还取消了慈悲的领主们照顾贫、病和衰老的依附农的义务。当时农民曾向国王请愿，请求让他们继续处于受奴役的地位——否则在他们遭到不幸的时候谁来照顾他们呢？”[2] 俄国农民也正是从所谓“宁可全部土地归沙皇，只是不要归地主”的村社观念中派生出从宗法角度对西方民主的蔑视：西方由选举产生的政府是不公道的，因为只有富人当选，造成富人统治穷人，反不如沙皇一人作为共同体的代表高坐穷人和富人之上，对一切人主持公道。[3] 正是从农民性格的这一面出发，沙皇政府曾认为“专制制度的支柱应当（而且可以）不是贵族，也不是资产阶级，而是‘农民民主派’”[4]。在我国历史上，农民摆脱依附与逃避自由的两股潮流也长期并存。在和平时期一方面有大量的“逃户”摆脱束缚，另一方面又有大量的“投献”者寻求庇护。在动乱年代更是“奴变”“佃变”的风潮与投身宗主“聚为营保”的风潮同时激荡。看来，宗法农民未必像许多人想象的那样，为“小私有制”可以不惜抛头洒血。对宗法农民来说，在担风险的独立私有者与受“保护”的依附者之间，他们未必会选择前者。

因此，宗法农民的确也有两重性，但并非传统的所谓“劳动者的革命性”与“私有者的保守性”，而是民主性与宗法性。前者与其劳动者的

[1]《元史》卷二十，《成宗本纪》。

[2]《马克思恩格斯选集》第3卷，第139页。

[3]《列宁全集》第2版第7卷，第116页；第22卷，第57页。

[4]《列宁全集》第2版第7卷，第116页；第22卷，第57页。

属性，更主要的是与私有者的属性相联系，后者则与其宗法共同体成员的属性相联系。所谓农民“不是先进生产方式的代表”，只是就农民的宗法性而言，才是正确的。

过去还有农民在反封建斗争中有“私有者的局限性”一说，这也是错误的。在纯粹的社会主义革命中可以谈论“小资产阶级农民”的私有者的局限性，但在反封建斗争中，我们只能说宗法农民具有宗法共同体成员的局限性。如前所述，从农民等级中分化出来的无产阶级与资产阶级分别继承了其逻辑先祖的劳动者地位与私有者地位，但作为彻底斩断了古老共同体纽带的社会化商品经济大生产的产物，这两个阶级都与其逻辑先祖的宗法性决裂了，因此它们都避免了宗法农民的局限性。摆脱宗法纽带的私有者——资产阶级和同样摆脱了宗法纽带的劳动者——无产阶级都可以领导反封建的革命取得胜利，而这是宗法农民做不到的。

四、宗法农民的“阶层”——亚等级分析

宗法农民等级是封建时代一个极为庞大的社会群体，为了进一步了解它，对它作进一步的亚群体划分是完全必要的。

过去我们在传统上认为，封建时代基本的社会关系是财产关系（所有制关系）而不是人身依附关系，因而最基本的利益群体分化是阶级分化而不是等级分化。因此我们在以纯财产关系为标准划分“阶级”之后，又依同样的标准在“阶级”中划分阶层，即根据财产的多寡把封建时代的农民分成富裕农民、中等农民与贫苦农民，相应地把地主分为大地主与中小地主。这虽然在某些场合有助于我们的分析，但把它作为一种基本的划分显然是不合适的。因为由它导出的结论将是贫苦农民进步，富裕农民保守，而一无所有的赤贫户则无“私有者的保守性”几与近代无产者雷同，至于早期资产阶级则将比中小地主还……反动了。显然，这种“越穷越革命”的序列并不合乎中世纪的实际。因为上文已经指出，

中世纪的社会是以人身依附关系、统治—服从关系为基础，而不是以纯经济关系、所有制关系为基础的。中世纪最基本的分化是以权利不平等为基础的等级分化，而不是以财产不平等为基础的阶级分化，宗法农民的贫困不仅仅反映在财产上，而且（甚至主要地）反映在人格上。脱离统治与服从关系是无法划清中世纪“阶级”（广义阶级）的，也是无法在“阶级”内部划分“阶层”（亚等级）的。据笔者所知，马克思、恩格斯、列宁从未把封建农民划分为富农、中农、贫农之类的阶层，而是只提到自由农民、贱农、农奴、奴仆等。因此作为基本的“阶层”划分，应该是把农民分为依附农民与独立农民，把地主分为权贵地主与平民地主。当然，所谓“独立”与“平民”都只是相对而言的。

独立农民对于宗法共同体，包括家族、村社与专制国家及其天然首长的依附程度较轻或基本上没有依附。这一阶层的成长是与封建社会内部商品经济的发展、私有制的深化与人身依附关系的松弛相联系的。它是小资产阶级农民的前身，因而也是资产者与无产者的前身。北美清教徒农民与俄国退出村社的独立农庄、独家田所有者是它发展了的类型。在宗法农民中，这一阶层的宗法色彩较淡，而民主性较强，劳动者反对剥削压迫与私有者争取自由发展的愿望表现得最为强烈，因此他们是宗法农民中革命性较强的一个阶层。中世纪的历史表明，无论中国（当然，中国的“独立农民”只是相对中的相对概念，不能以欧美标准衡量）还是欧洲，大规模的农民革命运动主要都是他们发动的。在他们中间，贫苦的独立农民既不像富裕独立农民那样常常有着某些剥削利益，又不像依附农民那样受到宗法关系的“保障”而处于竞争之外，因此他们改变自身地位的要求最迫切，是封建社会中政治革命的急先锋。至于富裕的独立农民，虽然可能对政治革命的要求，尤其是对大规模革命战争的兴趣不一定很强烈，但他们在经济上的革命性却非常突出。他们是封建关系内部对发展商品经济与自由私有制最积极的一个阶层，发达的独立富裕农民经济是资本主义成长最好的土壤。在一片灰色的宗法背景中脱颖而出的农民“私有者自发势力”，对封建制度的打击绝不下于死里求生的农民战争。

随着商品经济的发展与封建社会的没落，独立农民身上那种宗法农民两重性逐渐失去作用，一种新的两重性——小资产阶级两重性逐渐形成。到了资本主义时代，这种两重性便成为农民阶级性的主要内容了。

至于依附农民则比较复杂。人们常认为农奴在中世纪最为苦大仇深，但事实上无论西欧、东欧、日本或其他国家，在典型农奴制时代几乎看不到农民运动。在中国部曲佃客制度盛行的魏晋南北朝，虽然有过李特、王如、杜弢、孙恩、北魏六镇、秦陇城民的起义，但多表现为领主带领农奴造中央的反以保卫其土围子这样一种类型，严格说来是很难称为农民运动的。

依附农民是自然经济的产物。他们当然也具有劳动者与私有者的革命要求，但其自由个性不发达，宗法色彩浓厚。他们所受的剥削压迫可能非常残酷，但笼罩着一层家长制的、宗教的、共同体的或伦理的温情脉脉的面纱，使剥削关系变得模糊不清。他们受着严厉束缚的同时还可能得到某种“保护”，在受到自己主人虐待的同时，又可能由于与高贵者的依附关系而对其他无这种关系的人处于一种狐假虎威的地位，因而往往具有“奴隶”与“奴才”的两重性。他们常常对具体的主人表示憎恶，但对宗法关系本身却存在幻想。他们反对坏皇帝、坏官吏与坏主人，而拥护好皇帝、好官吏与好主人。所谓“皇权主义”正是这种宗法思想的表现之一。在他们身上，害怕竞争、恐惧分化、保守自足、不思进取、迷信权威的弱点妨碍着进步作用的发挥。即使当他们反抗的时候，由于在自然经济条件下各自依附于自己的主人而缺乏“横向联系”，也很难作为一个阶级来行动。相反，主人却可以方便地利用这种宗法纽带把他们组织起来达到自己的、往往反动的目的。因此他们是宗法农民中保守性较重的阶层。

在封建时代，人身地位与经济地位往往不尽一致，正如权贵地主在有形财产方面不一定都比平民地主富有一样，依附农民也不一定都比独立农民贫穷。据当代西方学者的研究，中世纪英国农村最穷的与最富的都是自由人，而农奴的经济状况常常处于中等。不管这一结论是否可靠，至少在理论上独立农民中的两极分化应该比依附农民更明显。当然依附农民中也不是没有贫富之别，但同样不能简单地认为贫穷的依附农民一定比富裕的依附农民更革命。事实上，富裕的依附农民可能有更多“狐假虎威”的机会，但他的富裕也会增加他对依附状况的不满与自由发展的要求。我国明清之际南方所谓“豪奴”与“佃棍”领导的奴变、佃变风潮就是一例。另一方面，贫穷的依附农民摆脱剥削的革命愿望当然更强烈，但也往往更希望得到宗法共同体的“保护”，而很少有“自发”的要求受到束缚的感觉。众所周知。清末的湘军是维护旧秩序的“反动”力量，但曾国藩在组建湘军时却特别强调要招募那些有宗法依附关系的“胼手胝足”的“深山穷谷寒苦之民”，而不要小康子弟，更不要市井之徒。显然，在利用依附农民的宗法保守性方面，曾国藩是个老手。在他看来，贫穷而缺乏独立个性的农民，要比富裕而不“安分”的农民更容易制驭。

总之，独立农民无论贫富，都是比依附农民更为积极的一支力量。仅就农村社会而言，封建关系能否早日推翻，很大程度上不是取决于有多么大的“穷则思变”的力量，而是取决于能否形成强大的独立农民群体。而在封建制度推翻后要消灭自然经济、宗法共同体及人身依附关系的残余，即消灭封建残余，造就一支强有力的独立农民——农场主力量仍是十分必要的。

五、既是动力，又是对象——农民与民主革命

农民是民主革命的主力军，这已是今天的常识。也许对于西欧国家来说未必如此，但无论如何，在像中国这样缺乏市民文化成分的小农国家，离开农民是谈不上什么民主革命的。

但是，农民不能独立完成民主革命任务，这也是一个老生常谈的命

题。然而，过去人们常常把这归因于农民作为“革命力量”的种种弱点，尤其是归之于“小私有者的局限性”。据说，由于这种局限性，历史上的农民起义要么被镇压而失败，要么即使推翻了旧统治者，“农民领袖”也必然要“蜕化”为新的封建帝王。朱元璋就被认为是这种“蜕化”的一个典型，人们常把他与“失败的英雄”洪秀全之类比较，作一番褒贬。过去有“成者为王败者为贼”之说，后来来了个颠倒，成者为“叛徒”而败者为英雄。洪秀全因失败备受歌颂，朱元璋则因“蜕化”而屡遭贬抑。近年来又出现了一股“否定之否定”的潮流，认为朱氏顺应潮流而“及时转化”，当了开明皇帝，“为资本主义萌芽提供土壤作出杰出贡献”，应该褒扬，而洪氏坚持“平均主义”，拒不“转化”，失去了上台“开明”一番的良机，因而应对近代中国之被动挨打负责。

然而现在我们要问：朱、洪之间真有什么天渊之别值得一褒一贬吗？在“农民革命”中真有“蜕化”那么一回事吗？过去无论称赞“转化”的还是抨击“蜕化”的论著，都对朱元璋讨张士诚檄中“旧有田产房舍，仍前为主”一语极为重视，把它看作是“蜕化”与“转化”的宣言，仿佛过去是反对“封建私有制”的朱元璋从此便成了私有财产神圣不可侵犯这一近代民法原则的化身！

其实在笔者看来，这句话实不值得如此重视。这不仅因为过去的“农民领袖”朱元璋并没有号召过劫富济贫，而后来的“封建皇帝”朱元璋倒很有“立法多右贫抑富”的样子，更因为过去的朱元璋与此檄文所声讨的张士诚并没有否认过“旧有田产房舍”的所有权，[1] 而后来的史实表明“封建皇帝”朱元璋也并不那么尊重这种所有权，相反地倒是大大加

[1] 有人在刘辰《国初事迹》中太祖“给民户田，后追之”这句话上做了许多文章，说这是朱元璋“支持农民夺取地主土地”，而后蜕变了，于是又将土地反攻倒算回去云云。这是毫无根据的任意发挥。实际上朱元璋早在攻下集庆时就宣布让人民“各守生业”（谈迁:《国榷》卷一），没有任何材料说他号召过农民夺地。而在洪武年间他倒曾多次下诏，支持农民占垦荒田，并规定原田主“不许依前占护”。(《明会要》卷十七)。可见，说朱元璋当皇帝以后才否定了“旧有田产仍前为主”的原则并不比说这种原则是他“蜕变”的结果更荒谬。

强了专制权力对财产私有的“侵犯”。洪武年间的所谓“右贫抑富”，不仅把平民中的富人几乎“划削殆尽”，而且对户口、工商业、矿业、外贸的管制程度亦为我国封建后期所仅见。严酷的海禁、山禁、矿禁把“私有者的自发势力”逼得走投无路，以至于海盗、山寇、矿盗之活跃一直是明代突出的社会问题。

然而，不知为什么那些朱、洪对立论者却往往认为，仿佛朱元璋已“背叛”或“转化”为私有制的保护神，而洪秀全却仍然是农民“公有制”的代表。其实且不说洪秀全在个人生活的奢侈方面绝不逊于朱元璋，就是所谓“打击私有制”方面，洪秀全虽然有《天朝田亩制度》那样“彻底”的纲领，实际实行的不过“照旧交粮纳税”而已，天朝当局还曾干脆地承认:“业各有主,未可屯田。”[1]这比朱元璋的“国有化”差得远了。至于《天朝田亩制度》除去那些“无处不均匀，无人不饱暖”之类无论朱元璋还是洪秀全都无法使之实现的幻想面纱，我们看到的是一个集中世纪令人“深受感动”的“一切好的方面”[2]之大成的典型化的宗法共同体。这里“天下皆是……一大家”，从天王下至军师旅帅乃至两司马等各级家长掌握着“一切生死黜陟等事”，可以任意对下属“或诛或罚”；人民被束缚在军事编制之中，由天然首长们“督之为农”，从事农桑鸡彘、“陶冶木石”无所不包的、自给自足的生产，“耕田奉上”，以供“功勋等臣世食天禄”。这里有宗法式自然经济、森严的特权等级、严酷的超经济强制与人身依附关系，有掩藏在温情脉脉的家长制关系之下的剥削，唯独没有“私有制”，没有商品经济，没有自由个性与独立人格。而这些原则在朱元璋搞的那些“国有”经济里不都在一定程度上实现了吗?

显然，朱元璋在从被压迫者变成压迫者时，并没有从宗法共同体的维护者变成自由私有制的维护者，他放弃了反对权贵的斗争，却没有放弃并且还加强了从宗法角度“反私有”的斗争。在这个意义上，朱元璋根本不存在“蜕化”的问题，他的道路与洪秀全等失败英雄的道路也

---

[1]《太平天国文书汇编》，中华书局1979年版，第136页。

[2]《马克思恩格斯选集》第1卷，第118页。

并无本质的不同。如果说朱元璋在发迹前后有什么变化，那不过是阿Q“革命”成功变成了赵太爷第二而已。

以上分析告诉我们，农民虽然作为私有者—劳动者是封建革命的动力，但作为宗法群体它本身即是封建性的，换言之，它本身便是民主革命的对象。所以，农民之所以不能单独完成民主革命的任务，关键不在于它作为革命力量有什么弱点，而在于“纯粹的”宗法农民“革命”实际上是宗法群体反宗法，革命对象闹革命，自然不可能有任何结果。被人称为“平均主义”的《天朝田亩制度》中的思想本身便是一种宗法思想、封建思想，以它来反封建主义，实际上不过是以封建主义的“好的方面”来反封建主义的“坏的方面”，当然也不可能成功。

过去，有人认为农民是“彻底的革命民主主义者”，而“改造”农民似乎只是社会主义革命的事，即用公有制“改造”小私有，用“一大二公”改造“一小二私”。现在我们可以说，这种看法是绝对错误的。众所周知，太平天国除了《天朝田亩制度》之外还有另一个文件，即洪仁玕撰写的《资政新篇》。人们对这份文件的评价一般地说是很高的。[1] 但却很少想到:《资政新篇》如果实行，那才是货真价实的“蜕化变质”，太平天国将不再代表宗法农民的利益，而转为代表资产阶级的利益了，而且肯定会被保持宗法“本色”的农民视为“背叛”。事实上，洪仁玕在天朝中的处境也十分孤立，“欲实行改革而事事均受各王牵制”。一些人甚至公然声称《资政新篇》之类的书他们“皆不屑看”。[2] 可见，如果说资产阶级革命与无产阶级革命都要“按照自己的面貌改造世界”的话，那么宗法农民之参加革命却恰恰相反，它是要给自身的民主化改造（或“蜕化”）创造条件，那些排斥这种“蜕变”而永保其“农民本色”的运动绝不是革命运动，而恰恰是——正如万代农民叛乱典型地表现的那样——保守的运动。

[1] 当然，也有人认为它“革命色彩不浓”，“不如《天朝田亩制度》进步”。见李竞能《论洪仁玕的〈资政新编〉》，载《历史研究》1959年第12期，第111页。

[2]《太平天国》第2卷，第845页；第6卷，第956页。

因此，农民在近代革命运动中的地位是相当复杂的。从理论上说，在一个宗法色彩浓厚的国家发生近代革命运动时，各主要社会力量间可能建立的关系如下图：

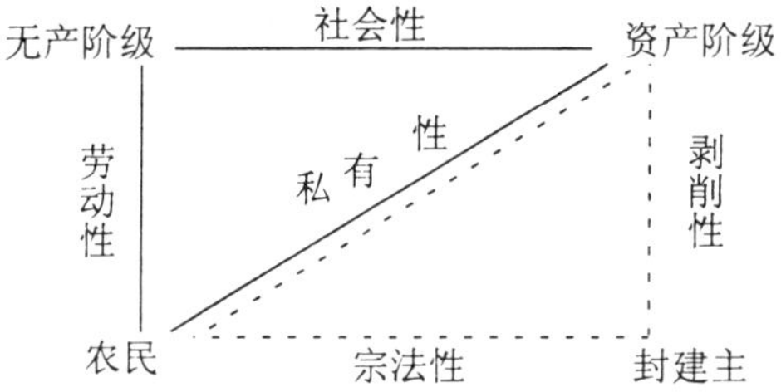

——表示进步的联合

……表示反动的联合

图 13

也就是说，无产阶级与宗法农民由于都是**劳动者**，因此可以在一定条件下联合起来反对封建主（资产阶级民主革命）或资产阶级（社会主义革命）。显然，这是一种进步的联合。

无产阶级与资产阶级由于**都是社会性的阶级**，即排除了宗法性的社会化大生产的代表，因此也可以在一定条件下联合起来，反对宗法封建关系与封建主。显然，这也是一种进步的联合。

资产阶级与封建主由于都是剥削者，因此也可以在一定条件下联合起来，反对民主革命或社会主义革命。显然，这是一种反动的联合。

宗法农民与封建主由于**都是宗法共同体成员**，因此在一定条件下，封建主也可能利用宗法农民去反对代表社会化大生产的革命力量。所谓“农民的万代”就是这种情况，俄国沙皇政府也曾在很长一个时期希望造成这种局面。显然，这也是一种反动的联合。

农民与资产阶级由于**都是私有者**，因此也可以在一定条件下形成进步的联合以反对封建主，争取自由私有制，或形成反动的联合以反对无产阶级。

至于在现实斗争中究竟能形成怎样的联合格局，这就要看具体的政治经济条件与各方面政策的优劣。但是不管哪种情况，在宗法农民没有得到完全改造，或者说农民的宗法性还未完全消失之前，我们就不能说民主革命已经彻底胜利。正因为如此，列宁曾提出民主革命不仅要废除地主制，而且要消灭宗法村社，使农场主从“废物”中分化出来。在他看来，废除了地主制而仍然保留宗法农民共同体，即使它是那么“平均”，也仍然是中世纪的即封建的关系。值得注意的是：列宁把改造宗法农民（不是私有者农民）看成民主革命的任务，而不是社会主义革命的任务。

第八章

『难对付的阶级』及其心态

——宗法农民文化的社会整合

广大的宗法农民群体，从“破”的角度来说，可能蕴藏着巨大的反封建力量，但从“立”的角度来说，无疑是现代化过程中必须越过的巨大障碍。这一点，即使是从“农民本位”出发的民粹主义农民学理论也不否认。如果说从西斯蒙第到俄国社会革命党人的老民粹派，在“走出中世纪”的过程中还不免有把宗法农民理想化的倾向的话，那么第一次世界大战以后像恰亚诺夫这样的“新民粹主义”者和 60 年代以后受新民粹主义影响试图在自由主义与马克思主义之间取第三种立场的不发达社会学—农民学家，便开始感到“难以对付”了。恰亚诺夫在憧憬“农民乌托邦”的同时，经常抨击农民的愚昧，称农民为“黑暗的群众”和“不文明的人”[1]。如果没有“组织者”来管教而是任其胡闹，他们将毁掉一切进步的东西。这种看法反映了新民粹主义思想中的一个矛盾，它既认为“都市文化的时代已经过去了”[2]，农民是社会发展与进步的希望所在，任何发展计划都不能违背他们的利益，否则农民革命将粉碎这类计划；但又认为农民是落后的群氓，任何可取的发展计划都不能全依农民意志来进行，否则社会将永为农民的落后保守、墨守成规所累。这样，农民实际上被看作得罪不起、迁就不得、顺之者未必昌逆之者必亡的一种力量。70 年代，英国著名农民学家泰奥多尔 · 沙宁用“难对付的阶级”[3] 这

[1] A. 恰亚诺夫:《社会农学的基本思想与工作方法》，载《恰亚诺夫选集》第 7 卷，第 109 页;《什么是土地问题》，同上第 3 卷，第 37 页。

[2] И. 克列姆涅夫（即恰亚诺夫）:《我的兄弟阿列克塞在农民乌托邦国的旅行》，莫斯科 1920 年版，第 5 页。

[3] T. 沙宁:《难对付的阶级，发展中社会的农民政治社会学》，牛津 1922 年版。

一术语来为他的“发展中社会的农民政治社会学”著作命名，就反映了这样的农民观。

但是，不管怎样“难对付”，在一个农民国家搞现代化没有农民群体的热情参与是根本不行的。因此，正确的说法应该是，“难以对付”的并不是农民，而是农民社会的某种状态：宗法式的传统心理，精神素质与思维—行为定势，我们把它称之为宗法农民文化。农民社会的发展中真正难以对付的就是这种东西。应该说，作为一种大众的文化心态，这种社会的一切成员，不管是否从事农业，都不能不受影响。另一方面，在危机的挑战面前，这种社会的一切成员，不管是否脱离了农业，都不能不受到摆脱这种心态的刺激并产生变的愿望。我们已经说过，宗法农民有摆脱宗法束缚的积极的一面。而我们如果把人的个体化、社会化进程，即人的理性与个性发展的进程看作是自人类脱离野兽状态后就开始了的连续过程的话，那就不能不承认，即使是最“纯粹”的宗法农民群体中，也不会完全没有“现代精神”的某种种子。但是，既然我们现在主要讨论的是农民社会发展与现代化过程中的文化困境或心理障碍的问题，则在我们的论域中就不能不抽象掉上述因素。因此本章所讨论的农民文化与心态，就不包括诸如农民勤劳勇敢、争取自由等方面，而纯粹是把它当作宗法群体的文化心理结构来探讨的。

一、“东方型嫉妒”及其他

——种族文化观与社会文化观

“文化”是当今人们最热心的话题，然而什么是“文化”却众说纷纭。文化学本体论上的混乱必然导致文化学认识论与方法论上的混乱，因此在探讨农民文化之前，有必要对“文化反思”的方法论原则本身作一番反思。

事实上，当代文化学研究与社会学研究这两股潮流有密切的联系，在一些学派（如法国的年鉴派）那里，这两者简直是一而二、二而一的。一般地说，文化学把社会存在作为对于主体的价值投影来研究，而社会学则把包括价值体系在内的文化心理作为客观结构来分析。文化学研究的是社会的人，社会学研究的是人的社会。脱离社会关系谈文化，是很少意义的。

从这个角度看，当代文化人类学研究无疑有巨大的科学价值与生命力。但在当代“后现代主义”的非理性运动潮流中，它的一些流派由于重“体验”轻解析，因而有明显的“种族文化学”或“基因文化学”色彩。它把社会关系轻蔑地看作“浅层”的东西，热衷于从潜意识、下意识的“深层”中寻找永恒的“民族本质”。而且这种本质——我们有些学者往往生硬地搬用鲁迅的术语，谓之“劣根性”——往往是超时代、共时态、凝固的，因而也就是命定的不可解释的神秘东西。美国著名文化人类学家本尼迪克特在其名著《文化模式》的卷首引用一句印第安格言曰：“混沌初开，上帝赐予每个民族一只陶杯，他们便饮入了自己的生活。”意谓各民族的文化模式是自民族产生时便命定了的。我国许多学者也用全称判断的口气，声称中西文化差异之“根”不是社会发展阶段的不同，而是“人性”的不同，人们“本性”或“本质”的不同。[1] 这就完全把文化视为一种种族现象，而不是一种社会现象了。

不能否认超时代的民族传统确实存在（否则也就没有民族这种现象了），然而只要认真分析就可以发现，真正的“传统”人多属于民俗学范围。例如，从远古时代起，我国的饮食就是以煮食为主的“湿食文化”，不同于西方以烤食为主的“干食文化”。我国社会信息传播媒介是方块表意字，与西方的拼音字母大异其趣。

传统民俗文化对人们心理素质、思维与行为方式乃至社会结构与经济的发展趋势等无疑是有影响的。“湿食文化”所固有的“一个锅里搅稀稠”的观念显然有利于家庭（家族）凝聚力的维护，方块表意字不仅造

[1] 如《复旦学报》1988 年第 3 期谢遐龄文。

成汉民族思维方式的一些特点，而且能有效地避免因方言语音差异的发展导致文化分裂（众所周知，统一的罗马文化就是因拉丁语在方言化中消失而死亡的，尽管今天汉语方言如京、粤语音之差异已不亚于西班牙语与意大利语之别，但书面文化仍是统一的），从而有助于中国文化的“大一统”。但是，把这些因素夸大到决定性的甚至宿命的角度是完全不正确的。“湿食”有利于宗族文化的保存，但商品经济的发展对血缘纽带的冲击在中国（无论古代或现代）作为趋势也同样存在，只是程度、速度与方式不同于西方。“湿食”并没有使西周宗法制维持至今，也没有使生活在现代经济环境下的中国人或华人的家族观念不出现淡化趋势。方块字在自然经济条件下固然有利于宗法式的“大一统”，但在社会生活条件改变后，它作为一种通用信息媒介也会有利于商品经济的“统一市场”的形成。

因此，文化就其本质来说是社会性的，而不是种族性的。文化现象本质上是社会现象，因而是随着社会生活、社会关系的变化而变化的。现在人们列举的种种“中西文化”差异，其实主要不是什么中国与西方“人性”之不同，而是自然经济下的农民共同体与商品经济下的独立个性之不同。

例如，现在有所谓“东方型嫉妒”与“西方型嫉妒”之说，据说东方的中国人嫉妒是要把别人拉下来，不让你比我好，而西方人嫉妒则是争口气超过你，比你还要好，云云。其实，嫉妒就是嫉妒，作为心理状态它并没有什么东西方之别，无论在中国还是在西方，嫉妒者总是希望别人倒霉的。中国人有“人怕出名猪怕壮”之谚，拉丁格言“荣誉即重负”也含有类似意思。希腊神话中的诸神常因嫉妒而“内耗”不已，当代英国作家帕金森也曾描述过西方权力社会中那种“无能嫉妒症”。从逻辑上说，任何权力社会必有此顽症，此即所谓帕金森定律。传统中国社会既然权力崇拜的发达是西方现代社会无法比拟的，因此很自然地，它那“木秀于林，风必摧之”的社会病之严重也必然远远超过现代的西方。然而这与其说是西方的嫉妒者比中国的高尚，不如说是商品经济下的自由竞争社会没有以宗法共同体压抑人的个性的社会条件罢了。而自然经济的宗法共同体不允许有损其“和谐”的个性发展，这在中国封建传统与西方中世纪并无二致。问题不在于嫉妒者的“人性”不同，而在于引起嫉妒的社会条件有异。人们曾见到过妒火中烧的农民哄抢专业户，谁见过他们去哄抢那些以权致富的官僚呢？而社会上对权势的追求不是很有点儿不甘人后的所谓“西方式嫉妒”的味道吗？反之，在自由商品经济的社会秩序中，如果一个“衙内”倚权仗势而享尽威福，他们必然招致“东方型嫉妒”而被人“拉下来”的，能干的企业家享福人们反而觉得理所当然，不会引起什么嫉妒，或者只能引起所谓“西方型嫉妒”而成为人们仿效、超越的对象。显然，把问题归结于“人性”之异而不是归结于社会形态的不同，只能把人弄糊涂。

再如，许多人认为西方文明中有一种“开拓进取”的基因而中国文明缺乏这种精神，它的本性就是保守的。其实，人类的本性中既有保持思维、行为定势的一面，也有——特别是面临“挑战”时——突破这些定势而求新趋变的一面。但在不同的社会环境中这两个方面会有不同的社会内容。在欧洲，人们公认英国人民族性格中突出的特点是“保守”，所谓“古代绅士风范”和“盎格鲁撒克逊式的执拗”使英国人获得了“约翰牛”的形象。而我们中国在过去几十年中动辄反“右倾保守”“与传统实行最彻底的决裂”，动辄要“破旧立新”“走前人没有走过的路”，体现的“创新”气概还算少吗？问题在于，“保守”自由商品经济社会价值观念，“执拗”地捍卫独立人格，与“保守”宗法社会的价值观念，“执拗”地捍卫农民共同体这两种“保守性”是全然不同的。同样，自然经济下的人们不会想到去“开拓”海外市场，“进取”投资场所，正如社会化商品经济下的人们在愚公式的“开拓进取精神”面前只能当个智叟一样。离开了社会关系的实质去谈论抽象的“保守”与否，去提倡抽象的“进取”精神，是没有多大意义的。试看今日农村中屡禁不止的打劫国家水利、机电、工矿设施去卖废品的冒险家，视法律如无物、胆敢冲砸森林派出所的那些为滥伐林木致富而红了眼的亡命之徒，以及那些不怕坐牢，

"前赴后继"、奋勇"开拓"的盗墓大军，这些令人发指的"开拓"者胆子不比当年开拓美国西部的牛仔与淘金者们小吧！在宗法关系及其所造成的心态制约下，什么样的"开拓进取"精神不会被扭曲呢？

又如，有人研究了中西"政治文化"的"本质"不同，据说中国文化是"国家高于社会"，西方则是"社会高于国家"。中国的国家对社会生活横加干涉，而西方则是自由放任。这种见解也是十分皮相的。其实，中国历史上并不乏"自由放任"的时期，在王莽的"国家干涉主义"失败之后兴起的东汉王朝对社会生活，尤其是社会经济，就是极端"放任"的，而欧洲中世纪后期奉行重商主义政策的中央集权政府对社会生活的"国家干涉"却十分强烈。然而东汉政府（以及君士坦丁之后的罗马政府）的"自由放任"并没有"放出"资本家来，而西方中世纪后期的"国家干涉主义"也没有阻止竞争。可见，空洞地谈"国家"与"社会"孰为高下，也没有什么意义，关键在于这"国家"或"社会"是什么性质的"国家"与"社会"。事实上，无论中国还是西方的中世纪，"政治文化"都是建基于宗法农业之上的权力—依附型文化。我们在前面已经指出，在权力—依附型社会基本结构不变的情况下，"白道"上的放任意味着"黑道"上的控制，"自由放任"的结果只能"放"出无数山头、土围子与众多土皇帝，却不能"放"出一个代表现代文化的企业家阶层。契约性的公民社会高于国家机器，自然是健康的，然而宗法黑社会势力高于国家意味着什么呢？

还有一种流行的观点认为，中国人重道德，西方人重功利，中国重贤而西方重能，不是吗？西方的球星、影星不论私生活如何，都是人们崇拜的偶像，而中国人不论有多能干，都可以因"作风问题"被整得一辈子抬不起头……其实，这种论点也很容易遇到反例，自古以来中国的有权势者哪个是因"作风问题"被整倒的？反之，西方舆论界倒常常盯着政界人物的"作风问题"不放，在竞选中，因"生活小节"问题断送了政治前程的人实属不少。相形之下，中国人对"上边"的墙茨之丑却是麻木不仁的。传统的中国政坛究竟是贤者的天下还是"能者"（权术家）的天下，恐怕是不待智者而知的。其实，任何健全的社会都是既有道德准则也有功利准则的。问题不在于这二者孰轻孰重，而在于道德观与功利观都是随社会生活（而不是种族）的变化而变化的。自然经济的农业社会（无论中国还是西方中世纪的）的道德是宗法共同体对作为其附属物的社会成员的束缚—保护纽带。功利观则以是否有“功”、有“利”于共同体的稳定为标准。反之，社会化商品经济条件下的道德是独立的权利主体之间的社会契约，功利则是在这些主体间的平等竞争中实现的。在宗法社会中，个人主要受共同体的束缚而“非礼勿视”，但作为共同体代表者的大家长却可以恣其所欲，因为他既是共同体的化身，也就是道德的化身，对他而言别无什么外在的道德准则。在契约社会中，道德以公民的个性自由为基础，但社会雇员——国家公务员却要受所有公民的自由个性即选民意志的制约，而处于严格的道德自律中。因此不难理解，在 1988 年的美国总统竞选中的“赖斯事件”会使哈特的政治生命遭到灭顶之灾，而赖斯本人却一无所损。显然，这些现象决不是“东方道德文化”“西方功利文化”的皮相之见所能解释的。任何名教森然的宗法社会都有道德“盲区”（如“八大胡同”之类）和道德颓世（如王朝末季），切勿把它视为“道德文化”为新文化所取代的祥兆，而在宗法社会基本结构不变的条件下倡导“性解放”之类，更不是什么“文化进步”之举。更多的人从个人与整体的关系上谈论“中西文化”的差异。有趣的是，这种对比往往形成截然相反的见解，有人说中国文化只重视整体和谐，轻视个人价值，西方文化则是个人价值本位，故能在竞争中各显其能。有人则说中国人一盘散沙，缺乏集体精神，不如西方人善于团结。这不禁使人困惑，为了改造中国人的“劣根性”究竟需要多一点“集体主义”呢，还是需要多一点“个人主义”？

从社会文化观出发可以看出，关键不在于“集体主义”“个人主义”孰多孰少，而在于这些概念在不同的社会生活中具有完全不同的性质。集体与个人的关系，在宗法共同体的农业社会中是一种以物的孤立性为基础的人的依赖关系，而在商品经济发达的条件下则是以物的依赖性为基础的人的独立性。在缺乏普遍的社会物质变换、全面的关系、多方面的需求以及全方面的能力体系的宗法农民群体中，个人、个性的概念在实质上只能是孤立的自然人而不是独立的主体，集体、整体的概念在实质上也只能是停滞在社会中对联合的狭隘需要，而不是通过契约来建立的天生独立的主体之间的相互关系和联系。脱离社会关系来谈论“中国文化”是集体主义太多还是个人主义太多，未免不着边际。西方中世纪宗法农民文化之“一盘散沙”，缺乏集体主义和一潭死水，缺乏自由个性，均不在“中国文化”之下。笼统地评论中国文化优于或劣于西方文化，不如明确地肯定宗法农民文化劣于社会化商品经济下的近代文化。

最后，有些人以为以上这些仍属“浅层”，中西“人性”的本质差异之根还在于“深层”的思维方式。据说西方人的思维是抽象的，中国人的思维是具体的，由此造成西方人已个体化，中国人尚未个体化；西方人已成为本质，中国人尚未成为本质；西方的本性为本质，而中国人的本性还不是本质云云。撇开这些术语游戏不谈，仅就“抽象”的形式逻辑而论，上述说法便与该作者强调的，中西文化差异不是发展程度之差异而是“本性”的差异之主题相矛盾。所谓“已成”“尚未成”“是”“还不是”的区别，岂不就是“发展程度不同的”吗？

其实，与其说由于西方人天生的“本性”善于抽象而中国人只知具体，因此西方人成为个体而中国人成不了个体，不如说正是因为宗法农民社会中人的个性不发达，因而抽象思维才不发达。法国社会人类学大师列维-布留尔对“原逻辑思维”的研究表明，不同的思维模式是与不同的社会类型（而不是不同的种族）相适应的。[1] 理性精神或逻辑抽象精神是人的自由个性成熟的结果。因为当人仍是“狭隘人群的附属物”的时候，他的思维也只能是“互渗”原则下的“集体表象”或集体无意识的附属物。当他从共同体的天然羁绊中解脱出来而成为真正的个体，从而也就能作为主体真正以自己的理智去把握客体的时候，他才能把抽象

[1] 列维-布留尔：《原始思维》，商务印书馆 1981 年版，第 20 页。

的逻辑结构从混沌、超验的集体表象中解脱出来。自由个性也不是天生的，它归根结底是生产与社会交往的发展而形成的丰富的社会联系的产物，这正是以建立在交换价值基础上的生产为前提的。[1] 西方著名的理性主义社会学大师韦伯与帕森斯等人也认为理性精神（抽象的逻辑理念）产生于市民社会生活方式的“经济合理性”土壤中。然而现在有些人却把本末颠倒了过来，在他们看来，西方人由于有了天生的“抽象态度”，所以才产生了他们的个性，由此又使他们搞成了商品经济等等，而中国人没有这个天赋，所以这一切都命定与中国人无缘。

笔者无意抹杀中国人与西方人在思维方式、个性发展及社会发展上的差异，然而无论中西，发展的基本方向是相同的，都是从宗法共同体羁绊下狭隘人群的附属物发展为独立的个体，并进而产生其自由个性。笔者也无意否定思维方式对社会发展的反作用，但这里存在的实际上并不是先有鸡还是先有蛋的问题，而是种族文化观还是社会文化观的问题。笔者无意去描述中国古典逻辑（如墨辩逻辑等）的成就与西方中世纪文化中的原逻辑思维问题，只想指出：如果人们真的重视“抽象态度”对人的个性发展的重要性，那就必须在文化研究上也体现这种态度。我们的文化研究应该超越那经验地描述“各民族的”具体文化现象并就这些表象发议论的水平，也应该超越那多少带有主客体“互渗”的原逻辑色彩的、强调非理性“体验”的“文化主位研究法”，而在文化历史发展的逻辑过程中抽象出它的一些基本形态。

总之，我们应该从混沌而超社会的种族文化现象——“西方文化”“中国文化”等等中抽象出逻辑而超种族的社会文化——自然经济时代的封建文化、商品经济时代的近现代文化等等。这种研究应当表明，我们面临的文化困境，我们的依附人格、我们的非理性的集体无意识，我们的“人性”太少而“人情”太多……等等，不是因为我们是中国人，也不是因为亿万人都“活学活用”了孔夫子的教导，而是因为我们处在

[1]《马克思恩格斯全集》第46卷上册，第108—109页。

宗法共同体之中。这个共同体不是神秘的，而是可以理性地解释的，它曾合乎逻辑地产生，它也将合乎逻辑地消失。这种研究将给我们指明历史的逻辑所赋予我们的奋斗方向，而不仅仅是教人们恨恨地骂骂祖宗，长长地发一声“古道西风瘦马”之叹息！

二、阿 Q 的劣根性是赵太爷教育出来的吗？

——宗法共同体文化整合中的农民文化

笔者认为，我们的文化反思的目的应该是反对封建文化，而不是反对“中国文化”或者“黄色文明”。笔者不怀疑提出后面这些任务的人实质上也是针对封建文化而来的。但从科学价值来说，后面这些提法毕竟模糊了事情的本质。事实上谁都明白，“中国文化”是无论如何不可能演变为“西方文化”的，而“黄色文明”如果特指具体的“民族性”，那么它也不可能演变为“蔚蓝色文明”，如果它指一种抽象的社会文化，那么欧洲文明也并非总是“蔚蓝色”，它也曾经是“黄色的”。至于“传统文化”这一概念，其内涵也含糊不清，容易引起“传统文化中的精华与糟粕”或者“传统文化与文化传统”之类的命题纠葛。而且更重要的是，人们视之为“传统”的那一套象征符号系统与真正腐朽的社会心态并不是不可分离的。后者往往可在象征符号系统的大更换或“反传统”中得到维护甚至强化，“文化大革命”就是典型的例子。

总之，文化改造的实质就是反封建，“中国文化”西方化是不可能的，但自然经济下的中世纪文化为社会化商品经济下的现代文化所取代却是可能而且必须完全做到的。

但如今反封建文化的口号不如反“中国传统文化”的口号有号召力，却也是事实。这是为什么？

一个重要原因就是我们过去对“封建文化”的内涵理解得太狭隘。我们实际上仅仅把封建制理解为租佃制加君主制，把封建社会仅仅看成地主与农民两极对立的社会，因而把“封建文化”仅仅看成地主阶级的文化，即为地主压迫农民辩护的文化。至于农民，只是因为消极地接受了这种文化的影响，才有了种种“局限性”。

我们过去那种传统的文化观存在着一个根本缺陷，它把“统治阶级的思想在每一时代都是占统治地位的思想”这一命题无限扩大化，以至于完全用“阶级文化”取代了社会文化。这是完全错误的。事实上，每个社会结构都是由不同社会元素按一定规则组成的有序系统，其整体功能特征不同于每个单个元素的功能特征，并可以赋予每个元素在单独存在时所不具有的“系统特征”。相应地，每一种社会文化体系都由组成该社会的各个特殊群体的“亚文化”整合而成。整合不同于机械相加之处，就在于它按整体大于部分和的法则赋予了每个特殊群体在孤立看待时所不具备的文化素质，即一种全社会的价值追求。

例如，资本主义社会中的资产阶级如果孤立地看，似乎它追求的只有更多的利润，其他是一概不考虑的。但这利润只有在以物的依赖性为基础的社会关系中通过等价交换才能实现，因此资产阶级在逻辑上必须成为自由主义者。相应地，现代无产阶级的性格也只有在这样的关系中才能形成。因此马克思主义对资本主义的否定，并非因后者倡导自由个性，恰恰相反，是因为私有制使人的自由个性异化而走向其反面，使人“自由地”成为资本的奴隶。社会主义将反其道而行，在自由人联合体的基础上实现人的复归，即人的自由个性的复归，而在“每个人的自由”与“一切人的自由”统一的条件下实现人的自由个性的彻底解放。

可见，社会主义与自由主义尽管各自代表着资本主义时代彼此对立的两大阶级，因而具有对立的行为方式，但两者作为社会化商品经济土壤的产物，作为现代文明的体现者，在深层心态即价值取向上也有一致之处，即摈弃人身依附，崇尚自由个性。因此，资产阶级文化在其以加尔文主义形式初露锋芒时，便声称“在决定性的一刻，人的自由意志是重要的角色，因此是人而不是上帝来决定谁将是接受救赎恩赐的人”[1]。无产阶级在高举自己文化的旗帜时也宣布：“要创造人类的幸福，全靠我们自己。”可叹的是，不少“社会主义者”尤其是农民国家的社会主义者后来却把自由与个性都看成了资产阶级的专利。倒是与现代文明为敌的法西斯主义者在把农民捧为社会的“第一等级”的同时却清楚地看到了，“自由主义和社会主义都是根据于原子论（即个体本位论）的社会概念”，这种“资产阶级和马克思——犹太人的世界观”与法西斯主义否定独立人格的“有机的社会观”及“国家社会主义”是绝对不能相容的。[2]

可见，无产阶级文化与资产阶级文化的冲突，是以自由个性为最高价值取向的现代文化整合过程中的一种运动形式，现代文化在这种冲突运动中得到发展、强化并清除着中世纪宗法文化的种种残余。

相反，封建文化本质上是一种宗法共同体的文化，其核心是所谓共同体心态。它以最大限度地获取共同体的保护为价值追求，从这一点出发，它重视人的纽带而轻视物的纽带。对具体的个人来说，这种心态希望共同体能保护自己作为自然人的私欲得到满足，从而“在家靠父母，出外靠朋友”，在社会上靠各种复杂的人际关系网络为坐标给自己在共同体中确定一个安全的位置。对全社会来说，这种心态则追求共同体能束缚一切个人主动精神使之不致破坏宗法式的固定框架。对这种文化来说，人的个体化与社会化及与之相联系的一切，要么是无价值的，要么只有负价值。

封建时代无疑存在着农民与地主（封建主）的对立，因而作为一种阶级（严格地说是等级）文化的农民文化与封建主的文化在许多社会行为规范上是对立的。封建主要提高地租，强化劳役，农民当然反对，而农民抗租避役，封建主也要镇压。但我们在强调这种对立时往往忘了它是在自然经济与宗法共同体的基础上发展的。农民在反抗压迫和剥削时

[1]（美）斯蒂尔与托马斯：《加尔文主义五特点》，台北 1974 年中译本，第 8 页。

[2] 希特勒语，转引自关友三：《法西斯运动问题》，商务印书馆 1937 年版，第 99、81—82 页；威廉·夏伊勒：《第三帝国的兴亡》，世界知识出版社 1979 年版，第 128—129 页。

往往本能地要依靠共同体的“保护”，并企图以共同体传统来“束缚”剥削者的贪婪，而封建主在进行压迫与剥削时也要依靠共同体来束缚农民使之依附于己，并企图以共同体传统来保护自己“天然首长”的地位。两者往往从各自利益的角度体现了自然经济与宗法共同体的一般价值观念和束缚—“保护”对立统一的社会功能。而这种价值—功能体系是与建立在商品经济与自由个性基础上的近现代文化完全对立的。因此我们不难理解，为什么中国古代官方的儒家文化倡导“不患寡而患不均”，而历代农民起义也以平均主义为旗帜；为什么俄国的保守派贵族力主“抑强扶弱”，鼓吹农村公社神圣不可侵犯，而农民也主张制裁“村社分离者”；为什么法国大革命中王党与万代农民一致站在宗法共同体的立场上反对“贪婪的私有者”——资产阶级；又为什么我国革命后不仅打倒了地主还要株连其子孙，几十年来对“剥削阶级意识”影响的批判有时甚至达到神经过敏的地步，然而封建文化不仅在社会上仍有潜在的强大积淀，而且还会在一定时期（“文革”十年）恶性泛滥。

因此，我们固然要肯定农民反剥削反压迫立场的正义性。肯定他们在新的先进力量带领下可以成为反封建的主力军，但也必须认识到，宗法农民文化在本质上与地主文化一样属于封建文化，即代表自然经济与宗法共同体的价值—功能体系而与商品经济及自由个性对立的文化。一般地说，封建时代的农民文化（指“学文化”意义上的文化）水平是比较低的，当时的思想家或“精英”们大抵皆出自封建主或“天然首长”的等级中，所以宗法农民文化往往表现为一种集体无意识的存在。即使有代表他们利益和要求的精英，如闵采尔、洪秀全等，能把宗法农民的心态、意图、价值追求有意识地表达出来，他们也只能运用主要属于封建主营垒中的传统精英们创造的象征符号系统为工具来实现这一点。所以虽然宗法农民与封建主这一对社会学意义上的等级划分不同于文化学意义上“大众”与“精英”的层次划分，但我们仍可以近似地把宗法农民文化视为封建文化——宗法共同体文化的大众化形式，以区别于它在封建主士大夫思想家中体现的精英文化形式。因此，封建文化中宗法农民文化与封建主思想文化的关系问题，实际上便是宗法共同体的大众文化与精英文化在运动中整合的问题。

封建的精英文化提出的一套象征符号系统规范着宗法共同体中人们的行为—思维准则，然而它能起到这种作用完全是由于大众的“理解”。当代解释学表明，任何理解也不能离开前理解的“先见”（vorurteile）而存在，所以这种潜存于大众心态中的先见在文化整合中的作用实际上要比精英们提出的符号规范大得多，也稳定得多。任何符号规范不管怎样迎合统治者的私欲，如果它不能契合于大众心态，就无法在社会上存在。导致中世纪神学目的论文化流行的决定力量既不是圣奥古斯丁的忏悔，也不是罗马皇帝的米兰敕令与尼西亚宗教会议，而是古典社会没落后人们（实际上即农民们）厌恶自由的“求庇心态”。儒学之所以能在中国封建时代战胜百家，取代古典时代流行的主张自由放任的黄老学派与以强者取代长者的法家学派而定于一尊，也是因为它更能契合于宗法农民寻求温情与安全感的心理。作为“大众文化”，后者对社会的长远及潜在影响实际上要超过地主阶级士大夫思想家们的精英文化。我们再也不能像洪秀全那样把一切归之于“总由孔丘教人之书多错”了！

诚然，纯粹的宗法农民只是逻辑上的典型概念。事实上封建时代农民也随着封建社会内部商品经济的发展而增长其个性与独立人格，并最终摆脱宗法性而分化为早期资产者与无产者，或成为开拓美洲的自由清教徒那样的独立小资产者农民。这样，他们便成为代表新的社会文化的最革命的力量。但这并不是封建社会后期的唯一趋势。事实上，既然宗法共同体既是一种束缚，又是一种“保护”，那么在逻辑上从宗法共同体到独立个人的道路便可以有两条，或者是力图发展其自由个性的农民私有者打倒“天然首长”，摆脱共同体的束缚而成为自由农场主，或者是不愿再受宗法传统约束的资产阶级化的地主剥夺农民，使其失去共同体的保护而“自由得一无所有”。这也就是列宁所说的“美国式道路”与“普鲁士式道路”。究竟走哪条道路，主要取决于更深地卷入商品经济并因此获得利益的力量来自农民等级还是来自封建主等级。在后一种情况下，资产阶级化的原封建主强行瓦解宗法共同体，肆无忌惮地剥夺农民，会给农民带来深重灾难，激起强烈的宗法情绪，并常常引发反对普鲁士式资本主义发展的斗争浪潮。这种浪潮虽然在与无产阶级运动恰巧结合在一起的情况下客观上具有新民主主义革命性质。但就这种浪潮本身而言却建立在宗法文化的价值论基础之上，不论它在道义上是多么值得同情，实质上是农民文化的反动。伊朗巴列维“白色革命”引起的群众性原教旨主义运动和“霍梅尼现象”，德国普鲁士式发展造成的广大群众“逃避自由”现象，俄国斯托雷平改革所触发的恢复村社的农民运动，都是明显的例子。近代中国虽不能说已处在“普鲁士式”发展中，但我国历来有地主、工商业者、高利贷者“三位一体”之说，农民卷入商品经济（尽管是“变态”的）的程度远不如地主。我国农民并不是以农场主的身份要求冲破封建束缚发展商品经济，而是“穷则思变”、死里求生而造反的。这样一种文化背景融入资本主义过程，便会产生法西斯现象。造成我国目前文化困境的根源正在于此。

三、“都市里的村庄”
——为什么城里人比农民有更多的“农民意识”？

从前面的分析中可以知道，我们这里讲的农民文化，是自然经济条件下农业社会中以人的依赖关系为纽带维系在一起的宗法农民的文化。显然，不能仅仅把它理解为农业居民的文化。例如，以资本主义精神开拓北美的清教徒农民的文化就不属于“农民文化”。另一方面，在自然经济的氛围中，宗法共同体犹如一种“普照的光”，在城市及非农行业中复制着乡村的社会关系。因此，在没有从社会化商品经济中发育出成熟的市民文化（相应地在乡村发育出“农场主文化”）之前，城市在文化实质上不过是“都市里的村庄”，市民在心理素质上不过是“城居农民”。在这种情况下，非农业居民也具有农民的人格而受农民文化的支配。

我国马克思主义农民学的前辈陈翰笙在20年代末曾指出："吾人所谓之都市，其性质不似city，吾人所谓之乡村，其性质不似country。"时至今日，这个论断并未过时。

当近代城市从一片灰色的宗法乡村中崛起时，"城市"是个什么概念呢？它并不只是高楼大厦，车水马龙，机声隆隆，书声琅琅。从实质上说，它意味着一种新的人格、新的文化的兴起：它意味着与凝重慢速的乡村生活相对立的快节奏的"城市狂想曲"；它意味着与田园诗式的和谐、宁谧相对立的进取、竞争、拼搏的"市民精神"；它意味着与"无用时间就是资本"的农民经济逻辑相对立的"时间就是金钱、效率就是生命"的价值观念；它意味着与停滞的农业文明相对立的蓬勃朝气，意味着与一袋马铃薯似的"狭隘人群"对立的市民个性。

遗憾的是，在很长一个时期内，我们的城市并不是这个样子。它比乡村生活的节奏更慢、更凝重。它比乡村生活更缺乏进取、竞争、拼搏的精神。时间与效率在城市生活中的价值仿佛比在乡村中更低。"八小时工作制"名存实亡，工厂里大批人无所事事，机关中大批人"一杯茶，一支烟，一张报纸看半天"地打发时光！

我们的许多市民比农民有更少的个性与更多的依附人格。农民何时下种，何时收获，尚且有主动性，而我们的城市没有上面来的"红头文件"就似乎运动不起来！

西方与我国的都市化过程中都有大批农民涌入城市。但是西方农民进入城市是来寻求机会，其前提条件是必须有投入竞争的心理、能力准备，而我们的农民进入城市是来寻求特殊的等级身份——城市户口，其前提条件是必须有"关系"。

无怪乎，我们常指为"小生产"弊病的许多东西，个人崇拜、平均主义、"红眼病"等，都是从城市向农村扩散的，甚至连农民之国的历史悲剧——"文化大革命"也主要在城市上演，而尤其是在城市的精华——高等学府里首演的！

无怪乎到了改革开放的今天，城里人惊奇地发现，他们反而要向进城来闯事业的“乡巴佬们”、合同制工人们学习如何做一个市民了！

这些事实导致了理论上的一种悖论：一方面，我们痛感农民经济上的自给自足，政治上家长制的历史文化背景是旧模式形成的重要原因。另一方面我们的改革却以一种“城市向农村学习”“工人向农民学习”的形式进行。一方面我们在反省集体化和强制派购农产品等方面“改造农民过急”，对农民过于苛刻，另一方面又在批评“五七道路”与“接受贫下中农再教育”的“农民化”倾向。我们究竟是“农民精神”太多还是太少了？如果说旧模式是“农村包围城市”的革命之后形成的，那么改革运动中新的一轮“农村包围城市”会不会形成又一次轮回？

显然，问题的关键在于，如何解释宗法农民文化在城市中整合、放大并向农村反馈的机制？

我们知道，中、俄等国原来都是农民国家，所谓“国民性”基本上就是农民性。在20世纪初的俄国，有94%的工人出身农家，斯大林时代高速工业化带来的城市人口膨胀更是以市民成分农民化为特征的。至于中国，这一特点比俄苏更为明显。这样形成的工人群体不像西方的工人那样主要从中世纪市民阶层的下层（手工业者、帮工等）发展而来，没有受过市民文化的熏陶。他们成为工人后所处的社会经济形态改变了，但文化心态，尤其是价值观念并不是马上就能同步改变的。1905年俄国工人随加邦牧师向沙皇请愿事件中所反映的“皇权主义”对工人的影响就是例子。一些学者还指出，俄国工人与西欧工人相比，“长处”是较少受社会民主主义影响，“短处”是较多地保留着“行会习气”[1]。俄国的所谓行会，无非是宗法村社组织的城市版而已。中国的工人在旧时代更普遍受到把头制、包身制等前资本主义关系的压迫，受苦更深，宗法因素的残留也更多。

但是，仅仅这样讲当然远不足以说明今日“都市里的村庄”何以比真正的村庄更像村庄的问题。因为说到底，城里人的农民习气与真正的

[1] 叶书宗:《略论斯大林的历史地位》，载《苏联历史问题》，1986年第1期。

宗法农民相比在逻辑上也不过是“残余”而已！问题在于，这种残余与城市中的“社会主义自然经济”因素发生了整合效应，结果使它被强烈地放大了！中俄等国革命后在城市建立起的国家所有制和所谓“产品经济”，从纯粹经济学的意义上说当然已不是宗法共同体与自然经济。但由于文化心态上的革命没有跟上，人们在很大程度上是以宗法共同体的眼光看待社会主义公有制及其“优越性”的。刚刚经历了以村社化消灭独立农庄和独家田的过程的俄国农民，在进城后很自然地从宗法共同体的“份地”观念推演出“大锅饭共同体”的“份饭”，从个人是狭隘人群附属物的观念推演出个人是“组织上”的附属物的观念。这种观念不是把社会主义公有制看作个人全面发展基础之上的自由个性由以形成的条件，而是看成逃避竞争、泯灭个性的庇护所。而这个庇护所的“保护作用”（从另一方面来说也就是束缚作用）当然是只有“份地”而无“份饭”，保留了所谓“经不起风吹雨打”的家庭经济的农村公社所远不能及的。显然，在社会主义民主革命进程尚未打破这种整合效应之前，城市的这种状况恰恰成了农民心态、宗法观念、依附关系的比农村公社更适宜的温床。我们都知道在古典社会末期，罗马的市民是怎样在国家大包大揽地提供“面包与马戏”的情况下，由积极的城邦公民变成了毫无个性、不求进取、唯权力是从的宗法群体，从而把城市对文明的领导权拱手让给了乡村的。不幸的是，这种现象又在一定程度上重演于今日了！

因此毫不奇怪，在“社会主义自然经济”旧模式下会出现城里人对平等竞争的心理承受能力远低于乡下人，“大生产”中的工人比“小生产”中的农民、国有经济劳动者比集体经济劳动者、集体经济劳动者比个体劳动者更留恋“大锅饭”，个人崇拜、非法镇压、权力本位、宗法式的“关系网”等中世纪风习从文明的城市“起源”而后向乡村扩散等情况。在发达商品经济基础上的城市文明无法形成的情况下，作为民族文化大众传播中心的城市在某种程度上成了“农民文化”的中心，甚至还可以依靠城市在传播学上的地位把农民文化升华为一种“精英文化”向广大农村反馈，有时甚至是强制地反馈，从而承担起“教育”农民压抑自由个性的萌动、以农民文化即宗法共同体的精神“改造”农民的责任。

例如，20 年代苏联在农民政策问题辩论中以布哈林为代表的一派主张对农民实行温和政策。认为小农经济大有发展潜力。而以托季反对派和后来的斯大林为代表的另一方面主张对农民采取强硬态度，他们对当时的村社农民经济极为不满，认为“旧日的真正农民公社的复活”蕴藏着极大危险。[1] 从表面上看，布哈林是“亲农民”的，因而被攻击为具有民粹主义倾向。而“左派”（包括后来的斯大林在内）是“反农民”的. 因而他们在 20 年代末 30 年代初的“大转变”时期曾掀起了一个反击“新民粹主义”的运动，甚至把一大批具有民粹主义倾向的知识分子打成“劳动农民党”（一个虚构的“反革命地下党”）而予以消灭。但是他们反对“旧日的真正农民公社”却不是反对它的宗法性、反对它对农户个性与进取精神的压抑，而是反对它的所谓“资本主义倾向”，嫌这种宗法共同体对商品经济的压抑、对农户进取精神的压抑还不够有力！他们也不是把“民粹主义”作为宗法农民文化对现代文化的反动来批评，而是站在一种“超民粹主义”的立场，把民粹主义这种宗法农民的反资本主义思潮当作“资本主义自发势力”来摧毁的！显然，以这样的方式“反农民”，实际上只能是与农民的宗法性结盟反对农民的私有性，使“真正的农民公社”进一步强化其束缚—保护职能，使商品生产者——独立农民经济无地容身。最后以这种“旧日的”宗法共同体作为“农业社会主义改造的支撑点”[2] 而实现农业集体化，同时相应地完成了城市中“社会主义自然经济”模式的“原始积累”过程。

于是，在这里我们看到，建立在“社会主义自然经济”模式之上的城市文化与农民文化在冲突中实现整合的结果，使农民文化的宗法共同体精神进一步加强，并形成了“都市里的村庄”现象的文化基础。整合之后的社会文化中，精英们以“一大二公”为最高价值追求，大众则愈加巩固了“共同体心态”，而人的现代化、人的个体化与社会化及理性

[1]《李可夫文选》，人民出版社 1986 年版，第 212 页。

[2]《非洲的村社：类型学问题》（论文集），莫斯科 1978 年版，第 50 页。

和自由个性的发展，以及作为这一切之基础的全面的交换关系，在社会的价值目标体系中失去了地位。其结果是，城市在政治、经济上征服了乡村，乡村却在文化心态上征服了城市。这样的结果不但对社会主义现代化进程构成了严重的障碍，也完全违背了马克思社会主义理想的初衷。显然，这里的教训远不是“改造农民心太切，走得太快”的问题。目前改革的实质也绝不仅仅是“向农民让步”或者城市学农村的问题。恰恰相反，它是要以社会主义民主革命来打破宗法农民文化整合效应。这一任务是十分艰巨的，在农村发展商品经济并将其机制引入城市，只是序曲中的第一个音符，只有当城市摆脱“都市里的村庄”的田园风味，奏响现代化的城市狂想曲并重新成为引导农村前进的文化主流时，我们才能说是踏入了现代化整合过程良性循环之中。

四、农民文化与“有文化的农民”

——从中国知识分子传统心态谈起

在宗法共同体的文化整合中，农民文化与知识分子的关系也是饶有兴味的。从逻辑上说这个问题不只涉及中国知识分子，但无疑以中国知识分子为典型。因为在许多封建社会，例如西欧中世纪社会中，知识分子主要是神职人员，世俗人群中不要说农民，就是贵族的文化水平也十分低下。在中国封建时代，知识分子不仅来自世俗人群，而且有相当部分来自农民——尽管贫困使农民很少能受教育，但“朝为田舍郎，暮登天子堂”的事并非绝无仅有。虽然从主观上说不少知识分子看不起“乡巴佬”，但他们的心态与人格却打着宗法农民文化的深深烙印。如果说宗法式的城市在文化实质上不过是“都市里的村庄”，那么传统的知识分子从文化心态上说则可称之为“有文化的农民”。一般谈论中国传统士大夫的性格时，总要强调他们受儒家影响，其实这是极端肤浅的表象。中国知识分子并不都把儒家说教作为立身的典范，但很难超脱于宗法式人格的约束。从帮助秦始皇“坑儒”而最后求为上蔡一犬不可得的李斯，直到“文化革命”中许多奉旨批儒的饱学之士，中国的知识分子即使在极端反儒排儒的场合不也没有减轻其人格的悲剧色彩吗？实在地说，封建士大夫后来所崇奉的儒教已是基于他们的宗法式人格而重新作了“理解”与“解释”的，与本来意义上的孔子学说已有很大距离。因此究竟是儒家思想塑造了中国士大夫的传统人格与心态，还是这种人格与心态塑造了所谓的儒家思想，未始不是一个值得研究的问题。

当前，人们谈论中国知识分子的人格问题时，常常面临一种二律背反：有人批评中国知识分子为“使命感”所束缚，缺少独立人格，有人却痛感中国知识分子自命清高，缺少“参与意识”。其实，这种知识分子的传统性格究其原始，不过是宗法农民性格中的二律背反的“精英化”体现而已。有人批评宗法农民奴性十足，只知道“青天大老爷”，太缺乏民主观念，有人却说宗法农民散漫成习，令不行禁不止，太“自由主义”了。这种状况在宗法共同体中是难以改变的。宗法共同体所固有的物的孤立性使自然的人无法变成社会的人，社会的整体化、有序化过程无法进行。宗法共同体所固有的人的依赖性又使依附的人无法变成个体的人，社会的元素化、自由化过程也无法进行。而且，这两个方面相反相成，互为因果，和谐统一，令“中庸”原则无所施其技，所以在这样的宗法群体中，人们便不免会陷入那种“一放就乱，一管就死”，一讲集体主义便成毫无个性的一潭死水，一讲个人主义便成混沌无序的一盘散沙。对于其精英来说，便出现一“参与”便成控御群奴的主子，一“独立”又成于世无补的隐士这样一种两难处境。所谓“儒道互补”现象，其实不过如此。

在宗法共同体中“保护”与束缚对立统一，保护者必定同时是束缚者。这就决定了宗法农民自己不能代表自己，他们的代表者一定是那高高在上并赐予共同体以雨露阳光的“天然首长”。因此在历史上我们常常看到越是“农民领袖”束缚农民越严酷的现象。相应地，中国传统的知识分子也是自己不能代表自己，“千里马”只能由非“马”的伯乐照管。

这实际上是宗法农民群体的“农民领袖反农民”现象在“有文化的农民”中的体现。

正是由于这种“有文化的农民”的状况，中国传统的知识分子尽管比一般宗法农民具有更多的象征符号系统意义上的“知识”，但心理状态与思维—行为方式与一般宗法农民不乏内在的相似。在宗法农民群体中存在着“具体农民”与“抽象农民”的二重价值体系，存在着“具体农民”的极端功利主义价值观与“抽象农民”极端反功利主义价值观的对立统一。反映在“有文化的农民”身上，便是所谓中国知识分子在知识论上的功利主义（反纯粹思辨）和在价值论上的反功利主义（重义轻利）。宗法农民思维方式的非理性性质反映在“有文化的农民”身上，便是传统知识分子在认知方法论上缺乏逻辑构造体系的常识性本体观与直觉经验论倾向。与一般宗法农民群体的伦理观相似，“有文化的农民”中的传统伦理也是重人情而轻人性的。区别只在于他们把宗法共同体中的人身纽带升华为符号化的“礼”来遵守，而对一般宗法农民而言重人情不过是一种本能。

因此，中国传统知识分子与宗法农民群体的关系是相当微妙的。他们中的许多人由于等级地位悬殊，在生活方式与事业上与农民群众格格不入，及至在阶级（等级）利益上与农民为敌，但在宗法心态上却天然地与宗法农民“打成一片”。由此我们就不难理解，为什么因屠杀农民而获“曾剃头”之称的大刽子手曾国藩，却特别欣赏“胼手胝足”的“深山穷谷苦寒之民”，而厌恶市井富家子弟。相反，“农民领袖”洪秀全却把农民视为下等人，以至在《天朝田亩制度》等文献中公然把“黜为农”规定为对犯罪的天朝各级官员的严重处罚。历史上，中国的传统知识分子厌恶农民者固然不少，而像唐代诗人白居易、杜荀鹤等人那样同情、关心农民，甚至同化于农民的知识分子也很多，但真正能理解农民并用理性批判态度去认识农民的却寥寥无几。

第九章

『天有万物与人，人无一物与天』

——『具体农民』与『抽象农民』的二重价值系统

一、宗法农民社会价值取向的二重性

价值取向是人类群体文化结构的重要因素，甚至是核心因素。在社会中，人们对各种行为观念作出自己的评价并据此进行选择，无数个人或小群体的价值选择经过整合后便形成社会价值，由此决定着全社会的行为总趋向。

在商品经济高度发达的现代社会中，人们在经济上紧密联系，互相依存，人格上却互相独立，交换成为人际关系的标准形式，“合意”基础上的契约因而成为社会价值整合中的主要手段。在“合意”基础上建立的“多数决定”机制与少数人可以自由保留自己的独立价值标准的原则互为补充，在理论上可以造成这样一种状况：即社会的价值取向与社会中多数个人的价值取向是一致的。当然在私有制条件下这种形式上的一致掩盖经济利益的对立，以至于人的价值取向取消了人的价值本身——人认为使自己不成其为人是“值得的”！由此产生的异化现象是社会主义运动所要克服的东西。

但是，相对于宗法社会来说，现代社会价值系统毕竟具有取向基础上经过整合可达到社会价值一元化的特点。而在宗法农民群体中情况则完全不同。自然经济的宗法共同体使人们在经济上彼此孤立，人格上却互相依赖，这就造成如下状况：具体的农民——作为自然个体的农民与抽象的农民——作为宗法共同体的农民价值标准是完全分离的。

由于自然经济下社会联系的狭隘性，宗法农民不像现代社会中的个人那样具有全面的关系，多方面的需求与形形色色的理想、追求、事业、兴趣、爱好等等。一个宗法农民不可能理解现代化社会中一些人何以玩着命去干诸如漂流探险、无氧登山之类的事情，在他们看来，这是毫无价值的。相对于现代社会中宗法农民价值取向的多元化而言，作为自然个体的宗法农民价值要单一得多，即基本上局限于简单的自然人的私欲。我们知道，在宗法式小生产的生产力尚不足以使个体经济完全脱离共同体脐带而独立的条件下，这些简单的自然人的欲望只能作为共同体的成员才能满足。然而，建立在人的依赖关系基础上的宗法共同体却不存在那种以“合意”为基础的社会契约，人际关系的标准形式不是交换，而是服从，而服从的理由是天然首长的某种超人魅力（卡里斯马权威）或“历来如此”（传统权威）。显然，在这里不存在那种以契约整合达到个人与社会价值取向一致的机制。因此，如果说具体农民的价值取向比现代社会中的个人价值要单一得多的话，那么作为整个宗法共同体的抽象农民价值取向就要比现代社会价值复杂得多。

例如，“农民自私”，这是人们观察农民时常常得到的第一印象。于是几十年来我们认为“改造”农民的全部任务就在于反掉“小私有观念”。然而具有讽刺意味的是越反“小私有”，宗法农民心态反而越膨胀，最后终于在“小私有尾巴”被割得精光的年代里出现了农民文化的群众性歇斯底里——十年内乱。其实只要看一下历史就会发现，历来的宗法农民群体中从来就没有在契约基础上确立过私有者权利观念。恰恰相反，宗法共同体——作为群体的“抽象农民”的价值体系是“抑私”的，它既然以人身纽带而不以物的联系维系社会，自然不能允许超脱于人身关系之外的纯粹财产关系存在。

这里的矛盾确实令人困惑！它引起了农民学中关于宗法农民“道德”水平的无穷争论。在资本主义早期，由于“贪婪的私有者”使用非资本主义手段（黑奴制、海盗行径、殖民征服、暴力圈地、血腥立法等）进行资本主义原始积累时表现的种种野蛮与残忍，使人们不自觉地怀念宗法时代的和谐，因而普遍存在着把农民道德理想化的倾向，认为价值观上的极端利己是资本主义的特征，而作为自然个体的宗法农民都多少把集体利益置于个人利益之上。民粹主义者固然把自己的理想全盘建立在这样的见解之上，而其他的民主派乃至马克思主义者也受到这种见解的影响。这种传统在当代便发展为以美国农民学家 J. 斯科特为代表的“农民道德经济”论。[1] 但是，随着资本主义逐渐摆脱原始积累时的风习而日益理性化，私有者权利（相应地，是私有者尊重其他私有者权利的义务）逐渐规范化，人们逐渐认识到，尊重私有权利（私有财产神圣不可侵犯）与道德上的极端自私自利是两回事，资本主义精神的实质是前者而非后者。另一方面，近代以来对历史与现实的宗法经济的微观分析研究的进展，也使人们对宗法道德的玫瑰色观念日益破灭。宗法农民“道德经济”说日益受到指责。美国经济学会会长 J. 熊彼特在 40 年代曾指出：“前资本主义时代人的贪婪，事实上并不亚于资本主义时代的人。农奴或骑士领主各以其全部兽性的精力维护他们自己的利益。”[2] 60 年代以来关于“道德经济”的讨论中，多数学者持类似熊彼特的看法。西方的马克思主义农民学家也普遍对“亚洲道德经济”说持批评态度，他们认为，“亚洲的农民（即宗法农民）比欧洲农民（指近代以来欧洲的资本主义农民）更加自私。”[3]

这种宗法农民“更自私”的观念对具体农民而言完全是正确的，就单个的农民而言，确实没有理由幻想他们会本能地把集体利益置于自身利益之上。相反，只要我们不把自然人的私欲与作为一种社会规范的私有权这两种本质上不同的东西混为一谈，就可以看到，农民那种鼠目寸光的、狭隘的“自私”，正是自然经济的宗法共同体由于封闭孤立、缺乏丰富的社会联系而导致人的社会性不成熟，作为“自然人”的“动物个人主义”本能直接表露的结果。然而从另一方面说，这种自然人的动物

[1] J. 斯科特：《农民道德经济：东南亚的叛乱与生计》，耶鲁大学 1976 年版；“道德经济”说的代表还有 R. 塞克斯顿等人。

[2] J. 熊彼特：《资本主义、社会主义和民主主义》，商务印书馆 1979 年版，第 154 页。

[3] 据荷兰马克思主义学者迪克曼 1988 年 7 月在烟台举行的社会形态问题学术讨论上的介绍性发言。

个人主义恰恰使整个宗法群体中不可能建立起发达的交换经济下产生的社会规范——私有者权利观念，即对所有私有者权利的同等尊重。这样，对抽象农民共同体而言，“道德经济”的表象又确实是存在的。它造成的为维护人的依赖关系而“抑私”的社会价值观与作为自然个体的具体农民只看重鼻子尖前的一点私利的“重私”价值观一起，造成了宗法农民社会中价值取向的二重性。

在这种价值体系的二元状态下，农民社会存在着一系列价值关系的二律背反。

例如，具体农民从“重私”价值观出发总希望尽可能多地得到宗法共同体的庇护，却不希望其私欲受到宗法共同体的束缚。然而在这种“求庇心态”下实际建立起来的宗法共同体却总是从抽象农民的价值标准出发，把种种束缚强加于具体农民，同时在赐予“庇护”方面却常常是吝啬的。

具体农民通常都追求自给自足的“鲁滨逊式经济”，而极不欢迎“命令经济”，可是代表着无数“鲁滨逊式”农户的抽象农民价值标准，却是看重“命令经济”的，因为没有某种程度的“命令经济”，任何宗法共同体都不可能在缺乏交换的状态下存在，所以宁可牺牲“鲁滨逊们”的利益也要推行它。

具体农民通常都希望保留温情脉脉的家庭面纱，享受富有“人情”味的生活，而极不喜欢严酷的父权。然而抽象农民——农民共同体却总是有一副严厉的父权面孔。争取解放的农民反对父权，一旦获得解放却又建立起父权。当了父亲的“小二黑”们干涉儿女婚姻比自己的父辈厉害，受虐待的媳妇当了婆婆，对自己的媳妇更凶狠。

具体农民追求田园诗式的和谐，反对恶势力的压迫，然而宗法式的和谐乐章总是要由压迫者来指挥。因而抽象农民的价值观总是迎合恶势力的私欲。田园诗般的旧关中农村同时又是“三皇五帝”的乐园，而在那个大割“资本主义尾巴”，自然经济的和谐至高无上的年月里，关中农村又出现了一批新的土皇帝。1980 年报纸披露了关中旬邑县“一些”社队干部任意捆绑、吊打农民群众的令人震惊的事实。

最后，具体农民的价值标准是极端功利主义的。社会联系的狭隘使得每个农民都轻理念而重经验，包括在逻辑上不可思议但按互渗律可以接受的集体表象性质的“经验”。对他们来说，只有可以直接带来实惠的东西（包括按互渗律被认为可以带来实惠的巫术之类）才是有价值的。另一方面，抽象农民的价值标准却是极端的反功利主义的。农民共同体把维护伦理的和谐看得比物质效益重要得多，所谓“不患寡而患不均”就反映了这种价值标准。

显然，这种价值体系与现代文明完全是对立的。具体的私欲中心与抽象的无私观的结合，使得“农民社会主义”成了作为具体个人的共同体代表者“天然首长”们实现自然人私欲的工具。籍“公”弄权，以权谋私，而且这个私并非资本主义私有权，而是作为“特权即例外权的类存在”的领主权。因此，农民社会主义本身是一种封建主义，而不是我们过去常说的“小资产阶级民主主义”或“彻底反封建的平均主义”。它与作为自由私有者社会契约的资本主义和“每个人的自由是一切人自由的条件”的社会主义联合体是完全对立的，虽然反对地主、富豪等“贪婪的私有者”的农民社会主义运动在汇入其他阶级领导的资本主义或社会主义过程后在客观上可以具有民主主义的性质。

此外“具体农民”的功利主义价值观阻碍了爱智求真的理性认知精神——科学精神的成长，而“抽象农民”的反功利主义价值观更使科学成为伦理的奴婢。因此，在农民文化的价值体系中，代表现代文明的“赛先生”是一文不值的！

二、“天有万物与人，人无一物与天”

——关于“农民领袖反农民”问题

前面我们讲了具体农民与抽象农民在价值观上的对立。但必须重申的是，所谓具体农民的私欲与现代社会中所讲的个人价值以及我们前面提到的农民作为私有者革命性是风马牛不相及的。具体农民只是自然人的个体而不是有个性的个体，他的私欲依赖于共同体的保护，所以并不体现真正的个人价值。另一方面，所谓抽象农民即农民共同体的价值标准是客观存在的，即必有其现实的评价主体，而不能只是一个“抽象”的逻辑概念。一般地说，这个“抽象农民”的实际体现者便是所谓“农民领袖”。从这一定义中可知，“农民领袖”是代表农民共同体的。那么它与一般意义上的作为共同体保护人与代表者的“天然首长”即贵族、皇帝等权贵们又有何区别呢？答曰：既无区别，又有区别。在“立”的意义上是无区别的，在“破”的意义上则有区别。当宗法农民不堪忍受贵族、皇帝等旧的“天然首长”的压迫而起来反抗时，有人代表他们利益，受到他们拥戴，率领他们起来打“破”旧天然首长的统治并将其作为危害农民共同体利益的贪婪的私有者而清除掉。这样的人便是我们所谓的“农民领袖”。

但是，既然农民领袖不是代表哪一个具体农民，而是作为抽象农民或农民共同体的代表，那么他的价值标准便与具体农民的价值标准发生了对立。由此产生越是“农民领袖”，对农民的束缚越严酷的“农民领袖反农民”现象。如果说西方中世纪农民的斗争形式“低级”、规模小，因而这一点还不明显的话，那么中国历史上这种现象却屡见不鲜。

出身赤贫农家并在农民战争中崛起而夺得政权的朱元璋，是颇保持了不少“农民本色”的皇帝。他不但作风朴素，开口闭口忆苦思贫，竟至“往往流涕”[1]，而且百般“抑富”，甚至声称土地必须“各就丁人耕种”，“丁少田多，不许依然占护”[2]，“若兼并之徒多占田以为己业，而转令贫民佃种者，罪之”[3]。在我国清末以前的历代“农民领袖”中，难道还有谁发表过如此明确否定“地主租佃制”的言论吗？不管所谓“右贫”

[1] 邓元锡:《皇明书》卷一。

[2] 朱健:《古今治平略》卷四,《国朝农政》。

[3]《明典章》第二册,《洪武五年五月诏》。

的实况究竟如何，朱元璋对富豪、商贾、官僚乃至士大夫的厌恶情绪常常偏激到近乎病态的程度，则是事实。他执政期间借题发挥、吹毛求疵，动辄对这些人大开杀戒，屠戮之酷，历代罕有。在他内心深处显然有一种向上层社会进行报复的情绪，一种农民心理。

然而这个“锄强扶弱”“右贫抑富”的皇帝同时又是一个束缚农民最为严酷的极端专制的暴君，他不仅用“大军点户”、里甲制度等把农民严密地禁锢起来，而且把数量空前的农民强行纳入屯田体系，造成历史上最为庞大的国家军事农奴制。朱元璋对不肯“安分守己”的农民镇压之残酷也比前元有过之而无不及。他以“重典”诛杀“顽民”绝不比诛杀官吏手软。他以极端专制权力消灭了为数惊人的豪民、富户、贪官污吏乃至不少以封建标准看完全是无辜的官僚士大夫等上层分子，但正是这个权力又滋生出更多更贪暴的权贵地主。他把苏松一带富豪的私人地产几乎全部收归“国有”，但对农民来说只不过从纳私租变为纳官租而已，不仅负担往往因此加重，而且处在远比平民地主厉害的国家权力强制下，人身地位实际上下降了。更坏的是原来的平民富豪剥削所得尚有投资于圩围水利“兴修工本之费”者，多少有点积累职能，而国家“收豪民之腴”的岁入却成了官府“厨传日费”“郡邑公私筵宴，诸所狼藉”的开支来源，全被权贵挥霍了。[1] 所以对具体农民来说，朱元璋实际上是个更坏的统治者，无怪乎洪武一朝的农民起义之频繁，超过以前任何朝代之开国初期。流传至今的“自从出了朱皇帝，十年倒有九年荒”的凤阳花鼓，更反映了农民对这个“领袖”的愤恨。

这是不是因为朱元璋“蜕化”了呢？本书前面已给予了否定的分析。事实上，无论称帝前后，朱元璋（其他宗法农民运动中的人物也一样）都是“农民领袖”与封建首长一身兼二任的，从“破”的一面看他是“农民领袖”，从“立”的一面看他是“天然首长”。而“破”与“立”并无时间上的前后之分。朱元璋并非只在称帝前“锄强扶弱”而称帝后便锄

[1] 顾炎武:《天下郡国利病书》卷二五,《江南》一三引《镇江府志》。

弱扶强了。恰恰相反，正是在掌握了至高无上的权力之后，他才能运用这一权力去大规模地“锄强”“抑富”，在此之前他是没有这种能力的。事实上，正如宗法共同体的保护与束缚密不可分一样，“农民领袖”的任何行动也都有“破”与“立”两个方面的意义。《水浒》中的晁盖在上梁山前作为庄主是他的那些“庄客”的保护者兼束缚者，上梁山后他仍然是他们的保护者兼束缚者。假若他像宋江那样活到受招安以后，他仍将是一个保护者兼束缚者。只要发达商品经济尚未铸造出新的交往方式和新的价值取向，“领袖”与其依附者的关系就不可能有另外的性质。因此，“农民领袖反农民”现象的根源不在于农民“文化水平低”“觉悟不高”或受了什么人的影响，而在于宗法农民文化内在的二重价值体系决定了代表抽象农民价值取向的“农民领袖”与具体农民的价值追求是天然对立的。

我们可以用更多的例子证明这一点。众所周知，太平天国的《天朝田亩制度》体现宗法农民的价值取向，但根据它的精神公布的《侍百姓条例》，按“物物归上主，人人不受私”原则采取的许多措施都遭到农民的强烈反对，致使天朝只得循“满妖”的故例，“照旧交粮纳税”。有人说，如果真要强行推行《天朝田亩制度》，则太平天国统治区非爆发反对天朝的农民起义不可！这虽属假定推理，却并非没有根据。清初的后期大西军政权在云南推行皇庄、皇粮、皇草、皇柴的全面“国有化”政策时，就曾引起农民与地主都群起骚乱、“全滇干戈鼎沸”的严重局面。[1]迫使这个政权的“农民领袖”们不得不“走回头路”。历史的逻辑就是如此“悖谬”：农民领袖“背叛农民革命事业”竟然是出于农民群众的压力！

“农民领袖反农民”的最极端的例子，莫过于“张献忠屠蜀”。明代拥有 300 万人口的四川到清初安定之后，居然只剩下 1 万多在籍居民，天府之国一度成了千里荒野，城市成林莽，虎豹多于人。谁造成了这场

[1] 参见秦晖:《后期大西军营庄制度初探》，载《中国农民战争史论丛》第五辑，第 311—357 页。

千古浩劫？清初以来的正统史书众口一词地归咎于“张献忠屠蜀”，把张献忠描绘成天杀星下凡、嗜血成性的魔鬼。新中国建立以来很长时期内我国史学界出于把统治阶级史学“颠倒过来”的良好愿望，又众口一词地把这场浩劫归咎于“地主阶级反动武装与官军”的屠杀罪行，而根本否认“农民领袖”张献忠曾经滥杀无辜。如今这两种极端的看法都已被多数研究者所放弃。越来越多的人认为，把这场几乎造成四川人口灭绝的灾难完全归罪于张献忠诚然是歪曲历史，“统治阶级”在明清之际四川的战争中确实杀人如麻，其残酷并不下于张献忠。但是完全否认“张献忠屠蜀”的事实也是不可能的。张献忠不仅确有滥杀无辜之举，而且还不仅是“扩大化”而已，他确实下过“除城尽剿”之类的命令，要把乡村居民——主要的当然是农民——都当成敌人予以镇压！

问题在于，曾经赢得广大农民支持的张献忠何以要如此滥杀而自绝于农民呢？旧时代的正统史家说是因为他天生的嗜血成性，显然出于偏见。而今天的一些研究者把它归因于张献忠的“蜕化”或受了某些“地主阶级文人”的挑唆，这也没有什么说服力。且不说“农民领袖反农民”是否需要经过一个“蜕化”过程，假定张献忠确实已“蜕化”为封建帝王，难道封建帝王就必须不分青红皂白乱杀人吗？倒是孙达人同志提出的一种看法十分新颖，他认为张献忠之所以“屠蜀”，不是因为他“蜕变”了，恰恰相反，是因为他拒不“蜕变”，“却继续坚持着反封建斗争”，因此，“后期的尽剿和屠城等政策，正是大西政权反封建性质的必然产物。”[1] 换言之，张献忠之所以与农民为敌，恰恰是因为他继续是一个“农民领袖”！

这不是有点不合逻辑吗？是的，但宗法农民的思维方式正是常常不能用我们所谓的逻辑来理解的。这点我们后面还要提到。在这里我们先看看张献忠自己是怎么想的吧。清代许多文献都提到，张献忠为了给“屠蜀”找理由，曾在四川各地立了许多所谓“七杀碑”，文曰：“天有万物

[1] 孙达人：《张献忠“屠蜀”的真相》，载《张献忠在四川》论文集，成都1980年版，第94—95页。

与人，人无一物与天，杀杀杀杀杀杀杀！”现在找到的实物已证明，上述记载有污蔑成分，但并非向壁虚构。在四川广汉至今保留了这样一块张献忠的“圣谕”碑，文曰：“天有万物与人，人无一物与天，鬼神明明，自思自量。”显然，此“圣谕”并无封建史家渲染的七个“杀”字，但确实反映了以“天”自居的张献忠对“人”的怨恨情绪，表现了张献忠实行与“人”为敌的滥杀政策时的心理状态。

何为“天”？揭去它的神秘主义色彩，“天”是我国宗法农民群体的抽象价值追求的体现者。所谓“天谴魔军杀不平”“天补平均”“太平天国”等语言符号中反映的正是这样一种体现宗法共同体无上权威的价值观念。本来在农民中国的传统观念中——其实不仅中国，如下文所云，在一定程度上保留了“互渗”式思维的各农业民族也有类似倾向——“天”固然是一个神秘的概念，但并不是彼岸的概念。“天人合一”，“天听自我民听”，“天”是作为整体的（因而也是抽象的）“民”意“人”心的体现，因而也是共同体价值即“德”的体现。历代帝王自称“奉天承运”，其实不仅仅是在宣扬迷信，更是在表明其“人民领袖”资格。所谓“汤武革命。顺乎天而应乎人”（《易·革》），“文、武创业，顺天应人”（陈子昂：《谏政理书》），“赵氏既昌，合当顺人应天”（杨梓：《豫让吞炭》），“应天顺人，以定大业”（李德裕：《项王亭赋》），“应天顺民，拨乱夷世”（应瑒：《文质记》），“应天顺民，君临宇内”（《隋书·庞晃传》）云云，都是声明其合法性来自顺应民意人心，代表人民执政的。

然而这个被“奉”为“天”的“人民”，却是个不可分割的抽象整体，一个个具体的“人”或“民”都附属于它，受它保护也受它束缚，其具体价值等于零。因而据说得到了抽象“人民”授权的“我”，便对一个个具体的“人”与“民”有了生杀予夺之权。于是“顺天者存，逆天者亡”（《孟子·离娄上》）的实际意义便由“顺人者昌，逆人者亡”（后汉书·申屠刚传》）、“顺德者昌，逆德者亡，欲一天下，当顺民心”（朱鼎：《玉镜台记》）而落实为“顺我者吉，逆我者衰，我行天真，万里廓开”（《云笈七签》卷二十）！

张献忠就是这样一个“我行天真”“以万物与人”的领袖。他于1644年打着“替天行道，澄清川岳”的大旗进军四川，一举扫除了那里的“绅袍、富室、大贾”[1]以保护“人”们不受这些贪婪的私有者的损害，但同时也把严厉的军事束缚强加于他们。许多史料表明，在张献忠治下的四川社会中，一切人都受到严密监视，“严保甲，严门禁”，人们不得乱说乱动，不准饮酒，黄昏即“闭门就卧，不得张灯”，不得私藏金银，不得养狗，提倡互相告发……违者要受到死刑甚至连坐的严酷处罚。完全是一种森严的军营气氛。[2]张献忠的经济思想在史料中没有什么直接记载，但从后来他的旧部孙可望、李定国等人进入云南之初搞的那种“营庄”制度可以推知其多半也是倾向强硬的“命令经济”的。总之“天”保护了“人”，“人”亦应把命运全委之于“天”并受其约束。极强的保护也就伴随着极强的束缚。而宗法时代的“人”是散漫的，怎能适应得了这种军营式社会？这样，怀恨在心的官绅煽动叛乱，“人”便群起附之，社会便不稳了。在张献忠看来，他这个大救星替“天”行道，赐予“人”保护，而“人”却忘恩负义，不受他的束缚，这还不是“天有万物与人，人无一物与天”吗？于是他便得出结论：“四川人民未知天命，为天所弃”，“今遣我为天子，剿灭此民，以惩其违天之罪”[3]，把事情闹到不可收拾的地步！

张献忠的悲剧表明，“农民领袖反农民”是由抽象农民与具体农民的价值对立而产生的一种必然趋势。当然现实中的“农民领袖”未必都像张献忠那样走极端，在现实面前他会放松对宗法农民的束缚，但这样一来他同时也必须放弃对宗法农民的保护，放弃平均主义的价值追求，从而使宗法农民面临“贪婪的私有者”的威胁，其结果依然会使他走到农民的对立面上去，只是这种对立可能不至于尖锐化罢了。

正是因为抽象农民与具体农民的价值对立，所以“农民领袖”在感

[1]《蜀难叙略》，顺治元年条。

[2] 戴笠：《怀陵流寇始终录》卷十八；冯甦：《劫灰录》；叶梦珠：《续绥寇纪略》卷一。

[3] 古洛东：《圣教入川记》。

情上并不一定“亲农民”，甚至他可以是对农民颇为鄙视的。张口闭口要把别人“黜为农”的洪秀全就是典型例子。当代在革命胜利后，我们许多人特别厌恶农民“小私有者”而亟欲“改造”之，这种“反农民”心理背后难道不也有着农民文化的影响吗？马克思当年曾说过一段很深刻的话：不应认为，所谓小资产阶级代表人物都是小店主的崇拜者，按他们所受的教育与个人地位来说，他们可能与小店主格格不入。使他们成为后者代表人物的，是他们的思想不能越出小资产者的生活越不出的界限。“农民领袖”与宗法农民的关系更是如此。事实上，我们只能从“破”的意义上定义“农民领袖”，而在“立”的意义上，“农民领袖”与封建宗主或共同体的“天然首长”是一回事。

马克思曾指出：农民自己不能代表自己，一定要别人代表他们。他们的代表必定同时是他们的主宰，是高高站在他们头上的权威。许多年来这句话一直是理论纷争的对象。但人们多是从经验上讨论它是仅仅适用于还是不仅仅适用于波拿巴时代的法国小农，却没有注意到这一命题所包含的逻辑悖论：农民的代表即农民利益的体现者同时必然是农民的主子即农民利益的损害者。我们认为，隐藏在这悖论背后的，正是宗法农民社会中存在的抽象价值与具体价值的二律背反，毫无疑问，它决不是仅仅适用于法国小农的。

这一点在俄国封建村社农民中发生的卢多尔瓦伊事件中也可以看出。在那次事件（许多类似事件中的一次）中，村社首领操纵村会“集体决定”拷打那些不服管教的农民。按理说，被拷打者应该是企图摆脱村社束缚的“分离主义者”吧？然而恰恰相反，在这类事件中被拷打者是因为要求村社加强“保护”职能、加快土地重分频率而触怒了村社中的特权者，因而受到惩罚的！换言之，他们要求巩固那个有权拷打他们的宗法共同体，以便得到它的“保护”。为了提供平均主义的保护，村社必须有权支配全社土地，因而也就有权支配全体社员的人身，直到对他们使用肉刑！事情的可悲之处就在于，体现宗法农民平均主义价值并因而代表他们利益的村社及其宗法领袖，必然就是与他们对立的主宰。

总之，由于农民文化在价值取向上的二元对立，造成抽象农民反对具体农民，整体农民反对个体农民，农民共同体压抑农民自身。从这个意义上说，农民文化自身便具有“反农民”的性质，农民文化对农民自身就是一种精神枷锁。

三、“农民民主主义”与近代民主制度的不同价值论基础

我们在前面曾指出农民作为宗法共同体成员的属性与作为力图挣脱共同体束缚的有个性的私有者的属性是对立的。但这并不是说农民作为宗法共同体成员就天生地喜欢有人束缚他，束缚得越紧越高兴。农民就其宗法性来说，也是既有人的依赖性的一面，又有物的孤立性的一面，既有奴性的一面，又有散漫的一面，既有只知“青天大老爷”而不知民主为何物的一面，又有一盘散沙各行其是难以组织的一面。因此，作为宗法共同体成员的农民完全可以反对某种权威的约束而提出“农民的”要求。同时，所谓私有者农民的民主性与宗法群体的反民主性的分析，也只是一种理性化的逻辑论证。事实上在现代社会关系没有完全清除宗法关系之前，并不存在着完全没有宗法性的“纯粹私有者”农民。因此，在农民投身于民主革命的情况下，他们的“民主主义”中固然含有近代民主的价值追求，但也不免具有宗法式“民主”观的成分，从而使“农民民主主义”与近代民主观念的价值论基础存在着明显的距离。

近年来，在对民主问题的讨论中，人们提出了“卢梭式民主”与“孟德斯鸠式民主”的差异的命题，并认为卢梭式民主追求的是“人民主权”，孟德斯鸠或洛克式民主追求的是个人权利。在卢梭那里，建立在“公意”或“多数决定”基础上的“人民主权”凌驾于一切个人之上。而在孟德斯鸠里，一切民主形式都服从于维护天赋人权的目的，个人的价值、尊严与权利神圣不可侵犯，包括不可为“公意”所侵犯。与过去的传统观点大多扬卢抑孟相反，近来的讨论中人们大多扬孟抑卢，认为卢梭的人

民主权论具有专制倾向，其实践结果将是“暴民政治”为“暴君政治”开路，导致“人民，人民，多少罪恶假汝之名以行”。雅各宾派恐怖独裁就是这种恶果的体现。[1] 这些论点很能给人以启示。不过在笔者看来，扬卢抑孟或扬孟抑卢都有其片面之处，事实上在近代民主精神的形成与发展过程中，卢、孟所代表的两种价值追求与其说是矛盾的，不如说是互补的。就卢、孟本人来说，他们作为宗法传统十分浓厚的准近代时期的民主思想先驱者与启蒙者，其学说都不可没有过去的即宗法时代的痕迹，“专制倾向”也并非卢梭所独有而为孟氏所无。在这里我们不可能多谈这个问题，只想指出，所谓卢梭式民主中的专制倾向，实际上就是“农民民主主义”中的宗法式民主观成分的残留，它与近代民主在价值取向上有着质的差异。

我们已指出，宗法农民社会的价值体系是个对立统一的二元结构。抽象农民的价值论与具体农民的价值论是对立的，它们分别取向于“抑私”与私欲，反功利主义与极端功利主义，束缚与保护，“命令经济”与“鲁滨逊式经济”，父权与温情，专制与散漫，一潭死水式的“集体主义”和一盘散沙式的个人主义，等等。但另一方面，抽象农民与具体农民的价值论又是统一的，它们都不以人的自由个性及个人权利为基础。对具体农民而言，狭隘的自私与不尊重他人权利（实际上也就是不尊重自己权利）互为表里。对抽象农民而言，其价值以“服从”为基础，不管是服从“天然首长”还是服从“公意”，对个人价值的否定都是一样的。在个人理性被束缚于“集体表象”之中的情况下，服从“公意”实质上就是服从集体无意识，服从“历来如此”的传统，服从能赋予无意识集体以价值追求的卡里斯马式首领。因此在宗法农民共同体中，“公意”的统治同“天然首长”的统治常常不矛盾，正如在农民文化大泛滥的年代里“大民主”的观念与“大救星”的观念并不矛盾一样。

俄罗斯宗法农民传统的“村社民主”就是这种民主的典型例子。在

[1] 陈维刚:《评卢梭人民主权的专制主义倾向》，载《读书》1987 年第 12 期，第 31—32 页。

民粹派看来，农民村社确实是个“民主”的乐园。村社中没有至高无上的首领，没有常设机关、职员、议长、会计，只有选举产生的任期极短（几个月）的代表负责召集村会——届时他得挨家挨户通知各家家长参加。村社的一切事务，从土地重分、土地规划、农活日程、牧人（村社社员的牲畜为个人所有，但由村社牧人统一在敞地上放牧）的雇用，直至水井、道路之修葺，赋税和教堂费用的分摊，为老弱病残社员提供集体帮助等等，都在这种每月常常召集二三次的会议上“民主”决定。[1]

乍看起来，这种共同体再符合“公意”不过了。然而问题在于，组成这“公意”的各个个体在宗法式的闭塞条件下并没有独立人格，他们不仅不能自由退社，自由散居，自由决定自己的耕作方式与农活安排，而且只要“公意”决定，村社甚至可以对某个社员实行从没收份地直到拘押、鞭笞的处罚。[2] 在这里，由于“公意”已经超越意志的主体而异化为他的主宰，从而使个人沦为“公意”的工具而失去独立的价值，这样真正的个人意志也就不复存在。可以想见，作为依附者而失去独立意志的“民”怎么真正作得了“主”呢？因此在这种情况下，“村社民主”就只不过是卡里斯马式首领运用其魅力而操纵无意识集体的工具。

事实上，由于大多数农民的散漫并缺乏权利观念，传统的村会名为社员大会，实际上只有宗法式大家庭的家长参加，而作出决断的往往只是几个最具有魅力的长老。当时的报道这样描写村会的场面：“讨论中的问题在大声斥骂中得到解决……粗野的脏话到处乱飞，会议常常就在农村富农的堂屋里举行。这地方如此之小，进不去多少人，室内的烟斗吞云吐雾，离开两步便彼此看不清人。这样的状况使最有判断力的人也要

[1]（法）N. 维尔斯：《俄国农民日常生活》，巴黎 1984 年版，第 47 页。

[2] 苏俄在十月革命前后对此均多有报道。如 20 年代披露的卢多尔瓦伊事件、尤西基事件与鲁古事件等。在卢多尔瓦伊，“富农”把持村会，根据所谓“集体决定”，一次便毒打了 300 个违背“社会意志”的农民，被毒打者还要“自愿”在社员大会决议的对他们用刑的“判决书”上签字。苏联当时的报道把这类事情都归于“资本主义”的挑衅。其实很显然，这种宗法共同体使人不成其为人的中世纪风习是一点资本主义气味也没有的。参见 B. 达尼洛夫：《俄国宗法共同体与集体化》，东京 1977 年日译本，第 249—250 页。

逃走了。”[1] 在这种宗法式的“民主”下，与其说农民是村社的主人，毋宁说村社是农民的主人。[2] 更确切地说，是代表和保护村社的“天然首长”或卡里斯马式首领是农民的主人。因此，村社的“民主”（实质上是散漫）与沙皇专制，正如村社的“平均”与权力剥削一样，是同一物的两个方面。

这种宗法式“民主”在我国农民社会中也可以看到，并且一直到当代仍有影响。显然，这里的问题还不在于作为一种行政制度的民主或操作意义上的民主完善与否。应该承认，十月革命后苏联政府为促进村社民主化，在制度上做了不少工作，以保证“多数决定”不致流于形式。如规定村社为纯经济组织不享有超经济权力即统治权力，村会不得再是家长会议，而必须是 18 岁以上男女社员的全体会议等等。然而有趣的是，这些政策的效果却与预期相反，由于革命后自然经济条件下米尔经济职能及干涉农户经营行为的能力大大加强，农户对村社的依附增加了。作为“乡村生活的唯一组织者”的村社在乡村政治生活中的作用也就无法蠲除，以至于“农村出现了两个政权……米尔由于它实质上的优势效能，正排挤苏维埃并在乡村行政事务中起决定作用”。另一方面，商品货币关系的萎缩使农民对于成为交换关系中的权利主体的价值追求更为淡漠，以致出现了这样的情况，十月革命前沙皇政府力图维持村会家长性质，但商品经济与自由个性的发展却使青年人与妇女越来越积极地进入村会，以至于沙皇官员无可奈何地抱怨村社变成了“所有人都有投票权的群体”[3]。而十月革命后苏维埃政府为消除村社的宗法性又是行政立法，又是宣传鼓动，但村民反而越来越消极，以至于许多地方的村会实际上仍然为宗法家长所把持。

---

[1] 列兹诺夫:《村苏维埃与土地协会》，莫斯科 1928 年版，第 40 页。

[2] 俄国农民中流行的“米尔不受任何人审判”“米尔裁决，石头炸裂”“身在米尔，死也值得”“谁敢反对米尔呢？！”等等俗语都反映了这一点。见《俄国民粹派文选》，人民出版社 1983 年版，第 34、317 页。

[3] A. 安菲莫夫等:《改革后（1861—1914 年）俄国农村公社演变的若干特点》，载（苏）《苏联历史》1980 年第 4 期，第 33 页。

当时的苏联政府认为，这种现象是因为村社中的“资本主义”即“富农”势力抬头所致。因此为了改造村社，为了维护多数人的权利，就必须剥夺少数人的权利。于是在集体化前夕的 1928 年 12 月 5 日发布的全苏土地法令便剥夺了所谓“富农”在村社大会中的一切权利，不久便把他们扫地出门，予以“消灭”。结果，宗法家长把持村社的现象（连同村社本身）是消除了，但随后建立起来的集体农庄体制的民主精神却更加衰落。正如斯大林时代以后的苏联报刊揭露的那样：一些农庄主席成了“拥有采邑的小公爵”，而把庄员当作农奴来役使。

俄罗斯农民“村社民主”制的这段历史表明，并不是只要在“多数决定”或“公意”的基础上便能建立起现代意义上的民主制度的。只要人仍是共同体的附属物，而不是具有主体意识的独立个人，那么所谓“公意”作为共同体的意志便可能成为使人异化，使人不成其为人的力量。在它的基础上产生的不受制约的无限权力在以“多数”的名义任意剥夺“少数”人的人权与人格的同时，也就使“多数”人无法作为有意志的个体而存在，因而最终使“多数决定”成为虚伪的东西，成为可以为“天然首长”利用的群众性歇斯底里。因此，宗法农民的“民主主义”正如它在民粹派思想中的反映一样，在“民主”的背后隐藏着一种“类专制主义”的深层心态，隐藏着列宁所说的那种“警察民粹主义”或“国家社会主义”倾向。遗憾的是后来的人们对此并未予以重视，以至于一方面对民粹派的“资产阶级民主主义”深恶痛绝，另一方面却在一定程度上使民粹派思想中包含的宗法农民民主观中的专制实质得以膨胀。人们记得，在一个“人民民主国家”中发生的骇人听闻的“拉科西暴政”，其最著名的口号就是民粹派宣言《青年俄罗斯》中的一句名言：“谁不和我们站在一起，谁就是反对我们，谁反对我们，谁就是我们的敌人，而对敌人就应该用一切手段予以消灭！”[1]

无疑，现代民主是需要“多数决定”的，是需要伸张“公意”的。

[1]《民粹派经济文献》，莫斯科 1958 年版，第 107 页。

但区别在于，宗法农民的民主观出于“共同体心态”而形成对“公意”即共同体意志的崇拜，这使它把“公意”或“多数意志”看作民主的最高价值或终极价值，为了追求这一价值完全可以牺牲个人权利、个人尊严和个人人格。而在人的个体化进程的一定历史阶段上产生的现代民主观念中，“多数决定”或“公意”只具有工具价值，而民主的最高价值则在于弘扬人的自由个性。因此民主精神把伸张公意作为保障自由个性的条件，而决不允许为服从“公意”泯灭个性，或者在“公意”的名义下侵犯人权。

从这里可以得出结论，即现代民主观念中，“民主原则”（即操作上的“多数决定”原则）与“自由原则”（即个性或个人权利原则）是不可分割的。当前一些学者“抑卢扬孟”，正是因为“卢梭式民主”忽视乃至否定了后一原则。不过从历史的角度看，在西欧的现代化过程中卢梭式的价值追求与孟德斯鸠、洛克式的价值追求已在发达商品经济基础上的社会契约中实现了价值整合，由此形成了民主主义与自由主义统一的现代民主观念。而在近代走上“普鲁士式”发展道路的俄国一类国家则由于近代化过程的反人民（实即反农民）性，使“自由主义”者把天赋人权曲解成了“天赋”予少数人以统治多数人的特权，而“民主主义者”则走向了“公意”崇拜的另一极端，从而使民主原则与自由原则分离乃至对立起来。这样，“民主革命的胜利”便以“民主主义”战胜“自由主义”的方式实现。由此造成这类国家里民主观念带有忽视自由原则的“农民民主主义”的浓厚色彩，而“农民民主”在价值论上的宗法成分终于使这些国家的民主化进程出现了无数的曲折与坎坷！

第十章

人性的萎缩与人情的膨胀

——农民文化的伦理观探析

一、人性与人情

显然，今人对卢梭式或雅各宾式民主的反人权、非人道性质的抨击完全是有感而发，在通过“农民民主主义”革命走上现代化道路的国家里，类似于苏联的大清洗和我国“文革”那样践踏人性、暴殄人格的悲剧屡见不鲜，这不能不在今日的反思潮流中激起人们对人性与人本主义的呼唤。

然而，何谓“人性”？显然，现在当我们谈论人性问题的时候，所指的不是一般意义上的人的自然属性与社会属性，而是中世纪末期以来的人文主义（或译人本主义、人道主义）所呼唤的、为中世纪所没有的或在中世纪受压抑的那种人性，即作为人文主义核心概念的人性。那么什么是人文主义呢？一些著述的回答似乎很简单，就是爱人、尊重人的价值。从这种泛泛的概念出发，不少人便以为所谓人文主义便是救死扶伤，慈悲为怀，乃至优待俘虏之类，或者认为人文主义就是讲人而不讲神，重此岸而不重彼岸的世俗主义。基于这种认识，现在不少人都在大谈“中国传统文化（农民文化自然是其中重要成分）的人文主义精神”，甚至说中国传统文化就是一种人性文化或人文文化。其理由不外两个方面，一是中国文化是世俗的，而不是宗教的，二是它倡导“仁者爱人”和民本思想等等。

然而如果此说能成立，则西方中世纪文化，乃至任何民族的封建文化都可以称之为人文主义的了。难道中世纪教会的“爱人”说教还少吗？

难道古印度佛教文化不提倡慈悲为怀、普度众生吗？有人对孔子之“爱及于罪人”（指公冶长）大为赞叹，说这就是了不得的人文主义。然而基督教甚至主张要“爱你的敌人”，又是怎样一种精神？我们知道马克思曾像当时许多人那样，把西方古典文化与中世纪文化之别概括为“罗马人的理智”和“日耳曼人的温情”。他还曾指出，资本主义撕下了中世纪关系的“温情脉脉的面纱”，用冷酷无情的现金交易取而代之，并“把人的尊严变成了交换价值”。但我们是否能说，充满仁爱说教的“温情脉脉”的中世纪文化比理智的或冷酷的古典文化与资本主义文化更富有“人文主义精神”？

至于把人文主义等同于世俗主义，那就更不能成立了。众所周知，现代史上摧残人性、戕杀人道最甚的莫过于纳粹的法西斯文化，然而法西斯文化恰恰具有强烈的反宗教色彩或世俗色彩。可见，如果说神文主义的文化一定是非人文主义的，那么反神文的文化却未必一定是人文主义的。何况说中国封建文化就是世俗主义的也未必确切。

其实，人文主义者所崇尚的“人性”，其本质就是人的自由个性。尽管文艺复兴时代的人文主义者很少从理论上阐述这一点，但他们作为艺术家与作家实际上是用实践肯定了人拥有享受人间一切快乐的权利，拥有进行自由创造、争取个性解放、使个人的才能与需求得到充分发展的权利，并且这种权利是人的本质，并非“爱民如子”的帝王所赐予。它不需要什么主子的保护，当然也不应该受到什么外在力量的束缚。显然，人文主义从一开始就是要弘扬人的自由个性的，它是对宗法共同体束缚人的自由发展、压抑人的个性的抗议。

而中世纪的“爱人”主张恰恰相反，它决不是“爱”护人的天赋权利，而是“爱”护宗法共同体为每个人设定的身份与这些身份间的既定关系。在“君君，臣臣，父父，子子”的关系中，臣子应当敬爱君父，君父应当慈爱臣子。但这与“君要臣死，不得不死；父要子亡，不得不亡”是一致的。人文主义的立场认为后者不合人性；而中世纪的立场则视为人情之常。它决不是爱人的自由个性，而是要用“爱”（但并不仅仅用“爱”）来束缚这种个性，用宗法共同体的“保护”纽带使个人成为狭隘群体的附庸。宗法时代的仁治是以礼治即等级身份制为其实质的，所谓“仁者爱人”的“仁”在字形上就不是独立的人而是“二人”之间的宗法联系，即束缚—保护对立统一的人的依赖关系。仁治的温情与礼治（乃至“以礼入法”后的刑治）的森严构成了一种“爱与怕”的结合。经济人类学家曾把前近代农业社会的习俗——命令经济称为“爱与怕的经济”[1]以区别于近代人文精神所培育的理性经济，我们同样可以把那种社会的权力—依附型政治称为“爱与怕的政治”以区别于近代人文精神所培育的法理政治。

“爱与怕”的伦理便是所谓的“人情”：从父子“长幼之情”推及于君臣之情、恩主与被保护者之情、座主与门生之情、教长与教民之情、舵爷与徒众之情；从兄弟“手足之情”推及于乡党、本家、行会、帮派、“同年”之情。在这种无所不在的“人情”文化的恢恢天网之中，“人性”即人的自由个性真是无所逃乎天地间了！这种文化对于不成其为人的（即无个性的）“人”可能是爱怜有加充满“人情”的，然而一旦“人”企图证明自己的价值，它的残酷无情、毫无“人性”的一面便表现出来。西方中世纪的异端裁判所、中国的家规族法与国之刑律为追求自由个性的人准备的是什么，是尽人皆知的。

要之，我们所讲的“人性”就是人的自由个性，就是每个人维护自己尊严、证明自己价值的权利与能力。人文主义就是一种人性的主义，它代表了“人性”的文化。而中世纪及宗法农业社会所弥漫的“人情”在本质上恰恰是宗法共同体对人的自由个性的压抑。因此如果把那些属于超时代超民族的人类本性的个人情感活动与亲情抽象掉的话，那么可以说，中世纪文化与现代文化、宗法共同体与自由个性的对立，集中表现为伦理观上“人情”与“人性”的对立。

中国的封建文化，包括它的大众形式——宗法农民文化，都与西方

[1] K. 鲍尔丁：《爱与怕的经济》，加利福尼亚贝尔蒙特 1973 年版。

中世纪文化一样，属于“人情”文化，而决不是“人性”文化或人文主义文化。如果要说它与中世纪西方文化的封建性有什么区别的话，那就在于正因为它是世俗的，“人情”味极浓，对个人人格的干预能力完全不受此岸与彼岸间界限的限制，所以它在本质上比中世纪西方神文文化距离“人性”更为遥远。西方的神文文化世俗化之后就成了人文文化。而中国的“人情”文化庸俗化之后却往往只会具有更强烈的兽性。目前我国转型期的乡村经济中存在着许多“庄主经济”的成分，它们的产品已面向市场，而企业运作方式却仍是“爱与怕的经济”那一套，以依附关系与“人情治厂”为特色。名噪一时的大邱庄“禹作敏模式”就是突出的例子，应当说禹作敏行为中的意识形态信仰色彩已极大地淡化或“世俗化”了，然而他那种私刑拷打、草菅人命的做法不但为现代企业所不容，就是在旧的“社会主义自然经济”中也很少见。庸俗化之后的“爱与怕”似乎不那么可“爱”，然而却更可怕了！

“禹作敏模式”与向商品经济的转型有关。然而庸俗化的“人情”文化与“爱与怕”伦理却不一定只出现于转型期。历史上的“恶霸”现象就是“人情”文化庸俗化、兽性化的体现。“恶霸”并非“君子”，头脑里没有后者那么多的精英化意识形态。恶霸的无信仰性更绝然不同于西方中世纪的宗教裁判官，但是其摧残人性的程度却远过于“以信仰杀人”的后者！[1] 本书第二章提到的韩国璋等关中“恶霸”的行为可见一斑。必须指出的是，在传统信仰崩溃而现代社会价值又未能确立的情况下，我国农村中不仅存在着与市场经济的“原始积累”有关的禹作敏式“庄主”，纯粹前近代式的“恶霸”行为也有发展的趋势，一些“山高皇帝远”的闭塞地区市场经济发育程度很低，但“爱与怕”的庸俗化与兽性化却十分惊人，这是令人不安的。

没有“人性”，反映了宗法共同体的束缚，而有“人情”则反映了宗

[1] 值得注意的是，即使在欧洲，最残暴的宗教法庭也恰恰是那些被世俗权力控制的宗教法庭，而不是“纯宗教”法庭，以托马斯·德·托尔奎马达为代表的西班牙宗教法庭即为前者的典型。见秦晖《乌托邦新论：两个托马斯给后人的启示》（待刊）。

法共同体的“保护”。几千年来的封建统治者倡导“泛爱众”，而平民共同体成员中也有“兼爱”传统。然而鲁迅在《狂人日记》中却愤然写道：数千年的传统文化就只是“吃人”二字。“爱人”文化与“吃人”文化，哪个结论对呢？应该说都对。封建文化，包括其中的大众形式，既是“爱人”的人情文化，又是“吃人”的无人性文化，两者对立统一，和谐互补。“爱”得越烈，“吃”得越狠。“人情”文化是现代人格、现代伦理的敌人。如今它已成为我国现代化的极大的伦理障碍。民主革命“彻底胜利”40多年了，然而“人情”文化的网罗还在紧紧地束缚着或“保护”着中国人。而那种不甚可“爱”却更为可“怕”的“世俗主义”化了的“人情”近几年来更是恶性膨胀。“市场”受其歪曲，“计划”受其愚弄。它既吞噬着人们的独立个性，又侵蚀着人们的现代社团精神。庸俗化了的“爱与怕”维持着并不道德的“道德经济”，加剧了共同体的“一潭死水”和自然人的“一盘散沙”所造成的社会病。由“人情”编织起来的“关系网”无处不在，在许多情况下，从婴儿出世到死人火化，不托“人情”拉“关系”都不行。“人情”可以使人上天，可以使人入地，可以使理性沉沦、人格堕落、法制荡然、价值规律扭曲、权利义务颠倒。离开“人情”编织的关系网，一个人在今日的中国简直无处容身！“人情膨胀”与“人性萎缩”，是当代中国人格危机的集中体现，这样说应该并不过分。

二、“贫农的性自由”与礼教的性禁锢

“人情文化”泛滥成灾、“关系网”铺天盖地的局面，自然要引起人们深思：问题出在哪里？

有人说，这是改革的副作用，是受“商品经济侵蚀”的结果。的确，那种“三个公章不如一个老乡”“面子大于印子”的现象，在“加强纪律性，革命无不胜”的年代里是相对少见的。而生老病死都由“组织上”一手安排的时代，人们也少有事无大小都需拉“关系”找“人情”的苦

恼。与经济学家通常称之为权力“寻租”的现象一样，“关系寻租”“人情寻租”的现象在纯粹自然经济（或“产品经济”）中也不突出。不过，如果说“寻租”的机会在一定程度上是市场（非规范市场）给予的，那么“寻租”的机制则完全是前市场的。只有先有了人们对权力的依附，才会产生权力在非规范市场上“捉弄财产”并将其攫而为“租”的现象。而人们对权力的依附和对“人情”、对“关系”的依附一样，归根结底是由“爱与怕的经济”中个人对宗法共同体的依附派生的。[1]以“人情”为基础的“关系网”不是市场经济社会所应有的伦理与人际关系原则，现今的发达市场经济国家也无此现象。“人情公害”在当前的泛滥无疑是社会生活中的宗法关系成分对社会化商品经济的抵抗和歪曲。至于改革之前尤其是“文革”之前关系网的危害似乎远无今日严重，这也是符合我国传统集权体制的运动规律的。在中央集权制与自然经济协调运行的“治世”，由父子之情泛化而形成的君臣之情制约着由兄弟之情泛化而形成的帮派、朋党之情，使宗法关系网处于自上而下的一体化和谐状态。那时中央会使用回避制、流官制、监察举报制等手段来遏制帮派、朋党的横向关系网的发展。但这只能暂时有效，随着权力的腐败，横向关系网的蔓延是不可避免的趋势，因为由父子而君臣的“人情”关系既已扼杀了人性，则一切人际交往要想不具有人身依附的性质是不可能的。以强化专制权力的办法来治理“关系网”，只能治丝益棼。

不过目前的“人情公害”与传统伦理结构相比也有其特点。第一，传统伦理结构具有一种精英化的仪式外壳，而今天的“人情”更多地是下层的自发行为。第二，如果说传统伦理倾向于禁欲，那么今日之“人情”则倾向于纵欲，它似乎已不是“存天理，灭人欲”，而是“存人欲，灭公理”了。昔日与今日的“人情文化”都在抑制自由公民的公平竞争，但昔日主要抑制的是“竞争”，而今日主要抑制的却是“公平”了。昔日

[1] 因此笔者认为“寻租”的提法本身并不准确。与其说是“寻租”，不如说是“寻税”。权力、“人情”“关系”在非规范市场上攫取的，并不是作为资本生息形式之一的“租”，而是作为统治关系、人身关系物化形式的贡赋一类东西。

与今日的“人情文化”都使人依附于共同体，但昔日这种依附还表现为多少有点超越性的“忠诚”，而今日的依附却更多地以满足私欲为依归。显然，在追溯这种“人情文化”之根时，人们就不能只着眼于那种精英化的传统伦理结构即所谓“封建礼教”之类，而应当研究那种大众化的传统“反伦理”结构，即传统社会中民间自发的（但不是契约化的）“关系”和纵欲的（但没有权利规范的）“人情”。它们构成了与所谓传统文化似乎完全悖反的“反文化的传统”，其伦理表现之一，就是那并不具有新文化内涵的“反文化的反礼教”。

人们常常提到旧时礼教对宗法农民的强大影响。但对农村社会稍有了解的人也都知道事情的另一方面，宗法农民的伦理观念在许多场合下常常与儒家正统的“人情文化”相冲突。孝悌观念与“大家族主义”在农民中历来比较淡漠。农民家庭与贵族大户相比不仅规模小，稳定性也更低。“父母在堂而兄弟别籍异财”这样一种不仅被儒家道统所憎恶，而且被历朝刑律列为罪款的行为，在传统农村庶民户中其实十分平常，所谓“家富子壮则出分，家贫子壮则出赘”[1]是也。士大夫们耿耿于怀的“礼义廉耻”，在农民中未必有很大的道德约束力。农村中的宗族组织及祠堂、族谱等也常仰赖富家大户的支持，在像“关中无地主”那样的模式中，这些事物也就似有似无，不成气候。

更有甚者，农民中的“性自由”与礼教的性禁锢也往往在宗法农业社会中并行不悖。国外人类学家曾指出，在德国的传统农民中“存在着婚前就发生性关系和怀孕后再结婚的准习惯”[2]。俄国、波兰与法国农村中传统的性浪漫也屡见于记载。[3] 在我国的许多民族学、民俗学与文学作品中，诸如歌会择偶、野外定情、阿注婚姻之类的描写也为人们耳熟能详，只是人们常名之曰少数民族的风俗与文化。其实，只要读

[1]《汉书》卷四八，《贾谊传》。

[2] W. 托马斯等:《不适应的少女》，山东人民出版社 1988 年版，第 130 页。

[3] 参见弗列罗夫斯基:《俄国工人阶级状况》、N. 维斯:《俄国农民生活志》、W. 托马斯与 F. 兹纳涅茨基《欧美的波兰族农民》以及 E. 勒罗伊拉迪里:《罗曼人的狂欢节》等书。

读《诗经》就知道华夏也有类似古风。然而又岂止“古”风而已？近代我国北方农村中，尤其是农村下层中有所谓“搭伙计”“拉帮套”的性散漫现象。

其实我们的先人早就指出：“仓廪实，知礼义；衣食足，知荣辱。”当然这话不能绝对地理解，更不能无视传统中还有富贵不淫、贫贱不移的一面。不过对芸芸众生来说，“精英伦理”之曲高和寡，恐怕古今中外皆然。“反传统”的倡导者对我国古代愈出愈多的“烈女传”、贞节牌坊痛加申斥，其实蚩蚩小民之中极大多数还是非烈非贞节的，否则立传树坊何为乎？程子“饿死事小，失节事大”之语的“流毒”直到70年代还劳人大力肃清，其实饱食终日的程子也不过说说而已，他若真濒临“饿死”还不知会怎样呢。有趣的是，近世民俗史与社会史家对秦汉、隋唐乃至理学兴盛的宋元诸断代都有婚—性观念方面的考证文章发表，各作者都说当时社会上（不是圣贤书中）的婚—性观念实际上比历朝（即各作者治学范围之外的其余各朝）开放得多。遍读诸文之后，真令人不知所谓贞节曾盛行于何朝了。

在民主革命年代里婚姻自由曾得到农民的热烈拥护。王贵与李香香、刘巧儿、小二黑式的故事绝不只是作家虚构，而是当时随处可见的现实。这一切曾给人以一种乐观的预期，似乎农民民主运动在个性解放方面比起西方市民运动性质的人文主义还激进得多。经历了这样一次运动之后我们大可不必再为“人情”压抑人性、礼教摧残爱情而苦恼了。然而事实表明这种乐观未免有些过早。如今我们不仅看到那一场曾经弘扬过“贫农性自由”的革命在胜利之后却创造了一种谈“爱”色变、嫉“美”如仇的新礼教，看到了这种新礼教下许多“组织上”包办婚姻、政治权力干涉爱情造成的悲剧，而且还看到农村中仍有大量的“被爱情遗忘的角落”，看到了许多当了爹的“小二黑”们干涉子女婚姻不亚于他们的父辈。这是为什么？小说《被爱情遗忘的角落》回答说是因为贫穷。这固然不无道理，然而又为什么近年来一些地区农村经济状况好转后，这种“角落”不仅未见消灭，旧式买卖婚姻甚至拐卖妇女之风反而愈刮愈烈？[1]

与此相关，我们还看到了一种文学现象。近年来“黄土地上的性文学”在文坛上崛起，以小说《废都》为代表的一批“西北派”作品在这片素称民风淳朴、传统浑厚的土地上刮起了一阵令沿海以至香港的人们也为之瞠目结舌的“性”旋风。“《废都》现象”引起文化界一片哗然，有人斥之为唯利是图的“痞子文学”，有人则称赞为了不起的思想解放，还有人把它与“后现代主义”、与知识分子的“边缘化困境”联系起来……然而如果把《废都》中对都市文化的明显敌意及其对病态的性紊乱的与其说是叙述不如说是向往的态度联系起来，再联系作者以前作品中一贯的乡土本位意识与传统形象，则《废都》所体现的与其说是市民化、商业化的性文化，毋宁说更多地是“贫农的性自由”。也只有从宗法农民伦理文化的二元性上才能理解作者从“严肃的乡土文学”一变而为病态的性文学的“跳跃”。而《废都》现象[2]使人担心的，恐怕倒不是乘市场大潮而入的“摩登的性解放”究竟是祸是福，而是自然人的兽性会否再造出共同体的樊笼：得了志的庄之蝶们不会在自己的后宫中“有老婆又新找 X 爱人”的同时在社会上推行新礼教，以太平天国式的男馆、女馆的性禁锢来改造堕落的“废都”吗？

现在有一种流行的错觉，似乎纵欲文化、感官文化只属于市民，而“保守”的乡村文化则是倾向于禁欲的，其实大谬不然。笔者在从关中到江南的农村都了解到大量的乡土“感官文学”，除过于粗鄙者有渎视听不便辑录于此外，诸如浙中乡间婚礼流行的《撒帐歌》：“撒帐西来撒帐东，新郎好比采花蜂，新娘好比牡丹花，蜂采花蕊一点红”；“一点甘露洒花蕊，新娘身上黄金锁，新郎开锁破三关，阳台相会云雨和”等等都很普

[1] 据报道，此风主要盛行于冀、鲁、豫等北方一些农村。这些地方近年来的脱贫基本上仍然是自然经济下的小农盛世，缺乏契约化社会的伦理原则。而在交换价值力量强大的苏南、温州、珠江三角洲等地农村中这种现象反而罕见。像珠江三角洲那样的地方。庸俗的“性雇佣制”已成为社会问题，但那种粗野的“性奴隶制”却大体上已成为过去了。

[2] 这里评论的是“《废都》现象”而非《废都》这部著作本身。

遍。此外还有许多更为露骨的“文学”。很难把这些归结为都市的影响，因为在最为闭塞的穷乡僻壤里，这类乡土“感官文学”的发达程度也完全不亚于城郊地带。尤其在“文革”时期城市流行“新礼教”与禁欲文化的情况下，更是乡村越偏僻，乡土“感官文学”就越突出。

总之，“贫农的性自由”与宗法礼教的性禁锢并存而互为因果，是宗法农业社会在婚姻与性关系伦理方面的突出特点。它的根源仍在于宗法共同体成员“物的孤立性”与“人的依赖性”互为因果的二元存在状态以及由此形成的价值体系的二元性。一方面，物的孤立性导致“鸡犬之声相闻，民至老死不相往来”的倾向或“鲁滨逊”化倾向；另一方面，人的依赖性导致“任是深山更深处，也应无计避征徭”的倾向或命令经济倾向。与前一倾向相应的是自然人的私欲在无外力强制时的非理性的（无权利规范的）释放，与后一倾向相应的是共同体对个人权利的剥夺。这也就是宗法农业社会的散漫性（缺乏契约文化的现代社团精神）与专制性（缺乏作为契约的权利主体的独立人格）的对立统一。而“贫农的性自由”与礼教的性禁锢正是这种对立统一在性伦理上的体现，亦即“性散漫”与“性专制”的结合。

“性散漫”既不同于礼教产生以前的原始性自由，也不同于礼教消灭以后的性自主，它可以在某种反文化状态下释放自然人的性欲，却不能建立性关系主体的权利平等。性散漫者犹如鲁迅笔下那不知皇皇礼教为何物的阿 Q，只懂“和尚摸得，我摸不得？”“我和你困觉”……但这当然不会使他成为个性解放的闯将，因为个性对于他比礼教更遥远。作为自然人他可能反抗礼教对其欲望的限制，甚至反得比人文主义的个性解放运动更‘激进”，但一旦他成为宗法共同体的人格化体现者而进入社会角色，他便会按“我的是我的，你的也是我的”的思维方式，把一己之自然欲望转化为共同体的抽象价值，“以我之大私为天下之大公”[1]，以我之“性自由”为天下之性禁锢。这样我们便不难理解，为什么宗法农村

[1] 黄宗羲:《明夷待访录》。

中粗野的性散漫与农民运动中严酷的禁欲主义约束（如太平天国的“男馆”“女馆”之制）并行于世。而进城后弃糟糠娶新欢者却要对“小资产阶级情调”大张挞伐了。

把宗法式的性散漫当作摩登的性自由来欣赏，与把宗法小农在其他方面的散漫行为当作“自由主义”来反对一样，是一种认识的误区。正如政治上的封建专制与自由主义不相容，却会加重人民的散漫状态，经济上的等级壁垒与公平竞争不相容，却会呼唤宗法式的平均主义一样，伦理上的封建礼教与现代性自主不相容，却会保留性散漫。反过来说，政治散漫会阻碍契约性集体主义的形成，却不会削弱专制权力，村社“平均”会阻碍资本积累，却不会减少权力剥削，而“贫农的性自由”会扰乱性关系中的权利规范，却不会摆脱礼教的羁绊。如果说建立在个性解放基础上的现代性自由在私有制条件上会产生异化，出现“性雇佣制”的社会病。那么与宗法式的性散漫相联系的则是更落后更为病态的“性奴役制”乃至“性奴隶制”。正因为如此。性伦理的近代化过程不仅伴随着反对礼教、冲破性禁锢的斗争，而且也必须摆脱性散漫状态。因此毫不奇怪，18 世纪的欧洲启蒙思想家在抨击中世纪禁欲主义、坚持人有追求世俗幸福包括爱情幸福的天赋权利的同时，也抨击了中世纪的性散漫。他们乐于褒扬市民（资产阶级）家庭关系的稳定性并以此同贵族家庭的动荡相对立。当时的许多启蒙戏剧都极力描写贵族家庭内部尔虞我诈、夫妇相互不忠、子女缺乏教养、恶言恶行，相反，市民家庭成员间则感情真挚，幸福和睦，眷恋不移。[1] 这和我们现在一些所谓“市民文学”描绘的“市民”伦理状况几乎有天壤之别。

我国在从宗法农民国家走向现代化的进程中，婚姻、家庭与性关系伦理也必然要经历类似的演变。在转型期出现新旧混淆的状况并不奇怪。一般地说，在新的文化—社会力量已经登场的情况下，宗法共同体的无序化可能为其创造生存机会与发展空间。但无序化本身并不等于新文化，

[1] 参见普列汉诺夫:《俄国社会思想史》第三卷，商务印书馆 1990 年版，第 13、44 页。

忽视这一点便可能导致有破无立，甚或“立”出个更糟的结局。在历史上，宗法农民反对不守父道的“天然首长”，造成“君不君、臣不臣、父不父、子不子”的散漫化局面，有可能导致既存专制体制的垮台，但散漫化并不等于自由宪政。宗法农民反对权贵们的横征暴敛，扩大村社式的平均，有可能冲破既有的等级分野，但村社平均并不等于竞争中的起点公平与规则公平。如果人们认识到这一点，如果“革命”者也在这种“民主革命”中实现其自我变革，那么既存专制体制的垮台有可能成为自由宪政的起点，既有等级分野的崩溃有可能成为公平的市场竞争的起点。反之，则有可能在散漫的暴民政治中重建新的、可能是更严酷的专制，在村社的“抑兼并”中重建新的、可能是更森严的等级—身份壁垒。

同样，宗法农民反对礼教的性禁锢，造成“贫农的性自由”，有可能导致传统伦理既有形式的危机。但蒙昧状态下的“性自由”与“多角关系”，以及宗法农民群体中不合乎礼教的粗俗本能，也不等于人性觉醒与个性解放。性散漫并非现代性自由，反文化的反礼教也不等于新文化的反礼教。固然在近代以来，尤其是五四以来新文化已有所发育的情况下，传统伦理既有形式的危机为婚姻、家庭与性伦理的现代化创造了生长机会，使大批王贵与李香香们、小二黑与小芹们从封建礼教的束缚中得到了解放。然而由于农民的中国本身仍处于自然经济（以及作为自然经济特殊形式的命令经济）状态，物的孤立性与人的依赖性都难以很快消除，因此尽管农民运动中的“伦理革命”形式上十分激进，规模上更是空前宏大，但它并没有代替人文主义运动而完成个性解放的任务。特别是因为我国的新文化主要是在引进外来精英文化以对抗传统的本地精英文化（儒家思想）的过程中形成的，因而对非精英的“反文化传统”并未予以重视和清理，甚至把“反文化”传统当成“反传统”文化，把农民“伦理革命”中的性散漫成分与个性解放成分混为一谈，以至于又走上了在性散漫中重建礼教的道路。

如今随着改革开放大潮的兴起，我国又一次面临个性解放的过程。性散漫与性自由新旧杂陈的“伦理危机”也再次出现。目前我国一些地区的伦理状况真说不上是像所谓“西方花花世界”还是像六朝金粉、秦淮遗风，但西方当宗法共同体解体、个人权利凸显时，财产所有权、政治参与权和性自主权是同步而兴的，而我国却在前两项权利很不发达之时就发育了上述伦理危机。一边是权力捉弄权利，一边是人欲横流。在这种情况下，无论是把性散漫当作“现代的”性自由而欣欣然，还是把性散漫当作“西方糟粕”而重祭起新礼教以堵御之，都是重蹈覆辙。只有在摆脱新旧礼教束缚的同时，以权利规范疏导人欲使之理性化，才是走出伦理危机之路。

三、“人情同心圆”与农民社会的信息传播模式

“贫农的性自由”与礼教的性禁锢并存，表明宗法共同体伦理体系的二元性。正如“人性的文化”并不一定是纵欲的文化一样，“人情文化”也不一定是禁欲的文化。人性的核心是人权，人性的基础是理性。非理性而又无权利规范的纵欲与非理性反人权的禁欲一样是不合乎人性的。事实上这样的社会里这两种现象同时存在，无论纵欲还是禁欲都是只针对社会的某一部分的，有人无情而有欲，有人却被要求无欲而有情。但从整体而言，在这样的社会里“人情”与“人欲”都是以对人性与人权的抑制为背景的。

人情与人欲交织为人身依附的“关系网”，而这种网络同样具有散漫与专制并存的二元特性。在某个角度看去，这种“关系”极为散漫无序，以至于人欲横流，形成“几乎是普遍的”“三角或多角关系”。而从另一个角度看，这种“关系”又极为专制有序，以至等级森严。从表面上看，宗法农民中的“关系网”是最不发达的。鲁迅笔下的赵太爷一伙有复杂的关系网络可以庇护他们免受“革命”的冲击，而阿 Q 则似乎完全是孤立的，他不仅不见容于上流社会，而且在下流社会中也不通“人情”，没有“人缘”，所有的下层人物——王胡、小 D、吴妈、乃至小尼姑等与他

的“关系”都不好，以至于他被枪毙了，大家也只是冷漠地看着，连一丝波澜也没起。鲁迅以其犀利的笔触抓住了宗法农民伦理中孤僻、冷漠、互不关心的一面。这种马克思形象化地比喻为一个个马铃薯似的状态，反映了自然经济下“鲁滨逊”们的分散、孤立。

然而这仅仅是问题的一个方面，阿Q被枪毙这一结局恰恰从反面证明了，宗法农民如果仅仅是一个个马铃薯，他们是不能存在于这个世界上的。正因为他们社会联系的狭隘与贫乏，更多地保留着自然的性质，所以他们一旦交往起来，“人情”便具有至高无上的地位，反把他们自己异化为它的工具了。在这里，我们看到物的孤立性与人的依赖性的结合，看到了宗法农民二元价值体系的对立统一所造成的伦理现象：最冷漠的孤立与最复杂的“人情”共存于农民群体之中。

宗法农民群体中的人际关系，比现代社会中的人简单得多。它没有那么多的理性成分：经济联合、政治契约、法人团体、学术知交乃至各种社团、党派、公司、学会等等。它只是简单地把人划分为不同的亲疏等级而已。亲近者在一切方面都是亲近的：从经济政治、法律身份、思想与价值观念、直至人格，而疏远者则相反，在一切方面都是疏远的。在交换价值的力量高度发达的社会中，那种两个在人格上毫不相干的人可以有密切的经济交往，思想感情与价值观念格格不入的人之间可以形成政治联盟，政治态度类似的人可以进行激烈的学术交锋，在血缘上有密切联系的人（如父与子）可以分别成为法庭上的原告与被告等人际关系中复杂内容，在宗法农民群体中是没有的。对某一个宗法农民来说，他周围的社会宛如以他为中心的若干同心圆，按“人情”亲疏层次分明地外延着；极少数亲近者，较多的次亲近者，更多的半疏远者，而在最后一圈之外，则是无数毫不相干者的汪洋大海。

但是，这种人际关系也比现代社会中人的关系复杂得多，因为这里任何关系——经济关系、法律关系与思想意识关系等等——都不是纯粹的，都受到“人情”的制约，都为亲疏等级所左右。因而经济问题不能仅从经济角度去考虑，法律问题也不能仅从法律方面去考虑，如此等等。

反过来说“人情”也已不是个人之间的纯洁感情，而是包含了种种利益在内的人身纽带。这种“人情”实际上造成了自我的失落和对主体的压迫。

一般地说，欧洲宗法农民的“人情”有较浓的地缘色彩。例如在俄国，“俄罗斯人习惯于同一方式的娱乐，他们理解这种娱乐所产生的一切感觉，这一点成为他们之间极牢固的纽带。村社对个人的影响几乎是无法抗拒的，他对这个村社的爱如此强烈，以致他在大部分场合宁可牺牲财富和甚至忍受贫困，只求不与自己的兄弟分开……一个人与其分享快乐的村社愈亲密，这个村社的影响愈大。在这个村社中，除了同民族的影响下发展起来的共同特点之外，还存在着由同村人产生的个别特点。在一个村里所有的人都讲究穿戴；在另一个村里，都是歌手；在第三个村里，大家都是舞蹈家和音乐家。在一个村里，大家都喜欢玩和作乐——‘虽然没什么吃的，但是活得痛快’；在另一个村里，夸耀自己的财富和福利。一个村里的婆娘面包烤得很好，另一个村的婆娘则会纺麻。事情到了大家知道的这一步，即全村从事同一种行业，一个地方的人全是皮靴匠，另一个地方的人都以捕捉夜莺为生。”[1] 这最后一个特点在都市兴起后便转化为行会中的“人情”关系，民粹主义者非常欣赏的农谚，“身在米尔，死也值得”充分反映了俄国宗法农民对“人情”的追求。

中国的宗法农民在“人情”方面除重视乡土纽带外，尤其重视家族关系。在实际的家族之外还广泛存在着拟血缘群体的观念，尤其是在他们的政治运动中这种观念更为发达。以人情维系的义子制、亲兵制、“大哥”制、宗主制、教长制、“掌家”制等关系，是把宗法农民组织起来的基本方法。隋唐以前的宗主举族造反，隋唐以后从摩尼教、白莲教到义和团的教长制会道门姑且不论，就是在明末农民战争这样一场既无宗主制背景又无宗教结社色彩的“纯政治性”的农民运动中，拟血缘群体的“人情”仍然是主要的伦理原则。农民们各以家人的角色拥戴他们的“掌

[1] 弗列罗夫斯基:《俄国工人阶级状况》，商务印书馆 1984 年版，第 222—223 页。

家”，高级首领为“大掌家”，下面依次有各级“小掌家”乃至“孩儿们”。一个曾在农民军中混过的士子傅迪吉描述他所经历的情形说，他入营后，即“以父子礼”随从“掌家”。“掌家手提大马棒一根，指下面众人而言曰：‘这些人俱是我所管，锅口二十。我与新婆姨、小子歉，正要连你我四人，将此与去，任意所取。如有不依者，将此棒打之。”另一位“掌家”看中了该作者，与他的掌家交涉：“‘你这位朋友我把十个人与你换罢’。答曰：‘是我的人儿，莫说十个人，就是一百人，也是不换的’。”……该作者感到“掌家语意真切”，人情味十足。[1] 但当他对“我的人儿”“将此棒打之”的时候，便显现出人性的缺乏了。这种状况之可悲就在于：像阿Q那样得不到“人情”庇护的，竟不能作为一自然人而保持其生命的存在。而像傅迪吉那样受到“掌家”的“人情”庇护时，他作为自然人的生存得到保障，但人格与个性却无从谈起了。

无论是地缘还是亲缘，其人情的“同心圆”结构都具有等级性、简单性（相对于现代社会关系的多样性而言）、复杂性（相对于现代社会关系的可解析性而言）的特点。这种简单性和“复杂性”的有趣组合甚至在信息传播方面也表现出来。人们往往用“闭塞”一词来形容乡村社区，然而对于某些信息而言，乡村社区却有极为惊人的传播效率与极高的信息开放性与共享性。巴尔扎克在其史诗性小说《农民》中曾感叹道，“任何科学，乃至统计学，都无法解释为什么在乡下新闻传播起来比电报还快，甚至可以越过荒无人烟的草原。”[2] 由于缺乏个体人格基础上的隐私权屏障，现代市民社会中高度“闭塞”的许多“个人信息”在乡村社会中往往传播迅速。“张家长、李家短”“好事不出门，坏事传千里”等语就是这种状况的写照。而且，这种传播还往往具有信息“放大”或信息扭曲的功能。“三人成市虎”“曾参杀人，慈母投杼”就指的这种情况。

但乡村社区在信息传播的另一些方面又确实极为闭塞。这里讲的“闭塞”主要还不是技术意义上的传播困难——这当然也很突出，最极端的

[1] 傅迪吉：《五马先生纪年》，中国社会科学院历史研究所藏复印钞本。
[2] 巴尔扎克：《农民》，人民文学出版社 1991 年版，第 223 页。

例子是，据说苏联80年代初修建贝阿铁路时，在东西伯利亚森林中发现一个与世隔绝的聚落，那里的人们甚至还不知道沙皇已被推翻！——但这里讲的是另一种情形，即因宗法共同体的等级壁垒而导致的不同等级之间的信息隔绝机制。许多上层对之高度敏感的信息，在下层却难以引起反应与传播，因为这是“肉食者谋之”的事。反过来也如此。于是在传统农业社会中，上情下达、下情上达都比现代公民社会困难得多。这种信息隔绝机制是等级壁垒的后果，但在很多情况下它又反过来成为等级壁垒得以维持的条件。许多传统农业社会中，共同体的人格化体现者与共同体一般成员间的境况相差有如天渊之别，上下等级之间因统治—服从关系而带来的利益分配不平等比现代公民社会中的贫富之别实际上要大得多。但前者却往往比后者更能保持社会稳定，部分原因在于，开放性的现代社会中富人与穷人同居一城，其间的差别自然很刺激人，而等级制的传统社会中不同身份的人们其生存环境互相封闭隔绝，甚至连“市场”都借助某种特供机制而被等级化了，这自然大大减弱了“不平等”的刺激性。只有同等级身份者大致“平均”的信息能够被感知，于是社会便似乎稳定了。

总之隐私权屏障的缺乏与等级壁垒造成的信息隔绝机制，使宗法农民社会内的信息传播出现了横向畅通而纵向阻滞的局面。现代社会中一个职员也许长期不知道与自己工作来往频繁的女同事芳龄几何，而传统乡村中新婚夫妇的洞房喁语却可能在一夜之间传遍社区。相反，“水门事件”之类的上层新闻可以在现代都市中轰动社会，而天高皇帝远的传统乡村里却很难对烛影斧声、梃击红丸之类的宫廷变故作出丝毫反应。这样的信息传播方式本身也是“伦理”性的。传统乡村的“道德秩序”在很大程度上是靠“闲言碎语”来维持的，社区主要通过议论成员来调节其成员的行为。因此美国社会学家W. 托马斯在询问波兰农民什么叫做okolica（环境、周围）时，农民答道：“关于一个人的议论能传到哪里，okolica的范围就到达哪里，多远的地方谈论这个人，他的okolica就有多远。”[1] 因此不少社会学家与文化人类学家，如 W. 托马斯、F. 兹纳涅茨基、K. 多布罗沃尔斯基与 T. 沙宁等都赞同这一看法：“社区”这一概念在农业社会中应理解为“这样一些共同体，它们通过口头传播来传递其文化内容”。由于它不依赖于文字、书籍等中介，因而“这种传播模式总要涉及直接的人际接触”[2]。所以农村社区应当是一个大家能互相见面并且互相认识的群体。

这种看法是很有道理的。但我们现在要问：那么农村社区之上的“农村社会”或“农民社会”又应当如何定义呢？无疑，它的跨社区性质使它必然要越出议论、口头传播与直接的人际接触所及的范围，必然要依赖于文字、印刷品和其他中介来实现间接的、非人身的人际交往和信息传播。但是只要它仍然是个传统农民（peasantry）社会而不是个现代公民社会，那么前面提到过的“人情同心圆”结构及其等级性、简单性（非多样性）与复杂性（不可解析性）的特点便不会改变，而由此产生的信息传播模式也仍然会具有横向畅通（无隐私权屏障）与纵向阻滞（有等级壁垒）的特点。这也许是从信息传播的角度定义农民社会并使之区别于现代公民社会的关键之点。

四、“家族凝聚力”之谜

前面我们论证过宗法共同体与自然经济（习俗—命令经济）之间的逻辑联系。并谈到前近代中国“家—国一体”的宗法共同体的若干特征。按逻辑，这样的共同体似乎应当在习俗—命令经济全盛时最为巩固，而市场关系兴起后它们就处于解体过程之中了。然而，在现实中我们却看到了这样的情况：当 60—70 年代“命令经济”一统天下时，中国的传统家族纽带曾遇到空前的危机。当时在“彻底”反传统的口号下，不仅

[1] W. 托马斯等：《不适应的少女》，山东人民出版社 1988 年版，第 39 页。
[2] K. 多布罗沃尔斯基：《农民传统文化》，见 T. 沙宁主编：《农民与农民社会》。

宗族组织、祠堂、族谱没有存在的权利，就连家庭关系也受到“亲不亲，政治分”的强烈冲击，子造父反、夫妻分派、“划清界限”、六亲不认成为时髦，而“爹亲娘亲不如领袖亲”则成为那时典型的“时代语言”之一。而到80年代后，随着改革的进程，“命令经济”逐渐为市场经济所排挤。传统家族纽带在这一过程中却似乎恢复了蓬勃生机。当前在农村中，农民自发地修谱建祠、联宗祭祖、敬宗收族已成为新的时髦，而且这种现象的中心与当前农村市场经济发达的中心高度重合，在市场经济最发达的东南沿海一带，“宗族复兴”的势头最盛（其中又以“市场性”更强的民营经济为主体的浙、闽东南更突出，而以社区经济为主体的“苏南模式”地区则稍逊之），相反，在市场关系不发达、较为闭塞落后的中、西部地区，“宗族复兴”的现象却不明显，一些贫困农村甚至完全处在一种闭塞加散漫状态中，传统宗族意识、旧体制培养起来的政治意识与现代社会的契约性社团意识一概不起作用。

“宗族复兴”现象引起了两种议论。有的人惊呼“封建宗族势力复活”，主张对此大力抑制。有人则认为是传统文化的伟大活力和独有魅力之所在，主张增强这种传统凝聚力以填补原有意识形态理想主义凝聚力逐渐淡化之后出现的空白。后一类观点强调宗族复兴与东南地区经济高速增长的同步性，认为宗族文化对中国农村“经济奇迹”具有重大意义。在他们看来，宗族文化比“个性文化”更优越，它是东亚发展模式的灵魂，甚至是“东方救世”、克服“西方病”、走向“后现代”的基础，等等。

我们觉得这些说法都值得商榷。其实只要上溯于历史，就会发现这个问题并不始于今日。近古中国社会一直有个耐人寻味的现象，即一般认为产生于并适应于自然经济的宗族观念与宗族组织，在经历了秦（西）汉与宋元两个“淡化”时期后，并没有随着宋元以后商品经济的兴起而进一步衰落。仅仅如此还不足为怪，人们可以解释为意识形态或价值观念的变化滞后。或者说那时的商品经济毕竟不够发达，未能根本改变自然经济格局，因而也不足以瓦解宗族组织。

然而真正的问题在于宗族组织在宋元以后不仅没有“瓦解”，反而局部出现了日趋强化之势，而且这种变化似乎与通常的逻辑推论正好相反。从时间上看，明清商品经济的发达无疑要胜于宋元以前；从地域上看，明清商品经济的成长无疑在南方比北方明显，长江流域比黄河流域明显，东南沿海又比长江流域明显。然而宗族“传统”的“复兴”与强化，却都以前者为甚。宗族观念与宗族组织，以及作为其表现形式的宗族法规、族长、族权、族产、族墓、祠堂、谱牒乃至祠堂审判等制度，总的来说都是明清比宋元发达、东南沿海比长江流域发达，长江流域又比黄河流域发达。近代中国许多经济落后、风气闭塞的北方农村已经遍布多姓杂居村落，宗族关系淡漠，而不少南方沿海农村却是村多独姓聚居，祠堂林立，族规森严，族谱盛行。这就不能仅用“意识形态滞后”来解释了。

那么，难道“中国文化”竟是如此之特别，以至于商品经济瓦解宗法共同体这一几乎遍见于各民族的发展趋势（无论其强弱缓急与人们对它的褒贬）在华夏大地上竟然被相反的趋势所代替？

其实未必如此。许多资料表明，市场机制对宗法关系的冲击在近古的中国同样是存在的。明代著名官僚、广东人庞尚鹏所著的《庞氏家训》正是那种明清多于前代、东南多于内地的宗族法规类著作中十分有名的一种。书中规定：庞家族人必须乡居，远离商品经济活跃的市井，否则“住省城三年后，不知有农桑；十年后，不知有宗族。骄奢游惰，习俗移人，鲜有能自拔者”[1]。类似的劝诫，在那时的族规家训类作品中比比皆是。抛开其中视非农行业为“骄奢游惰”的陈旧价值观不谈，这类劝诫指出的事实是，在“宗族复兴”的彼时彼地，商品经济对宗法关系同样形成了冲击。以至于卷入其中的人们不久便“不知有宗族”，而且这不只是个别“堕落”者，而是普遍现象，即所谓“习俗移人，鲜有能自拔者”。

那么又该如何解释彼时彼地的“宗族复兴”的呢？

答案也许是多元的。例如以M. 弗里德曼为代表的一些西方功能学

---

［1］ 庞尚鹏：《庞氏家训》，《岭南遗书》三集本。

派社会史家认为“水稻经济”的特点（剩余率高，适于劳动密集型家族，兴修水利需要合作等）使它比旱作业更有利于宗族的发达。[1]

再如，社会史的个案研究显示，近古中国宗族观念与宗族组织发达程度之差异，至少一部分实际上是发生在“土、客”之间。即土著居民与移民社区（南方许多地方称为“客家人”）之间。只是由于客家势力近古以来在东南的崛起，才使这种差异仿佛成了北方人与南方人、内地人与沿海人，宋元人与明清人的差异。事实上，在许多历史上长期存在“土客”矛盾的地区。客家人[2]中上述宗族“传统”保存与发展的程度最高。与此同时，当地的土著居民社区尽管社会经济发展水平与其客家邻居差不多，却存在着明显的宗法传统淡化趋势：多姓杂居村落普遍存在，宗族组织解体，祠堂、族规与宗谱往往失修，族产（以及宗族对个人财产的干涉权）若有若无，在社会生活中已无足轻重，等等。而客家人祖先所来自的北方地区（如所谓“大槐树”所在的“洪洞县”等地）宗族关系的发达程度也同样低得多。

这种差异不难理解。客家移民到南方后，在面临当地土著包围与敌视（至少是异视）的条件下，只有强化自身的群体凝聚力，更紧密地抱成一团，才能在严峻环境的挑战下生存、竞争并得到发展。[3]而宗法关系是当时条件下群体凝聚力所能找到的最适合的象征形式。另一方面，当客家人借助于群体凝聚力生存下来并增强了实力后，也就会给予宗族关系以新的经济支持，如投资扩建祠堂、置族产、修族谱等。而土著居民缺少这种环境压力，他们的宗法传统便很“正常”地随着商品货币关系的发展而淡化了。

---

[1] M. 弗里德曼:《中国东南部的宗族组织》，伦敦大学 1958 年版;《中国人，宗族与社会：福建与广东》，纽约人文出版公司 1966 年版。

[2] 此处的“客家人”取广义，泛指宋元以来南迁并定居一地的北方移民后裔的聚居社区，比从语言上定义的客家人（讲“客家话”者）范畴更广。

[3] 多数客家族谱显示，他们的远祖南下时间较早（一般都在宋以前），但宗族的开基者定居下来的时间大都在宋以后，尤其集中于元初与明初，显示出客家人在宗族形成前有一段立足未定的时期。

事实上，移民社区的“集体主义”是个超民族的普遍现象，而“传统”则成为“移民集体主义”的符号特征并得到强调，这种例子屡见不鲜。海外华人社区，包括生活在个人本位的西方社会中的华人社区对传统文化、包括宗族纽带的重视程度往往超过中国本土，就是这个道理。20 世纪初的美国社会学家 W. 托马斯与波兰社会学家 F. 兹纳涅茨基也发现，许多现代波兰本土已淡化了的传统习俗在迁居欧美各国的波兰族农民社区中仍保存得十分完整。[1] 而 19 世纪西伯利亚俄罗斯农业移民中的米尔（传统俄罗斯村社组织）公社与“米尔意识”之发达与完善，也超过俄国其他地区。与此同时，在罗斯文明的一些老基地，（如西北罗斯、中俄非黑土地带与西乌克兰）传统的米尔公社却已趋于解体。[2] 17 世纪北美大陆的清教徒移民也曾生活在比欧洲更为严格的农村公社中，其中最早的移民群体（如著名的“五月花公约”订立者普利茅斯殖民地的清教开拓者）甚至一度过着一种“清教共产主义”生活。

在中国，“移民集体主义”并非都采取宗族组织的形式。近古时期一些以杂姓移民、单身移民为主的地区，如明清时代秦巴荆襄山区的开拓者与以江西为主的南方山区的“棚民”中，由于原来不存在宗族关系的基础，这些移民就采取了另一种“集体主义”形式，即宗教公社。诸如白莲教、哥老会之类的“黑道”社团就以在他们中最为活跃。近代主要在广西的客家人中兴起的拜上帝会，最初也具有类似背景。然而比较起来，以宗族纽带为符号的移民集体主义的适应性与生命力都更突出一些。

以宗族纽带为象征符号的“移民集体主义”，其历史功能已不同于常态下的传统宗法共同体。它的性质也主要依移民社区面临的挑战与它作出的应战而定。例如，当它在自然经济（习俗—命令经济）社会的环境挑战下以开拓市场、建立新型经济关系作为应战时，它在实质上便具有了“集体资本主义”的特性，北美清教徒移民公社就是如此。相反，倘若在市场经济社会的环境挑战下它以自我封闭、自给自足作为应战，那

[1] 参见 W. 托马斯与 F. 兹纳涅茨基:《欧美波兰族农民》，纽约 1958 年第 2 版。
[2] 参见 A. 考夫曼:《1886—1892 西伯利亚农民公社》，莫斯科 1897 年版。

么它便成了阻碍社区现代化进程的宗法堡垒。

我国明清时期东南地区以宗族为纽带的移民社区共同体当然还谈不上什么“集体资本主义”，但应当承认，这些社区的商品经济发展活力不仅高于北方或内地的“宗族淡化”社区，而且也往往高于同处东南地带的、也具有宗族淡化特征的土著社区。它们的这种社区整体竞争力与“移民集体主义”显然是有关系的。换句话说，在这种条件下形成的宗族组织中虽然仍具有封建性（就是说它还远未成为“集体资本主义”组织），但同时也产生了某种市场导向的集体进取精神。这是与传统宗法关系不同而又往往为研究者所忽视的。

更为重要的是，在封建时代，或者更广义地说，在前资本主义时代，压抑人的个性并使他不能成为享有充分权利的积极公民的种种桎梏，既有来自“大共同体”即专制国家的，也有来自“小共同体”即社区、村社或宗族这类“狭隘人群”的。本书前文曾经强调这二者的一致性，即中国类型宗法共同体的“家—国一体”特征。过去人们经常提到的“四大绳索”“忠孝互补”“封建宗族”等概念也是建立在这二者一致的基础上。这一切当然是有根据的。作为传统中国宗法共同体主流意识形态的儒家学说，的确具有以家拟国、以孝拟忠、以父子拟君臣等政治关系宗法化、宗法关系政治化的特点。

但我们还要指出事情的另一方面。即意识形态虽然反映着、却并不等同于社会现实，两者毕竟有距离。而且传统意识形态本身也并不是只有儒家一种成分，甚至儒家的主流地位在某种程度上也不是那么名实相符的。自从“汉承秦制”而又“独尊儒术”以来，我国历代王朝的统治精神实际上多少都具有“儒表法里”的性质。王道其表而霸道其里，德治其名而刑治其实，看起来是吏的儒化，本质上是儒的吏化——这并非偶尔如此，而是一种常态。历代统治者不管口头上怎么讲，实际上对“法、术、势”的重视远超过四维八德。而法家传统是极端反宗族的，它要以专制国家本位来消除家族本位，使君主极权统治不经任何中介而直达于每个国民个人。它要以皇权彻底剥夺国民的个人权利，并且绝不允许家族、村社或领主截留这些权利而形成隔在皇权与国民之间的自治社区。为此，它在皇权之下只承认完全听命于君主的吏权，而不承认族权、宗主权与村社权等。换句话说，它不仅要消除公民个人权利，而且要消除“小共同体”的权利。“家—国一体”在这种情况下只对皇帝一家是真实的，它只意味着皇帝“万世一系”的家天下，而不赞成有别的“世系”存在。某个家长“提三尺剑，化家为国”[1]而建立起自己的皇权后，就决不允许别人起而效尤，膨胀“家”族权利。

因此法家在理论上公然宣称：“夫以妻之近及子之亲而犹不可信，则其余无可信者矣”[2]，在实践上则崇刑废德、扬忠抑孝、强制分家，鼓励“告亲”，禁止“容隐”，不一而足。《秦律》中关于“妻有罪，其财畀夫”“夫有罪，妻先告，其（妻）财不收”、奴婢“盗主之父母不为盗主”等条款，明确承认父子夫妇各有其财。秦人世风，则有所谓“借父耰，虑有德色；母取箕帚，立而谇语；抱哺其子，与公并踞；妇姑不相悦，则反唇相讥”[3]。这里亲情之淡漠，恐怕比据说父亲到儿子家吃饭要付钱的现代“西方风俗”尤有过之。宗族组织与族权意识在这种情况下自无从谈起。然而，秦人却不因此而有了公民个人权利。相反，“暴秦苛政”对人性、人的尊严与权利的摧残，比家族组织兴盛的明清时代无疑更有过之。

汉以后历代统治者改宗儒学，弘扬礼教，褒奖大家族，“大共同体”与小共同体的关系比秦代较为和谐。然而法家传统实际上一直存在，由汉到清的统治精神仍然是“大共同体本位”的，不是小共同体本位，更不是个人本位的。像古希腊的德莫，古罗马的父权制大家族，中世纪欧洲的村社、行会、教区这类具有某种社区自治因素的“非国家”社群所享有的地位，在传统中国是很难见到的。与西方相比，中国传统统治秩序最鲜明的特征与其说是“家族主义”，不如说是“国家（专制王朝）主

[1]（前蜀）王建：《诫子元膺文》，见（康熙十一年）《四川总志》卷三六，《艺文志》。
[2]《韩非子·备内》。
[3]《汉书·贾谊传》，今本贾谊《新书》文略异。

义”。专制国家对宗族组织的支持是为了抑制臣民的个体权利，而不是真想扩张“族权”，更不是支持宗族自治。朝廷对宗族文化的赞赏是为了压抑公民的个性，而不是真要培养族群的自我认同。因此我们切不可对统治者提倡“大家族主义”的言词过于当真。明初，“浦江郑氏九世同居，明太祖常称之。马皇后从旁之曰：以此众叛，何事不成？上然，因招其家长至，将以事诛之。”[1] 这样的心态决非朱元璋所独有。在清代，乾隆年间的江西官府曾有“毁祠追谱”之举，以图压制民间家族势力。[2] 而乾隆皇帝更在给《四库全书》馆臣的“圣谕”中明确规定：“民间无用之族谱”不宜传世，不得收入《全书》。[3] 此外，在更早的历史上，郡县立而宗法“封建”废，“三长”兴而“宗主督护”亡，这类事件与礼教对大家族的褒奖构成了奇特的互补。另一方面，历史上许多所谓的“农民起义”，从西晋的乞活直到晚清的捻子，也都是宗族豪酋聚族抗官所致。抗官成功，王朝易主，“提三尺剑，化家为国”的故事便又一次上演，但同时对民间宗族势力的戒备也成为这些昔日宗族豪酋操心的事。

因此我们不难理解，为什么在过去不久的那个“批儒崇法”的年代里会泛起一股“亲不亲，政治分”，“爹亲娘亲不如权势亲”的潮流。事实上，那种怂恿子造父反、六亲不认、“划清界限”的行动，与同时盛行的血统论和株连法一样，并不是那么“反传统”的。而且正如“以妻之近及子之亲而犹不可信”的秦代一样，那种六亲不认的状况决不意味着公民的个体权利与个性尊严得到了尊重。每个经历过那个时代的人都知道实际情况恰恰相反，那是个人的尊严与公民权利受到空前蹂躏的时代。

把这种情况反过来，我们就可以看到一种逻辑上的可能：在某种条件下，“小共同体”的发展可能无碍于、甚或有利于人的个性成长。近古

[1] 方孝标:《钝斋文选》卷六,《杂说》。

[2] 参见梁洪生:《谁在修谱？》，载《东方》1995 年第 3 期，第 41 页。

[3]《四库全书总目》卷首,《圣谕》。

以来我国某些地区“宗族文化”与商品货币关系“同步”繁荣的现象就是个例子。在这种情况下，家族纽带所起的作用与古罗马的“宗法制”有着某些类似。

文化类型学上往往有人认为中国传统文化是“家族本位”，而西方文化则是“个人本位”。这种比较或许适用于近代，但搬用到历史上则并不都是适宜的。前面曾提到秦时（西汉其实也如此）宗族关系极度淡漠的情况，而就在大致与秦汉同时的西方，古罗马的父权制大家族却极为发达。从共和到帝制罗马的前、中期，罗马法都把父权与夫权置于重要地位，罗马私法规定的各种民事权利，包括最重要的“物权”（财产权）在内，大都是对父家长而言。罗马社会极重家族神、家族祭祀与家族谱系，甚至连公民中最底层的“无产者”也不例外。古拉丁语无产者（proletarius）一词原义即“只有家族”，谓除此而外别无所有也。罗马氏族组织与氏族长老（即所谓贵族）在共和时代的政治中起着重要作用。到帝国时代虽然氏族关系已淡化，而涵盖数代人的家族组织仍很重要。与承认父子异财、夫妻异产的秦律形成鲜明对照的是，罗马法直到帝制时代一直认为家长对子弟的权利等值于奴隶主对奴隶的权利，并把子女与奴隶及其他家资一样视为家长的财产。但正是在这样的条件下，罗马形成了当时世界上最发达的古典公民社会。众所周知，近代公民社会的许多权利规范都是从它起源的。

直到拜占庭时代，罗马父权与家长制家族的法律地位才趋于崩溃。拜占庭法律与秦律一样具有“反宗法”色彩。然而也与秦朝类似，拜占庭公民权利不仅没有发展，反而在政教（东正教）合一的专制极权之下把罗马公民社会的基础破坏殆尽了。

为什么会这样？关键在于那种全能的、至高无上的、不容任何自发组织形式存在的“大共同体”对人的个性的压抑比“小共同体”更为严重。在罗马时代真正享有充分公民权利的只是少数人（公民家庭的父家长），但至少对这些人而言他们的个人权利、人格尊严与行为能力是受到尊重的。在此基础上通过契约整合就可以产生自治的公民社区与更大的公民社会（尽管只是在精英层的范围内）。而拜占庭帝国那全能的“大共同体”却“平等地”剥夺了一切人的公民权利，它不仅压抑了“小共同体”的发展，更抑制了人的个性发展。

因此，我们既要看到传统社会反近代化机制的儒家色彩的一面，即“大共同体”与“小共同体”都抑制个性、父权制家族桎梏与专制国家桎梏都阻碍着自由的交换、竞争与市场关系的发展。又要看到这种反近代化机制的非儒色彩（或曰法家色彩）的一面，即“大共同体”不仅抑制个性，甚至也抑制“小共同体”，不仅压抑了市场导向的个人进取精神，甚至也压抑了市场导向的集体进取精神，不仅抑制了个人资本主义，甚至也压抑了“家族资本主义”“社区资本主义”或者“合作资本主义”。近古中国政治中枢所在的北方地区宗族关系远不如南方尤其是东南一带发达，但公民个性的成长与市场关系的发育却比南方更为艰难，这无疑为重要原因之一。

在前近代社会或曰封建社会中，束缚个性发展的共同体桎梏是多种多样的，而个性发展的进程往往不可能一下子同时摆脱所有的共同体桎梏而一步跨入“自由”状态。因此，个性发展的一定阶段就可能表现为桎梏性较小的共同体权利扩张，从而对主要的共同体桎梏形成制衡与消解机制。如所周知，中世纪欧洲城市中的行会是市场关系发达的障碍，但在早期正是行会在与领主权作斗争、争取城市自治的进程中发挥了重要作用。

后来出现的“市民与王权的联盟”也是如此。在缺少中央集权专制政体的西方，“大共同体”长期处于不活跃状态，阻碍人的个性发展的主要是采邑、村社、行会、家族公社（南欧的扎德鲁加等）等“小共同体”，在这种情况下，“大共同体”的权力对于打破“小共同体”的桎梏从而解放个性，是有积极作用的。因而市民可以与王权携手反对领主权与村社陈规。而市民权利成长起来后，才转而向王权及其所代表的“大共同体”发起挑战。

而在传统中国则相反，“大共同体”的桎梏要比“小共同体”强得多。[1] 因此如果说在西方王权（它在本质上并不是一种市民社会因素）在一定发展阶段上可以有助于市民社会的成长，那么在中国，家族组织在一定发展阶段上也可能成为推动市场机制与人的个性发展的有利因素。在社区自治与自治性社区权利极不发达的传统中国，与商品经济的发展相联系的家族组织可以在某种程度上起到社区自治的功能，并以其集体进取精神克服“大共同体”的束缚，从而为个性的发展打开突破口。家族组织的这种作用，与上面谈到的“移民集体主义”是可以统一的。因为“大共同体”束缚同样也是一种“环境压力”的挑战，而且它比源于土客矛盾的环境压力要大得多。

明清时代东南地区家族关系与商品经济“同步”发展的事实表明这种集体进取精神的确有一定的“应战”能力。但它最终能否走向“集体资本主义”，像西方的王权一度帮助市民走向资本主义那样，则历史并未作出解答。因为近代以后中国原来的发展进程中断了。不过改革时代东南农村再度出现宗族关系与市场经济同步繁荣的局面，却很能给人以启示。

五、“人情同心圆”的消解与亲缘组织的“现代化”

因此，我们应当从两个角度理解当前东南地区改革时代在市场经济大潮中出现的“家族复兴”现象。一方面，它体现了在特定历史条件下与特定发展阶段上“小共同体”对个性发展与现代化（个性化）进程的促进作用，体现了某种集体进取精神对突破“大共同体”羁绊与习俗—命令经济传统模式的积极效应。在缺少近代社区自治机制与契约型公民社团的情况下，虽然具有宗法性，但毕竟是自下而上产生的宗族组织作

[1] 不少强调传统中国“私有制”发达者都指出中国没有农村公社，这不假。但没有村社（或村社弱小）只表明中国的社区权利极不发达，却不表明个人的权利（私有者权利）很发达。事实上在“大共同体”压抑下是不可能有发达的社区权利的，然而发达的个人权利就更无从谈起了。

为一种乡村自治因素，至少是打破了旧体制自上而下的行政性社会整合方式单一化的局面，而那种局面正是市场经济发展的最大障碍。对这种特定条件下的“宗族复兴”我们应当有一种新的评价，至少把它简单化地仅仅斥之为封建沉渣的泛起是很不合适的。

但另一方面，我们也无须从这种“宗族复兴”中寻找新的乌托邦，沉溺于“传统万能”“东方救世”的浪漫幻想之中。正如“市民与王权的联盟”并不意味着西方市民社会的发展以王权为归宿一样，中国的农村改革也决不会以宗法共同体的“复兴”为归宿。人类的亲情永在，但宗法式的族权不会永存，这正如社会永远需要整合，但不会永远需要王权一样。从历史上秦汉、宋元时代的宗族式微到近古时代北方宗族不振，以及前述庞尚鹏等人指出的南方宗法制危机看，没有理由认为中国人的“民族性”就注定了我们离不开族权。近古以来的“宗族复兴”（正如上文分析的）与其说体现了人们对“宗族本位”的追求，毋宁说更多地体现了人们对“帝国本位”的背离。这就像西方市民对王权的拥护与其说是要追求帝国不如说是要摆脱领主一样。无论中国的发展进程有多少特色，通过市场经济走向人的个性发展，由依附型社会走向契约型社会，这一现代化的普世特征是不能回避的。旧式宗族组织，尤其是它的族权制，作为宗法性的“小共同体”具有压抑个性发展的一面，这也是毋庸讳言的。笔者近来在浙江农村考察，得知有些地方的宗族活动如修谱建祠等已具有某些强制色彩，强摊经费引起村民告状者有之，对不交钱、不参与活动的村民剪掉电线以示惩罚者有之。这无疑是族权对村民权利的侵犯，是必须纠正的。至于宗族械斗与企业及其他政经组织宗族化造成的弊病，就更不用说了。

上文提到的“人情同心圆”理论已经指出宗法共同体的人际关系在极度“简单化”了的亲疏等级结构中却又包含着亲情与诸种利益混沌一体的“人情复杂化”倾向，使单纯的人类情感反而难以容身。尤其是族权的存在以及这种共同体权力背后的利益关系，更容易“污染”亲情。因此，随着宗法共同体的解体，人性对“人情”的胜利，“人情同心圆”

的等级结构被公民社会的公正原则所消解，人类的亲情不仅不会消失，还应当得到更纯真的体现。

因此，亲缘组织在现代社会中的存在是完全可以想象的。只是，它必须由依附性社团向契约性社团方向发展，成为真正建立在亲情而不是建立在族权基础上的自由联谊组织。在目前的农村改革中，“宗族复兴”虽然带来了不少传统的弊端，但也显示出了向上述方向发展的良好苗头。例如，江西农村的“修谱热”中，出现了一些以新思想为指导的“新谱”。其中一部分的卷首献词曰：

> 修身：勿杀害生命，勿侵占非分财物，勿忌妒他人成就，勿干扰别人生活，勿害自己身心。
>
> 处世：公平无私，互相尊重，分工合作，容纳异己。奉行法治。和平合群，勤俭持家。
>
> ……
>
> 进修：多读书探求真理，多思虑开发观念，多实践积累经验。[1]

这些显然已经是现代公民社会的准则。由宗族排外到“容纳异己”，由服从族长到“互相尊重”，由家规族法到“奉行法治”，由对个人事务的宗族干预权到“勿干扰别人生活”，该谱要弘扬的显然已不再是传统的宗法思想。如果该姓族人果能奉行这些准则，我看不出这种“宗族”对现代化有什么妨碍。

又如，1994 年冬，浙江省永康市河头村编纂的《河头村志》以近 1/3 的篇幅收录了一部《河头村民世系表》[2]。它基本上依传统族谱的格式编成，但并非一族一姓之谱，而是囊括了全村 52 姓、1237 名村民以及居外宗亲的祖宗世系。从第一大姓吕氏直到只有一户的贾氏，从明初最早定居河头、迄今已传 23 代的吕家到父辈才入居该村的戴、潘等家，人

[1] 转引自梁洪生：《谁在修谱？》，载《东方》1995 年第 3 期，第 40 页。

[2]《河头村志》，黄山书社 1994 年版，河头村发行本附录。

人入谱。各姓氏不分大小贵贱，一律以始居河头者为世系之源。传统宗谱常见的妄攀贵祖、虚构族源之弊，以及记子不记女、宗族排外性等陋规，都被消除。过去修谱的多为强宗大族，弱宗孤姓、寒门细族既无财力，也无足够的“面子”从事修谱，于是修谱便往往成了炫耀宗族势力之举。由河头村的这个《村民世系表》在一个社区的范围内打破了宗法畛域，无论大姓小姓，远房近枝，都平等地获得入表资格。它不仅以一种新型的社区凝聚力取代了昔日那种狭隘的宗族凝聚力，从而发挥了积极的社会功能，而且排除了“宗族功利主义”的干扰，奠定了它作为学术资料的客观与可靠性。这无疑是村民们对古老文化的成功改造与继承，体现了现代公民社会价值观与民族、社区的悠久文化传统之间的一种积极的结合。

有趣的是，由于《村志》的出版单位根据不准出版族谱类著作的禁令，不同意收入该《世系表》，河头人不得不玩了个移花接木的花招，暗将仅印1500册的《村志》分订为两种版本，100本没有《世系表》的交出版社用以对外发行，而其余1400本都装订上了《世系表》由河头村发行与赠送。笔者看到，在全体村民与居外宗亲赠书仪式上气氛极为热烈，而且村民对《世系表》的反应尤为兴奋，因为这是这些祖祖辈辈与泥土打交道的淳朴农民第一次看到自己、家人以及历代祖宗的名字“上了书”，成了史志留名的人！可以想见，如果没有这份《世系表》，村民们是不会支持花费如此人力物力修纂与出版这部《村志》的。在这种情况下，究竟是“大共同体”的禁谱令，还是村民自发修成的这部别出心裁的《世系表》更能反映个性发展的要求呢？

第十一章

非理性种种

——农民思维方式探析

一、中国文化是一种“理性文化”吗?

我们在前面提出“贫农中普遍的多角关系与性自由”与个性解放并不是一回事。这就提出了另一个问题：人文主义的个性解放运动不也常常表现为鼓吹享乐，反对禁欲吗？这与宗法式的“性解放”有何区别呢?

区别是明显的，人文主义的享乐自由观念的实质，是对于个人权利的理性自觉。它认为人的这种权利是合乎自然法则（规律）的，合乎逻辑的，即“合理”的。因此，与人文主义思潮同时便兴起了“自然法”观念，自然法则的权威与对它的追求便导致了“理性法庭”的建立，导致了理性的人文主义即启蒙思想和科学精神的兴起。可见，人文主义的实质是一种理性的觉醒。宗法农村中的粗俗纵欲恰恰相反，它只是一种非理性的冲动，一种动物本能的发泄，它反映的只是理性的沉睡。

因此，理性在农民文化中的地位，应该成为我们讨论的又一个重点。

谈到理性，不能不提到目前“中国传统文化”研究中的一个流行论点：中国传统文化比之西方中世纪基督教文化而言，是一种理性主义的文化。有人把这种理性称之为“经验理性”，有人则称之为“实用理性”，有人甚至认为西方启蒙运动中的理性主义就是从中国学去的，伏尔泰、狄德罗等不是都很欣赏“中国文化”吗?

与中国传统“人文文化”论相似，所谓中国文化的“理性精神”论的主要依据也是说中国文化是入世的、经验的、而不像西方中世纪文化那样是神文的、信仰的。然而什么是“理性”？是不是凡是非神秘主义的（姑且假定中国传统文化是非神秘主义的）都可谓之理性呢？

这个问题也不好回答。“理性”这一概念犹如“人性”之类的概念一样在不同时代不同的人那里有五花八门的解释，合乎不合乎理性也可以从不同角度来评价。例如M.韦伯就认为资本主义是合乎“工具理性”的，但不合乎“价值理性”，或曰它是“价值非理性”的。但我们在这里讲的理性显然是就启蒙运动相对于中世纪文化的那种进步倾向而言的，其含义有明显的界定。

“理性”的原来意义很简单，就是“合理的”，它用来指一种客观状态，即事物发展的合乎规律性。宇宙间的一切事物都按其自身规律客观存在和发展着。就这个意义上说，纯粹客观世界无所谓理性与非理性，存在的就是合理的，作为客观存在的中国传统文化与西方中世纪文化在这个意义上当然也都是合乎理性的。可见，理性与非理性的对立，只是在客体与主体发生认识关系的条件下才有意义。

我们讲的理性主义，便是启蒙时代以来人们认识世界的一种态度。笔者认为它有三重含义，（1）它是“把一切现象都归因于自然而不归因于奇迹的倾向”[1]。它认为事物的发展是“合理的”（rational），即合乎其内在逻辑或自然法则的，而不是某种神意、伟人意志或偶然变故的组合，在这点上它与神秘主义是对立的。（2）这种“合理性”即自然法则是能够为主体所把握的，即能够为人所认识的。这就是“理性的自信”，它与不可知论是对立的。（3）因此，它把发现“合理性”的过程，即从表象深入到事物本质联系的抽象思维过程或曰理性认识过程看作认识的目的。在这个意义上，理性主义实质上是一种思维方式，即在思维过程无矛盾性的基础上进行抽象分析与逻辑建构。它与只凭感情即兴遐想的浪漫主义，只承认直观观照和感官体验的直觉经验主义以及建基于集体表象之上的原逻辑思维等相对立。西方启蒙时代的思想家中虽有唯理论（狭义的理性主义）与经验论之争，但其分歧主要在于知识本源的看法不同，

---

[1] 汉默顿:《西方名著提要（哲学、社会科学部分）》，中国青年出版社1957年版，第394页。

而崇尚自然法则并要求用理性思维去把握它，则是启蒙思想的共同特点。不仅如此，在一定程度上这也是建立在发达商品经济基础上的近现代社会思维方式（就其主流而言）的特点。马克思主义的辩证唯物论虽然反对用理性排斥经验的唯理化倾向，并把理性置于实践的基础之上。但从认识态度与思维方式看，它也是一种理性主义，而且正是从启蒙思想的各种原则的进一步的、似乎更彻底的发展开始的。

可见，理性的思维方式绝不仅仅是“不语怪、力、乱、神”而已，它与直觉经验主义也是对立的，而且甚至可以说，正因为它与直觉经验主义对立才具有了反神秘主义的功能。因为，神秘主义从来就不与经验完全分离，没有一种巫术可以经得住不间断的一连串失败而仍能存在下去。问题只在于排斥了理念的“原逻辑思维”可以通过表象间的互渗而从“现象”中（实际上是从集体表象中）“证实”它的功效。

正是在这一点上，中国的宗法文化比西方的中世纪文化更加远离理性。西方中世纪文化虽然在主流上是从信仰出发的神秘主义文化，但古典时代的理性传统——抽象分析与逻辑建构的能力并未完全泯灭，就是在经院哲学中也还存在着力图从理念上“证明”上帝存在的托马斯·阿奎那的“理性神学”。中国古典时代逻辑思维的发展水平本来就比古希腊人显得逊色，进入封建时代后，墨辩、名辨之学几成绝响，因此中国封建文化中保留的原逻辑思维色彩又甚于西方中世纪文化。

中国宗法社会的文化不像西方中世纪文化那样有彼岸世界与此岸世界之分，在中国的天人合一、天人感应观念中，道德与物理，主体的终极关怀与客体的实在，内部的意识活动与外部的信息活动，如果不是完全统一的，至少也保留了许多神秘的互渗。在西方中世纪鬼神、灵魂与天堂、地狱乃是属于超自然领域中的，彼岸的东西，它与由于普通知觉和日常经验的结果而认识的事实即此岸的东西间存在着某种界限。中世纪科学是神学的奴婢，但科学与神学毕竟不是同一的，这就有可能在人们观念中发展出两个实在的体系，一个是可见可触，服从于一些必然的运动定律的实在体系，另一个是超越感官的“精神的”实在体系。在中世纪，后一体系以一种神秘的氛围包围着前一体系，但随着商品交换中定量思维与逻辑抽象能力的发展，这两个体系的距离会日益扩大，最后形成在现实世界中理性即自然法则的权威和人们的终极关怀中宗教地位的保留。然而，在中国的天人合一世界中，科学不仅是伦理的奴婢，而且往往与伦理合一，阴阳五行、八卦三爻之类既是自然秩序，又是伦理秩序。它们与其说是由主体对客体的自觉把握而产生的概念，毋宁说是认识过程中主客体分化不完全，尤其是作为个体的主体未形成而产生的集体表象。这种直观体悟与朦胧意象不以思维过程的无矛盾性为基础，因而也无法成为客观的抽象与逻辑运算的材料。所以，中国宗法时代的思维与认识模式始终处于一种感性与神秘性相结合的混沌状态中，抽象的解析与逻辑思辨的能力发展缓慢。在这种思维方式中，直观所能体悟的一切并不需要通过逻辑的解析（以及通过这种解析而人为设定条件的受控实验）来得到证明，而直观所不能体悟的一切，逻辑与实践又无法证明之。这种既无需受控实验的检验，也不受逻辑规则制约的思维方式，把直观范围内的感知表象与直观范围以外的神秘主义结合成一种具有强烈主观情绪和集体“气氛”色彩的知识，信息传递往往也通过“气氛”来进行，个人理智与客观精神都被淹没在“气氛”之中。这样，中国传统文化虽然在本体论上具有非神秘主义（“朴素唯物主义”）倾向，但思维方式却具有浓厚的神秘性。它使中国社会在对彼岸世界普遍的麻木不仁的状态下却蕴藏着群众性歇斯底里的心理基础。

因此，虽然宗法时代的中国人并无西方人那种对单一宗教的狂热崇拜，却可以在宗法共同体的集体表象制约下，通过原因与前件的混淆，通过表象（直觉的“经验”）之间的任意关联而“凭经验”迷信一切神灵，从土地、灶君、玉皇、菩萨、如来、太上老君至巫婆神汉。可以说，“非宗教徒”的宗法社会中国人思维方式的神秘主义素质（尽管披上了“经验”的外衣）决不在西方中世纪基督教徒之下。“不语怪力乱神”的中国人却常常以不可思议的热情从事造神运动，“天听自我民听”却不是自我民的理性听，而是自我民的集体表象听。

这一切启示我们，如果说人的理性是指一种与神秘主义对立的倾向，那么它首先并不是与本体论上的神秘主义观点相对立，而是与思维方式的神秘主义素质相对立。非理性的蒙昧主义首先不是表现为人们对事物认识不够，而是表现为人们认识事物的方式与现代人不同。因此毫不奇怪，这种状态并不能仅仅靠传统方式下的无神论与唯物主义宣传、靠传授科学知识来消除。从根本上说，理性的不发达来源于人的个性的不发达，来源于集体表象对个人理智的束缚与压抑。因此，无论中国还是西方在自然经济的宗法共同体条件下，人们的思维方式都只能是非理性的，只是非理性的形式与程度有区别罢了。所以不难理解，为什么在商品经济与人文主义运动中实现了个性觉醒的西方人可以从中国文化的“自然主义倾向”中受到启发并以此推动启蒙运动，造成理性与科学的权威，而“不语怪力乱神”的中国人却在宗法共同体束缚下长期处于未启蒙状态。

二、“理性的小农”与农民的非理性

非理性既然源于宗法共同体，则作为此种共同体基本成员的农民的思维方式又是怎样的呢？大约从 19 世纪末开始，这个问题便引起了许多争论。

对农民思维方式的研究是从探讨对农民经济行为中的决策心理开始的。19 世纪末的一些学者从所谓“古典主义”的传统，即当时西方流行的自亚当·斯密以来的经济理论中的自由主义理性主义传统出发，认为经济行为的准则就是追求“合理化”与最高经济效益。他们把资本主义经济中自由竞争、自由分化规律支配下的“经纪人”形象外推至历史上的一切经济行为主体，包括宗法农民。这种观点后来发展为第二次世界大战前“新古典学派”农民学家 R. 菲尔斯、S. 塔克斯等人的“便士资本家”论和战后 T. 舒尔茨、S. 波普金等人的“理性的小农”论。在这些人看来，自然经济下的“原始”小农是冷静而理智的人，他们的行为方式像个小企业家或资本家（尽管“资本”只有几个便士）思维活动富于计量性与逻辑性。按这些学者的说法，如果农民某甲请了村邻某乙来帮他盖房子，则甲应看作是正在雇佣乙的企业家。用这种方式，他们为农民经济建立了“投入”与“产出”的年度预算，农民的土地、生产与生活资料以及其他财产被视为资本，农民全家人及亲友的田间劳动被折算成工价，农民经济的产品，包括农户自身消费的食物在内，也被折合为货币收入。以这些收入与包括“资本”损耗、工价、地租等在内的“生产成本”作比较，如果收入小于成本，则该农户便被视为“亏本企业”，如果年年如此，则这种农户便被视为“不经济的农场”。在这些学者看来，农民的理性将使他们放弃“不经济”的农业，使农业循着决策合理化，效益最优化的方向通过优胜劣败的竞争而发展，从而“不经济”的小农户将为“经济的”农场所取代。[1]

显然，这一派学者心目中的农民，与资本主义农场的区别仅在于生产规模、技术水平、生产率、商品率等经济指标较为落后，而精神面貌没有什么不同。他们都是长于抽象思维与逻辑分析，能客观地把握经济运动中的自然法则，独立地作出价值判断的自由主体，其行为完全由个人理性支配。但是，这一派学者宣布小农的“亏本企业”面临末日审判已有一百多年了，然而在许多不发达社会中，农民仍然一代又一代地继续投身于所谓“不经济的”农业。这就使人们对宗法社会中是否存在“理性的小农”越来越持怀疑态度。

最早对这种“理性的小农”论持批评态度的是俄国的新民粹主义农民学家，如A. 佛图那托夫、A. 切林采夫、H. 马卡罗夫与A. 恰亚诺夫等人。他们从农民文化的“非资本主义”性质、农民生活方式的道德价值、

[1] R. 菲尔斯：《原始波利尼西亚经济》，康涅狄格州汉登1965年版；菲尔斯与B. 亚梅：《农民社会中的资本、储蓄与信用：来自亚洲、大洋洲、加勒比和中美洲的研究》，伦敦—芝加哥1964年版；T. 舒尔茨：《改造中的传统农业》，耶鲁大学1964年版，S. 波普金：《理性的小农：越南农村社会政治经济学》，伯克利1979年版。

小农经济稳固论与“村社社会主义”精神等民粹派立场出发，在20世纪头十年里发起了一场对“古典主义”农民观的批判。他们把农民描绘为经济浪漫主义者，而不是经济理性主义者，认为研究西方农场主的一套理论、方法、范畴与概念不适用于“劳动农民的人民制度”，农民经济行为的目的并不是追求“效益”而是为了生活。他们的劳动不能以货币来度量，更不能抽象出“投入”“产出”之类概念并据以进行“效益”分析。在这些学者看来，农民与资本主义时代的“经济人”毫无共同之处，他们不是冷冰冰的“理性动物”而是代表着“一种新的人类文化，一种新的人类自觉”[1]。与俄国的新民粹主义者同时代的一批荷兰学者则成为“农民理性”说在西方的主要论敌。这些学者以其对荷属东印度农村，尤其是爪哇农村的系统研究在当时西方不发达社会农民学中具有开拓与领先的地位。其代表人物是J. 波耶克，他在从1911年以来的一系列著作中提出了“二元社会”理论，认为东印度的农民社会与殖民者社会是格格不入的二元社会，农民热诚地捍卫着自己特有的价值、习俗、生活方式与思维方式，他们的经济行为也是基于道德而不是理性。这一理论在40年代又由J. 弗尼沃尔等发展为“多元社会”论，并将其应用范围扩大到缅甸及东南亚其他地区。50年代后，美国农民学界的“道德经济”论与“道德文化”论也明显地受到俄国与荷兰农民学上述传统的影响。[2]总之，这一方面的学者对农民文化的历史地位估价相差很远，[3]但强调农民是浪漫主义或温情主义者而非理性主义者这一点则是一致的。

然而，以上两种观点所讲的“理性主义”实际上仅指经济上的功利主义或“功利理性主义”，尚未涉及到农民思维方式的整体特征。我们知道，自觉地把握经济过程中的自然法则以追求“功利”的最优化，固然

[1] A. 恰亚诺夫:《社会农学的基本思想与工作方法》，载《恰亚诺夫选集》第4卷，海牙1967年版，第21页。

[2] J. 波耶克:《二元社会经济学与经济政策》，哈莱姆1953年版；J. 弗尼沃尔:《荷属印度：多元经济研究》，剑桥1944年版，R. 列德菲尔德:《农民社会与文化：对文明的人类学探讨》，芝加哥1956年版；J. 斯科特:《农民道德经济》，耶鲁大学1976年版。

[3] 新民粹派认为它是未来的希望，而“道德经济”说则认为它是没落中的东西。

可以说是一种理性主义的态度，但自觉地维护人的道德价值，追求一种“合理的”或合乎逻辑的人际关系，又何尝不是一种理性主义态度呢？韦伯所说的“工具理性”与“价值理性”“形式理性”与“实质理性”就近似以上两种情况。如果说宗法时代的农民并不是“便士资本家”，这也不等于说他们没有私欲，反过来，如果说所谓“道德经济”论正如前文所述只不过是一种玫瑰色幻觉、这也不等于他们没有“人情”的束缚。因此在笔者看来，问题的关键并不在于农民追求什么——功利抑或道德，而在于他们以一种怎样的思维机制来认识或追求它们。宗法式的农民是否具有作为独立个人的自觉价值追求（不管这追求是物质的还是精神的，是经济的还是道义的）？他们能否作为独立的认识主体，自觉地把握对象客体（不管是作为经济过程的客体还是作为人文过程的客体）而不至于陷入与对象客体的神秘互渗中？他们能否在主客体分化的基础上达到思维过程的无矛盾，并进而建立起作为概念的表象，能否以这些概念为材料进行抽象与逻辑运算从而达到对事物本质联系或法则的理解？能否在这种理解的基础上建立理性的权威，并使自己从神意、首长权威、集体“气氛”与蒙昧的冲动等迷信中解脱出来？这才是我们要讨论的核心。

当然，问题都必需从相对的意义上来理解。人是理性的动物，即使原始人也是以此区别于兽类，因此上述问题只能是相对于现代社会中的人而言。在这个意义上，宗法农民的思维方式显然是非理性的。

理性思维必须建立在抽象与逻辑分析能力的基础上，这正是在商品交换的环境中培养起来的。在商品经济中，无数具体的物品被抽象为可用货币加以定量的价值，显示了概念在逻辑基础上的可通约性。随着商品经济而发展起来的复式簿记进一步锻炼了人们思维的精确性和从混沌表象中考察形式主义的程序合理性的能力，排除了权力意志与神秘冲动的广泛的等价交换，使经济过程体现出顺理成章的自然法则。市场规律铁一般的明确性从人们心中赶走了形而上学的信仰和各式各样的浪漫观念。美国当代著名经济学家熊彼特有句名言：商品经济是所有逻辑的母体。M. 韦伯也认为，由于市民社会生活是在与他人的合理竞争中以及生产方式是在经济合理性的支配下进行的，故市民的生活方式自发地倾向于实践上的理性主义并受理性的伦理生活规范所制约。[1] 这些话是颇有道理的。

与此相反，自给自足的宗法农民的生活方式极不利于逻辑运算与抽象概括能力的形成。实物经济中难以形成形式化的价值，阻碍了概念的通约与抽象，社会交往的贫乏阻碍着思维的定量化与精确化，支配农民行为的往往不是逻辑而是习惯与本能。因此，只有在商品经济洗礼后，在经济行为的计量特征和铁一般的逻辑面前，作为自由主体的农民才能得到理性思维与理性行为的初步训练，从而产生所谓“理性的小农”。在此之前只能有非理性的宗法农民。

如前所述，宗法农民的特点是人身依附，包括人对自然界的依附，个人对共同体的依附，以及作为共同体成员对共同体的代表者即天然首长的依附三个层次，其中每一层次对农民思维的理性化都是严重的桎梏。

由于宗法农民的生活方式与劳动方式均与周围自然环境密切相关，所以他们的意识有将社会生活与自然更紧密地结合以支配自然力的倾向，或与导致自然生成且发展变化的生命力合而为一的倾向。他们不能完全认识到自己是一个与周围自然界有别的主体，社会关系的不发展使他们在很大程度上把自己看作对象世界的一部分，从而在认识过程中存在着明显的主客体互渗。这突出地表现在作为主体终极关怀的信仰与把握客体过程中产生的经验不分。农民素来被看作是“重经验”的。但宗法农民所认识的“经验”与现代人作为感性材料的经验有很大的区别。它在一系列观察到的现象中插入了来自非经验本源的诸实体或诸势力，从而往往形成所谓“解释的精神错乱”。这种心理机制使得“经验”常常有利于迷信而不利于科学。笔者在公社化时代的广西农村见到过这种情况：农民对于被认为能带来实惠的新技术总是乐于一试。从这点上看，农民并不“保守”。但只要初试而不如愿，农民就会认定自己“没那个命”，

---

[1] 见苏国勋：《理性化及其限制——韦伯思想引论》，上海人民出版社 1988 年版，第 101 页。

从此拒绝再试，而不愿客观地分析实验过程，寻找合乎逻辑的失败原因以图改进。但在另一些场合，对一些从逻辑与实证的角度上讲明显行不通的事，农民却可以怀着对祖宗和神灵庇护的某种主观情绪百折不挠，屡败屡试，并把失败归因于不够“虔诚”之类。像这样的试验，与其说是在认识客体的属性，不如说在很大程度上是在检验主体的命运与虔诚。因此，在“重经验”的农民群体中同时盛行着迷信，就不足为奇了。由于主客体互渗的存在，农民往往并不是按客体实在的属性去认识或解释客观事物，而是往往带有许多主观因素，反映在艺术上，就是理性主义的写实艺术在农民文化中极不发达。从传统的杨柳青年画、关中的凤翔民间画、陕北布老虎直到现代的户县等地的农民画，其夸张、写意、重彩轻形的特点，就是在以非写实主义为特征的中国传统造型艺术范围内也显得极为突出。在表演艺术中，刻板而程式化的旧式戏曲对农民的感染力也比话剧之类的艺术形式大得多。整个地看，“农民艺术”在艺术水平上常常是相当高的，但风格与古典的及近代的理性主义艺术绝然不同，却与非理性的“后现代主义”有某些相通之处。

总之，主客体的混淆与互渗，从根本上限制了意识对客体实在和映象的确认，阻碍着思维推理和逻辑运算能力的发展，使宗法农民对对象的把握，仅仅表现为一种近似艺术想象式的占有。这样，理性的思维便难以发展。

其次，抽象与逻辑分析能力，或所谓理念，是个人理智摆脱集体表象的产物，即主体个体化的产物，因而它的充分发展必须以独立个人摆脱宗法共同体为前提。而在宗法农民群体中，主体个体化恰恰很不发展，认识活动在相当大的程度上是以共同体的意象为基础的。不仅价值判断即“应当不应当”的判断如此，甚至事实判断即“是不是”的判断也要受共同体的制约。农民心理过程中的“集团的”与“感情的”性质十分突出，在狭隘的、缺乏分化的宗法群体中，集体表象之强加于个人心灵，比多元化的现代社会要严厉得多。因此，农民意识具有明显的“社会化”特点，这些特点是个体心理学的定律所无法解释的。他们往往从诞生之日起就因为自己属于某个狭隘人群而必须适应那世世代代积淀下来的笼罩着整个社会所有成员的感觉、思维与行为的方式。这是一种不发达的群体意识，它由各种神秘因素弥漫互渗而形成一种“气氛”，并引起每个宗法农民对客体世界产生某种共同情感的心象。这种心象并不是个体感性知觉整合、抽象的产物，因而与其说它是一种集体主体的意识，毋宁说是一种集体主体的无意识。尽管宗法农民的感性知觉是个人化的，其生理心理过程与现代的正常人并无不同，但这种感性知觉却在很大程度上被那些不能与之分开的、无疑具有集体性质的神秘因素所包围。在许多情况下，集体表象及其相互关联的力量是如此之大，以至于可感知的最明显的证据也无力与它抗争，而现象之间的最不寻常的相互关联性便成了不可动摇的信念。在这种情况下，情感与激情的因素简直不让真正的思维获得任何优势，因此在人们的思维中便很难存在赤裸裸的事实与实在的客体。在这种思维中不是客体属性决定集体表象，而是集体表象决定客体属性。如果集体表象要求客体中有某些属性，那么任何反证也不能使人们相信它没有这种属性。因此，集体表象是超验的，它导致一种“任何东西可以产生任何东西”的神秘因果观，成为群众性歇斯底里的心理根源。

笔者在农村曾不止一次地听到过农民“亲眼看见”鬼神或祖宗显形的奇闻，其中决无故意骗人的动机。在我国历史上每当农民群众中蕴藏着某种社会心理波动时，必定会有大批神秘的“灾异”或“祥瑞”出现。就是在单一宗教传统下素有禁巫风气的欧洲中世纪，在农民运动前夕也往往会“出现”万物有灵式的怪异“见闻”。如著名的16世纪德国大农民战争之前的三年内，在从莱茵区到匈牙利，从蒂罗尔到萨克森的广大地区，农民们都相信他们看到了某种怪异：有人说看到了太阳周围有三道环，当中有一把燃烧着的火炬；有人说看到月亮出现双晕，中间树着一个大十字架；在匈牙利，人们夜间看见两个戴王冠的首领在天上交战；在莱茵河畔，人们在光天化日之下听到天空中有巨大骚乱声与武器撞击声，好像在发生一次大战；还有许多地方的农民声称动物生了极罕见的怪胎，乌鸦与穴鸦进行激烈搏斗；还有人说看见了彗星……[1] 显然，这些“现象”不能仅仅用基督教信仰来解释，它们在很大的程度上是在人心思变的条件下由表象间超逻辑的任意关联而形成的集体心象。

集体表象以互渗排斥抽象，以情感排斥逻辑，以心象排斥概念，因而在它影响下宗法农民的思维方式缺乏根据概念对感知材料进行整理，按逻辑程序进行解析的能力。他们对矛盾往往漠不关心，这样便失去了发现逻辑谬误并通过经验达到纠谬或证伪以推动思维深入发展的动力。我国东汉末农民中流行的太平道建立在“符水咒说疗病”的基础上，而符水咒说当然对许多患者毫无效验，然而农民们并没有从中发现足以使他们怀疑符咒的矛盾。集体的意象使他们坚信用过符咒后死去的人是因为信道不虔诚，而痊愈者则是因为诚心信道。所以符咒无效者的死亡，在他们看来反倒是必须虔诚信道的证明。直到 20 世纪伊始，我国宗法农民组成的义和团仍然按这种思维方式认定符咒具有“刀枪不入”的威力。尽管拳民们在洋枪洋炮下死亡枕藉，但在当时的人们看来，这只表明他们心不诚或触犯了禁条，而不表明“法术”的虚妄不经。

与集体表象导致对巫术的迷信，并使经验失去证伪巫术的能力一样，集体表象或集体无意识也可以导致对某个人——通常是共同体的代表者即“天然首长”的盲目的、超逻辑与超经验的崇拜，并使经验失去打破偶像的能力。在这种思维中，对“天子圣明”的信仰与遍地哀鸿的现实之间似乎也不存在矛盾，现实的苦难被看作是奸邪小人“蒙蔽圣聪”的结果。这种理性沉沦之下的皇权迷信在农民国家走上社会主义道路后仍可能具有相当的影响，从而产生把一切浩劫与灾难归咎于阴险小人蒙蔽了“伟大领袖”的观念。可见，正如个人依附于共同体是共同体成员依附于“天然首长”的前提一样。个人理智从属于集体表象也是大众理智从属于“天然首长”的意志的基础。后者构成了宗法农民非理性的第三个方面，即“唯上是从”的思维方式，当然所谓“上”并不一定是当局，

[1] W. 威美尔曼：《伟大的德国农民战争》，商务印书馆 1982 年版，第 265 页。

也包括“大哥”“掌家”“寨主”“坛主”和“农民领袖”等等。他们的意志也就是一种非理性的卡里斯玛，一种神秘的魅力。

总之，作为宗法共同体成员的农民，其思维方式受主客观互渗、集体表象和卡里斯玛权威的制约，是以理性的压抑为特征的。但是，近来有人提出所谓“发散式思维”与“收敛式思维”的概念，并认为前者是开放的、先进的思维形式，后者则是封闭的、落后的思维形式。那么宗法农民的思维方式是否属于“收敛式”的呢？未必，事实上，正如宗法共同体中专制与散漫、束缚与保护等的对立统一一样，宗法农民的思维方式也既有发散的一面，又有收敛的一面。一方面，宗法农民的思维在一定程度上不受逻辑规则的约束，也不受实证经验与概念内涵的控制，使“任意的”表象关联（或用列维-布留尔的术语说是“前关联”）与综合、无穷无尽多种多样的互渗得以实现，从而体现了一种异想天开的“思想解放”。但另一方面，尽管这种思维不服从逻辑运算，或者更确切地说，正因为它不服从逻辑运算，所以它绝对不是自由的，它必然与它所符合的社会结构一致。宗法社会的制度先验地固定了集体表象的实际可能的组合，固定了表象之间的关联数量和关联方法，乃至固定了表象本身，所以这种思维在本质上又是停滞的、封闭的、僵化的。这种思维可以在“任何东西可以产生任何东西”的原则下“发现”现代社会中的人所无法发现的神秘因果，但往往无法在经验与逻辑的引导下发现现代社会中的人极易发现的实在因果。这种思维往往在信仰冲动与情感因素作用下提出种种令现代人瞠目结舌的“新发明”。但这种情感的性质本身又是为传统所预先决定的，只要共同体的宗法结构不变，其成员所感知、感觉、体验到的对象世界也必然是先定的、一成不变的。所以宗法农民的思维方式常常既有发散，又有收敛，但无论“发”与“收”都是非理性的。它所形成的想法既有“解放”的，又有保守的，但无论“放”与“守”都是宗法式的。洪秀全向西方寻求真理，找来了政教合一的“八位万岁”，显然是颇有点“发散”与“创新”的，然而他所要建立的天国却具有最保守、最“收敛”的宗法模式。我们在某个时期也曾异想天开地要“人有多大胆，地有多大产”，要“跑步进入共产主义”，真是思想解放得可以。然而对商品经济、自由个性、科学精神却持一种极为保守僵化的恐惧态度，采取了最“收敛”的政策。可见，思想解放离不开理性法庭的权威，而思维所服从的逻辑机制则成为它解放的必要条件和进化的必要工具。在一个农民国家里，不确立理性精神是根本谈不上思维的现代化的。

三、宗法农民非理性的各种类型

自然经济宗法共同体中的农民，无论在东方还是在西方中世纪，其思维方式都具有非理性本质。但这决不是说各民族的宗法农民思维方式的特点都是一样的。显然，中国农民与欧洲农民，西欧农民与俄国农民，在思维方式上又各有其传统特征，而且这些特征与我们前文中所谈到的封建宗法共同体的三种形式，又有着极为密切的关系。

一般地说，欧洲农民，尤其是西欧农民的非理性思维，具有宗教神秘主义的突出特点，即直接表现为本体论的神秘主义。欧洲农民共同体生活中，宗教生活占有非常重要的位置，而且愈是自然经济化的地区愈明显——近代欧洲农村的宗教气氛与资本主义化成反比例，东欧甚于南欧，南欧甚于西、北欧。19 世纪欧洲农民每年用于宗教活动而停止生产的日数，荷兰为 54 日，普鲁士 60 日，丹麦 62 日，法国 63 日，意大利 67 日，西班牙 75 日，英国 87 日，俄国达 96 日 [1]。而同一时期俄国农民年劳动日一般为 150 天。套用中国成语“三天打鱼两天晒网”，俄国农民恰恰是“三天干活两天祈祷”。因此俄国农民中有句谚语：“人生三件事：干活、祭祀、进棺材。”[2] 但是，俄国农民的宗教观念却与西欧农民有很大差异。

[1] N. 维尔斯：《俄国农民日常生活》，巴黎 1984 年版，第 133 页。
[2] N. 维尔斯：《俄国农民日常生活》，第 133 页。

西欧农民宗教本体论色彩较浓，他们一般都把宗教作为人生的终极关怀与寄托，而在此岸的生活中保持相当冷静的态度。因此，一方面西欧农民运动大都具有特别浓厚的信仰色彩，与某种教派的教义紧密结合。14世纪英国农民的罗拉德派运动，15世纪捷克农民的胡司派运动，16世纪德国农民的再洗礼派运动乃至英国革命后的农民清教运动等莫不如此。另一方面在世俗生活中则遵循具有理性主义色彩的所谓“新教伦理”，追求“合理化”的进取精神。作为英国资产阶级革命主力的富裕自耕农，就是一方面为信仰而不是为“穷则思变”而战，[1] 另一方面在日常生活中汲汲于以经济合理化来从事积累的“天职”。这种特点，显然与西欧农民宗法共同体结构较为松弛有关。

与此形成对比的是俄国农民，一方面他们在日常生活中把大量时间用于宗教活动，另一方面俄国历次农民运动都不是在某个教派的旗帜下而是在“好沙皇”的旗帜下进行的（进入20世纪后则是在村社的旗帜下进行的）。俄国农民中彼岸与此岸世界的观念十分淡漠，他们的宗教心理带有浓厚的原始自然神崇拜的色彩，正如俄国谚语所说的：“上天不打雷，庄稼汉就不肯划十字”，以致不少学者认为俄国农村的宗教仪式“宗教（按：指东正教）意义不大”，祭祀与其他礼仪一样，都是基督教与异教（按：指自然神崇拜）的混合，而且毋宁说更接近于异教。[2] 据1926年在俄国中部科斯特罗马省农村的调查，农民中流行着近600种巫术与占卜的仪式，几百种信仰和与农事活动有关的禁忌与迷信，以及数十种符咒治病的巫术，那里的宗教职业者都是“半萨满、半牧师”式的人。[3] 1890年切霍夫指出：俄国农村中“几乎无人理解圣经，但都无一例外地爱圣经，崇拜圣经。然而他们没有圣经，谁也不读圣经，也无人宣讲圣经”。他认为农村处在“尚未从迷信与前基督教的仪式中走出来的文盲社会中”，

[1] F. 基佐：《1640年英国革命史》，商务印书馆1986年版，第209页。
[2] N. 维尔斯：《俄国农民日常生活》，第133页。
[3] B. 斯米尔诺夫，《科斯特罗马地区民间巫术》，科斯特罗马1927年版，第13—15页。

其宗教感情与暧昧的自然神教并无什么区别。[1]在俄国农民中，存在着水神、晒谷场神、谷仓神、井神、路神、木材神、森林神乃至各种动植物神及神媒、魔鬼等崇拜，而且神秘的互渗遍及生产、生活乃至伦理道德的各个领域。俄国农民实际上并没有单一教派观念，东正教的优势在很大程度上只是出于专制当局的规定。1920 年浸礼会信徒甚至登上了苏维埃八大的讲坛，1924 年俄共（布）十三大曾谈到旧制度对异端信徒的迫害，并把他们称之为建设性地参加了苏维埃事业。20 年代初，异端教派建立了大批农业公社，因而被农民认为“共产主义者”。教派公社一般规模为数百人，有公共基金购买农机具，集体或半集体生产，收获平均分配或共同消费，有的公社单身者住集体宿舍，各家庭各有一室，在食堂就餐，遵守不抽烟、不饮酒的清教式戒律，并定期举行布道会，等。[2]显然，这种类型的农民文化把社会关系中的共同体，思维活动中的集体表象与神秘主义化的所谓“社会主义”伦理混在一起，它并不醉心于对彼岸世界的探索，却把此岸世界彼岸化了。它使世俗生活中充满了神秘的互渗，同时严重扭曲了本来意义上的社会主义所固有的理性精神。这样一种文化素质与思维方式的影响，无疑是后来苏联发生所谓“个人崇拜”的群众性歇斯底里的重要背景之一。

可见，宗法农民非理性思维的第一种类型，即宗教神秘主义非理性，与其说来源于作为一种终极关怀的宗教，不如说来源于宗法共同体。俄国农民固守单一教派信仰的热情明显低于西欧农民，但由于俄国农民宗法共同体的纽带比西欧农民更牢固，因此俄国农民思维过程中的宗教神秘主义非理性成分远远超过西欧农民。由于俄国农民并不坚守单一宗教信仰，所以十月革命后无神论的宣传从本体观的角度上看是相当成功的。特别是在全盘集体化过程中，各地贫农纷纷起来“从拆下教堂的钟来着手组织劳动组合”[3]，把成千上万宗教人员作为“富农”逮捕流放，不仅

---

[1] A. 切霍夫：《百姓们》，巴黎 1970 年版，第 65 页。

[2] N. 维尔斯：《俄国农民日常生活》，第 179—182、235—243 页。

[3]《斯大林选集》下册，第 243 页。

东正教几乎被一扫而尽，甚至连20年代颇受赞赏的各种异端教派也被指责为“反苏维埃活动”而予以取缔。但农民（乃至由农民进城而转化的工人）思维中的神秘互渗仍然根深蒂固，从而导致了一场空前规模的“无神论的造神运动”——个人迷信。

神秘主义非理性通过表象中的任意关联形成“一切好的归功于卡里斯玛领袖，一切坏的归罪于魔鬼的化身”的思维模式，因而造成权威崇拜的心理机制。一般说来。欧洲农民的“皇权主义”传统是很明显的。但东欧农民与西欧农民之间又有明显的区别。西欧农民运动一般都不反对在位的国王或皇帝，甚至农民运动本身便以向国王请愿的方式进行。俄国农民运动则常常以“好沙皇”、伪沙皇反对“坏沙皇”、真沙皇。有人因此得出结论说，西欧农民对国王的迷信更甚于俄国农民，这是很片面的看法。其实，造成这种区别的主要原因在于西方农民运动多在教派的旗帜下进行，其领袖如意大利的多里奇诺、英国的约翰·保尔与德国的闵采尔等多是神学家或神职人员，因此在教派的权威之外便不必要另立国王的权威。西欧中世纪农民运动固然有很多是以向当朝国王请愿的方式进行，但也有一些是反对皇权的。如德国1476年有预言者吹鼓手汉斯，以圣母的名义宣称，“今后不应再有皇帝、诸侯、教皇”，应该把他们全部废除，并以“圣母使者”的名义发动3万多名农民起义。1514年匈牙利由乔治多沙领导的农民运动也“宣告成立共和国，主权归于人民，废除国王”[1]。可见，西欧农民的皇权崇拜相对而言并不是很强烈的。而俄国农民的单一教派信仰并不突出，原始自然神崇拜遗风盛行，农民运动中并未建立教派的权威，其领袖如波洛特尼科夫、拉辛、普加乔夫等也都并非神职人员而是哥萨克类型的人物，因此他们对皇权的需要便远远超过西欧农民，从而使“好沙皇”与伪沙皇在每次农民运动中都成为群众心中的偶像。

宗法共同体所造成的集体表象的互渗或任意关联，除了带来神秘主

[1] W.戚美尔曼:《伟大的德国农民战争》，第12、140页。

义非理性外，还造成了第二种非理性思维的形成，即浪漫主义非理性。

浪漫主义在人们心目中是一个褒义词。确实，作为一种审美原则的浪漫主义是无可非议的，也是现代社会的人们所追求的。然而作为一种认识原则的浪漫主义却是一种反科学的前现代社会或宗法社会的思维模式。它以一种狂热的集体情感排斥理性认识，以宗法共同体的群众激情淹没了严谨的逻辑思维。严格地说，任何宗教都不能没有狂热的激情，而任何浪漫的冲动都带有神秘色彩。我们只是在下列标准下区别神秘主义非理性与浪漫主义非理性：前者是神文的（包括形而上学的宗教和万物有灵的自然神论——“前宗教”）而后者是世俗的，前者是崇拜的而后者是“解放”的；前者是收敛式的非理性思维（一切以神意或卡里斯玛领袖的是非为是非），后者则是发散式的非理性思维（“人有多大胆，地有多大产”之类）；前者直接导致的是对外在权威的顶礼膜拜，而后者则直接导致了为所欲为的群众性歇斯底里，前者的思维方式是“一切好的归功于神（或卡里斯玛领袖），一切坏的归罪于魔鬼”，而后者的思维方式是“任何东西可以产生任何东西”。

浪漫主义非理性的思维在那些内部社会交际比较活跃的宗法农民共同体中比较典型，其中俄国农民最具有代表性。如果说神秘主义非理性在很大程度上是欧洲宗法农民的共同特点，东西欧只是具体形式有别的话，那么俄国农民的浪漫主义精神则在很大程度上是西欧宗法农民所没有的。俄国农民的宗法村社——米尔远比西欧农村的马尔克社会功能发达得多，与中国宗法共同体家—族—国的纵向一体化结构之缺乏横向交往更有极大区别。如果说家族共同体培养了中国农民内向、重伦理的性格，那么村社共同体便培养了俄国农民外向、重感情的性格。中国农民注重亲族关系犹如俄国农民注重邻里关系。尽管宗法式的俄国农民对村外的事务漠然如同世外（“米尔”兼有“村社”与“世界”二义），但在村社内部却是非常热情的，他们的社交活动要花去一年中四分之一以上时间。在这些日子，“从午后直到深夜，街上到处都在跳舞，充满了歌声”，因此有人说俄国农民第一个特点是爱唱歌。[1] 在宗法社会条件下，这就形成了他们浪漫主义有余、理性精神不足的性格。民粹派的经济浪漫主义、无政府主义、好逞匹夫之勇、热衷于以恐怖手段创造奇迹、幻想“一颗炸弹改变社会”、不承认客观规律与社会发展的逻辑等特点，就是宗法农民浪漫主义非理性精神在这些“农民文化”精英中的反映。在十月革命后，苏联从农民国家走向社会主义的过程中，激情过多、理智过少的农民思维方式也多有体现。尤其是在战时共产主义、全盘集体化与消灭富农阶级以至大清洗等运动中频频掀起高潮的群众性歇斯底里，更集中地体现了非理性的倾向。

中国的宗法农民文化中的非理性素质，属于第三种类型。表面上看起来，性格内向的中国农民没有俄罗斯农民那么多的浪漫主义激情，讲究实用的中国农民更没有西欧农民那种约翰牛式的宗教狂热。但是，中国宗法农民却以他们重感觉而轻逻辑、重具体而轻抽象的经验——直觉主义非理性思维方式，兼有了神秘主义非理性带来的权威崇拜和浪漫主义非理性带来的群众性歇斯底里。当然，这两个方面正如宗法共同体的保护与束缚、散漫与专制等一样，在一切形式的宗法农民群体中都以互为因果、对立统一的方式同时存在，然而像在中国宗法农民文化中把两个方面结合得如此和谐，如此强固，却是十分罕见的。从这个角度而言，说中国宗法农民比西欧与俄罗斯的宗法农民更倾向于思维方式的非理性，恐不为过分。

关于中国“传统文化”中直觉思维的非理性性质，本章第一节已经谈及，这里仅就传统宗法文化中精英与大众（在很大程度上即农民大众）思维方式的互补谈些看法。

中国宗法社会的统治者与农民大众存在着利益的对立，这是毫无疑问的。但是由于都在同一个自然经济的宗法环境中生存，其思维方式也存在着相当程度的共性。一般地说，封建士大夫那种神秘主义的内省式

[1]《俄国工人阶级状况》，第222页。

思维方式，即所谓“修身养性”“格物”“致良知”之类的非理性思辨，[1] 在农民中是很少见的。相反，农民中自然神崇拜与巫术的流行又明显地不同于“不语怪力乱神”的儒家传统。但是无论士大夫还是农民，其基本的思维方式都是具体、综合而模糊的直觉经验及其外推，缺乏理性思维所必需的抽象、分析与严格的逻辑结构，而农民的思维尤其如此。

“务实”的中国农民比起虔诚的西欧农民或浪漫的俄国农民来，“经验主义”倾向更为明显。然而这种“经验主义”与西方那种与唯理论分庭抗礼的、实证的经验主义完全不同。首先，这种“经验”十分狭隘，在“经验”范围之外完全是神秘主义的领域。其次，更重要的是，这种“经验”并不是实证经验，由于缺乏概念与逻辑运算，它既不能证实什么，也不能证伪什么，而只是一种模糊的“感觉”。然而在缺乏解析能力的情况下，人们又不能把它作为模糊集合来把握，而只能采用“模糊域情绪定位法”在互渗中把它变成一种僵硬的“前概念”。这样，即使在“经验”的狭隘范围内，主客体互渗与集体表象的任意关联也排挤着理性的位置。法国社会人类学大师列维-布留尔干脆把这种思维完全归入“原始思维”的范畴。[2] 这些材料除偶有一二例歪曲外都是可信的，其中一些现象直至今日在某些农村地区还可以见到，笔者对此是有体会的。我们当然不能同意他这种带有种族偏见的说法。创造了灿烂文明的中国人，包括中国农民在内的思维方式决不是真正“原始”的，正如西方中世纪思维也不是真正的逻辑思维一样。但无论如何，封建时代的人们既然是宗法共

[1] 宋明之际儒学各派所倡导的这类思辨，曾被一些人称之为中国的“传统理性”。但在笔者看来，它恰恰是极端反理性的，因为它不仅是非逻辑的道德自省，而且掺杂着从禅学那里吸收的神秘主义成分。这种思辨与理念，即与笛卡尔所谓的“我思故我在”完全是风马牛不相及的东西。倒是清代与“宋学”对立的“汉学”即考据学体现了实证理性的精神，可惜它仅局限于专制文网所不及的角落中，没有也不能发展为一种认识与改造世界的“新工具”。

[2] 据说，列维-布留尔正是在看了《史记》后萌发了“原始思维”的概念的。在他的著作中还搜集了大量有关中国人——大部分是中国农民——思维方式的材料并屡屡作为“原始思维”的标本加以引用。见《原始思维》中译本第 33、37—38、46—47、206、212、241、248—249、291、296—297 页。

同体成员，无法摆脱集体表象，则思维中的“原逻辑”成分当然不可忽视。中国的家国一体的宗法共同体比欧洲中世纪封建共同体的束缚力更强，则中国宗法农民思维方式中的原逻辑成分比欧洲宗法农民更重一些，也就不奇怪了。

中国的宗法农民与欧洲宗法农民相比，在对外在权威的崇拜方面似乎是“实用主义”的。西欧农民是虔诚的单一教派信徒，俄国农民教派观念淡漠，并在东正教的框框里纳入了许多自然神与鬼巫，而中国农民就其总体来看几乎没有什么形而上学的宗教观念，只有出于功利目的的“有奶便是娘”式的崇拜。明清时代，我国许多地方都有同时供奉儒、佛、道三家偶像的“三教殿”，农家的香案上往往更是菩萨、玉皇与灶君等和平共处。西欧农民通常不仅不反对当政王朝，而且拥护在位国王，俄国农民则不反当政王朝，只想用“伪沙皇”反对真沙皇，只有中国农民曾一次次地不仅把皇帝拉下马，而且导致改朝换代。但是实际上皇权与神权对中国农民思维的控制却比欧洲严厉得多，它不仅表现为有意识的权威崇拜，而且表现为无意识的心理过程。

鲁迅曾经塑造了两个农民非理性的典型，一个是迷信而导致精神失常的祥林嫂，一个是表面上似乎没有多少神怪观念却陷于“解释的精神错乱”的阿Q。在主客体互渗之下被代表夫权与礼教的鬼魂、阎罗紧紧缠住、被逼而疯的祥林嫂，是人们比较易于理解的。但对于中国农民来说，最令人深思的却是那个并不害怕鬼神，简直看不出有什么信仰而且从生理上看一直精神正常的阿Q。众所周知，阿Q为其奴隶地位建立心理平衡的思维方式便是那把一切凌辱欺侮都看作“儿子打老子”的精神胜利法。正如现在人们越来越痛切地感到的，这实际上并不仅仅是阿Q的个人心理，而是一种可悲的社会心理。这种心理的形成固然有极深刻的社会原因，但仅就思维形式来说，“精神胜利法”实际上就是经验—直觉主义非理性的原逻辑思维所导致的一种“解释的精神错乱”。这种思维首先从先验的集体表象出发，把社会上的人际关系都归结为“儿子”与“老子”的关系及其外推，然后从“经验”中取得“儿子有时也不免要打老子”的感性知觉。由于思维的模糊与非逻辑性，在内部意识活动与外部信息活动的互渗中通过“模糊域情绪定位”，便把“儿子有时打老子”的感知转化为“儿子必定打老子”的“前概念”，然后再把这一前概念与现实中别人对自己的欺侮、压迫现象进行非逻辑的神秘关联，于是便自欺欺人地认定自己身受欺凌是“因为”自己处于“老子”的地位，或者受人欺凌的现实“证明”了自己的“老子”身份！这种中国式的宗法农民共同体所具有的非理性思维，使阿Q和阿Q式的人们群体处于不幸而不争、可悲而不自悲的蒙昧状况。

这种思维方式在平时形成了奴性的心理平衡，而在走投无路、被迫反抗时，它又往往导致一种歇斯底里的情绪。张献忠的悲剧就是一个典型。据与张献忠接触较多的两个西方传教士以中立者的眼光所观察，张献忠其人“智识宏深、决断过人、二司铎亦暗暗称奇，献忠天姿英敏，知足多谋，其才足以治国。然有神经病，残害生灵，不足以为人主”[1]。这一结论乍一看似乎是自相矛盾的，“天姿英敏，知足多谋”与有“神经病”“其才足以治国”与“不足以为人主”怎么能统一起来呢？确实，不少史籍把张献忠“屠蜀”这种荒唐可悲之举归咎于他的神经不正常。然而许多迹象表明，这种“神经病”更可能也是一种“解释的精神错乱”，而并非生理上的神经病。张献忠的思维中充满着与集体表象有关的各种神秘的联系，如有一次他“谓亲见天上，见有弓、箭、刀、矛等物。随令百官仰视天空，百官等一无所见。献忠谓今日天不清朗，故尔寻未能见之，且其中亦有天意存焉。天显奇异，只令天子独见，以便将来代天行之”[2]。又有一次他对两个传教士发生怀疑，进而产生了一大串联想，谓曰：

> 四百年前，西方有一番王欲谋中国之财宝，遂遣某大臣为钦差，赍各贡礼来献中国。贡礼中有一巨烛，名为福烛，其中暗藏炸药。

[1] 古洛东:《圣教入川记》，四川人民出版社1981年版，第22页。

[2] 古洛东:《圣教入川记》，第46—47页。

做工极精，使人不疑。待烧至炸药处，炸药忽然爆裂，能致皇宫坍塌，皇帝压毙。然此种奸计，未能欺哄中国贤王。贤王知计，未燃福烛之前，令破烛验之。果然在烛中寻出炸弹，未中番王之奸谋。贤王怒，遂将钦差杀毙。前利玛窦在北京时，亦欲效其番王所行，用铁铸一最大战炮，其中满贮火药，以火燃之，巨炮忽裂，炸成粉块，伤杀多人。而利玛窦亦在死中，被炮炸成数块，血肉横飞。万历皇帝饬令将其尸块弃于荒郊，以饱禽兽之腹。[1]

以我们的思维度之，很容易把这种胡言乱语看作是有意造谣以加害于人的诈术。然而根据史料记载，这番话并不是别人告诉张献忠的，也不是他有意捏造出来骗人的，而是他确实“感觉”如此。显然，这里出现的是混合着先验情绪的一系列感知表象构成的一种超时空、非逻辑的关联：两个传教士是可疑分子——传教士会造火炮与炸药——有个名叫利玛窦的传教士服务万历皇帝——“番王”对中国之财宝垂涎已久。这里的关联包含在他想象的和一旦想象到了就相信的前件与后件的神秘联系中，而感知主体与感知对象也在其中互渗：“我”——中国贤王——万历皇帝；眼前的两个传教士——番王的钦差——利玛窦。而“我”对这两个传教士的杀机也与想象中的中国贤王与万历皇帝对钦差与利玛窦的处置浑然一体了。

正是这样一种思维方式使张献忠处于一种歇斯底里的猜疑中。史料中记载了许多他把形势的恶化归咎于与“川民”的罪孽有关的各种莫明其妙的原因，以及各种神秘莫测征兆使他认为“天命我杀，不得不杀”。这种歇斯底里的心理也不仅他个人有，当时很多人便把形势恶化归咎于传教士所造的天文仪器有错，“皇营内外皆议论纷纷，均以天球之误有害国家。献忠闻之，狂怒大作”，[2] 在这里，张献忠反而成了受集体情绪影响的人了。

[1] 古洛东:《圣教入川记》，第46—47页。

[2] 古洛东:《圣教入川记》，第50页。

无疑，张献忠的行为正如作为艺术典型的阿Q一样，是宗法农民非理性的一种极端反映。现实中当然不可能人人都会荒唐到如此地步。但是经验—直觉主义非理性思维方式的原逻辑性质所带来的心理机制的潜在能力是不可低估的，直到今天，我们难道不是仍然可以感觉到它的影响吗？

前面说过，经验—直觉非理性在精英中与在大众中，在统治者中与在农民中的表现有所不同。统治者所崇拜的农民未必崇拜，大众为之狂热的事情统治者未必热心。但是，宗法农民非理性与统治者的非理性也常常形成某种互补机制。统治者的歇斯底里在群众的阿Q式奴性之下得以大行其道，而统治者对某种东西的崇拜也往往引起群众性歇斯底里。许多历史悲剧都是这样产生的。

总之，神秘主义非理性，浪漫主义非理性与经验—直觉主义非理性是宗法农民非理性思维的三种主要形式。它们在不同类型的宗法共同体中分别占有主要地位。但一般地说，其中任何一种形式都不可能单独的存在。在神秘主义气氛下直觉“经验”不可能为实证经验所取代，在浪漫的情绪中原逻辑成分也难以为逻辑成分所排挤，如此等等。所以无论西欧、东欧还是中国的宗法农民群体，其思维方式的不同只能是相对的。换句话说，我们并不认为理性与非理性、抽象与具体、逻辑思维与原逻辑思维的区别是“西方”与“东方”思维方式的区别，我们宁可把它们视为近现代社会与宗法社会思维方式的区别。因此，尽管当前西方后现代主义的非理性思潮对“东方”思维方式的某种欣赏使得一些人为之飘飘然，但我们仍然认为保留非理性传统的“东方式现代化”只不过是一种幻想，像中国这样的农民国家不经过彻底的理性启蒙运动是不可能迈入现代化的。

宗法农民思维方式的非理性归根结底是宗法共同体内人的个性不发达的结果，是自然经济状态下人依附于自然界、个人依附于共同体、共同体成员依附于共同体的“天然首长”的结果。因此理性的觉醒决不仅仅是一个思想进化过程，它与社会化商品经济的发展、人的自由个性的发展是密不可分的。我们过去脱离后者而企图仅仅依靠宣传唯物主义与无神论来克服蒙昧与迷信，结果却在一场“无神论者的造神运动”中受到了历史的嘲弄，教训至深！相反，在宗法共同体彻底瓦解，人的个性得以发展的基础上，作为一种终极关怀的宗教却可以在一个理性社会中保留一定的地位。所以，在一个农民国家中，理性的解放归根结底是民主革命宏观进程中的一部分。反过来说，民主也只有建立在理性的基础上才有意义。因为，只有当我们能够有自己的想法时，表述思维的权利才有价值；只有当内在的心理过程使我们可以确立自己的个性时，摆脱外在的权威才能持久。而这一切又必须以个人理智摆脱集体表象为前提，以抽象力和逻辑分析能力基础上的主体个体化为前提。如果不是这样，则在集体表象支配下的“民主”只能是一种群众性歇斯底里，而它恰恰与专制主义是互补的。

第十二章

农民的过去、现在与未来

一、古典小农与古典文明

公元前6世纪到公元4世纪近一千年间，地中海地区曾存在着以希腊—罗马文明为代表的灿烂的西方古典文明。它留下了公民精神、民主政治与共和制度，留下了那个时代令人叹为观止的经济繁荣，留下了希腊哲学、罗马法学和洋溢着人文精神的文化艺术，留下了亚里士多德的工具论、欧几里德的公理演绎系统和它们所体现的抽象思维，高度理念与爱智求真的科学——理性精神。这一切与中世纪沉闷的宗法气氛和田园诗般宁静的生活形成了鲜明的对比。

人们曾把希腊—罗马描绘为野蛮、黑暗、充满血腥味的“奴隶社会”，以为古希腊、罗马的繁荣都建立在靠皮鞭与镣铐维持的“奴隶制经济”之上。而西方打着复兴古典文明旗号所开辟的近代化道路，却在欧洲人心目中造成了把希腊罗马“现代化”的印象。以E.迈尔、罗斯托夫采夫等人为代表的“古代资本主义”论长期支配着西方人的古史观，它把希腊—罗马描绘为以城市经济、商业与信用、作坊手工业与农场式农业为基础的“工商立国”的文明。这种看法在“奴隶社会”理论衰落的今天又为我国大批中外比较论者所袭用。殊不知“古代资本主义”论在今日的西方已是明日黄花，本世纪特别是战后40年来，西方古史学界已经很少有人相信它了。当代希腊—罗马研究中“原始主义”占压倒优势，人们已经把“城邦”与“城市”作了严格区分。古希腊城邦的本质是公民公社，其中不少并没有“城”，如著名的斯巴达就只是五个村子的联合。

那些有城垣的城邦，包括雅典在内，其公民绝大多数也是小农而非工商业者。至于罗马的农业立国，历来并无争议，但当代学者普遍认为过去对奴隶制农场在罗马农业中的地位作了严重的夸大。事实上古典奴隶制农场的兴盛只是一个世纪左右而已，并且主要限于中南意大利与西西里，就是在彼时彼地的 700 万人口中奴隶也仅占 30% 左右，小农农业仍占相当比重。而罗马古典文明最繁荣的时代恰恰在这个时期过去以后。在拥有 1 亿多人口的罗马帝国全境，在希腊—罗马古典文明的绝大部分时期与绝大部分地区，小农仍是主要的经济形式。正如 1978 年第七届国际经济史大会古代组绝大多数讨论者确认的：“希腊罗马社会中典型的劳动者是小农，而不是奴隶。”[1] 西方许多马克思主义古史学家，如英国的克罗伊克斯等，也认为希腊—罗马世界总的来说满足“农民社会”的一般定义。[2]

但是，古典时代的希腊—罗马农民与中世纪宗法农民有本质的不同。首先，他们是商品生产者，与外部世界保持频繁的“物的联系”，伯利克里的雅典经济高度专业化了，从梭伦时代起，阿提卡农民越来越转向生产油和酒，粮食依赖进口，而油、酒广泛地外销。正如伯利克里所言：“所有的好东西从世界一切地方运到我们这里，使得我们享用它们就像享用我们这里的土产一般。”[3] 阿里斯托芬喜剧描写的雅典农民不是经营葡萄园、无花果园和橄榄园，就是生产蜂蜜和放牧羊群。《庆祝德墨特尔女神节的妇女》中描写了农夫出售葡萄，以所得货币去买面粉的典型场面。罗得岛等地保存的许多土地租佃契约铭文中，佃农也都是种植葡萄、无花果与橄榄而交纳货币地租的。罗马农民的经济也“基本上是货币经济，有关实物交换的材料很少”，“农民货币持有者的普及是毋庸证明的”[4]。与封建时代的“伪商品经济”中商人凭“关系”致富而价值规律却了无

[1] 见 P. 甘塞主编：《希腊罗马世界的非奴隶劳动》，剑桥 1980 年版，卷末跋语。
[2] G. 德-圣-克罗伊克斯：《古代希腊世界的阶级斗争》，伦敦 1981 年版，第 208—209 页。
[3] C. 斯塔尔：《古代世界史》，伦敦 1977 年版，第 313 页。
[4] R. 邓肯-琼斯：《罗马帝国的经济》，剑桥 1974 年版，第 6—7 页。

作用的状况不同，古典时代的经济生活中价值规律与由它派生的平均利润率规律在一定程度上是起作用的。其明显表现就是希腊—罗马经济中的地租率、借贷利率与一般生产利润率之间紧密相关，因此尽管古典时代土地租佃非常发达而且常以公开招标的方式自由进行，但地租率却自然保持在很低水平，同样，借贷利率也处在一般利润率以下。

在这种社会条件下的古典小农是积极的自由公民，他们既摆脱了早期文明时代氏族共同体和贵族父家长的束缚，又尚未落入中世纪宗法共同体与“天然首长”的桎梏中，因而个性与理性得到初步发展。“市场的产生和在其中获得生活必需品以及出卖自己产品的可能性，促进了小生产者（农民与小手工业者）的解放，从贵族的经济统治下解放出来，并因而成为形成古典（包括雅典的）民主的条件之一。”[1] 与所谓蓝色文明“重商主义”精神的虚构相反，古典社会普遍重农抑商（当然这里所“重”的农是商品生产者农民而不是宗法农民），包括雅典在内的许多城邦里公民主要由自耕农构成，而商业及信贷业则主要是没有公民权的“外邦人”的职业。的确，农民往往因忙于家事而不能频繁地参加公民大会，因此，当时批评民主制度的人士，如苏格拉底等，曾声称公民大会实际上控制在工商界手中，而今人往往也以此视雅典民主为“虚伪”。但实际上民主的价值并不在于一切决策均直接由全体人民共同作出，而在它确立了政府的能力在于人民的授权这一原则。从这一点来说，雅典民主决不是形同虚设的。古典经济的交换关系中产生的权利义务体系、社会契约意识与公平观念造成了法治昌明、法学发达，并确立了罗马万民法“自由无等差”及私法关系上人人平等诸原则。这样的社会结构也同样有助于理性思维的形成。如果说加图的《农业志》反映了占地100—200犹格的奴隶制农场主对“经济合理性”的追求，那么科路美拉的《农业志》则反映了占地仅7犹格（约26亩）的古典小农对“经济合理性”的热心。

当然，古典小农毕竟不是资本主义的家庭农场主，古典经济的商品

[1] 见《古代世界城邦问题译文集》，时事出版社1985年版，第28—29页。

交换关系是建立在从氏族共同体解体中形成的独立生产者——古典小家庭无法自给自足的基础之上，建立在低水平生产力基础之上的。当时人类对自然界的依附很严重，人的个性的发展也受到极大限制。在多方面的能力体系与能力分化未形成的情况下，交换关系的发展不能使用为主体的人把自己的某种属性——劳动力变成商品，相反，却使劳动者自身变成了商品，从而造成古典“自由经济”与人的非自由化趋势间的矛盾日益发展，最终使古典经济走向自己的反面：作为古典商品经济基础且无法自给自足的独立家庭经济被包含众多依附者且可以自给自足的宗法共同体取代。相应地，罗马法的契约自由带来了“自愿”委身制、庇护制的流行。“自由异化”的结果是作为罗马法基础的自由的权利主体的消灭，从而导致罗马法自身的消失，而古代自由民对朴素理性的追求则在新斯多噶主义那里发展为对“绝对理性”——逻各斯的一种非理性崇拜。正是这种理性的异化成为中世纪神学目的论和蒙昧主义的历史前提。这样，古典社会便异化为中世纪宗法社会，而作为积极公民的古典自由农民也演化为中世纪的宗法依附农民。

古典文明是西方特有的现象吗？这个问题绝不仅仅是个学术问题。近代文明在逻辑上可以理解为古典文明在否定之否定后的“再现”（当然，不是循环论意义上的再现，而是辩证的发展过程）。因此正确认识中西方古代社会的异同，对于探寻中国人能否现代化，中国的现代化过程除了“外来的冲击”之外在本国的土壤上究竟有无原动力等问题，也有重大意义。虽然囿于篇幅本书无法详细讨论这一问题。但笔者认为尽管中西社会在古代如同在中世纪一样各有其鲜明的特点，然而古典化作为一种趋势在战国秦汉时代的中国也很明显。至于这种趋势是否已发展到使这一时期可以像西方古典时代那样构成一个独立的社会发展阶段则另当别论，这不影响我们的分析。

战国秦汉是我国早期文明中氏族共同体瓦解后，以独立家庭经济为基础的商品经济发展的高峰。西汉货币平均年发行量高达我国封建社会盛唐时代的 10 倍，货币关系与城乡市场的发达，赋税、地租、工资及国家财政等各种支付的货币化，自由产权及以货币来通约的抽象财产概念的普及，以及经济生活中专业化与开放性的程度，都给人以强烈印象。[1]如果说这一切在以后我国中古时代不时繁荣的“伪商品经济”中似乎还可以见到的话，那么当时人们对这一切的理解就更令人吃惊：“庶民农工商贾，率亦岁万息二千，户百万之家则二十万”，“子贷金钱千贯，节驵会，贪贾三之，廉贾五之……他杂业不中什二则非吾财也。”[2]从农工商贾到借贷资本以至其他杂业，从薄利多销的“廉贾”到厚利滞销的“贪贾”，各行业的资本利润率平均浮动在2/10左右，投资100万钱，年赢利均可在20万上下！这是为什么？“物贱之征贵。贵之征贱……若水之趋下，日夜无休时，不召而自来……岂非道之所符，而自然之验邪！”[3]物价随供求关系围绕某一点周期性地上下波动，如同水往低处流，自发地调节着劳动与资源在各行业间的分配，不以人的意志为转移，这难道不是客观规律吗？不管实际情况与司马迁的“理论模式”有多么大距离，毕竟在我国近代以前的数千年历史上只有他从当时的生活中抽象出了平均利润率在“看不见的手”的支配下自发形成的过程。这种机制，显然是我国封建时代的“伪商品经济”中不存在的现象。

司马迁所谓“农工商贾”之“农”。主要指从事商品生产的古典式种植园而言，即“陈夏千亩漆、齐鲁千亩桑麻、渭川千亩竹、及各国万家之城，带郭千亩亩钟之田，若干亩卮茜，千畦姜韭”之类的经营者。我们当然不可夸大这种经济类型在汉代的比重。但即使是当时一般的小农，其经济的商品化程度也十分惊人。战国秦汉间与古典希腊罗马一样盛行重农抑商的思想，“欲民务农，在于贵粟……农民有钱，粟有所渫，”[4]“市也在，劝也，劝在所以起本事”，“重粟之价，釜三百，则田野大辟而农夫劝其事矣”，“谷贾十倍，农夫夜寝蚤起，不待见使，五谷什倍，农夫

[1] 见秦晖：《关于西汉五铢钱的流通数额问题》，载《陕西师范大学学报》1988年第2期。
[2]《史记·货殖列传》。
[3]《史记·货殖列传》。
[4]《汉书·食货志》。

夜寝早起，力作而无休止”，[1] 强调以市场及价格因素来刺激农业。这种以提粮价、疏通市场为特征的“重农”思想与后来的轻徭薄赋、抑兼并、兴水利之类的措施是大有区别的。战国两汉间“轻重”之学十分发达，所谓“二十病农，九十病末”，“籴甚贵伤民，甚贱伤农”，史书中常常见到对粮价太低，“农人少利”的忧虑。这与后代“治世”中专以谷贱为太平之象形成了鲜明对比。按《汉书》所引李悝的计算，当时一个“五口百亩之家”的标准小农在种植粮食而不是种经济作物的情况下，产品商品率也达 30%，而消费商品率更达 36.4%，形成对比的是，时至 1978 年，我国粮食生产的商品率也仅有 20%！

作为商品生产者的我国古典农民社会，文化面貌与中世纪宗法农民也有明显的差异。战国至东汉前期是我国宗族制度史上的一个“空白时期”[2]，三代宗法已废，中古族权未兴，社会上几乎没有宗族组织。家庭之小而独立，在我国历史上空前绝后。出土资料中人名往往不记姓氏。当时户鲜三辈，村多杂姓，时尚短丧，法倡析产。甚至“借父耰，虑有德色；母取箕帚，立而谇语；抱哺其子，与公并倨；妇姑不相悦，则反唇相讥”，因而大为儒者所诟。[3] 以维护财产关系而不是维护宗法秩序为目的的我国古典法，虽无罗马法那样理性化的私法体系，但也具有强烈的非伦理色彩。[4] 战国时期我国还与西方古典时代一样出现了理性昌明、思想解放、百家争鸣的活跃局面，名辨思潮与墨家逻辑虽有东方特点，但在思维发展的总趋势上与西方的“工具论”并无不同。哲学争鸣之后是科学繁荣和宇宙模式的大论战，这与西方古典时代的历程也近似。这一时期，农民的政治个性与自我意识也十分强烈。我国明清以前的农民战争多属土豪宗主率其庇护下的人民造反，“农民领袖”大多不是农民，唯独秦汉农民起义发动者陈胜、吴广与绿林赤眉诸首领“皆出佣伍”，是

[1]《管子》,《轻重》乙、《山至数》《侈靡》诸篇。
[2] 见郭政凯:《家长制的兴衰》手稿。
[3]《汉书·贾谊传》。
[4] 见瞿同祖:《中国法律与中国社会》，中华书局 1981 年版，第 328—346 页。

“佣耕于垄上”的地道农民。他们怀有“鸿鹄之志”，勇于“举大计”，相信“人无贵贱，皆天所生”“万民百姓皆百王之后也，兴则为君，衰则为民”[1]，“王侯将相宁有种乎？！”这与后世农民战争中那种“明王出世”，真天子降临，天父遣天王下凡之类思想大异其趣。秦汉农民军中看不到后世农民军中那些义子制，亲兵制及“帅爷”与“孩儿们”之间的种种宗法关系。赤眉军中没有上下而互称“大人”，黄巾军倡导“自治”，尤其是后者，在大半个中国范围内“三十六方同日而起”，表现了宗法农民社会无法想象的高度组织性，但起义后却不相属，毫无建立一个新的统一王朝的企图，起义者也无人称王，但称天公将军、地公将军、人公将军而已。黄巾农民想要干什么？我们可以看看他们奉为圣典并为之战斗的《太平经》。它强烈反对君主专制，以为“君乃一人耳，又可处深隐，四处冤结，实闭不通……天地所欲言，人君不得知之，大咎在此。”它要求“使众人老小，贤不肖、男女、下及奴婢者，大小集议”，“大事大谈，中事中谈，小事小谈”，并以此达到“家家人人，自敕自治”的目的。[2]《太平经》非常强调平等，包括财产平等，但与《天朝田亩制度》那样的宗法平均主义不同，它把平等放在交换的基础上，主张“财货……富则有，贫则无，可通往为”，“使可推行，浮而往来……通行周给”，“凡百川财物。亦流往聚处也”，在没有等级壁垒的自由流通中实现利润平均化，达到“佃作、商贾、皆有利”的境界。它甚至主张奴隶也是一种商品，而且是一种可以创造出比自身价值更高价值的特殊商品。[3]与此相应，它还提出了绝对物权的概念，主张“非其有，不可强取，非其土地，不可强种”[4]。今天的一些学者认为这种维护“私有权”的观点与它的财产平等观念相矛盾。其实，这恰恰正是我们后面将要讨论的“雅典式道路”上的平民运动所具有特点。古希腊罗马的平民——农

[1]《太平经合校》，中华书局1960年版，第576、275页。
[2]《太平经合校》，第151、323—327、409页。
[3]《太平经合校》，第89、246—247、269、625页。
[4]《太平经合校》，第210页。

民不也是一面要求“均田废债”以打击贵族，一面要求财产自由与贸易自由吗？

当然，黄巾农民在古典文明已经没落的时代发动的斗争只能以失败告终，而“太平道”的组织在已经开始的封建化过程中也已带有一定的宗法色彩。应该承认，我国的古典文明不仅与西方有类型之别，在发达程度上也差得很远。但无论如何，我国的农民并不是天生的宗法共同体成员，同样他们也不会永远作为宗法群体而存在。他们过去谱写过古典文明的奏鸣曲，今天也应该在人类现代化总体进程中谱写出个性发展的崭新乐章！

二、“五月花精神”与“美国式道路”

1620年11月，一批以创业为“天职”而在宗法式的旧大陆无处容身的农民——清教徒垦殖者乘坐“五月花号”帆船在历尽艰辛的远航之后，抵达了北美鳕鱼角，面对广阔无垠、神秘莫测的“新大陆”，面对他们今后赖以安身立命、创业开基的陌生土地，农民们在登岸前通过协议签订了一份决定未来的殖民地社会基本规范的文件，这份历史上称为“五月花公约”的文件既简短又朴实无华，全文如下：

> 我们这些签名者，为上帝的荣耀、基督教的进步和我们君主与国家之荣誉，已决心远航弗基尼亚北部，去开垦第一个殖民地。兹由在场者在上帝面前、在彼此面前庄严地互订契约，把我们自己联合为一个公民团体，以便更好地实施、维护和推进上述计划；并根据公认为最适于和最有利于殖民地普遍福利的原则，随时随地出于至诚地制定、设立和构造出如此正义与公平的法律、条例、措施、组织与机构。我们约定：所有的人都应当服从与遵守这一切。作为

证人，我们签名于下。[1]

这份宣言没有长篇大论地讲民主、自由、人权等等，但它以社会契约的形式，规定所有殖民地居民都服从自由人多数的意志（而不是服从宗法共同体的意志）。建基于其上的政府不是现代标准的民主政府，因为只有作为教会成员的男性家长才有表决权。但它至少做到了政府的权威来自被统治者（尽管不是全部）的同意而没有任何外在的来源，因此它充满了民主的潜力。“五月花公约”使船上的102名开拓者作为“公民团体”在陌生的土地上经受住了严酷的考验而扎下了根，建立了普利茅斯殖民地（马萨诸塞州的前身）。从那时直到1691年，“五月花公约”作为普利茅斯的宪法达七十年之久，此后的马萨诸塞州宪法和独立战争（马萨诸塞是它的发源地）中产生的美国宪法也受到它的强烈影响。“五月花精神”成了北美资本主义开拓精神与近代民主传统的代表。

“五月花精神”的体现者，北美清教徒移民并不是通常意义上的资产阶级或无产阶级，甚至也不是一般认为的这二者共祖的市民，他们是农民，而且是小私有者农民。“五月花号”上的人们登岸头一年，为应付严峻环境，过的是公社式生活。公社拥有一切，殖民者在严密的组织状态下集体劳动，消费品“按需分配”。然而不久人们便不满于“像被雇佣一样”依铃声或监工的叫唤声正规地上下工了。已婚女子发牢骚，因为她们要为指派到她们家庭来的单身汉做饭、缝补，单身汉也埋怨他们与妇女们的丈夫们一样辛苦地劳动，但所得却更少——在“按需分配”下有家口的男人自然比单身汉多分得一些。所有人都不满于“大锅饭”，于是一年后，他们便通过会议表决，分田到户“单干”了。[2] 但是，殖民地并没有因这些“小私有者自发势力”而陷入中世纪式的散漫，相反，这些经过欧洲人文主义宗教改革与商品经济洗礼的自由农民个人奋斗精神和公民权利观念上社会契约意识都很强烈，因而使殖民地社会成为一个

[1] J. 康令：《美国的过去：美国历史概览》，圣迭戈HBJ公司1984年版，第35—36页。
[2]《美国的过去：美国历史概览》，第34—35页。

既有分化与竞争，又有高度社团文化，能团结一致对付环境威胁、宗主国的压迫、法荷等其他移民势力的竞争，并对印第安人进行征服的、生气勃勃的社会。我们通常把美国独立战争称为一次资产阶级革命，从社会变革趋势看，这当然是不错的。然而，独立前北美社会的农村人口占到 95% 以上，[1] 所谓资产阶级与农民之间并无严格的界限，点燃独立战争火种的新英格兰民军主要是按社区自治原则组成的“农民军”。从这个意义上说，北美独立战争实际上是一场农民战争——当然不是宗法农民重建宗法共同体的农民战争，而是有个性的农民资产者建立“机遇之乡”的农民战争。殖民地时代限制财产权的宗法残余，如长子继承法与续嗣限定法等，也在这次革命被废除，美国农民的产权自由进一步巩固了。

正如我们在前面已经指出过的，“五月花精神”的体现者仅从技术角度看，很难称之为“先进生产力的代表”，殖民地时代北美农民的技术手段不要说比工业革命后的资本主义企业，即便用欧洲封建农业的标准看也极为原始。如果仅从商业角度看，殖民地农民的经济也很难说是“货币经济”。殖民地不仅没有我们中国目前的“全民经商”热，而且由于殖民地不产金银，外贸又多是逆差，通货出多进少货币长期奇缺，烟草、木板、肉类、谷物都被用作交换媒介，信用、赋税、工资甚至哈佛大学的学费都用实物支付。然而由于没有宗法共同体，没有等级壁垒与“权利捉弄财产”的现象，交换（如果有的话）的等价性、价值规律的调节作用乃至利润率的平均化却比那些“伪商品经济”畸形繁荣的封建国家发达得多。机会均等的竞争成为风尚，而独立的农民小家庭经济事实上不可能自给自足，没有“命令”的调节，他们自然会趋向市场的调节。殖民地农民具有财产权利和个人自由神圣不可侵犯的观念，尽管真正成为富翁的人是少数，多数人仍然相信只要努力工作，勤俭节约，对事业执着认真，就能够有所成就。因此北美被视为“机遇之乡”，虽然物资贫乏，却充满乐观向上的精神。独立战争前的一个作家称之为“世界上最

[1] 见 G. 菲特与 J. 里斯:《美国经济史》，辽宁人民出版社 1981 年版，第 52 页。

好的穷人国家之一”[1]。正是这种价值观念与素质，造成了生产力中最活跃的因素——新的人。一旦技术问题得到解决，美国农民便在市场上崛起，成为商品经济中一股强大力量。

美国最著名的民主政治家杰佛逊以极端“亲农民”的立场闻名，他在《弗基尼亚旅行记》等著作中把农民誉为“美洲民主之基础”，认为美国应该成为一个小农社会。在美国历史上，农民也确实是民主制度的中坚。早在殖民地时代，纳坦尼尔·培根、雷塞尔等领导的多次农民起义就为争取选举权，反对航海条例，要求自由开拓西部土地而斗争，他们不仅要求政治民主，也要求经济自由。美国建国后，以杰佛逊为代表的民主派与以汉密尔顿为代表的自由派分别以小农和城市工商业资产阶级为社会基础，双方的斗争成为美国多元政治的开端。正如欧洲历史上卢梭的民主主义与洛克的自由主义常常成为后人褒贬的对象一样，人们也常对杰佛逊与汉密尔顿作出扬此抑彼或扬彼抑此的判断，实则他们是互补的：正是汉密尔顿的自由主义为作为民主制度基础的资本主义自由商品经济指明了方向，使美国的民主不致成为宗法式的“村社民主”；正是杰佛逊的民主主义使自由竞争得以在平等的起点上进行，原始积累能够以较为人道（自然是对白人而言）的方式完成，使美国避免了因“普鲁士式发展”造成灾难引发“逃避自由”的宗法情绪。农民对于“杰佛逊民主”的建立，有着巨大的甚至是决定性的贡献。

随着美国城市和工业的发展，农民的影响逐渐减小，但他们仍然是一股进步的力量，当东部城市的兴起排挤了农民的地位后，固守着自己的价值取向的农民并没有对城市产生宗法式的敌意，而是充当了开发西部的先锋，西进农民那吱吱作响的大车，把资本主义制度从大西洋岸一直推进到了太平洋岸。在对南部种植园奴隶主的斗争中，农民也起了很大作用。主要由农民移民开发的西部诸州大都成为自由州，甚至位于南北妥协时规定的蓄奴州界线以南的加利福尼亚与新墨西哥也通过了禁止

[1]《美国经济史》，第56页。

奴隶制的决议。1855年，主要由农民组成的北方自由移民与南方奴隶主为争夺堪萨斯州爆发了所谓“堪萨斯内战”，成为美国第二次资产阶级革命即南北战争的序曲。

总之，在美国历史的发展中，农民是进步的力量。美国的民主制度正是在农民占人口总数80%以上的时代建立起来的。在这一进程中农民并没有表现出所谓“小私有者”“小生产者”或小资产阶级的保守性或反动性，相反，正因为他们是独立的小私有者而不是宗法共同体成员，是小商品生产者而不是宗法式的生产者，是自由的家庭农场主而不是依附农民，一句话是真正的小“资产阶级”而不是宗法农民，他们才能起上述进步作用。当然人们可以设想，如果在美国资本主义的基础上爆发社会主义革命，农民也许会表现出“小私有者的保守性”，但历史并没有这样安排。

列宁在领导俄国民主革命时，对美国农民给予了非常热情的赞扬和高度评价，他把美国农民看作俄国农民的未来，把俄国民主革命的任务规定为争取“美国式道路”，反对“普鲁士式道路”。所谓“美国式道路”，就是以农民起来打倒天然首长，摆脱宗法共同体束缚的方式；而不是以天然首长剥夺农民，取消共同体保护的方式来完成资本主义变革。[1] 列宁把这一道路称为“美国式的”是出于逻辑抽象，因为这一道路是以造成广大的美国式农场主为其逻辑结果的，虽然从事实上说，在前文明的新大陆上开创资本主义文明的美国人并没有走过作为一场反封建革命的“美国式道路”。显然，这一道路不仅要打倒地主，还必须摧毁宗法共同体，把俄国式的农民改造为美国式的农民，把宗法共同体成员改造为自由农场主。而且从“美国式道路”的价值取向来说，后者是目的，前者只是手段。农民民主革命，包括我国的新民主主义革命在内，与旧式农民战争和统治者的“均田”运动的本质区别就在这里，而不在于打倒了多少地主，土地分得多么平均。

[1] 见《列宁全集》第2版第13卷，第218—227、255—270页；第16卷，第80—88页；第18卷，第133—134页；第20卷，第90—91、378—379页；第22卷，第90—91页。

然而由于种种原因，这种民主革命的“美国式道路”在中俄等国只迈出了第一步——打倒地主——就中止了。苏联恢复了村社制度，我国虽然有几年执行巩固新民主主义秩序的正确方针，但不久就走上了“社会主义自然经济”和大锅饭共同体的道路。

三、广义民主革命与农民国家的社会主义改造

历史是一面镜子，古典农民与“美国式农民”为我们的宗法农民社会的改造提供了有益的启示，而我们的民主革命所走过的道路更值得认真反思。

什么是民主革命？过去我们认为，民主革命就是推翻帝制，打倒地主，打倒得越彻底，民主革命的胜利越彻底。这种认识在一个时期内是合理的。

在对封建社会与农民问题进行了重新认识之后，我们可以回答这一问题了。什么叫“民主”？民主不仅仅是操作意义上的“多数人统治”，更不等于凌驾于个人权利之上的“人民主权”，民主的本质在于人的自由个性觉醒。民主革命是对封建社会的否定。封建社会是以个人的不成熟或人的依赖关系为本质的。它包括人类对大自然的依附（自然经济），个人对狭隘人群的依附（宗法共同体）和共同体一般成员对天然首长的依附，以及这些依附在思维中的体现——个人理智对集体表象的依附，在政治上的体现——宗法专制。因而，民主革命在本质上也就是以社会化商品经济取代宗法自然经济，自由人所有制取代宗法共同体，独立人格取代依附人格，理性与科学取代蒙昧与迷信，政治民主取代宗法专制，总而言之，是人的自由个性取代人的依附性的革命。打倒宗法秩序的代表者——封建主，是这种革命的重要步骤，但远不是它的全部内容。正如社会主义革命不仅仅是剥夺资本家，它还要消灭资本主义的土壤——无政府状态下商品经济与自由私有制一样，民主革命也不能仅仅理解为

推翻帝制、打倒地主，它还要消灭人身依附关系的土壤——自然经济与宗法共同体。

在西方发达国家，这些任务已通过资本主义变革而完成，那里的人们面临的是一场克服自由异化、理性异化、实现人的复归即人的自由个性的复归的革命，也就是纯粹意义上的社会主义革命。它将用一种商品经济（有计划的商品经济）取代另一种商品经济（无政府状态商品经济），一种自由所有制（自由人联合体所有制）取代另一种自由所有制（自由私有制），一种民主制度（社会主义民主）取代另一种民主制度（资产阶级民主）。严格地说，这种革命在迄今为止的世界上还未发生过，尽管我们坚信它将会发生。

而在像中国、俄国这样的不发达国家，在资产阶级民主革命阶段只是推翻了地主，战胜自然经济、宗法共同体与人的依赖关系乃至建基于其上的整个文化心态结构的任务还远未完成。此后的革命要解决的与其说是克服自由异化与理性异化，毋宁说是促进自由与理性产生，与其说是达到“人的复归”，毋宁说是实现人（社会的与个体的人）的创造，也就是说，这些国家在建立人民政权后仍然处于一个曲折而艰巨的民主革命时期。只是与以前的民主革命有了质的区别：它仍要以商品经济战胜自然经济，只是这种商品经济将不是无政府状态下的商品经济而是有计划的商品经济；它仍要以自由所有制战胜宗法共同体，只是这种自由所有制将不是自由私有制而是自由人联合体所有制；它仍要以政治民主战胜宗法专制，只是这种民主将不是形式化的（按：形式化的决不等于“虚伪的”）民主而是形式与实质相统一的民主；它仍要以理性战胜蒙昧，只是这种理性将不是以价值非理性为代价的工具理性，而是价值理性与工具理性的统一。总之，它仍然是民主革命，只是不再是资产阶级民主革命，而是社会主义民主革命。[1] 因此，我们既不能像普列汉诺夫那样迂腐地认为只要资本主义尚未发达就不可能搞社会主义，但也不能像过去

[1] 当然，这里只在社会变革的意义上使用“革命”这一概念，“改革是一场革命”即此之谓，这里不含有与改良相对而言的暴力或突变的意义。

那样把这种革命看作是以资本主义为主要对象、以克服自由异化为主要目的的原来意义上的社会主义革命。作为广义民主革命的一部分，社会主义民主革命时期与资产阶级民主革命时期一样以反封建为主要任务，国内的主要矛盾仍然是商品经济与宗法经济、人的自由个性与人的依附性、理性与蒙昧的矛盾——自然这只是就国内和平时期而言，如果国外资本主义列强勾结国内资本主义势力发动战争，如苏联内战时期那样，社会主义与资本主义的矛盾也可能激化。但一般地说这些半宗法社会内部的资本主义势力极为软弱，它们单独构不成什么威胁，而且往往是依附于社会主义民主革命势力的。

在这样的社会里，仍占人口大多数的农民扮演什么角色呢？

按传统理论，社会主义是无产阶级反对资产阶级，公有制取代私有制的革命。农民在这样的革命中应该只具有“小资产阶级的两重性”。作为劳动者它倾向于无产阶级与社会主义，作为私有者它倾向于资产阶级和资本主义。宗法农民的两重性，在社会主义革命时代则不应该存在，因为正如列宁所说，这是在民主革命中应该解决的问题。然而，这种纯粹的即后资本主义和社会主义革命在中俄等国并未发生，发生的只是社会主义民主革命。这时的农民除了小资产阶级两重性外。还具有宗法农民的两重性——民主性和宗法性。而且这种两重性对社会主义民主革命进程的意义往往更为重要。正如农民可以成为资产阶级民主革命的主力军一样，他们也可以成为社会主义民主革命的主力军。这不仅因为他们作为劳动者有走社会主义道路的愿望，而且在某种条件下也因为他们作为私有者有摆脱宗法共同体、发展商品经济的愿望即改变自身宗法状态的愿望、民主主义的愿望。苏联新经济政策时期农民商品经济的高涨，我国新时期以“农村包围城市”的形式开始的改革，都是明显的例子。

但另一方面，农民不仅作为私有者确实有某种资本主义倾向，而且更重要的是他们作为宗法共同体成员仍然具有严重的依附人格。苏联革命后的农村中“共同体心态”大为膨胀，斯托雷平改革后严重削弱了的村社不仅“复活”了，而且扩展到历史上早已消灭了村社的地区，囊括了全俄96%的土地与95%的农户，独立农民在宗法村社的汪洋大海里陷于四面楚歌之中。[1] 许多贫农在战时共产主义时期养成了“依赖心理”，他们“指靠国家政治保卫局，指靠领导，随便什么都指靠，只是不指靠自己”,因而过渡到新经济政策后他们“却很不体面地诉起苦来了”[2]。在我国，解放初期，许多农民不是因为生产力提高而为了个体经营无法容纳，只是因为生产力极端落后以至于无法脱离原始协作纽带而参加共耕运动，例如本书前述的临潼铁炉区甚至出现“三皇五帝”尚未打倒，互助组就已大为普及的怪现象！

在如此浓厚的自然经济背景下，社会主义事业面临的主要障碍决非来自资本主义，而只能来自宗法关系；决非来自富于竞争、冒险精神的“小私有者自发倾向”，而只能来自宗法共同体的束缚、封闭、僵化、保守、平均主义、“红眼病”与权力崇拜等等；决非来自私有者的个人主义，而只能来自宗法社会中人的依赖性。这样，社会主义民主革命的进程就不仅要改造小资产阶级农民，更重要的是改造宗法农民，不仅要改造农民的私有性，更重要的是改造农民的宗法性。历史已经证明，后一改造是社会主义建设能否顺利进行的关键。

当然，在农民国家，尤其是中国，这种改造不能从外部强加农民，而只能依靠农民改造农民。工农联盟在这一历史阶段的实质，只能是工人阶级联合小资产阶级农民改造宗法农民，或者说与农民的民主性结盟改造农民的宗法性。并且作为这种改造的反馈，使城市也摆脱农民文化氛围中“都市里的村庄”的状况，使工人与农民的自由个性也得以解放，使都市中那种脱胎于宗法时代个人依附于群体模式且具有强烈保护—束缚色彩的“命令经济”与大锅饭共同体解体，并转化为有计划商品经济与自由人联合体。

社会主义民主革命既然要以自由个性否定依附人格，则在工农联盟中自然不存在什么谁依附于谁，谁“领导”了谁的关系。过去城市向农

[1] 金雁:《农村公社与十月革命》，载《苏联历史问题》1987年第3期，第18—27页。
[2]《斯大林全集》第7卷，第274页。

村强加“大锅饭共同体”的做法与其说是工人阶级在“领导”农民，不如说是宗法共同体在“领导”着无个性的个人。今天的商品经济之潮从农村向城市推进当然也不表明农民“领导”了工人。社会主义民主革命所要建立的工农关系应该是经济上的等价交换关系，政治上的社会契约关系，而不是“老大哥”与小兄弟的关系。在这种革命中，“都市里的村庄”中的工人应该做的是学会“领导”自己，学会做联合体的自由人而不是捧着赐给的“铁饭碗”怡然自乐，离开“组织上”便不会走路的依附者。至于宗法农民，改造他们的最好办法是尊重他们那萌动中的自由个性，并积极创造发达的社会交换关系以培植这种个性的萌芽，而不是一面束缚他们一面又赐予他们以“保护”。当然，如果不是从依附的意义上，而是从先进与落后的意义上看，社会主义民主革命是有其“领导”阶层的。这一革命的性质决定了这个阶层只能是社会上的理性力量，是自由个性与独立人格最发达的现代文化精英。它近似于“知识分子”这一概念，但显然其中不包括依附于共同体或作为共同体人格化的传统士大夫即“有文化的农民”，而包括工农各业中具有现代意识的企业家与开拓者。毫无疑问，社会主义民主革命将使这批文化精英成为社会中坚，他们的实际社会地位的升降是社会主义民主革命成败的晴雨表。

四、严重的教训

由于理论上的时代局限，由于外部资本主义威胁与战争阴影在中俄等国早期给人们心理造成的压力，由于在宗法社会中发动革命所难以避免的非理性狂热、会党式纪律与领袖个人权威在革命后的惯性作用，从根本上说也由于宗法农民社会传统的行为、思维方式和传统社会组织形式的历史积淀与习惯势力，使这些国家在一个时期出现了与社会主义民主革命方向相反的发展趋势。

如前所述，列宁尽管在斯托雷平改革后支持民粹派与村社农民反对地主的斗争，但仍把从宗法共同体中解放个体农民看作民主革命的任务。他曾高度评价独立农庄制度，认为它将使俄国农村摆脱贫困而走向富强。他还形象地指出，我们的政策与斯托雷平的政策区别就在于斯托雷平要把独立农场建立在村社农民的废墟上，而我们则要求把它建立在地主经济的废墟上。[1] 然而，后来的发展却与列宁的这种设想完全相反。由于俄国资产阶级民主革命的胜利与社会主义革命的爆发几乎同时发生，后者又是在痛恨斯托雷平改革、力图恢复村社的农民运动支持下取得胜利。十月革命中通过的土地法实际上是民粹派——社会革命党人制定的，它不仅废除了一切土地私有制，包括农民的私有制，而且申明“劳动群众平分土地，并定期重分”，“取消关于退出村社，关于单独田庄等的法律”[2]。按当时法学家的解释，这一法令的实质就是全国村社化。[3] 而布尔什维克从当时的社会主义理论出发，急于向公有制过渡，也下意识地认为村社比独立农民要好。加之战时共产主义条件下苏维埃政府急于强化对小农的控制，不但利用了旧有的村社组织，还曾一度恢复了早在 1903 年就被废除的村社连环保制度。在宗法团体与当局的双重压力下，大批独立农民“‘自愿’回到重分公社中，对那些顽固者采取强制手段”[4]。这样，十月革命中的农村变革一方面以农民的土地占有制消灭了地主土地占有制，取得了民主革命的伟大胜利，另一方面又以宗法村社消灭了独立农民，使农村成了 35 万个自给自足村社的汪洋大海，给民主革命在社会主义时期的发展增加了沉重包袱。

新经济政策是苏联建国后商品经济的第一个春天，实际上也是社会主义民主革命的第一个高潮。宗法村社在商品经济中再次受到冲击，独立农民——商品生产者再度抬头。然而遗憾的是，当时的人们不是把这种情况看作社会主义商品经济对宗法式小生产的革命，却看作“社会主

[1]《列宁全集》第 2 版第 22 卷，第 19—23 页。
[2]《列宁全集》第 2 版第 32 卷，第 110 页。
[3] D. 罗森波略姆:《苏俄土地法》，莫斯科 1925 年版，第 42、54—56 页。
[4] Ю. 波利亚科夫:《向新经济政策过渡与苏联农民》，莫斯科 1967 年版，第 84 页。

义自然经济”对“小商品生产”的让步和妥协。20年代激烈论战的“右派”（布哈林等）与“左派”（托季反对派以及后来的斯大林）对此并无分歧。他们争论的只是农民“商品资本主义”的危险究竟有多大，是用渐进的办法还是用突变的办法改造“小私有者”，对小资产阶级自发势力要“让步”到什么程度、什么时候为止等等，而对于沉淀在俄国社会经济关系深层的宗法共同体结构却视而不见。“把村社放在第一位”的政策在新经济政策时期实际上一直延续下来。在“亲农民的”布哈林派看来，如果“小私有者”不喜欢“公”有制，那只好耐心等待他们觉悟，但如果他们已经呆在某种“集体组织”中，怎么能设想要发动他们冲破“公有制”的束缚去发展“私有者自发势力”呢？因此毫不奇怪，当“粮食危机”发生后，党外经济学家建议发展独立农庄时，立即遭到布哈林的严厉批判，[1] 而“左派”对“村社复活”进行的攻击也受到另一位“右派”成员李可夫的坚决反驳。[2] 至于“左派”倒是对村社制度极为不满，然而却不是因为这一制度的宗法性，而是因为它不能消除“小商品生产”和“小私有”！因此如果说他们不满意村社的话，当然就更不能容忍独立农民的存在。

于是，新经济政策时期在开放市场的同时却不支持农民摆脱宗法共同体束缚，甚至还不时开展所谓“反对独立农庄化”的运动。像鲁多尔瓦伊事件这样的村社长老欺压社员的现象和“斯摩棱斯克腐败案”这类宗法文化土壤上一批农村干部弄权致富的行为不被看作是人身依附关系的严重存在，反而被当成“资本主义”危险。社会主义民主革命的初潮在这种情况下更显得软弱无力。20年代的村社比起革命前，不仅数量更多，而且土地重分更频繁，土地使用更不稳定，每户份地块数更多，面积更小，交错、分散得更厉害，平均距离更远。在村社的“强制耕作制”下，农户的经营自主权和适应市场的能力严重削弱，正常的社会分工和竞争无以开展，“村社心态”造成的人身依附、封闭保守、不思进取、“红

[1]《布哈林文选》中册，人民出版社1986年版，第227页。
[2]《李可夫文选》，人民出版社1986年版，第212页。

眼病”和因循守旧的传统桎梏，“道德经济”的牧歌式氛围和复杂的宗法关系，抑制农民商品生产者的个性，以致“把一些比较殷实的农民也拖成贫农，而他们独立经营的话完全能保持中等水平”。村社越大，农民越穷，已经成了规律。据统计，1000 俄亩级的村社贫农户占 25%，1000 至 10000 俄亩的村社则占 35.8%，而万俄亩以上的占到 49.8%。[1] 在宗法共同体的束缚下，市场机制不健全，价格关系被扭曲，平等竞争无从谈起。这时仅仅一味“自由放任”而不进行其他民主改革以打破宗法壁垒，只能造成经济生活的畸形。流通领域混乱，生产结构僵死，粮食投机十分活跃，商品粮生产却远远低于革命前。许多地方“先富起来”的不是善于经营的农民企业家，而是一批地头蛇式的人物，包括有“关系”有权势的党员，乡村基层干部与村社长老。[2] 1927—1929 年粮食连续三年减产，苏联发生了严重的“粮食危机”。

新经济政策的困境给“左倾”路线造成了口实。斯大林一方面指出粮食危机的根源在于农业“自给自足的程度”不断加深，“赢利愈来愈少，出产的产品愈来愈少”[3]，一方面却在自给自足的农村中发现了“资产阶级的猖狂进攻”。为此，除了在粮食征购中大搞“非常措施”外，又进一步强化村社对“农民商品资本主义倾向”的抑制能力。1927—1929 年间再次出现了村社消灭独立农民的过程，而粮食危机也因而更为严重。就这样，越苦于宗法经济，越反资本主义；越反资本主义则越为宗法经济所苦，如此恶性循环，终于导致以强制集体化来消灭农民商品经济，用“抽取”“贡税”取代商品交换来解决粮食问题的“斯大林模式”。

苏联的集体化农业之不成功，现在已成公论，但集体化前的半宗法式村社农业与集体化的关系却往往为人们所忽视。实际上，早在 19 世纪末已失去活力的宗法共同体，革命后竟会延续到 1930 年，这决不是值得

---

[1] B. 达尼洛夫:《集体化前苏联农村的土地关系》,（苏）《苏联历史》1958 年第 6 期，第 100—108 页。

[2] B. 达尼洛夫:《俄国村社与集体化》，荒田洋译，东京御茶水书房 1977 年版，第 195—197 页。

[3]《斯大林全集》第 11 卷，第 156—179 页。

庆幸之事。新经济政策的夭折，与其说是因为它对农民让步太多或太少，毋宁说是因为它没有及时领导宗法农民进行民主化自我改造。布哈林反对对“私有者”搞强制，固然是对的，但由于他忽视对宗法农民的改造，因而在危机面前实际上拿不出有效对策，也就无法挽救新经济政策——社会主义民主革命的第一次浪潮——免于失败，无法阻止从宗法自然经济到“社会主义自然经济”、从村社共同体到“大锅饭共同体”的逻辑进程。耐人寻味的是，以恰亚诺夫为代表的新民粹主义者，在新经济政策的最后几年内对村社的兴趣反而大减。在 1929 年 11 月的一次会议上，恰亚诺夫遭到激烈的批判，他被指责为“实际上是要建立独立农庄”[1]。换句话说，他犯了……背叛民粹派村社社会主义的错误！随着恰亚诺夫等人的被镇压，作为“小资产者自发倾向”的民粹主义被批倒批臭，销声匿迹了。而作为一种与现代商品经济对立的宗法农民文化的民粹主义却在事实上得到弘扬。作为“资产阶级民主派”的民粹主义被打倒了，而列宁当年警告过的那种“警察民粹主义——国家社会主义”却在后来的斯大林模式中打下了深深的烙印。

苏联发生过的事情，以大同小异的形态在另一个走上社会主义道路的小农国家——中国发生了。土改后在打倒地主的基础上“巩固新民主主义秩序”的短暂时期，农村中也发生了商品经济的初潮，但它的规模和持续时间远不及苏联的新经济政策时期，却在众所周知的情况下夭折了。

凭良心说，把中国发生的事归之于“教条主义”是不公正的。中国革命的领袖毛泽东是极有个性的人物，他并不是王明那样把“教条”奉为神明的人，也正因为这样他才建立了如此辉煌的业绩。但是，农民出身的毛泽东，受自然经济的熏陶非常之深，用他身边工作人员的话说，毛泽东“生平最讨厌的东西就是钱”[2]。由此产生了他对农民民主革命的完全不“教条”的理解。如果说列宁在民主革命时期把美国式的农民奉

[1] 乔治·雅内:《强迫动员: 1861 年—1930 年俄国的土地改革》，伊利诺斯大学 1982 年，第 542 页。
[2]《文摘报》第 610 期，第 7 版。

为榜样，那么毛泽东在民主革命时期奉为榜样的就是苏联农民。1943年，他在《组织起来》一文中就指出，中国农民的前途在于“苏联式的被称为集体农庄的那种合作社”。如果说列宁认为“农民希望成为私有者”，“不反对商品经济”，因而必能成为“民主革命的必然伴侣”，那么在毛泽东看来，妨碍农民参加民主革命的最讨厌的毛病恰恰就是“对赵公元帅礼拜最勤”。如果说列宁认为民主革命中农民维护村社共同体的“反动要求”体现了它的保守性[1],那么毛泽东则认为农民的保守性在于他们要想成为“小财东”。如果说列宁在民主革命中担心的是农民有可能成为“专制制度最主要的支柱”[2]，那么毛泽东在民主革命中却在为农民的“自由主义”伤脑筋。基于这一切，毛泽东早在民主革命胜利前夕便提出了“严重的问题是教育农民”的名言。然而若干年后，毛泽东又发出了要求“城里干部和其他人把初中、高中、大学毕业的子女送到农村去”接受农民“再教育”的号召。笔者当年下乡时，曾看到有的“顽主”搬出领袖的前一段话来对付动员其下乡的干部：农民自己都有需要教育的严重的问题，怎能让我们接受他们再教育呢？现在看来，这两句话其实是完全可以统一的。农民的“严重问题”是自由主义，留恋商品经济，想当私有者，而城里人尤其是知识分子的自由主义等毛病又比农民更严重，所以农民完全是可以以依附人格、自然经济、共同体意识来“教育”他们的！“五七指示”便是这种“教育”的一个蓝图。苏联20年代的“社会主义自然经济”理论，被毛泽东以更为形象化的设计而大大发展了。如果说两者有什么不同，那就是毛泽东的“五七”模式的农民文化色彩更浓烈得多。

从事中俄两国集体化道路比较研究的西方人，往往对以下问题感到困惑：俄国农民自古以来生活在村社集体中，土地是公有的，劳动组合与共耕地也由来已久，但斯大林的集体化仍然引起他们的强烈抵制，半数牲畜被宰杀，至少数百万农民被流放，弄得元气大伤，直到1936年即

[1]《列宁全集》第2版第1卷，第252页。
[2]《列宁全集》第2版第4卷，第200页。

十月革命后20年才完成了集体化事业。中国农民长期生活在所谓土地私有制下，没有村社组织，也无俄式的“劳动组合”传统，但毛泽东一声令下，“中国农村的社会主义高潮”便訇然而起，短短几年间便由互助组而初级社，而高级社，而人民公社，而“共产风”，简直马上就进入“共产主义”了！在这期间，中国农民究竟是否欢迎集体化，当然可以质疑，但无可否认的是中国并未出现苏联农民对集体化的那种明显的抵触情绪。中国既没有出现农民毁灭财产（宰杀牲畜等）的狂潮，也用不着大批逮捕、流放农民。集体化给中、俄农业都带来了严重的影响，但苏联的灾难发生在集体化过程中，而中国的灾难则发生在集体化以后。何以中国的“私有者”农民比俄国的村社农民“更易于”接受集体化呢？笔者在本书中已经指出，关键在于中国宗法时代的私有权观念不同于西方罗马法中的私有权观念，中国农民固然没有俄国村社那种公有权意识，但这并不意味着他们的私有权意识就比俄国农民强。因此，他们比俄国农民更易于接受那被认为对自己具有保护职能的共同体，或者更难于反抗这种共同体，是可以理解的。

有趣的是，近代以来非宗法文化的代表者，无论出自哪个阶级或集团，往往都对宗法农民的私有者意识估计过高。1907年沙皇政府为了摆脱危机，在资产阶级帮助下发动了普鲁士式的“彻底革命”即斯托雷平改革，瓦解村社，解放农民，取消束缚，促进竞争，以为这样一来便可得到农民私有者自发势力或农村中自由主义势力的支持。当时许多马克思主义者都认为这下子农民陷入自由竞争中，不会起来革命了，就连列宁也曾考虑过这种可能。然而局势发展却是戏剧性的，农民宁愿受村社的庇护而不愿独立，宁愿“逃避自由”而不愿竞争。改革的结果非但没有在农村中形成当局所希望的自由主义势力，反而强烈刺激了村社农民的宗法情绪，非但没有使当局赢得“农民私有者”的支持，消弭革命危机，反而给因沙皇未能“保护”他们而造反的村社农民火上浇油，加速了“改革者”的灭亡。

20年后斯大林因对“农民私有者”实行强制而与布哈林在联共（布）

中央 1928 年 7 月全会上公开决裂。从会议记录看，布哈林并没有对“改造私有者”的方向持异议，只是认为斯大林的极端手段等于向小私有者宣战，将会引起“农民暴动”，“一场残酷的阶级战争的结果是无产阶级专政归于消灭”[1]。当时已被放逐的“左派”领袖托洛茨基也认为斯大林的做法将引起农民叛乱，并要自己的支持者届时顾全大局，助斯大林一臂之力。然而事实表明，斯大林比托洛茨基和布哈林更了解俄国农民。他们毕竟不是美国农民那样的“私有者”，斯大林的政策尽管伤害了他们，却并未引起积极反抗，更谈不上无产阶级专政被推翻。

在中国革命中，第三国际的决策当局不相信农民，这倒不是因为它看到了农民宗法共同体的保守性，相反，是因为它认为在无产阶级与资产阶级争夺民主革命领导权的斗争中，“农民私有者”将会倾向资产阶级。但毛泽东则坚信“绝了发财的望”的中国农民会一心一意地跟共产党打天下。后来的事实证明了毛泽东的看法是对的。

最后，正如上面所说，当毛泽东在中国农村掀起“社会主义高潮”时，国外不少人也断言，斯大林能搞成集体化是因为俄国农民有村社集体主义的传统，而中国的农民“私有者”没有这种传统，集体化不合乎中国国情，一定会受到顽强的抵制。然而，事实是中国农村比苏联更快也更顺利地实现了集体化。而集体经济（这里指的是“政社合一”的保护—束缚型集体，而不是自由商品的生产者的竞争集体）在中国运转了 20 多年，至今影响犹存，虽然效率很低，但并没有遇到认真的反抗。可以肯定，如果不是 1978 年以后自上而下的改革运动，光靠下面微弱的农村商品经济冲动并不足以结束“一大二公”的农业。

总之，毛泽东与斯大林比他们的敌人和他们在党内的持不同意见者更了解农民，因而，也更了解这个农民国家的人民。正是这一点，使他们获得了空前的成功。苏联作家阿·雷巴科夫在最近轰动一时的名作《阿尔巴特街的儿女们》中描绘斯大林的思想活动说：

[1]《布哈林文选》中册，第 268 页。

"俄国人民是生活在集体中的人民。村社是他们自古以来的生存方式，平等（按：这里显然是指宗法式的平等，即天然首长庇护下的每一等级内部的平等）是他们民族性格的基础。这就给他（指斯大林）正在俄国建立的社会提供了有利条件。……新经济政策……是适用于农场主的一种政策，而农场主是一种不平等的道路，是违背人民的心理状态的……是向庄稼汉灌输同他们格格不入的农场主心理。而农场主并不需要无产阶级专政。农场主、私有者、个体经营者在俄国农民身上刚一萌芽，就要把它扼杀。"[1]

这虽是小说中的艺术描写，却十分真实。毛泽东关于中国农民中"蕴藏着"极大的"社会主义积极性的"思想，在实质上也是建立在这种与"农场主心理"格格不入的共同体心态上的。历史的悲剧就在于，像普列汉诺夫、布哈林这类"欧化"的理论家对农民并不了解，而斯大林、毛泽东虽然十分了解他们的农民，但这种了解本身却在很大程度上建立在农民文化的基础之上。的确，列宁也曾对村社农民反对"贪婪的私有者"的斗争给予了高度评价，但他是在"经济学理论上是错误的东西，在历史上可以是正确的"这一意义上作出这种评价的，是从农民打倒地主将开辟"美国式发展道路"并瓦解宗法共同体的意义上作出这种评价的。而毛泽东并没有什么"美国式道路"的概念，他实际上把那种反对"赵公元帅"的农民"社会主义"思想看成不仅作为革命运动，而且作为建设理论，不仅在"破"的意义上，而且在"立"的意义上，不仅在破除地主"私有制"的意义上，而且在破除"农场主心理"的意义上的思想武器。[2] 因此，如

[1] 阿·雷巴科夫：《阿尔巴特街的儿女们》，范国思等译，中国文联出版公司 1987 年版，第 251—252 页。

[2] 新中国建立前夕，毛泽东曾开展过反对"农业社会主义"的斗争，对纠正土改运动中的左倾错误有重大贡献。然而他所谓的"农业社会主义"仅指"平均"划一的小私有制，不是指宗法共同体，所以不难理解，在他看来自然经济下的"一大二公"和人身依附不属于"农业社会主义"之列。

果说列宁在十月革命前后放弃“美国式道路”，并转而大反“小商品生产”主要是出于理论上的时代局限和内战条件下反对国际资本主义斗争的逻辑结果，那么毛泽东、斯大林的农民改造论就不只是个“教条主义”或者步子太快太早太急的问题了。

显然，现在我们对几十年来农村社会主义改造所走过的道路进行反思时，就不能仅仅在农民究竟有多少革命性或保守性，农民的“问题”是否有那样“严重”，在理论上把农民“捧高了”还是“贬低了”，改造农民是否太快太早，对农民“让步”是否要再大一些等等上面兜圈子。其实，抽象地说，“严重的问题在于教育农民”的提法与城里人接受农民“再教育”的提法一样都无可指责——现在“大锅饭共同体”中的城里人不是正在接受农村商品经济之潮的“再教育”吗？关键在于用什么去教育农民？是“教育”农民解放个性呢，还是“教育”农民压抑个性？过去的农民改造最根本的失误之处也不在于太快太早，而在于用什么去改造农民，改造什么样的农民，是用社会主义商品经济去改造宗法农民呢，还是用自然经济共同体去改造农民商品生产者？

现在不少西方学者往往把集体化运动称为“反农民”的运动，而把布哈林等人称为“亲农民”的，这不能说没有根据。然而在这“反农民”的背后不正是宗法农民文化的泛滥吗？导致成千上万农民死亡的惨剧，在某种程度上不正是宗法时代“农民领袖反农民”现象的重演吗？在这一惨剧的文化背景上，我们不是可以看到抽象农民反对具体农民，农民共同体反对农民个体的农民社会价值关系二元对立的因素吗？苏联集体化时期曾发动过清除“民粹主义”的狂潮，现在俄罗斯已经为这次狂潮中的受害者恰亚诺夫等人平反昭雪，恢复名誉。人们当然可以指责斯大林对待新民粹派的粗暴镇压，然而更应该澄清的是，用什么来反对以及反对什么样的民粹主义？是用马克思主义反对民粹主义，用社会化商品经济和自由人联合体反对“村社社会主义”的宗法共同体，还是用“警察民粹主义——国家社会主义”去反对自由的民粹主义，用宗法共同体的民粹主义去反对资产阶级民主派的民粹主义？毛泽东在“文化大革命”

中举起了与传统实行“最彻底的决裂”的旗帜，现在人们当然可以指责这种反传统的虚无主义狂热和“破四旧”中的愚昧暴行，然而更应该弄清楚的是，用什么来反对以及反对什么样的传统？是用建立在民主、科学、理性与自由个性基础上的社会主义去反对“个人是狭隘人群附属物”的宗法传统呢，还是用宗法共同体与人身依附的传统去反对现代文明的民主与自由个性的传统，或者反对近代以前的社会中向近代发展的趋势（自由私有制冲破宗法共同体等等）的传统？

明乎此，我们也就可以看清现今的社会主义改革运动的实质所在了。在我国，从农村兴起的这次改革，究竟是因为过去在社会主义改造中“前进得太快”“超越了阶段”而“被迫后退”呢，还是一场前所未有的、走出宗法状态的社会主义民主大进军？是所谓“从狂热的理想退回现实”呢？还是朝着自由人联合体的理想对“现实”进行大变革？是对“农民私有者”的让步呢，还是对宗法农民传统的大改造？是从“社会主义大生产”向个体小生产复归呢，还是从宗法共同体的原始协作向社会化商品经济生产网络迈进？最后，是一种权宜之计呢，还是历史发展的根本方向？“后退”是被迫的，“让步”总是暂时的，“超越”了阶段，将来还会走到的，“走得太快”了，歇歇脚还要走的。用这样的观点指导改革，改革就不可能成功。建立在“让步论”基础之上的苏联新经济政策的失败，很大程度上就是由此而来。

新经济政策早期的“让步”对于把国民经济从崩溃中挽救出来是很有成效的，但到恢复时期结束，农业发展后劲不足已日益明显。如果说20年代前期商品经济的涟漪在村社农业的容器内还能绰绰有余地荡漾，那么到20年代中期，商品经济之浪潮冲击着陈腐的宗法关系网罗，古老的共同体躯壳已无法容纳它了。“让步政策”已从使农民摆脱战时共产主义灾难的灵丹妙药变成了继续深化改革的心理障碍。历史要求社会主义的建设者们以有利于人民的方式完成那斯托雷平改革企图以有利于地主的方式完成的任务：从宗法群体中解放个人。然而布哈林等人囿于“让步论”，看不到新经济政策的革命实质。他们似乎认为商品经济是现成的

“汪洋大海”，社会主义只嫌其多，不愁其少，发展商品经济只是个宽容的问题，不是个革命的问题，只要“让步”，不管在什么样的土壤上它都会如雨后春笋般冒出来。他们只看到“小农经济”潜力尚大，却没有看到束缚着小农的村社农业已面临危机。他们反对斯大林式的“二次革命”，却没有认识到当时的苏联确实需要另一种意义上的“革命”，因此就不能提出把发展商品经济所必须的改革进一步深化的任务，而是消极“平衡”，幻想维持现状，使改革停滞下来。结果是市场机制既无法健全，行政管理又无从施行，农业陷入一种既不能进行市场型积累，又不能进行命令型积累，而只能停留于简单再生产的困境。有“伪资本主义”的贫富分化，却无资本主义之生产效率，有宗法农业之作茧自缚却无农奴制的“命令”自如，终于在1927—1929年间通过“非常措施”挣扎了几年后，倒退回斯大林称之为“贡税”制、布哈林称之为“军事封建剥削”的制度，即保留了浓厚宗法气息的原始社会主义——斯大林模式去了。而布哈林也成了这一模式祭坛上的牺牲，完成了一场改革者的悲剧。[1]

新经济政策的教训告诉我们，改革不是“让步”，而是革命，改革的实质就是通过社会主义民主革命而最终告别中世纪，走向现代文明。在已经实现了工业化与都市化的苏联，继新经济政策之后的第二次社会主义民主革命高潮将洗清这个工业社会中宗法农民文化的历史积淀。而在中国，社会主义民主革命的对象除了宗法农民文化外，很大程度上还包括宗法农民社会（连同“都市里的村庄”）本身。

五、世界“后现代化”时代的农民改造问题与社会主义民主革命的两种前途

历史对农民社会的中国是那样的严峻，又似乎那样的垂青。当我们

［1］ 金雁:《论布哈林悲剧的理论根源》，载《苏联历史问题》1989年第1期。

力图通过改革——社会主义民主革命走入现代化时，西方社会却已被高度发达的现代文明所困扰而发出了“走出现代化”的呼声。民主、科学、理性等现代文明奉为圭臬的最高价值取向，受到各种“后现代主义”思潮的强烈冲击。正当我国的许多学者为“黄色文明”大唱挽歌的时候，西方却兴起了形形色色的“东方救世论”，其中固然有华裔学者的“儒家文化复兴”说，但也不乏汤因比那样的纯粹西方预言家的宣告：中国如果不能在未来领导全人类，则人类的前途将是可悲的！

与此相应“凯恩斯革命”在西方结束了完全竞争、市场万能、纯粹自由经济为理想的古典经济学的统治。K. 阿罗以初等数学的方法证明了“民主乌托邦”的虚幻，提出了轰动一时的“独裁原理”。日益发展的绿色和平运动对“技术文明”观念构成了越来越大的挑战。“后工业社会”以及新“浪潮”的理论预言着“大生产”的灭亡，并号召“回到家庭去”。自牛顿、达尔文时代以来统治着近代科学的客观性、精确性、决定论、规律与必然等概念的权威似乎成了不受欢迎的“拉普拉斯妖”。在人文主义对“科学主义”的批判中，价值中立的工具理性主义认识观受到冲击，摆脱了主客体互渗，并在认识世界方面发挥了巨大作用的近代思维在当代的价值理性支配下重新走向主客体的统一。以惟妙惟肖的写实主义为美学原则的近代艺术在西方已完全为各种现代派（实质上是后现代派）艺术形态所淹没，理念难以把握，却可以为审美主体的激情所领悟的作品如不成旋律的音乐、没有情节的电影，“看不懂的”画和“不知所云”的朦胧诗等大量涌现。历史学家不再相信“进化史观”“客观主义”与“历史决定论”。人们嘲笑“巴克尔、特莱帕这些大胆之徒竟敢梦想把历史变为真正的科学”。即使在马克思主义史学中，对“历史规律”的虚无主义态度也已成为风气。而在最能反映人们世界观的哲学领域，启蒙运动所树立的“理性的自信”已经动摇，生命哲学、现象学、直觉主义、弗洛伊德主义、存在主义等非理性主义流派在西方多元化的世界观中已明显取得了主流地位。这一切在农民问题研究中的反映，则是60年代以来西方农民学中新民粹主义的复兴以及新民粹主义的后现代主义化。人们不但对“小农”——家庭农业的前途有了新的认识，而且这种认识不仅建立在家庭农业的经济合理性，即“理性的小农”的基础上，还越来越多地建立在对农民社会价值体系的回觅和某种程度的共鸣上。

应当如何理解和对待这种“后现代主义文明”的冲击呢？在我们的社会里，往往可以见到两种态度，一是以正统社会主义自居而把西方的这些“非理性”“反科学”或“唯心主义”的思潮都视为“西方没落”和资本主义腐朽的体现而嗤之以鼻；二是反过来以“后现代主义”为时尚，在一个充满宗法残余的农民社会里对“过了时的”现代文明摆出一副傲慢态度，把“非理性”看作最高境界，以为把“规律”“必然”“客观”“决定”等统统打倒便实现了“主体的自由”，甚或在“后现代主义”的潮流中发现了西方向东方的认同而陶醉在“传统文化复兴”的遐想中。随着改革与开放的进程，前一种态度日渐衰落，后一种态度却有日盛之势。这样，我们这个农民社会的现代化改造便具有20世纪末的鲜明特点，它不仅仍然面临着严重滞后的前现代化势力的阻碍，而且还必须应付“后现代主义”的超前挑战。在这种情况下，我们的现代化便不能不有别于近代以来西方所走过的道路。

无疑，把当代的“非理性”“反科学”思潮作资本主义没落的产物而予以否定是十分愚蠢的。后现代主义在西方出现是合乎规律的、进步的现象。它既是人的个性自觉即所谓主体意识进一步觉醒的结果，也是对资本主义现代文明所造成的人的异化的反抗。在科学与理性高度发达的现代社会，人们发现自己面对着一个为经典科学所描述的程序化的世界。人性在这庞大的自动机中被扭曲，“规律崇拜”具有了一种新宿命论的色彩。理性的自然观异化为“拉普拉斯妖”，理性的历史观导致了“历史决定论的贫困”，理性本身也就由主体性异化为奴役主体的“抽象外在形式”，由人们的理智变成了类似于中世纪的“逻各斯”那样凌驾于理智之上并奴役理智的权威。自由竞争高度发展带来了工具理性背后的价值非理性，不择手段的功利主义泯灭了对人生价值与终极关怀的追求，社会地位的剧烈动荡产生人的失落感、彷徨感与孤独感，贫富分化、世界大战、生态危机等严重的“现代病”，使人们不能不对现代社会中人的异化，乃至对现代化本身的价值进行反思。

这样，在西方发达国家便形成了以强调主体为特征的“后现代”文化。它所关心的主要命题包括：

终极主体，即本体论意义上的自由意志与自由人格：超越“必然”的自由、无视“决定”的选择，超越“自我”，即超越现实中的自我而追求终极关怀中的自我。叔本华、尼采、萨特等关于生命意志、超人、第一性的存在等范畴便是它的不同表述形式。相对于现代文明强调自由是对必然的认识而言，它在否定之否定的意上仿佛是向中世纪神学目的论的复归。

“反科学”的人本主义：反对现代社会中人的工具化，把人从异化的理性中解放出来，相对于现代文明强调人是理性的动物而言，它在否定之否定的意义上仿佛是向中世纪温情主义的复归。

以工具非理性的形式体现的价值理性：重视“应该如何”的价值判断而在一定程度上贬低价值中立的事实判断。在思维方式上，就是以主客体统一的后现代思维与强调客观主义的逻辑思维对立，而仿佛“再现”了主客体互渗的原始思维。

在此基础上，它对现代文明进行了很有意义的批判。就其实质来说，这些批判的目的在于使人的自由个性在克服异化的基础上得到进一步的弘扬，而决不是要回到中世纪去——尽管国外确实有后现代社会是一个“新的中世纪式的社会”的提法。[1] 然而也应该看到，后现代主义到现在基本上还只是一种批判的理论而不是建设的理论，实质上它还只是“现代批判主义”而不是真正的后现代主义。如果说科学、理性、自由、民主等“现代主义”的旗帜曾激励人们创造了一个现实的而且至今仍有活力的现代世界，那么后现代主义者至今并没有在“后现代革命”上获得任何实质性的现实成就。自然我们不能近视地以此评定它的价值而无视

[1] 堺屋太一：《知识价值革命》，东方出版社1986年版，第312页。

它的前途（因为现代社会的危机是明摆着的，它终有没落的一天）。但目前认为唯有后现代主义才能挽救中国——很大程度上还是农民社会的中国，未免为时过早。

尤其值得注意的是，人类历史上不止一次地有过在否定之否定的旗帜下发生真正的沉渣泛起，在“仿佛是向旧东西的复归”中出现真正旧事物复辟的例子。中世纪否定古典文明时曾发生过真正前古典的野蛮化，资本主义否定中世纪时曾出现过真正前封建的奴隶制再版（如在美国南方）。人们不会忘记以创造后资本主义文明为己任的社会主义旗帜在一些宗法传统浓厚的国家是怎样被某些前资本主义的封建残余盗用，而演出了人间悲剧。当代某些人把马克思关于人的复归的学说[1]曲解为仅仅是对资本主义冷酷自私的道德批判和“复归”宗法式温情的企望，也是极为荒谬的。我们更不能回避后现代主义的先知之一——尼采曾被反人道、反文明、反现代化的希特勒奉为教主的事实。尽管过去把尼采哲学与法西斯哲学混为一谈是荒谬的，如今在彻底实现了民主化进程、实现了人的现代化而又为“现代病”所困扰的德国，人们重新评价尼采并恢复其在人类文化中应有的地位，是一个很大的进步。然而人们也不可天真地认为希特勒何以“利用”尼采而不“利用”伏尔泰、洛克、孟德斯鸠与斯宾诺莎，乃是一个没有意义的问题。在第一、第二乃至第三帝国的幽灵尚在徘徊时，在兽性对人性的统治并未消除时，如果人们祭起尼采、叔本华的旗帜去打倒伏尔泰与卢梭，追随“权力意志”去砸烂理性法庭，那就绝不是一种进步了。

因此，在我们这样一个前现代化的农民国家出现“后现代文化热”究竟是祸是福，尚待观察。在一定程度上保持着“有文化的农民”人格的我国知识界对后现代主义的热情似乎超过了文化多元化的西方，这其

[1] 马克思主义的许多部分，如对科学、理性的崇尚，追求历史与逻辑的统一以及视人类社会演进为一“自然历史过程”等等显然是属于现代文明的。但另一部分，尤其是人的异化的理论，显然已触及现代社会中自由异化、理性异化、科学异化等问题，因而在当代西方成为后现代主义的重要思想来源。

中难道没有潜藏着某种前现代化的集体无意识吗?

传统中国社会中价值理性的沉沦决不是因为工具理性太发达，相反，是由于工具理性不发达。因此如果说西方后现代主义企图通过工具非理性来弘扬价值理性是合理的，那么在中国倡导工具理性与弘扬价值理性是统一的，甚至还可说前者是后者前提。传统的中国人常常为“应该如何”而穷思殚虑，却放弃了对“是如何”的理性分析。其结果，在一个人们最关心“应该如何”的时代，人们却陷入了最不应该的现实中。在宗法共同体的集体表象之下非理性思维盛行的中国，对工具理性的贬低不仅无助于价值理性的弘扬，相反，它只能延长蒙昧，扼杀包括人的价值在内的一切理性精神与人文精神。

传统中国社会也不存在人文主义与科学主义的对立，相反倒是存在着人文主义与中世纪“权力意志”的对立。在民主与科学的启蒙尚未完成的中国强调反对科学异化与理性异化，很难真正具有否定之否定的意义。我国也不存在西方意义上的“人的异化”，其所以如此并不是出于所谓“社会主义无异化”论，而是因为，作为西方式异化前提的“人”——成熟的个人，在我们这里尚未产生。我们的人文主义是个“造人”运动，而不是个人的复归运动，过去我们反对西方“异化的人”而实际上成了反对人本身，反对异化的个性而实际上是在压抑个性，其教训是很深的。

当代西方的非理性运动的实质并不是非理性的，而是反抗理性异化的“理性重构”运动。在前启蒙基础上发展的我国当前非理性之潮却缺乏那种以理性反“理性”的“理性批判”精神，缺乏维特根斯坦哲学中那精细分析与波普证伪主义中那种严格逻辑的基础，而更多地与我们民族传统的模糊思维、原逻辑思维的非理性特征混在一起。我们的思维方式如果不能越此雷池，则前景堪忧!

尽管非理性主义反对谈“规律”，非理性运动本身的历史却受着规律的制约。就其本意来说，尼采的“超人”不是极端专制主义的偶像，而是极端自由主义的理想人格。然而这种非理性的“主体自由”在一个宗法农民社会里意味着什么呢?无论如何，为了摆脱父权的审判，人们不能不接受理性法庭的审判，为了摆脱集体表象的锁链，人们不能不接受逻辑的锁链，用人人平等地服从理性的权威来代替一些无权者服从另一些“天然首长”的权威。只有在这一切实现后，人们才可以不满于理性的裁判而力求在自我的冲动中实现其个性价值。然而如果在一个不平等社会里，在人的依附性仍居主导地位的时候，去倡导那非理性的“权力意志”，去迎合那“自由选择”的“超人”，去放纵那本质上仍是兽性的英雄们藐视理性法庭而大逞其“主体性”的淫威，那会怎样呢？那就会是“天然首长”们发挥“主体性”而“自由选择”子民的命运，被剥夺了理性武器的宗法人群是没有反抗之力的，在这种情况下，主体性对他们来说，无异于海市蜃楼。

因此，正如我国的宗法农民改造不能绕过商品经济阶段一样，我国的宗法农民文化也不可能绕过现代文化而直接进入“后现代文化”。当前在中国，对理性、科学、民主、权利平等、自由竞争、价值规律、市场机制的强调是怎么也不过分的。

当然，我们的现代化毕竟不能与西方的现代化雷同。这不仅因为我们通过社会主义民主革命实现现代化，必然不同于西方以资产阶级革命实现现代化，而且因为我们是在价值理性昌明的“后现代世界”的门槛上搞现代化，而不是如西方那样在工具理性独尊的时代搞现代化。因此我们不能重走西方道路。这一点的现实意义，笔者以为集中表现在，资本主义瓦解宗法农民共同体的某些方式，我们是决不能采用的。为了说明这一点，我们不妨把考察的眼界放宽一些。

人类历史上已经出现了三次从共同体中解放个人的过程，即：

从文明初晓时的氏族共同体到古典商品经济下的古典个人——古代自由民。我们称之为“古典革命”，它是产生西方希腊—罗马与我国战国两汉灿烂文化的前提。

从中世纪宗法共同体到社会化自由商品经济下的现代个人——现代市民。我们称之为“市民革命”，它是产生辉煌的近现代工业文明的前提。

从带有浓厚宗法色彩的原始社会主义“大锅饭共同体”到社会主义

商品经济中的自由个人——联合体的个人。这就是我们所说的“社会主义民主革命”，它将成为社会主义各国从本质加入现代化行列并进而创造出更伟大的后现代文明的前提。

这三次大革命所要破坏的共同体各有其特征，但从结构—功能角度上也可以抽象出两个共同点：(1) 它们都具有束缚—保护双重功能或父权—温情双重色彩，(2) 它们都具有权力—依附体制下形成的利益集团，我们可以略去各共同体之差异而仅就其在依附关系中的地位称之为“天然首长”与“平民”。如果我们把来自共同体外部的征服、灾变等因素抽象掉，那么共同体的运动与解体就在这两大集团的冲突中进行。但与传统“阶级斗争”理论把一方描绘为旧社会的维护者而另一方是破坏者的图景相反，我们不能简单地说“平民”要粉碎共同体而“天然首长”在维护它，或者相反，说“天然首长”反共同体而“平民”则保护之。事实上，当人的个性尚未成熟而必须依附于共同体的时候，“平民”要求更换坏家长的斗争和“天然首长”惩治忤逆子孙的斗争都不具有反共同体的性质。当人的个性开始成熟时，真正维护共同体的“慈祥家长”与“孝子贤孙”都已没落，共同体的解体在逻辑上就有两种可能：或者“平民”向“天然首长”进攻以打破共同体对“平民”的束缚（从另一方面说也就是打破对“天然首长”的保护），或者“天然首长”向“平民”进攻以打破共同体对“天然首长”的束缚（从另一方面说也就是打破对“平民”的保护）。

在“古典革命”中，这两种可能分别产生了“雅典式道路”与“马其顿式道路”。雅典、罗马走前一条道路，通过“平民革命”推翻了氏族贵族即“父族之子”的统治而瓦解了古老的血缘共同体。马其顿以及在更典型的意义上还有我国的春秋战国时代走后一条道路，通过大酋长的“变法”以赤裸裸的暴力（法家政治）撕掉宗法“礼治”的温情面纱，也瓦解了古老的血缘共同体。雅典、罗马由父权变为民权，从“长者政治”变成了“众人政治”。马其顿、中国由父权变为君权，从“长者政治”变为“强者政治”。但由早期文明的“氏族国家”过渡到以独立私有者为基础的古典国家，血缘纽带为地域纽带所取代的“古典革命”性质是一样的。

恩格斯曾多次用砸碎氏族共同体的雅典梭伦改革比之俄国瓦解中世纪村社共同体的资本主义进程。而“雅典式道路”与“马其顿式道路”恰可与列宁所说的村社共同体到资本主义的两条道路即“美国式道路”与“普鲁士道路”相比拟。在前一道路上，农民打倒地主、摆脱村社束缚而成为自由农场主；在后一道路上，地主征服农民，使其失去村社的保护而被“自由”出来。前者建立的是美国式民主，后者建立的是俾斯麦、斯托雷平式的专制，但变革的资本主义性质是一致的。所以列宁曾说：在俄国，地主与农民在土地问题上都实行了“革命的政策”。在“古典革命”中的贵族与平民也可以如是观。

从价值中立的纯逻辑角度，即从工具理性角度看，这两条道路的终极结果是等价的。既然共同体的束缚—保护、父权—温情是二位一体互为依存的，失去一者另一者也不可能独存，从而无论通过哪条道路，对斗争双方来说最终结果在逻辑上都是既失去保护又摆脱束缚，而得到两种意义上的自由。在马其顿式的古典化或普鲁士的资本主义化道路中，“天然首长”的父权极度膨胀而冲破温情纽带，异化为破坏共同体的一种冷酷的理性权力。然而共同体破坏后形成的古典经济与近代商品经济中的个人独立性终究会遏制这种权力。我国法家曾公然宣布：“夫以妻之近与子之亲而犹不可信，则其余无可信矣。”[1] 然而正是它用赤裸裸的暴力瓦解宗族公社而制造出来的独立小农后来推翻了法家的暴秦，并代之以奉行自由放任即“清静无为、顺其自然”的黄老之道的西汉王朝。马其顿、普鲁士或俄国的专制后来也在古典经济与近代经济影响下趋于衰落。

另一方面，雅典式或美国式道路以民主方式打破共同体的过程往往表现出“古代联合体对共同的社会福利的关心”[2]，并提出公平的要求。雅典、罗马的平民革命以“均田废债”来打击贵族，中、俄民主革命的“美国式道路”以平分土地来消灭地主，都是如此。然而只要人们的个性

[1]《韩非子·备内》。

[2]《马克思恩格斯全集》第21卷，第447页。

发展具有一定水平，这种平均将不会给平民带来任何宗法式的保护，而只会成为机会均等的竞争中的平等起点。梭伦式的限田废债政策本意在于防止分化，但平民摆脱氏族贵族的束缚而真正成为自由民的结果却使“自由分化”过程从此不可遏止。民粹派的“土地民主”本意在于维护村社，但按列宁关于“美国式道路”的设想，土地革命打倒地主恰恰为使“农场主从废物中分化出来”创造了最有利的前景。总之，在逻辑上这两条道路的发展过程将是趋同的，“天然首长”与“平民”各为自己集团的利益实行的主张最后都要走向自己的反面，使前者失去特权，使后者失去保护，从而双方“同归于尽”，都成为古典的或资本主义的自由人。所以，在工具理性的意义上这两条道路是等价的。而在经验的意义上我们也不能说雅典式或美国式道路一定优于马其顿或普鲁士道路，因为历史毕竟不由人任意选择，很多情况下人们往往只有一条路可走，向另一方向的努力往往只能变成一种宗法的梦幻。

但人毕竟不是逻各斯用以证明自己的工具，也不是只会“跟着感觉走”的经验动物。人是有价值理性的，而从价值理性出发，这两条道路就不是等价的。因为马其顿式或普鲁士式道路将给绝大多数人带来深重灾难，它是残暴的、不公正的和非人道的，因而有损于人的价值和人的终极关怀。而雅典式或美国式道路在价值上则合理得多。即使在人的价值自觉尚未发达的时代，这种客观价值也会直接带来工具或经验意义上的差别。这是因为，我们在进行上述逻辑分析时略去了人们在宗法性与个性之间的价值取向。我们只把人的个性发达作为预设前提，在这一前提下才可能产生无论哪一条道路上的古典化或资本主义化。然而事实上人们取向于宗法性或个体性的机制十分复杂，而且往往是可逆的。我们说人的个性发达因而才会存在无论哪一道路上的变革，然而反过来说，变革道路的是否合乎价值理性也直接影响到人们个性能否顺利发达，甚或能否真正产生。马其顿式或普鲁士式道路一方面给“平民”造成巨大痛苦而可能激起他们强烈的宗法情绪，使他们的斗争带有为维护宗法共同体而战的“反动性”，另一方面，既得利益的“天然首长”不仅作为原共同体的人格化而与宗法式的昨天有千丝万缕的联系。不会痛快地放弃特权和对“平民”的束缚，而且由于权利不平等之上又叠加财产不平等所造成的社会情绪与动荡往往比以权利平等换来的财产不平等强烈得多，“天然首长”为避免强烈动荡危及自己的地位。也就不可能完全放弃对“平民”的保护。如我国汉代连续发生汉武帝与王莽以暴力“抑兼并”的狂潮，使古典式的自由分化严重受挫。俄国斯托雷平改革瓦解村社引起剧烈动荡后，沙皇政府因害怕既丢掉了份地又没有得到均等的竞争机会的破产农民铤而走险，又于1913年立法严格限制独立农民土地的转移买卖，并规定这种土地的面积必须合乎以前关于法定份地的法令，实际上使独立农民的土地重新份地化了。次年，更干脆中止了斯托雷平土地法的推行，一场普鲁士式的“彻底革命”就此流产。

所以，这两种变革道路在逻辑上的趋同过程实际上往往难以完成或彻底完成。马其顿或普鲁士式改革不仅痛苦、曲折和反复要大得多，而且最终结果也往往达不到雅典或美国式道路所可以达到的古典化、资本主义现代化水平。我们前面谈到中国战国两汉时代的古典小农文化，但不少人肯定要说，而且我们事实上也认为这时的中国并不是完全的古典社会，或者至少古典化程度远不及希腊—罗马。但其所以如此，笔者以为并不在于中国人与西方人有什么水火不相容的“本性”之别，而在于中国没有经历过“平民革命”[1]。它的古典化不是雅典式的，而是马其顿式的。即使在相对意义上，我们并不否认中西“传统之根”的差异，它也不是宿命的，而是历史过程中的众多因素逐渐造成的，古典化模式的不同显然是其中的一个关键因素。同样，美国农民是个人主义、自由主义者而俄国农民是集体主义、民粹主义者，这也不能全归之于种族天性。美国农民没有像俄国农民那样饱受普鲁士式发展的折磨，而这种折磨几乎必然会造成宗法情绪或延缓宗法性的消灭。伊朗巴列维“白色革命”激起原教旨主义狂热和普鲁士农民成为第三帝国的“第一等级”，都是明

[1] 从前面对《太平经》的分析中，我们看到这种革命的因素在中国并不是根本不存在的。

显的例子。走普鲁士式道路而步入近代的德、俄、日等国的资本主义面貌也迥异于美国。德国的魏玛共和，日本的大正民主都显示了两条道路趋同的逻辑。但它们都那么弱不禁风，昙花一现而很快为法西斯专制所淹没，只是在战败后的被占领状态下德、日才真正确立了民主体制，完成了与美国式道路的趋同过程。这方面的唯一例外可能是英国。英国一方面以新贵族用暴力摧毁公社，剥夺农民的圈地运动来进行极端普鲁士式的反宗法变革，另一方面代议制民主也比较顺利地发展起来。在笔者看来，这可能在很大程度上要归因于英国资本主义原始积累主要得力于“日不落帝国”的海外利益，而不是光拿农民开刀的。否则，被逼入绝境的农民，会不会发动一场歇斯底里的宗法运动来寻求一个保护者并阻断近代化过程就很难说了。

“美国式”道路与“普鲁士”式道路原是一种抽象模式。列宁当年曾指出，由于资产阶级的局限性，它领导的革命不可能是纯粹“美国式”的，即不可能完全以有利于广大人民的形式完成。无产阶级领导的民主革命则可以做到这一点。可惜他的论断后来没有被证实，70 多年后的社会主义改革者应当证实这一点。

许多人往往怀疑中国“传统文化”积淀下“美国式”民主革命能否实现，这种怀疑是有道理的。其实不光中国，中俄等国都曾有过只在“美国式”民主革命道路上走了第一步（打倒地主）便又吟起了宗法共同体的田园诗的历史。因此，“美国式道路”不仅是对“天然首长”的改造，也是对“平民”的改造。它不仅要让“掌勺者”放下勺子，更要让群众放弃一切宗法梦幻，在摆脱束缚的同时不要留恋“保护”。否则，改革便会陷入“怪圈”，陷入推倒了“天然首长”后又建立起一个更加温情脉脉的宗法共同体的结局，如同几十年来我们所经历的那样。换言之，“美国式”道路必须有文化启蒙，必须破除宗法农民的文化心态，必须有全民族的反思。但反思的目的决不是造成一种“处处皆传统，人人不干净，你是赵太爷我是阿 Q，谁也别说谁”的局面。古往今来的一切改革也从来不是在全民族一律闭门思过的气氛中，而是在进步势力反对保守势力的实践中完成的。过去“美国式”民主革命的中途停车固然是宗法农民文化所造成，但反过来说，我国历史上宗法文化的强大也与我国古典化时代没有走雅典式道路而是走马其顿式道路有关，正如俄国农民的宗法文化也与俄国长期走普鲁士式道路有关一样。我国今日宗法农民文化之存在正是民主革命未完成而留下了宗法共同体社会经济土壤的结果。宗法农民文化熏陶下的中国人搞社会主义民主革命很难，但只要搞了彻底的社会主义民主革命，也只有搞了彻底的社会主义民主革命，中国人才能摆脱宗法农民的气息告别田园诗的时代。我们的困难与我们的希望都在于此。

结束语　从田园诗到狂想曲

音乐是时代之魂，中世纪普罗旺斯乡间的田园诗，以其梦幻般的宁谧、浪漫和与世无争的意境俘虏了文艺复兴早期的艺术家，带来了14—16世纪西欧田园曲和田园剧的全盛。然而当摧枯拉朽的市民文化冲破了这宗法式的宁静后，欧洲人便把兰第诺、塔索等抛在了脑后。到19世纪，充满蓬勃向上精神、召唤着民族觉醒的史诗性乐曲——狂想曲响遍了欧洲。李斯特的《匈牙利狂想曲》，拉洛的《挪威狂想曲》、拉威尔的《西班牙狂想曲》，有如一支支号角，激励着他们的国家和人民投入现代化的历史进程。

在我国民主革命的浪潮汹涌澎湃的40年代，海员出身的作曲家冼星海怀着他对现代化中国的向往谱写了《中国狂想曲》。然而今天的中国人对这部乐曲的熟悉程度远不如他的《黄河》《生产》《在太行山上》等新式农民运动中的战歌。它似乎象征了一个令人遗憾的事实：经过近50年后，中国历史的主旋律仍未完成从宗法小农的田园诗向现代化的狂想曲的转变。

但我们相信这一转变正在到来。

告别了田园诗的中国将不会再有8亿农民，但无疑她将仍有相当多的农民。他们将过着一种怎样的社会生活？以科学为标帜的一本农民学著作似乎不应作这种关于未来的“狂想”。但我们放眼世界时，看到的是：

1969年，美国农民合作社成员达640万人次，而全美农户还不到

200万！显然，大多数农民至少参加了一个、往往是同时参加了几个合作社。当年全美农产品的36%是农民合作社生产的，而20年前仅为20%。

西欧、北欧的农民合作社比美国更发达。以畜牧业现代化闻名全球的丹麦，农民合作社控制着91%的牛奶、65%的黄油和90%的生猪出口。[1] 德国的合作运动在20世纪初已驰名于欧洲，1914年合作社社员已达600万户以上，以致一些学者认为："合作运动紧紧控制了农民社会"，合作社对农民的作用"比所有关于农业与关税的法律加在一起都要多"[2]。

在大卫星照耀下的资本主义社会——以色列，农村经济中"公共经济"比重高达80%，"个体经济"只占20%。公共经济中包括"柯布茨"——从事商品经济的集体农庄；"莫沙乌"——劳动合作社，生产资料公有、农户独立经营并接受集体指导的供销、信贷与大型机器使用的联合体；以及介于二者间的其他集体经济形式。[3]

这就是资本主义农业？！当我们被20多年的集体化运动折腾得精疲力竭而不得不另觅出路时看到这么一幅幅图景，怎不令人顿生"有心栽花花不发，无意插柳柳成荫"的感慨！

然而发出这种感慨的还不只是我们。当年俄国的民粹派也是合作运动的狂热鼓吹者，而且他们坚信俄国农村公社的"集体主义精神"是合作运动的天然土壤，村社的合作化将使他们的"社会主义"事业成功有望。但历史又是那样具有讽刺意味：民粹派活动家费了九牛二虎之力推进村社合作化而收效甚微，倒是被民粹派切齿痛恨的斯托雷平改革，在对村社进行大破坏的同时反而使农村合作制获得了空前的发展。第一次世界大战前，俄国农村的3.3万个合作社中有83%是在改革中建立的。[4]

1921年，掌握了政权的布尔什维克在战时共产主义时期的集体农庄

---

[1] E. 罗吉斯、R. 伯德格：《乡村社会变迁》，浙江人民出版社1988年版，第47—48页。

[2] J. 克拉潘：《1815—1914年法国与德国的经济发展》，商务印书馆1965年版，第253、256、259页。

[3] 巫继学：《圣地内的公共经济》，载《世界经济导报》1989年3月13日。

[4] 泽村康：《苏俄合作制度》，商务印书馆1935年版，第5页。

运动失败后，再一次把农村社会主义改造的希望寄托在合作化上。他们宣布:“合作制是社会主义社会不可分割的一部分。”[1] 整个 20 年代，苏联推进合作制可谓竭尽全力。然而结果如何？当时任苏联政府首脑的李可夫作了如下描述：到新经济政策后期，合作化的农户只有 300 万，而第一次世界大战前的沙俄时代合作化农户却多达 1200 万。质的方面更糟，战前平均每个合作社有资本 6 万卢布，新经济政策时期的合作社平均资本仅 1.5 万卢布，而且这时卢布的币值比战前低得多！更不幸的是，就连这点可怜的资本还几乎都是国家拨款，农民的股本与存款还不到 1/25，而在战前，合作社资本中农民集资却占到 8/9。李可夫不无沮丧地说：“沙皇时代农业合作社的大部分资金是由农民为数不多的、有时是微不足道的存款凑集起来的。”“国家现在所提供的资金似乎并不比沙皇时代少，可是农民几乎根本不在合作社存款。”耐人寻味的是，这个时期商品荒经常发生，农民手中货币无处用，以至于影响了农产品收购，然而他们却不把钱投资于合作事业！在这种状态下合作制的处境可想而知。据全苏农业合作总社统计，1925 年全部合作社中只有 24.5% 即不到四分之一是办得好的，而 37% 是办得糟的，38.5% 勉强凑合。许多地区出现了“合作社危机，有时甚至是很严重的危机”[2]。

东方与西方、过去与现在的种种现象不禁使人们提出这么个问题：为什么崇尚“个人主义”的资本主义农业中不乏虎虎有生气的合作化乃至集体化，而全力倡导集体主义精神的社会主义国家以及民粹派“农民社会主义”者反而往往把合作化弄成了哽喉的鱼骨，使人欲吐不能？近年来理论界在总结集体化教训时有种流行的观点，主张区别合作制与共耕制，说合作制是好的，共耕制则弄糟了。这种说法不能说全无道理，然而尚未触及问题的关键。以色列的“柯布茨”不就是完全实行共产共耕、共同分配产品的集体农庄吗？而俄苏的传统村社虽然有少量共耕地和偶尔的劳动组合，但显然以份地上的个体耕作为主。可见问题的实质

[1]《李可夫文选》人民出版社 1986 年版，第 165 页。
[2]《李可夫文选》，第 144、37、63—64、160 页。

还不在共耕与否。

问题的实质在于，作为现代农业组织形式的合作制，是商品生产者的自由人联合体，是商品生产者在竞争中为共同利益而在产、供、销等领域或信贷、科技、机械服务等方面形成的联营组织，它的前提便是要有商品生产者自由个性的发达、经济理性的成熟，要有发达的社会交换关系。而作为宗法共同体的农村公社和宗法色彩极浓的大锅饭集体却是一种人身依附形式，一种束缚—保护纽带，它恰恰以人的个性自觉不存在和社会交换的贫乏为条件。当民粹派企图以村社的“集体主义精神”推进合作化时，一些资产阶级合作制理论家就指出：“‘米尔’与合作社制度不容两立”，“欲一面维持米尔制度，一面求合作制发达，实为事实所不可能。”[1] 情况确实如此。苏联革命后独立农民的合作化程度仍然远高于村社农民。1927 年在斯摩棱斯克省，村社农民有 34% 合作化了，而独立农民则达 58%；在莫斯科省，这两个比例分别为 48% 与 59%，几乎所有独立农民都加入了合作社。[2] 然而当时的苏联却一面鼓吹合作社，一面大反“独立农庄化”，于宗法共同体中求自由人之联合，其结果无异缘木求鱼。农民“每为‘米尔’所束缚，合作社之精神无从发达”就毫不足怪了。

要建设自由人联合体，首先要造就具有发达个性的劳动者，而这又要求彻底打碎宗法共同体的桎梏，彻底完成民主革命。当今在改革较深入、商品经济发展水平较高的一些农村地区，各种新型的农民经济联合体与联营组织已开始在“人民公社”的废墟上出现，随着社会主义民主革命的进展，它们必将有更光明的前景。

现代化的农民可以是个体经营的但绝不会是孤立的，可以是联合起来的但绝不会是依附的。当代发达国家的农民经济构成社会化商品经济大系统中的有机单元的方式主要有：农户—公司综合体，个体农户间的

[1] 泽村康：《苏俄合作制度》，第 4 页。

[2] M. 乌斯季诺夫：《关于土地使用形式问题》，(苏)《布尔什维克》1927 年第 19—20 期，第 147 页。

合作网络，以及当然不能排除还有建立在经济合理性和成员个人利益与志趣基础上的集体农场。

未来的中国农民将采用哪种方式呢？他们又将创造出什么新的方式呢？这不是笔者所能回答的。现代化农业的狂想曲，要由农民自己来谱写。他们将与他们的祖先一样勤劳、勇敢、智慧，但将具有祖先所没有的品格：自由个性。

传统乡村社会中的土地关系：关于传统租佃制若干问题的商榷[1]

秦 晖

“租佃决定论”与“乡村和谐论”：从地域模式到一般解释

中国过去认识传统乡村社会的模式，影响最大的有两个：第一个是“中国封建社会”理论模式，其特点是非常强调租佃关系的作用，可称之为租佃关系决定论。它大致有五个环环相扣的命题。

第一，认为传统农村最大的问题或最突出的特征就是地权集中，使用分散，因此造成耕者无其田，有田者不耕，形成地主和农民的对立——这种意义上的农民特指佃农——以致农村被割裂成两个阵营，存在着严重的阶级对立与阶级斗争。

第二，造成这种现象的原因，据说就是土地私有、自由买卖，小农两极分化。这种以“私有—买卖”作为租佃关系成因的解释还引申出两个理论：一是认为既然小农经济会两极分化，租佃制又是中国一切灾难的根源，则土地改革消灭了大地产还不够，紧接着还要消灭小地产，搞集体化。否则，又会启动下一轮“两极分化”。二是所谓“地主、商人、

[1] 原刊于《学术月刊》2006年第9期，原刊时有删节，此系全文。

高利贷三位一体”之说，如果租佃制是万恶之渊，“私有—买卖”又是租佃之源，这就必然强调“抑商”的必要，同时忽视“限权”的必要——因为抑商正是要靠官家。

第三，以“土地私有、自由买卖，兼并危机、主佃冲突，最终爆发农民战争”的模式，来阐述中国历史上的历史周期论。以此解释中国历代“分久必合，合久必分”“乱极生治，治极生乱”的现象。

第四，以“中国地主制，西方领主制”来解释中、西历史的区别，尤其是“中国为什么没有产生资本主义”的问题。当时两个流行说法都与“租佃决定论”有关：一是说中国的租佃制是小生产，而西方的领主制庄园据说是大生产，有利于使他们过渡到资本主义。二是说中国租佃制下土地可买卖，导致“以末治富，用本守之”，工商业积累都用来买地了，因此不能形成资本原始积累。而据说西方的土地是不能买卖的，所以工商业赚了钱只能在业内滚动，资本就积累起来了。

第五，用这套说法解释近现代中国史，尤其是 20 世纪中国革命的历史：近代国内的核心问题是土地问题，据认为不管是辛亥革命还是戊戌变法，失败的根本原因都是没有解决土地问题。后来的国共斗争也是由于共产党解决了土地问题，所以胜利了，国民党没解决这个问题，就失败了。这种说法在很大程度上将国共两党的斗争描写成土地改革派和反土地改革派的斗争。

这五个命题环环相扣，形成一个很完整的逻辑体系。与此相反，早在 1949 年以前就一直有对乡村社会的另一种逻辑。其最典型的代表并不是国民党方面的史学家，而是中国文化本位论者，如梁漱溟先生等人，他们将西方汉学的一些传统结合起来，形成对中国传统社会另一极的看法，笔者称之为“乡村和谐论”。与阶级斗争之说相反，这些学者把传统乡村看成一个非常和谐的、温情脉脉的大家庭。其主要论点可以概括为如下几句话：“国权不下县，县下唯宗族，宗族皆自治，自治靠伦理，伦理出乡绅”。据说传统的国家官府只管城里人，乡村社会则依靠习惯法、道德、伦理等“非正式制度”非常和谐地在自我调节。而进行这种调节的主要组织资源，就是被描述为传统之根的家庭—宗族组织。据说宗族是自治的，自治靠什么呢？靠伦理，通常是特指传统血缘共同体—宗族关系中的族缘亲情与辈分等级所维系的人际交往准则。而这种伦理的代表、从而也就是小共同体公共利益的代表，被认为是乡绅。如果说“中国封建论”者心目中的阶级斗争之地在“乡村和谐论”者那里是个充满温情的大家庭，那么乡绅在前者那里被描述为欺贫虐佃的大地产主，在后者那里则是以道德立身、为乡亲请命的读书人。这种作为地方精英、乡村自治代表、民间伦理化身的乡绅，越来越成为解释中国传统农村的关键概念。总之，“国权不下县，县下唯宗族，宗族皆自治，自治靠伦理，伦理出乡绅”，描绘的是一种玫瑰色的传统乡村。

但这种理论到目前为止都没有人真正解释过：我们以往称为“农民战争”的社会爆炸现象何以会发生。假如传统乡村的内部关系真的那么和谐融洽，而外部的专制权力又对它并无影响，那么大规模的、惨烈与残酷程度在人类各民族内战史上绝对是首屈一指的灾难在中国历史上一而再、再而三，几乎是规律性地、大约每隔两百年就发生一次，这究竟是为什么？

更为古怪的是：这两种在理论形式上最为对立（其逻辑上的不相容性远远超过国共两党农民—土地理论的差异）的解说，在现实政治中的关系却似乎不那么对立。不仅当年以梁漱溟先生为代表的乡村建设派主流最终选择了与中共合作，今天这两种说法也同时流行，有时甚至同时出现在同一人、同一部著作中，而似乎并不需要以实证和理论上的争辩来排解二者的逻辑矛盾。

然而从学术角度看，上述关于租佃和宗族的理论极有辨证的必要。笔者十年前曾著有《田园诗与狂想曲：关中模式与前近代社会再认识》一书，对明清以来关中地区的超低租佃率和自耕农社会进行了分析。该书发表后引起两类反响：一是认为此类特征不仅关中有之，如过去就一直质疑“地主经济”论的美国学者赵冈先生，便在其新著中引述了上述关中数据来为他的中国传统农业非地主经济论作补充证明[1]。而其他一些地域经济史的研究者也指出当地存在着类似关中那样的特征。[2] 二是认为所谓关中模式只是极特殊的个案，不能说明关中一般，更不能说明中国。如郑磊认为，民国时期关中地区土地分配比较平均、租佃对立不严重是关中生态环境恶化导致的“异相”，对“传统意义上的封建经济涵义”不构成什么冲击[3]。此外还有日本学者森田明主张关中在明清之际有所谓土地兼并浪潮，以致原有“水利共同体”解体，[4] 其说虽在拙著之前，并非针对拙论。但是也有人以此质疑“关中无地主”之说。

其实，笔者在那本拙著中已经指出，所谓“关中模式”的理论意义无非是说，过去许多被认为需要改变的传统弊病（多以约定俗成的贬义词“封建社会”名之，其实只要不拘泥于古义，此词本属无可无不可）本非有赖于租佃制的存在而存在，也未必因租佃制的消失而消失。这并不是说这种传统中不会有租佃制，也不是说租佃制本身没有弊端。只是租佃制并不像以往所说的那么重要，或者用那时的用语，租佃制及其引起的诸问题并非那个时代的“主要矛盾”所在而已。

因此，尽管关中的地权分散状态并不像郑磊所说的那样只是民国大饥荒造成的短期偶然现象，明清时期关中也不像森田明所说的那样发生过严重的“土地兼并”。[5] 但是这其实并非问题的关键，笔者当然无意证明关中历史上任何时段都从未有过更高程度的土地集中，更不想证明中国的其他地区也和明清以来的关中一般地权分散。清代以至民国的“关中模式”无疑是地权分散的传统自耕农社会的一个特例，“租佃决定论”不能用以解释它。传统中国乡村的其他时段与地域可能比“关中模式”

[1] 赵冈:《历史上的土地制度与地权分配》，中国农业出版社 2003 年版。

[2] 张佩国:《地权分配·农家经济·村落社区》，齐鲁书社 2000 年版，第 59 页。

[3] 郑磊:《民国时期关中地区生态环境与社会经济结构变迁（1928—1949）》，《中国经济史研究》2001 年第 3 期。

[4] 森田明:《清代水利社会史研究》，郑樑生译，（台湾）“国立”编译馆 1996 年版。

[5] 关于这些话题可以另文讨论。参见钞晓鸿:《自然环境、水利、水利共同体——以清代关中中部水利为中心》，2005 年 8 月，南开大学“中国历史上的环境与社会”国际学术讨论会论文。

的土地更集中一些，自耕农少一些，租佃率高一些。但因此“租佃决定论”对于它们就能成立吗？

笔者对此非常怀疑，因此意图超越地域模式，从总体上对构成“租佃决定论的中国封建社会观”的上述诸命题进行考察和辨析。这当然是个大题目，不可能通过一两篇文章来完成。本文先从第一个命题入手。

“地主”占地率与土地集中率

传统时代的中国乡村地权究竟是不是那么集中，由于地权集中引起的社会对立是否那么严重？首先我们应当承认在传统时代，地权肯定是不平均的。即便是土地很分散的“关中模式”也决不是“均田制”。但是天底下大概没有绝对的平均，而不平均和作为社会危机的根源，这之间恐怕还有很大的距离。如果就不平均的程度而言，有一个横向比较与纵向比较的问题，即中国传统时代农村的地权，如果横向和其他民族（国家），不管是古代民族还是近代民族相比，是不是更不平均。纵向比较的话，我们通常讲一个王朝在初年，小农是比较多的，随着土地兼并的发展，到了晚期土地越来越集中。是否有这种线性关系，都是有待研究的。

根据我们现在计量研究的很多成果看来，人们普遍认为改革时代以前关于“地主占地率”的说法有相当程度的夸大，包括土地改革以前中国地权分配状况的研究。几乎所有的近期研究都认为，以前的那种地主占有 70% 的土地，农民只占 30% 的土地的说法，是不能成立的。1980 年国家统计局曾经以当年的各地土改档案综合推算，认为全国土改前地主占有的土地比例为 38.26%。[1] 中央党校郭德宏教授则根据几百份统计汇总平均，算得 20 世纪 20—40 年代地主占有的土地全国平均约为 41%，而到

[1] 国家统计局编：《建国三十年全国农业统计资料》，无出版地，1980 年，第 19 页。

解放前夕更降为32.16%。[1] 换言之，民国时期中国土地总量中地主拥有的只占三分之一左右，而农民的土地应该占一半以上。类似的研究很多，前述及笔者分析的关中地区，大概是当时全国土地分散的典型地区之一。按土改时的调查，关中东部渭南地区和西部宝鸡地区土改前地主占有土地的比例分别仅有5.93%和7.58%。当时有“关中无地主”之说。[2]

而笔者访问过的许多参加过地方土改工作的老同志都记得，当时各地都有所谓“当地特殊论”：北方的“特殊论”认为我们这里地广人稀而且贫瘠，土地不值钱，地主不屑于兼并，所以多自耕农，要说地主那典型的都在南边呢。而南方的“特殊论”认为我们这里地狭人稠，农民惜地如金，地主难以兼并，所以出不了几个像样的地主，那大地主都在北方呢！即使同在一省之内，那时的人们也常以本地为“特殊”而认为地主都在其他地方。典型的如在山东，当建立山地解放区时人们认为：“我们现在住在落后山区，住在一般大地主所不肯住的地方，土地自然比较分散，”而在革命者尚未立足的省内发达地带和大城市附近，“大地主是相当多的”。[3] 可是当全省解放后，人们又提出，由于地狭人稠等“特殊”原因，“反倒是城市附近农村土地占有较为分散”。[4] 有些“地方特殊论”曾经招致严重的党内斗争，如华南地区延续多年的“反对地方主义”事件，就是以“土改右倾”的“地方特殊论”作为口实的。当时以政治压力粉碎了“特殊论”而“统一了思想”。但在改革时期的反思中，这些“特殊论”大都得到了重新评价，被认为是有道理的[5]。

---

[1] 郭德宏:《中国近现代农民土地问题研究》，青岛出版社1993年，第6、42—43页。郭并且说明：上述资料有不少是地主富农合计的，因此“实际上加大了地主土地占有的比例”。

[2] 见本书第52页相关内容。

[3] 薛暮桥:《抗日战争时期和解放战争时期山东解放区的经济工作》，山东人民出版社1984年版，第77页。

[4] 张佩国:《地权分配·农家经济·村落社区》，齐鲁书社2000年版，第68页。

[5] 如1994年4月中共中央关于为方方平反的决定就指出：“1952年对方方同志‘土改右倾’、‘地方主义’的批判……是缺乏事实根据的，应予否定”。引自杨立《带刺的红玫瑰——古大存沉冤录》，中共广东省委党史研究室1997年版，第327页。

而这些“特殊论”之多，则足以使我们反思：到底在广大的中国乡村，是“特殊”的地方多还是“一般”的地方多？实际上总体来讲，在中国传统农村中，自耕农所占的比重要比我们以往所讲的大得多。我们将传统农村理解为佃农的农村恐怕是很成问题的。

而更重要的问题在于：“地主”这个概念在中国具有很大的“政策弹性”。面对同一现实，根据不同的标准圈定的“地主”群体规模可以区别很大，其占有土地的比例也就成了随政治形势而涨缩的“海绵数字”。当年关中土改时主政者比较温和，关中出现大量“无地主”农村。如1951年1月15日中共渭南地委给陕西省委的一份报告，认为渭南地区13县不仅有大量的村无地主，“无地主乡”也达到11%，甚至“一部分区的范围内无地主”。[1] 于是整个土改中渭南全地区被确定为地主占有的土地只有5.9%。可是后来习仲勋被整肃，到60年代“社教”时关中土改被认为“习仲勋的黑土改”，各县于是受命“补课”，在当年的土改已经结束十多年后又按通行的比例补划了大批“漏网地主”，导致“地主占地比例”也大幅上升。然而“文革”结束后，当时的“土改补课”被否定，“地主”群又回复了原先的规模。[2]

所以考查传统中国的地权集中程度，与其去争论那个难有客观标准的“地主”占地率，不如直接统计土地分配的不均度。因为不管“地主”如何定义，根据同一份人地调查案例得出的不均度数值应当不受影响。这样的不均度数值才具有横向及纵向比较意义。固然，地权分配的集中与土地租佃率的增加并不是一回事，早有学者指出南方许多高租佃率地区，地权集中程度并不高。但地权的集中与自耕农的减少应当是基本对应的。如果按照土改时的口径，无论雇工经营还是分散出租的大地产都是“封建地主”，那么地权集中与否和地主（尽管未必是租佃地主）的力量大小也应该基本对应。

---

［1］ 见本书第53页。

［2］ 参见郑欣淼、鲍澜：《试析所谓陕西民主革命补课问题》，《陕西地方志》1993年第1期。

当今国际上最通行的不均度指标当属基尼系数，以基尼系数进行各国各历史时期的地权分配状况比较，目前已经不乏资料。

在古代方面，笔者曾经以今四川与湖北出土的两份汉代地方人地资料，算得其土地分配的基尼系数分别是 0.223 与 0.505，[1] 而与之大致同时的西方文明罗马帝国，迄今所知有 6 处地籍铭文传世，它们反映的土地分配基尼系数分别为：0.435、0.526、0.394、0.447、0.679 和 0.856。[2] 显然，古罗马的土地集中程度要高出汉代不少。

近现代可以进行这类比较的资料更多。就我所见，美籍经济史家赵冈是以基尼系数分析民国时期中国土地集中状况的第一人。他在 20 世纪 80 年代曾经对以满铁资料为主的 47 份调查报告算出基尼系数，其部分结果如下：[3]

地区	年代	基尼系数	无地者 %
嘉定	1941	0.591	24
南通	1941	0.520	18
松江	1941	0.408	3
常熟	1941	0.400	32
常熟	1934	0.423	0
无锡	1941	0.329	21
无锡	1932	0.544	3
苏州	1932	0.790	26
鄂咸宁	1937	0.587	11

[1] 秦晖：《古典租佃制初探：汉代与罗马租佃制度比较研究》，《中国经济史研究》1992 年第 4 期。

[2] M. I. Finley (ed.), *Studies in Roman property* / by the Cambridge University research seminar in ancient history. Cambridge University Press, 1976. pp.15–20.

[3] 赵冈、陈钟毅：《中国土地制度史》，（台北）联经出版公司 1982 年版，第 234—238 页。

（续表）

地区	年代	基尼系数	无地者 %
晋阳高	1934	0.618	0
云南省	1933	0.494	30
广西省	1933	0.408	28
安徽 14 县	1935	0.565	37
泰安	1939	0.466	5
惠民	1931	0.482	0
临清	1942	0.418	3
蓟县	1936	0.670	34
枣强	1936	0.691	0
河北 20 村	1936	0.692	31
广宗	1936	0.309	0
河北四县	1937	0.692	24
蜀江北	1938	0.369	
平顺	1934	0.578	16
浙江 5 县 33 村	1933	0.703	0
江苏 4 县 28 村	1933	0.677	0
陕西 3 县 13 村	1933	0.344	0
……			

47 个案例中基尼系数大于 0.7 与小于 0.4 的各只有五个，而近五分之三的案例都在 0.4—0.6 之间，全部 47 个基尼系数的平均值约 0.53 [1]。由于无法加权，这个平均值并不精确。但当时中国地权分配一般水平大

［1］ 笔者推算，原书无此数据。

致如此。90年代笔者对关中地区清代至民国的31组土地分配也做了基尼系数分析，其平均值为0.3514。[1] 这应当代表中国相当一部分土地比较分散的地区。

应当指出，以上统计还有两个因素并未计入。其一，册籍上的地权统计一般都以对国家承担地权责任（交纳地税）者为对象，此即所谓“田底”权。但是当时的中国永佃制已经相当广泛。而既不可剥夺又可以交易的永佃权（“田面”权）实际上已经具有部分地权的性质，或者说它实际上分割了“田底”所有者的相当一部分权利。在永佃权普遍存在的情况下，“地主”并不拥有完整的地权，而“佃户”并非完全没有地权，只有自耕农的地权不受影响。显然这会使实际地权配置的不均度小于名义上的基尼系数所示的程度。其二，上述统计大部分是以户为分配单位的基尼系数值，而在传统时代，一般富人家庭平均规模较大，而穷人家庭小，无法成家的单身汉占相当比例，因此更有实质意义的按人分配的基尼系数会降低相当幅度（就关中案例看平均要降低约0.15或三分之一左右）。而当代国外计算基尼系数一般都是尽可能用按人分配值的。

考虑这两个因素，中国地权分配的实际不均度应当更小。然而，即使不考虑这些因素，上述统计在世界范围内的横向比较中也是最小者之一。请看下表：[2]

国家	年代	基尼系数	年代	租地户 %
巴西	1950	0.84	1950	9
伊拉克	1958	0.88		
埃及	1952	0.81	1939	12
墨西哥	1930	0.96		

[1] 见本书第83页。

[2] Samuel P. Huntington, *Political Order in Changing Societies*. Yale University Press, 1968. pp.408–416.

（续表）

国家	年代	基尼系数	年代	租地户 %
阿根廷	1952	0.86	1952	32
意大利	1946	0.80	1930	24
新西兰	1949	0.77	1950	22
英国	1950	0.71	1950	40
美国	1950	0.71	1959	20
古巴	1945	0.79	1945	54
伊朗	1960	0.65		
印度	1954	0.63	1931	53
巴基斯坦	1960	0.61		
联邦德国	1949	0.67	1949	6

上表所列包括发达国家和发展水平与中国相当的发展中国家，但它们的土地分配不均度无例外地都高于中国。换言之，在横向比较中，传统中国乡村地权分配的不均度小于世界上绝大多数传统与现代国家。

下表是更晚近的研究著作列举的数据：[1]

国别	调查时间	农民中无地者%	有地农民中土地分配基尼系数
秘鲁	1981	20	0.95
巴基斯坦	1985	11	0.61
埃及	1977	26	0.53

此表中的土地分配基尼系数只是有地农民中的统计，如果包括占农民人口九分之一到四分之一的无地者，基尼系数还会更高一截。与之比

[1] Keith Griffin, *Alternative Strategies for Economic Development*. London: Macmillan, 2nd ed., 1999, Table 7.2, p. 176.

较，传统中国的土地分配不均度显然相形见绌。

耐人寻味的是，中国地权分配的不均度不仅与没有经过土地改革的国家相比绝对值不大，与经过土地改革后的国家相比似乎也并不更高，而且中国在传统状态下地权逐渐分散的趋势似乎比一些国家和地区土改前后变化还明显，例如：

A 土地改革前后

墨西哥	0.96(1930)	→	0.69(1960)
埃及	0.81(1952)	→	0.67(1964)
印度	0.63(1954)	→	0.59(1961)
菲律宾	0.59(1948)	→	0.533(1960)
中国台湾	0.65(1930)	→	0.46(1960)

B 土地改革前

中国大陆

无锡	0.544(1932)	→	0.329(1941)
常熟	0.423(1934)	→	0.400(1941)

墨西哥革命制度党、埃及纳赛尔的“阿拉伯社会主义”和印度的“非资本主义发展道路”都经过了激进程度不等的土地改革，菲律宾也出现过促使地权分散的改良措施。中国台湾地区在日据时代土地比大陆多数地区更集中，但1949年后进行了一般认为是十分成功的土地改革，实现了耕者有其田。但是所有这些地方此后的地权分配仍然有相当程度的不均。相对于中国大陆的许多地方，民国前期地权就不很集中，后期进一步分散，在没有经过土地改革之前其土地集中程度已经低于上述国家与地区在土地改革以后的水平！

上面所说的土地改革是截至20世纪60年代的情况。而到20世纪80—90年代，许多被认为是进行了“成功的”“激进的”乃至“极端革命的”土地改革的国家，土地分配基尼系数更是大为下降，而没有进行土改或土改形式比较“渐进”“保守”的国家这个数值仍然很高。至于中国，在改革时代的市场经济中农地分配也呈现出了一定程度的不均：[1]

激进土改国家（地区）	土地分配基尼系数	无激进土改国家	土地分配基尼系数
日本	0.38	阿根廷	0.86
中国台湾	0.47	巴西	0.85
韩国	0.35	印度	0.59
中国大陆	0.41	肯尼亚	0.77
埃及	0.46		
埃塞俄比亚	0.47		

从这组数据看，传统时代中国多数地区的统计值，乃至全部样本的平均值所显示的土地分配的不均程度，不仅明显小于所有未进行激进土改的其他国家，而且与进行过激进土改乃至“土地革命”的国家的状况也相去不远。尤其是：中国在改革年代恢复农户经济后经过若干年发展，到 20 世纪 90 年代，在没有土地私有制的情况下农民实际土地占有的基尼系数至少也有 0.41，高于我国土改前 47 个样本中的 8 个，比全部样本的平均值也低不了多少。换言之，如果今天中国农民土地占有的不均度是可以容忍的，那么民国时期中国至少有六分之一以上的农村似乎是不需要任何土改（包括台湾式的和平土改）的？！而根据另一份统计，1988 年中国农地调整前的基尼系数为 0.50，调整后仍达 0.47，[2] 前数已高于土改前约五分之二的样本，几与平均值持平了。

笔者无意以上述分析否认传统中国土地制度的缺陷和某种形式的土地改革的正面意义。但是显然，这一分析至少足以表明：把地权问题说

[1] Keith Griffin, Azizur Rahman Khan and Amy Ickowitz, *Poverty and the Distribution of Land*. University of California, Riverside, 2000. p.80.

[2] Azizur Rahman Khan and Carl Riskin, “Income and Inequality in China: Composition, Distribution and Growth of Household Income, 1988 and 1995,” in *China Quarterly*, No. 154, June 1998.

成是中国传统社会的首要问题，把地权不均说成是传统中国社会弊病、社会冲突和社会危机的主因，从而把平均地权说成是解决这些问题的主要手段，甚至是根本改变中国社会性质、结束“封建社会”、完成“民主革命”的标志，是没有根据的。

地权不均与社会不公平的关系

其次，地权不均也未必意味着租佃制发达，即使在存在租佃关系的情况下，租佃关系和我国的传统农业经济结构到底是什么关系，也是一个很大的问题。经济史家自20世纪80年代以来就注意到一个问题，即中国历史上往往是商品经济很不发达的地方（如华北），租佃关系也非常不发达。那里如果有一些大地产的话，也大都是用雇工经营的。就是说北方多经营地主，南方多租佃地主，这是很早人们就已经看到的现象。如果地域设定，那么时间变量也似乎有类似的函数关系，如江南，明代还有不少经营地主，到清代基本上就没有了。然而，清代的资本主义也好，市场经济也好，无疑比明代要发达得多。总之从地域讲，江南比华北发达，时间上讲，盛清比明发达，但是租佃制则偏向于在较发达的时空中存在。这与所谓租佃制代表“封建自然经济”，而雇佣制代表“资本主义商品经济”的说法是完全相反的。在这种情况下很难说到底是雇工经营“先进”还是租佃经营“先进”。

现在我们姑且不管什么“先进”与否，也不管租佃还是雇佣，只从社会矛盾的角度看看上述地权分布状况的可能意义。

我们知道，如果抛开政治上的不公平，仅就经济方面讲，导致人们生存状况相差悬殊的直接原因是消费状况的差异，所谓“朱门酒肉臭，路有冻死骨”是也，而这又与收入状况的差异直接相关。土地分配的不均只有转化为收入、消费的不均，才会造成社会不公并加剧社会矛盾。由于消费统计比较困难，因此如今人们讨论社会公平时主要关注的指标是收入分配的不均，基尼系数也主要是用来计量收入分配不均度的。如今国际上一般都认为，收入分配的基尼系数在0.3以下，属于相当平等的社会；0.3—0.5是比较不平等的社会；0.6以上是很不平等的社会。通常认为我国如今的收入分配基尼系数已经超过0.4，一些有影响的调查，如经济学家赵人伟课题组、社会学家李强课题组的调查都认为早在1994年我国收入分配的基尼系数已经达到了0.445左右。[1]

如果像以“租佃决定论”为基础的“中国封建论”所说的那样，传统中国的不平等主要是租佃关系中的地主与农民的不平等，亦即是地权不均导致地租剥削引起的收入不均与消费不均。甚至如改革前的一种流行说法：地租是封建社会剩余劳动的基本形式，赋税、利息、商业利润等等都是地租的再分配。[2] 那么上述中国传统水平的地权分配不均会导致一种怎样的收入不平等呢？

设想一种逻辑上的极端状态：某个超大地主占有社会上的全部土地，其余所有社会成员完全无地，并且都沦为该地主的纯佃户。这时土地分配的基尼系数达到1（即逻辑上的极值）。假设这时的地租率为50%（即通常认为是“中国封建社会”常态的“对半分租”），那么该地主将占有社会总收入的一半，而其他人共分另一半。不难算得此收入分配的基尼系数为0.5，即只是地权分配不均度的一半。（附图1）

再设想另一种逻辑上的极端状态：假如一个统计单元只有两户，其中甲为纯地主，乙为纯佃户并佃种甲地（即等值于一村之中50%人户为地主，50%为佃户），则这时50%的人拥有100%的土地，另50%的人只有0%。容易算出这一单元中土地分配的基尼系数为0.5，而收入分配的基尼系数是多少呢？假如仍按“对半分租”，则甲乙的收入将完全一样，亦即收入分配的基尼系数为0。（附图2）换言之，这种状态下收入分配基尼系数会无穷小于地权分配的基尼系数！

[1] 参见秦晖：《关于基尼系数与社会分化问题》，见金雁、秦晖：《经济转轨与社会公正》，河南人民出版社2002年版，第240—248页。

[2] 胡如雷：《中国封建社会形态研究》，三联书店1979年版，第57、74、307页。

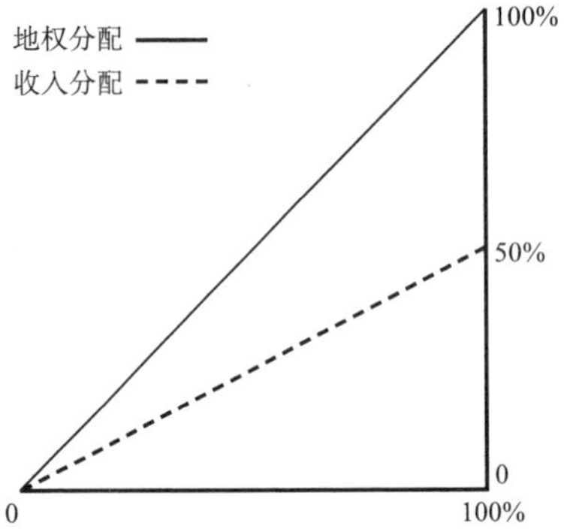

设某地主独占一足够大地区之全部地权，该地其他所有人均为其佃户且佃权自等，则当地租率为50%时，该地之地权分配基尼系数为1，而收入分配基尼系数为0.5。

附图1

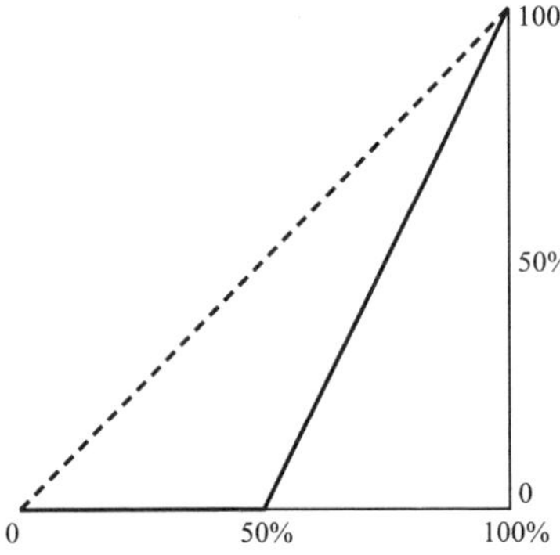

设甲乙两组人户相等，甲拥有所有土地，乙为甲之佃户，则地租率50%时，地权分配基尼系数为0.5，而收入分配基尼系数为0。

附图2

一般地讲，现实中的状况极少会是前一极端（全部土地都集中于一个大地主手中），也极少会是后一极端（纯地主多到与纯佃户相等），而通常会在两者之间（地主数量多于一个，但少于佃户数量）。因此收入分配基尼系数与地权分配基尼系数的比值也会在0.5—0之间。当然，这里没有考虑自耕农户，自耕农比重的增加会拉近两种基尼系数的距离。极端状态下如果一个统计单元内全部是自耕户，则两个基尼系数才会相等。但此时将不可能有租佃，也不可能有雇佣，基尼系数再大也只能说是“多劳多得”，不会有所谓“剥削”之说了。

而在所有上述情况下，收入分配基尼系数都不可能大于土地分配基尼系数。那么，是不是收入分配比土地分配更不平等的状态在逻辑上是不可能的呢？当然也不是。假如收入分配不是经济关系的结果，而是赤裸裸的暴力抢劫或特权、政治强权等“超经济强制”所造成，那收入的差异就与土地占有（以及租佃、雇佣等）没什么关系。就像一个土匪持刀抢劫农民并不需要拥有土地一样。就算在真正的“均田制”下，皇上只要横征暴敛也可以穷奢极欲，而百姓完全可能被“逼上梁山”——当然，那就不能说是什么“土地问题”了。

显然，土地分配的基尼系数与地权分配的基尼系数两者是相关的。但这种相关并不是一种线性关系，即使在地租率给定的情况下，我们也很难给出一个换算系数。然而，这绝对不意味着可以把两者等量齐观，而且很明显，无论业佃的比例为何，也无论“剥削”的形式是租佃还是雇工，在任何情况下只要这种“剥削”是以经济关系，而不是以人身强制为基础，同一统计单元内的土地分配基尼系数都会远高于收入分配基尼系数。

如果改租佃为雇佣，改土地为其他产业资本，也会出现类似情况。一般而言，如果收入分配不均并非因政治强权造成，即如果其原因主要是经济上自由的要素交易与资本孳息（如雇佣、租佃、借贷等），那么“生息资本”（所谓生产资料）分布的不均度必然显著高于收入分布的不均度。亦即“财富的不平等远远大于收入的不平等”。道理很简单：一个经济上高度分化的社会可能有大量的无产者，但不可能有大量无收入者。在农村可能有许多无地农民，但不可能有不吃饭的农民。反过来讲，富人可能垄断资本（或土地），但不可能垄断收入。作为平民他们的“不劳而获”需要通过要素交易（即“土地与劳动的结合”）来实现，这种交易必然带来收入的分散。

因此，在富人主要由平民、而不是由权贵组成的英、美等国，20 世纪通常收入分配的基尼系数在 0.3—0.4 之间，然而其资本分配的基尼系数就要大得多，往往达到 0.8 左右。[1] 在今天的其他国家，虽然由于民主化程度低，“权力收入”和来自“统治—服从关系”的收入比重相当高，但是如果仅计算受到此种收入影响较小的乡村平民中的收入分配状况，则我们也可以看到类似情况。

例如，据分析，1991 年在孟加拉国农村，农民来自乡村的收入分配基尼系数只有 0.28，可是该年该国农村地权分配的基尼系数达到 0.65，

[1] 保罗·萨缪尔森、威廉·诺德豪斯:《微观经济学》，萧琛等译，华夏出版社 1999 年版，第 278—280 页。

几乎高出前数一倍。[1] 当代中国其实也不例外，如所周知，世纪之交中国居民收入分配基尼系数已经高达近 0.5，但其中诸如城乡身份性壁垒等超经济因素的影响很大。而农村内部收入分配、尤其是来自农业的收入分配则受上述影响较小，基本属于“经济性分化”，因而同样显示出“财富（资本）分化大于收入分化”的特征。抽样研究显示：1988 年，中国农村农地使用权分配的基尼系数，未调整土地为 0.50，调整过的土地为 0.47，但当年乡村收入分配的基尼系数只有 0.34。1995 年中国农村分化加剧，这个数值上升到 0.42，但是如果只计来自农业的收入，则基尼系数只有 0.24 左右。[2] 城市中也有类似情形：2003 年财政部的一项报告显示：当时中国城市居民家庭财产的基尼系数为 0.51，远远高于城市居民收入的基尼系数 0.32。[3]（附图 3）

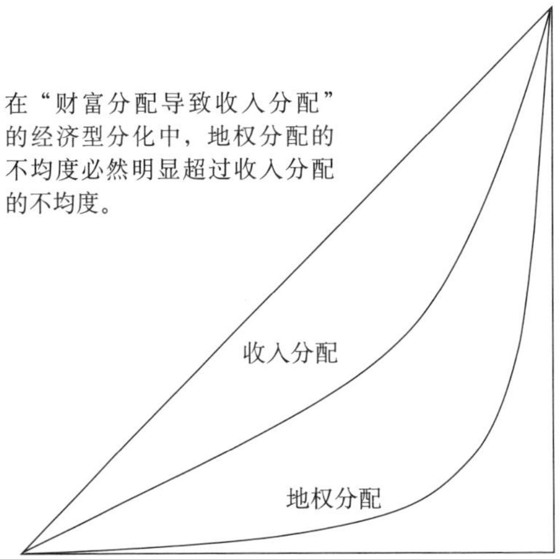

附图 3

[1] Keith Griffin, Azizur Rahman Khan and Amy Ickowitz, *Poverty and the Distribution of Land*. University of California, Riverside, 2000. p.75.

[2] Keith Griffin, Azizur Rahman Khan and Amy Ickowitz, *Poverty and the Distribution of Land*. University of California, Riverside, 2000. p.51.

[3]《财政部报告称收入分配存五大问题 贫富分化加剧》，2003-06-16 09:51:00 中新社，见 http://www.hjclub.com/TextBody/213791.asp

根据同样道理，在传统中国，如果只考虑平民中地主与农民的经济关系，那么显然，无论在租佃制还是雇佣制下，地主都不能获得其土地上的全部收获，而佃农或雇工可以全然无地，却不会全然无收获，只有自耕农占有其土地上的全部收获。换言之，地主占有的收入比例小于其占地比例，佃（雇）农占有的收入比例高于其占地比例，只有自耕农的收入比例与占地比例大致相等。这样，收入分配的基尼系数就会明显小于地权分配的基尼系数。虽然两者的比值并不固定，但是根据经验，在地租率大致为50%、地权分配基尼系数为0.3—0.7区间时，因租佃关系引起的收入分配基尼系数与地权分配基尼系数的比值约在0.5—0.6左右。

于是我们在逻辑上不可避免地面临两个推论：

推论一：如果按“租佃决定论”的逻辑，与传统时代0.53左右的土地分配基尼系数相应的收入分配基尼系数将只有0.26—0.3上下。如上所述，这在今日社会统计学眼光中属于“平等社会”，其平等程度远比今日中国（收入分配基尼系数超过0.4，甚至可能超过0.5）为高！这样一个桃花源式的“传统社会”怎么会有社会不公，怎么会发生社会危机乃至屡次发生人类历史上最残酷的内战，将令人难以理解。

推论二：反过来讲，如果这个社会的确存在严重的社会不公，发生过社会危机与社会爆炸，那么这种不公与危机就应当另有原因。这种原因使收入分配的不均可能甚于地权分配的不均，甚至在“均田制”条件下仍会因社会不公引发爆炸性的社会危机。

总之，传统中国土地并不那么集中，租佃制并不那么发达。这种程度的土地不均在逻辑上只能导出两个结论：或者社会矛盾来源于土地不均，那么这种矛盾将无关痛痒，传统社会是个一团和气的桃花源。或者社会矛盾会很尖锐，但矛盾的根源必然另有所在。二者必居其一，在逻辑上不可能同时推翻这两者。

“农业一阶级模型”：自由状态下的“小农”如何“分化”？

我们要考虑的第二个问题是：如果中国历史上有一定的土地集中，那和土地买卖到底有多大的关系，尤其是和民间的土地买卖有多少关系？这也是一个很大的问题。以前有些人一讲中国，就说土地买卖很频繁，“千年田换八百主”等，实际上不符合事实。首先这个“千年田换八百主”是被误解的，因为辛弃疾《最高楼》这首词中“千年田换八百主”讲的根本就不是土地买卖，讲的恰恰是地权的分配主要是由政治身份所决定的现象。当时辛弃疾宦途受到很大挫折而心灰意冷，打算归隐。他的儿子就阻止他，说你千万不能退休，我们家的土地还没有捞够呢。于是他就写了《最高楼》这首词：“吾拟乞归，犬子以田产未置止我，赋此骂之。吾衰矣，须富贵何时？富贵是危机。暂忘设醴抽身去，未曾得米弃官归。穆先生，陶县令，是吾师。……千年田换八百主，一人口插几张匙？休休休，更说甚，是和非！”辛弃疾将儿子骂了一通，说你只图富贵，不晓得宦途非常危险，多少人宠辱相继，财产因之易手。显然，辛家“田产”规模完全取决于他的政治升降，而“千年田换八百主”指的是官场斗争的风险莫测，和土地买卖是没有什么关系的。

如果真正从具体的统计案例来讲土地的交易周期，我曾做过关中地区地权交易平均周期的研究，根据关中朝邑县《下鲁坡村鱼鳞正册》所载，在该册 400 块共 283.94 亩土地中，自 1890 年至 1932 年后某年至少 42 年间，买卖易主的土地累计最多只有 32.74 亩 / 次，按此频率全部土地平均周转一次的周期至少为 400 年左右，若按地块计更达千年以上。[1] 因此土地买卖远不像我们以前所讲的那样频繁。

实际上即使今天在发达市场经济国家，在实行土地私有制的英美等国，农业地产的流动性也仍然是各种财产形式中最小的。“千年田换八百

[1] 见本书第 88 页。

主”的交易频率即使在发达市场经济下也是无稽之谈，何况传统中国！

而且土地买卖、尤其是平民之间的土地买卖，在与传统的分家析产制并存的情况下到底是会导致土地的集中还是分散也很难说。

从纯理论角度讲，我国经济学家胡景北曾经提出所谓“农业一阶级模型”[1]，在这个模型中，如果初始条件是普遍自耕农化（即“一阶级”化），那么充分自由的要素交易将不会改变这种状态，亦即“一阶级”在这样的设定条件下将处于动态锁定状态。笔者在他的基础上补充了若干因果关系，兹表述如下：

纯从逻辑上讲，假定土地处于一种可以充分自由交易的状态，而与土地发生关系的所有人也都有充分的自由交易权，亦即他们都既非奴隶亦非农奴，当然也不是奴隶主或农奴主，各人都不受他人强制也不能强制他人，而可以只从自身利益最大化的“理性人”立场来参与交易。也就是说，在这种状态下不仅土地“所有权”可以自由买卖，而且土地使用权与人力资本之间也可以自由交易，亦即土地与劳动的结合只能在自由契约（雇佣契约或租佃契约，在这个意义上都是一样的）状态下实现。并且，我们又假定这是个农业社会，没有外部资本与强权的介入。

在这样的条件下，自由交易的结果在逻辑上只能形成一种负反馈，导致对“原初状态”的“锁定”。因为，假定原初状态是以自耕农为主，无地农民很少，那么在“自由劳动力稀缺”的市场上将会出现“招佃竞争”或“招工竞争”，这种竞争趋向于减少地租或增加工资，佃农或雇农在比较有利的契约下也有较多的积累机会，可以赎买土地而变成自耕农。相应地，田主在比较不利的契约下较难扩大积累，并且在地租或雇工经营收入低于某个临界值时会倾向于卖掉土地。这样，即使在自耕农中有一定程度的“分化”，也会被前述的非自耕农中的“反分化”或自耕农化趋势所抵消。加上富户分家析产的作用，整个社会遂被“锁定”在自耕农状态。

[1] 胡景北：《中国经济长期发展的一种可能机制》，《经济研究》1998年第3期，第23—30页。

相反，如果原初状态是自耕农很少，无地农民很多，那么在“自由劳动力过剩”的市场上将会出现“租地竞争”或“找工竞争”，这种竞争趋向于增加地租或减少工资，佃农或雇农在比较不利的契约下很难有什么积累机会，不太可能赎买土地而变成自耕农。相应地，田主在比较有利的契约下则有机会扩大积累，并且在地租或雇工经营收入较高时会倾向于买入土地。这样，即使由于富户分家析产会不断产生新的自耕农，但如果既有自耕农中的“分化”由于上述原因变成不可逆过程，无地农民仍然难以减少，甚或会持续增多。整个社会就被“锁定”在高分化状态。

要之，在上述“纯自由交易”状态下如果原来无“分化”，那么“土地自由买卖”也很难导致“两极分化”和危及自耕农社会的稳定。反之，如果存在着“两极分化”，那么这很可能起源于非经济的“原初状态”，土地买卖不能消除它，但也很难说会“造成两极分化”。

现在我们引入新的变量，即外部资本——例如工商业资本的进入。那么它是否会破坏上述平衡状态呢？

这又分为两种情况：其一，如果土地改变为非农业用途仍然是受管制的，只是“农地交易自由”；其二，由于经济条件所限，工商业地产开发还不成气候，商业资本即便购买土地也只是成为农业地主，即所谓“以末致富，用本守之”。那么它可能带来的变化是：

第一，外部资本进入本身固然是“土地兼并”的刺激力量，但大量资本进入土地市场必然推高地价，使农村中原有富人更难兼并土地，“自耕农之间的两极分化”亦受阻抑。

第二，地价推高必然导致地租率（经济学意义上的“地租率”，指自由契约下的地权收益——无论佃租还是雇工经营利润——与地价之比）下降，这反过来又成为抑制外部资本“过量”进入土地市场的一个重要的调节机制。这也就是马克思所说的：“平均利润率是地租率的天然界限”。在这种情况下“以末致富，用本守之”的激励必然不足，所谓“土地买卖无限吸纳工商业资本，导致工业化原始积累受阻”的说法也是不能成立的。

第三，外来资本参与“农地自由交易”也不会改变我上面讲的“锁定”逻辑。因为在“农地农用”的条件下，土地与劳动双方的谈判地位是受双方的供求关系决定的。土地稀缺劳动过剩则劳方（佃、雇农）难于“上升”，反之则否。外来资本的进入会抬高地价，同时也会抬高劳务价格。如果土地被外来资本购买后并不退出农业，那么劳—地谈判关系要么并不会发生变化，要么，如果土地非农化受限而劳动非农化自由，农地依然农用而农民可以另找工作，则外来资本给农民提供的出路大于给土地提供的出路，这反而会成为有利于劳方“上升”的因素。在这种条件下，即便自耕农受高地价的吸引而增加了卖地的机率，他卖地后通常也会转入非农就业而不会“沦为”佃农。自耕农农业的状况并不会因此改变。

但是，倘若土地的用途可以自由改变，而且经济条件也使非农业的地产开发、乃至地产投机发展起来，那么外部资本的进入效应就另当别论了。首先，土地大量退出农业会加剧农地稀缺和农业劳动力过剩。尽管劳动也有非农化的自由，但非农产业的劳动密集性往往不如农业（尤其是不如种植业，如当年英国“圈地运动”农地改牧场后的情况）。特别是，如果土地成为投机对象，购占土地闲置等待升值、而不予开发的现象必然出现，这就根本无助于吸纳劳动。这样原初状态的自耕农农村就可能瓦解，而由此形成的地产或者退出农业，或者由于大量无地农民的廉价劳动力使得租佃、雇工有利可图，因而也转入非自耕状态。然而，这种现象在当代发展中国家不难看到，在古代中国却不太可能成为现实。那时非农业的地产开发与地产投机即便不受法律限制，在经济上的空间也是很小的。

现实中的地权分配变动趋势

以上当然是理论上的推论，实际情况如何？过去有流行的说法认为，由于土地买卖导致“土地兼并”不断发展，因而中国“封建社会”中土地集中表现为两个趋势：一是从长时段讲后代比前代更集中，二是在一个朝代内晚期比早期更集中，现在看来这两个说法都有问题。

关于前一个说法，美国的赵冈教授曾指出在中国所谓封建社会的两千年中土地不是越来越集中，而是越来越分散。[1] 这个结论合乎情理但似乎难于证明。因为很难找到明清以前可计算基尼系数的地籍资料。古书中虽不乏“富者田连阡陌，贫者无立锥之地”之类的文学描述，也不乏某大豪强拥有多少万顷地的“案例”。但是许多经验性研究表明这些文学化的描述是难以当真的。尤其是中国文人历来就有夸大民间邪恶、缩小朝廷问题的倾向。实际上，关于明清时代土地高度集中的文学说法并不比前代少。改革前许多人正是因此作出中国封建社会越往后土地兼并越厉害的结论。但是改革后的研究表明这些说法几乎都靠不住：如明末清初的顾炎武称：“吴中之民，有田者什一，为人佃作者什九”。可是章有义根据清初吴中（苏州府）两个图的地籍证明，当时当地农民有田者实际上多于无田者。明代土地兼并过去人必首称的就是规模巨大的王府庄田。可是顾诚先生指出：明后期数额越来越惊人的庄田封赐实际上大都是官府把该数额的“庄田籽粒”分摊到民间田赋中加征后拨给王府的，亦即实际上是“赐赋不赐田”。它是直接凭借专制权力汲取民脂民膏（汲取对象是田赋承担者即平民业主，而不是“佃户”），无须通过地权—地租的方式和“地主”的身份，也并未影响那时的土地分布。

此外，张居正说当时南方有“庶民”占田达“七万顷”者，清初又有徐乾学在无锡一县就占田万顷、怀柔郝氏也拥有“膏腴万顷”的说法，是为王府之外明清最为著称的三个大地产事例。但是若认真考之，此三例皆乌有子虚。三例中唯徐乾学确有其人，但正如冯尔康先生指出：当时无锡县全部耕地也不到万顷，徐乾学岂能全部囊括？[2] 而那个“怀柔

[1] 赵冈、陈钟毅：《中国土地制度史》，（台北）联经出版公司 1982 年版，第 195—242 页。

[2] 冯尔康：《清代地主阶级述论》，南开大学历史系中国古代史教研室编：《中国古代地主阶级研究论集》，南开大学出版社 1984 年版，第 23 页。

郝氏”人们从来不知其名，地方文献毫无记载，在去今不远、地方志修纂十分发达的清代，没有任何材料表明并非边远的京郊要县怀柔出过拥田万顷的郝姓或他姓巨富。至于张居正说的那个“庶民”更是不知姓甚名谁何方人氏，其占田居然远超当时公认为最大地主的朱家任何一位藩王，也超过当时多数府州田额，甚至远远超过云南、贵州两省田额之总和，这怎么可能？实际上，从洪武爷的“右贫抑富”到崇祯帝的“素封是诛”，明代诸君都是见不得平民巨富的。那时的“庶民”不要说有田七万顷，就是七千顷、一千顷的实例也找不到。那江陵张先生大概与那时的许多朝廷命官一样视富为权贵专利，听说“庶民”发财就来气，以至于信口开河了。

这些夸张的说法既经否定，而根据明清（主要是清）以来的实际地籍资料算出的基尼系数又大都较低，于是如今就有了明清土地比前代分散、整个中国历史中大体上后代比前代分散的说法。但是这在很大程度上只是因为晚近各代经验材料比较丰富。上古各代没有留下这么多资料来证伪那种“文学化”的描述，但是不等于那种描述因此就得到了证实。正如东汉王充所言：“言事者好增巧美。……欲言十则言百，百则言千矣。是与《书》言‘协和万邦’，《诗》言‘子孙千亿’同一意也。”[1]

但是，如果说两千年来中国土地是否愈益分散还不好说，那么在同一王朝中，后期是否比前期土地更集中就更值得怀疑了。至少在可以找到统计依据的各代，情况都是相反。北宋初太宗年间总户口中“客户”占41.7%，北宋末元符年间降至32.7%。[2] 从定义讲，所谓客户就是无地农民，虽然宋代统计的客户数是否准确大可质疑，但是没有根据说前后期的误差状况有重大变化，因此上述统计意味着北宋后期土地比前期分散。清代没有全国性的可比指标，但一些地区资料可资比较。例如江南苏州府的两个图显示康熙时土地分配的基尼系数达到0.8左右，而清末

[1] 王充：《论衡》卷8，《儒增篇》，上海人民出版社1974年版，第122页。

[2] 梁方仲：《中国历代户口、田地田赋统计》，上海人民出版社1980年版，第126—129页。

民初这个地区的同类指标是 0.5 左右，民国后期这一指标继续下降。如前引无锡县从 1932 年的 0.544 降到 1941 年的 0.329，常熟县从 1934 年的 0.423 降到 1941 年的 0.400。因此清代与民国（不含中共土改影响地区），后期的地权不均程度也小于、而不是大于前期。

江南如此，其他地区如何？关于“关中模式”，笔者已有专书，此不赘述。而在华北，史建云先生认为清代后期土地也比前期分散，原因是人地关系矛盾、分家析产等。[1] 在山东，据张佩国先生分析，无论是从明到清再到民国的朝代更替，还是从清初到清后期、民初到民国后期的朝代内演进，土地都是趋向于分散，自耕农则持续在增多[2]。

而郭德宏先生不但指出，就全国而言，在民初到民国末年各地解放前的几十年间中国的土地是趋于分散，而不是趋于集中的，并且还进一步指出，如果只计封建性占有（按他的标准即卷入租佃关系的土地）部分，这种分散趋势就更明显。[3] 他并为此给出了以下两图：(附图 4、5)

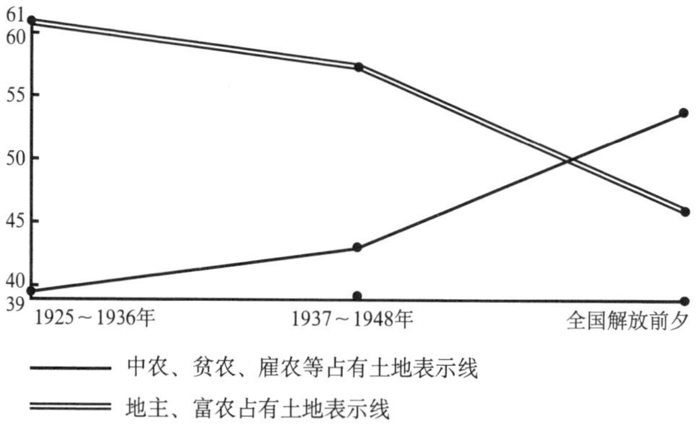

附图 4　旧中国各阶级土地占有状况的发展趋势

[1] 史建云:《近代华北平原自耕农初探》,《中国经济史研究》1994 年第 1 期。
[2] 张佩国:《地权分配·农家经济·村落社区》，齐鲁书社 2000 年版，第 57—71 页。
[3] 郭德宏:《中国近现代农民土地问题研究》，青岛出版社 1993 年版，第 63 页。

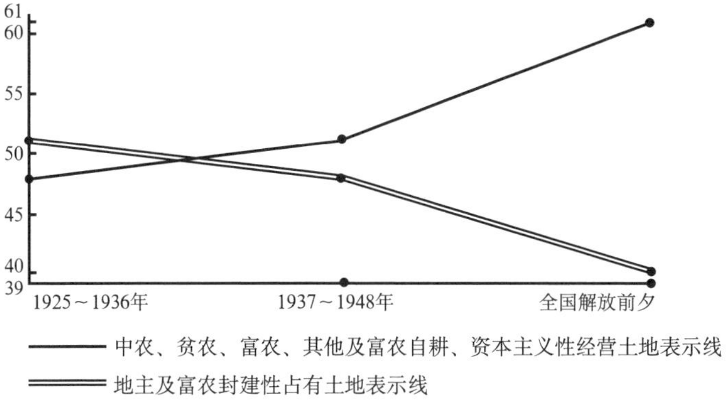

附图 5　旧中国封建性与非封建性土地占有状况发展趋势

可见，就现有证据而论，清代与民国（不含中共土改影响地区），后期的地权不均程度也小于、而不是大于前期。看来朝代内的“土地集中律”确实值得怀疑。

过去不少著述有个未经证实的假设，就是王朝初年必然是自耕农盛世，而末期则是地主制盛行。有人把王朝建立前的“农民战争”看作打土豪分田地式的土地革命，认为地主阶级在这一过程中受到沉重打击而造成了土地分散。有人虽然并不认为那种战乱是有意打击地主的，但也认为战乱之后人口损失荒地普遍，新王朝招民垦荒势必造成大量自耕农。笔者以后将指出“农民战争”并非针对地主，更非土地革命。但是大乱之后土旷人稀朝廷招民垦荒的确是不少王朝初年的景观，问题是这就意味着自耕农盛世吗?

在一般情况下应当肯定，新王朝初年战后初定，人地关系宽松，即便是佃农，在劳动力稀缺的情况下承佃条件也可能相对较好，更重要的是新王朝的腐败程度可能较低，宗室官僚权贵等寄生群体规模与胃口相对较小，因此整个国家的社会矛盾和贫富收入差距可能比较缓和。但是这未必以地权分散为条件。

而王朝初年地权未必更均。新王朝招民垦荒不一定意味着自耕农盛世，其原因就在于“大乱之后土旷人稀”最利于封赐土地，常常正是政治性大地产膨胀的典型时期。我国传统王朝虽然不像近现代公民国家那样尊重公民的财产，但通常对于“有主”土地以强权来夺取还是相对罕见的。而在处置“无主荒地”方面，政治特权才真正是大显神通。要说“土地兼并”，王朝初年对“荒地”的政治性瓜分要比此后民间的“自由买卖”厉害得多。即便像清初的八旗圈地那样大规模的掠夺民产，名义上也是以圈占“无主荒地”为口实。很难设想，在连根本并非“无主”的民产也要指熟为“荒”滥加掠夺的情况下，权势者对真正的荒地却会大公无私地平均分配。过去出于某种思维定势，有些人总认为民间的自由交易必定有利于富豪而绝对不会有利于穷人，而专制权力的分配行为则必然造福于百姓。“自由交易出地主，官府分配出中农”就是这种定势的突出表现。由于历史是这些分配者写的，这种观点要找到他们自我标榜的“史料依据”也许不难。但历史的实况如何，很值得研究。

另一方面，历史上的“农民战争”虽然并非“打土豪分田地”，但即便并非“农民战争”的其他各类战乱，包括民族征服、军阀混战，等等，对民间富豪经济的打击也是严重的。抗战期间我国各地，无论是共产党控制下实行减租减息等阶级政策的地方还是并未推行或未严格推行此类政策的沦陷区与国统区都出现了地权分散趋势，就是这个道理。然而，战争（包括“农民战争”）的影响也有另一方面，即促进政治强权与财富的结合。战争中的小农除与地主一样直接遭受兵燹战祸的摧残外，还会产生托庇于“有力者”以自保于乱世的强烈推动，这种推动对于“土地兼并”的作用不会比和平时期的“自由买卖”小。战乱中的“投献”行为对自耕农经济打击常常比地主经济更重。汉末黄巾战争后中原遍布“坞壁堡砦”，“五口之家”的小农被“百室合户，千丁共籍”的庄园经济所排挤的现象就很突出。明末“农民战争”后中原大地也出现了大量的豪强“土寨”，其对土地关系的影响未必是有利于自耕农的。

而王朝末年常常出现严重的社会危机。问题是这种危机是否仅仅是“自耕农的危机”而有利于“土地兼并”？一般来讲，王朝中晚期的商业繁荣可能伴随着土地买卖的活跃。但土地买卖是否、以及在多大程度上使土地趋于集中，还是值得研究的。而到了王朝末期危机时，朝廷官府的横征暴敛与天灾人祸并发成为那时的常态。而且至少在晚唐两税法以后，无论“正供钱粮”还是加派横征都基本以地亩为主要对象，造成“累字从田”的后果，土地买卖反而因此大为减少。由此形成的一个现象并非富人争相购地、“土地兼并加剧”，而是恰恰相反，土地抛荒大增，地产扩张停顿，甚或趋于萎缩。所以当王朝晚期承平日久人口众多土地相对最为稀缺之时，地价却往往暴跌。正如明末时人所说，那时是“富者贫，贫者逃，逃者死”，而非民间富者愈富穷者愈穷的“马太效应”。这个时候可能出现大量自耕农（乃至平民地主）弃田不耕成为流民的现象，但自耕农卖田成为佃户的现象反而大减。因此可以说这时自耕农经济乃至整个民间经济活动都陷入危机，但却很难说自耕农经济被地主（尤其是平民地主）经济或租佃经济所排挤，更不能说这个时候就是地主经济或租佃经济的盛世。

总之，中国传统时代的土地集中往往被扩大，同时如果有过一定程度的大地产之弊，其真正根源也不在经济，不在“自由买卖”，而在专制政治下的“地主权贵二位一体”，辛弃疾的时代是如此，今天屡见于传媒的“圈地运动”不也说明了这种危险吗？

参考文献

（本目录仅包括专著和农民学专业的文集、期刊、资料汇编等，单篇论文、非农民学专业的文集、期刊、资料汇编以及原始史料与档案资料等均不收录。有关这方面的目录请看笔者另行出版的《农民学研究手册》一书）

中文

《全国土地调查报告纲要》　南京　国民政府地土委员会　1937 年

《华北典型村调查》　北京　中央人民政府农业部　1950 年

行政院农村复兴委员会：《河南省农村调查》　上海商务印书馆　1934 年

行政院农村复兴委员会：《陕西省农村调查》　上海商务印书馆　1934 年

李景汉：《定县社会调查概况》　北京大学出版社　1933 年

张世文：《农村社会调查方法》　重庆商务印书馆　1944 年

柴树藩、于光远、彭平：《绥德、米脂土地问题初步研究》　人民出版社　1979 年

《毛泽东农村调查文集》　人民出版社　1982 年

冯和法：《中国农村经济资料》　黎明书店　1933 年；《续编》　1935 年

陈翰笙、王寅生：《黑龙江流域的农民和地主》　上海　1929 年

陈翰笙：《广东农村生产关系与生产力》上海　1934 年

《陕西省土地改革资料汇编》第一集　陕西省土改委　1951 年

马玉鳞：《武功县土地问题研究》，《中国地政研究后丛刊》　台北　1977 年

吕平登：《四川农村经济》　上海商务印书馆　1936 年

《华东农村经济资料》　华东军政委员会土改委　1952 年

　　第一分册《江苏省农村调查》；第四分册《安徽省农村调查》；

　　第五、六分册《山东省 / 华东各大中城市郊区农村调查》

王效文、陈传钢：《中国土问题》（上、下）　上海商务印书馆　1936 年

费孝通：《乡土重建》　观察社　1948 年

费孝通:《乡土中国》 三联书店 1985 年
黄宗智:《华北的小农经济与社会变迁》 中华书局 1986 年
黄宗智:《1368—1988 年间长江三角洲小农家庭与乡村发展》 中华书局 1992 年
李文治、章有义:《中国近代农业史资料》1—3 卷 三联书店 1957 年
梁方仲:《中国历代户口、田地、田赋统计》 上海人民出版社 1980 年
章有义:《明清徽州土地关系研究》 中国社会科学出版社 1984 年
傅衣凌:《明清农村社会经济》 三联书店 1961 年
《陈翰笙文集》 复旦大学出版社 1985 年
张永泉、赵泉钧:《中国土地改革史》 武汉大学出版社 1985 年
上海市委党史资料征集委员会:《三十年代中国社会性质论战》 知识出版社 1986 年
梁漱溟:《乡村建设理论》 邹平 · 上海乡村书店 1937—1939 年
中国农村经济研究会主编:《中国农村社会性质论战》 新知书店 1935 年
胡如雷:《中国封建社会形态研究》 三联书店 1979 年
马克垚:《西欧封建经济形态研究》 人民出版社 1985 年
波尔什涅夫:《封建主义政治经济学概论》 三联书店 1957 年
布瓦松纳:《中世纪欧洲生活与劳动》 商务印书馆 1985 年
考茨基:《土地问题》 三联书店 1955 年
《俄国民粹派文选》 人民出版社 1986 年
罗吉斯、伯德格:《乡村社会变迁》 浙江人民出版社 1988 年
布洛克:《法国农村史》 商务印书馆 1991 年
弗罗列夫斯基:《俄国工人阶级状况》 商务印书馆 1984 年
戚美尔曼:《伟大的德国农民战争》(上、下) 商务印书馆 1982 年
珀金斯:《中国农业的发展，1368—1968》 上海译文出版社 1984 年
魏特夫:《东方专制主义》 中国社会科学出版社 1989 年
贝克尔:《家庭经济分析》 华夏出版社 1987 年
加塔克、英格森特:《农业与经济发展》 华夏出版社 1987 年
舒尔茨:《论人力资本投资》 北京经济学院出版社 1989 年
莫尔:《民主与专制的社会起源》 华夏出版社 1987 年
沈志华:《历史的启示：苏联新经济政策时期农村经济，1921—1930》 华夏出版社 1987 年
舒尔茨:《改造传统农业》 商务印书馆 1987 年

瓦德钦:《欧洲共产主义土地政策》 农村读物出版社 1986 年
古洛东:《圣教入川记》 四川人民出版社 1984 年
列维-布留尔:《原始思维》 商务印书馆 1987 年
北大中文系研究生资料组:《中国历代农民问题文学资料》 中华书局 1959 年
《中国农村统计年鉴》1986—1990 年各册 统计出版社
《中国农民战争史论丛》1—5 辑 中国社会科学出版社
《中国农民战争史研究集刊》1—4 辑 上海人民出版社
《中国农史》杂志 南京
苏联科学院西伯利亚分院工业生产经济和组织研究所编:《乡村系统研究的方法论问题》 上海未来研究会印 “未来研究资料”之八
冯锐等:《乡村社会调查大纲》 北平中华平民教育促进总会 1929 年

日文

澤村康:《中歐諸國の土地制度及び土地政策》 改造社 1930 年
櫛田民蔵:《農業問題》 改造社 1935 年
《支那農業搆造統計資料》 東亞研究社 1943 年
仁井田陞:《中國の農村家族》 東京大學出版社 1952 年
天野元之助:《中國農業史研究》 御茶水書房 1962 年
旗田巍:《中國の村落と共同體理論》 岩波書店 1973 年
ダニーロフ:《ロシアにおける共同體集團化》 御茶水書房 1977 年
增田富壽:《ロシア農村社會の近代化過程》 岩波書店 1980 年
阪本楠彦:《中國農民の挑戰,‘民當社會主義’の芽は元》 サイスル出版會 1985 年

俄文

克列姆涅夫:《我的兄弟阿列克塞到农民乌托邦国的旅行》
И.Кремнев.Путешествие моего брата Алексея в страну крестьянской Утопии.Москва,1920
切尔诺夫:《社会革命党札记》
В.Чернов.Эаписки социалиста революционера.Берлин,1992
赫里亚舍娃:《农民中的集团与阶级》
А.И.Хрящева.Группы и классы в крестьянстве.Москва,1926
特拉佩兹尼科夫:《列宁主义与土地农民问题》二卷集

С.П.Трапеэников.Лениниэм и аграрно-крестьянский вопрос.Т.1—2. Москва，1974
叶梅利亚赫:《十月革命前的农民与教会》
Л.И.Емелях: Крестьяне и церковь накакуне Октября.Москва 1976
丹尼洛夫:《集体化前的苏联农村：居民、土地使用、经济》
В.П.Данилов.Советская доколхоэная деревня: население, Эемлепольэование, хоэяйство.Москва，1977
丹尼洛夫:《集体化前的苏联农村：社会结构与社会分层》
В.П.Данилов.Советская доколхоэная деревня: социальная структура, социальные отношения, Москва，1979
《苏联农民史问题》（文集）
Проблемы истории советского крестьянства.Москва，1981
《过去与现在的农民心理特征》（文集）
Особенности психологии крестьянства прошлое.Москва，1983
捷列宁:《农民阶级史》
И.Е.Эеленин.Нстория крестьянского класса.Москва，1986
《俄国人：家庭与村社生活》（文集）
Русские: Семейный и общественный быт.Москва，1989

西文

阿拉维与沙宁主编:《发展中社会的社会学导论》
H.Alavi and T.Shanin（eds.），*Introduction to the Sociology of Developing Societies*. Macmillan 1982.
阿特金森:《不平等经济学》
A.Atkinson，*The Economics of Inequality*. Oxford 1975.
阿特金森:《俄国土地分社的终结》
D.Atkinson，*The End of the Russian LandCommune*. Stanford 1983.
巴克与贝尼克:《宗教与农村造反》
J.M.Bak and G.Benecke，*Religion and Rural Revolt*. Manchester Univ.1984.
班费尔德:《落后社会的道德基础》
E.C.Banfield，*The Moral Basis of a Backward Society*. Free Press 1958.
别比尔:《农民阶级：早期哈布斯堡王朝专制下的财产科层制与家庭关系》
H.Bebel，Peasant Classes：*The Bureaucratisation of Property and Family*

Relations Under Early Hapsburg Absolutism, 1511—1636. Princeton Univ.1983.
贝克尔：《人力资本》
G.S.Becker，*Human Capital*. Columbia Univ.1964.
比尔：《掌权的农民》
J.D.Bell，*Peasants in Power: Alexander Stamboliski and the Bulgarian Agrarian National Union*，1899—1923.Princeton Univ.1977.
比尔：《社会主义过渡中的农民：集体化匈牙利农村的生活》
P.D.Bell，*Peasant in Socialist Transition: Life in a Coilectivized Hungarian Village*. Uuiv of Calif.1984.
别特伊尔：《农业社会结构研究》
A.Beteille，*Studies in Agarian Social Structure*. Oxford.1975.
巴杜里：《农业落后的经济结构》
A.Bhaduri，*The Economic Structure of Agricultural Backwardness*. Academic Press.1984.
比克斯：《日本农民骚乱》
H.P.Bix，*Peasant Protest in Japan, 1590—1884*.Yale Univ.1986.
布鲁姆：《乡村欧洲旧秩序的终结》
J.Blum，*The End of the Old Order in Rural Europe*. Princeton Univ.1978
波克主编：《近代世界的农民》
P.K.Bock（ed），*Peasants in the Modern World*. Univ.of New Mexico 1969.
波耶克：《二元社会经济学与经济政策》
J.H.Boeke，*Economics and Economic Policy of Dual Socicties*. Haarlcm 1953.
博得：《苏维埃制度下的乡村生活》
K.Border，*Village Life Under the Soviet*. New York 1927.
波谢拉普：《农业成长的条件》
E.Boserup，*The Conditions of Agricultural Growth: The Economics of Agrarian Change Under Population Pressure*. Chicago 1965.
波塞特：《欧亚农民艺术》
H.T.Bossert，*Peasant Art of Europe and Asia*. New York 1959.
鲍尔丁：《爱与怕的经济》
K.E.Boulding，*The Economy of Love and Fear*. Belmont，Calif.1973.
卜凯：《中国的土地利用：统计资料》

J.L.Buck，*Land Utilization in China: Statistics*. Shanghai 1937.
本迪：《南部非洲农民的兴衰》
C.Bundy，*The Rise and Fall of the South African Peasantry*. Heinemann 1979.
恰亚诺夫：《农民经济理论》
A.Chayanov.*On the Theory of Peasant lanomy*. Home wood 1966
《恰亚诺夫选集》8 卷本
A.Chayanov，*Oeuvres choisies de A.V.Cajanov.8 vols*. The Hague 1967.
库克：《农民资本主义工业》
S.Cook，*Peasant Capitalist Industry: Piecework and Enterprise in Southern Mexican Brickyards*. Princeton Univ.1984.
科克斯《农民、阶级与资本主义：克里茨曼及其学派的农村研究》
T.Cox，Peasants，*Class and Capitalism: The Rural Research of L.N.Kritsman and His School*. Oxford 1986.
克利克里：《封建主义》
J.S.Critchley，*Feudalism*. London 1978.
达拉斯：《不完全农民经济：1800—1914 年的卢瓦尔区农村》
G.Dallas，*The Imperfect Peasant Economy: The Loire Country, 1800—1914*. Cambridge 1982.
达尔顿主编：《部落与农民的经济学》
G.Dalton（ed.），*Tribol and peasant Economics*. Natural History Press.1967.
狄叶：《埃塞俄比亚农民，农业社会主义与农村发展》
A.Dejene，*Peasant, Agrarian Socialism, and Rural Development in Ethiopia*. Boulder of Colorado St.1987.
多尔逊主编：《农民风俗与野蛮传说》第一卷
R.M.Dorson（ed.），*Peasant Customs and Savage Myths. Vol.l.*Chicago1968.
德比：《中世纪西方农村经济与乡间生活》
G.Duby，*Rural Economy and Country Life in the Medieval West*. London1968.
杜伦堡主编：《恰亚诺夫、农民与经济人类学》
P.Durrenberg（ed.），*Chayanov, Peasants and Economic Anthropology*. Academic Press 1984.
埃利斯：《农民经济：农户与农业发展》
F.Ellis，*Peasant Economics: Farm Household and Agrarian Development*. Cambridge 1988.

伊尔文:《旧中国模式》
M.Elvin, *The Pattern of the Chinese Past*. Stanford 1973.
菲尔与霍佛:《本色农民：一个匈牙利村社的传统生活》
E.Fel and T.Hofor, *Proper Peasants: Tradition Life in a Hungarian Village*.New York 1969.
弗斯与亚梅主编:《农民社会中的资本、储蓄与信贷》
R.Firth and B.S.Yamey（ed.）, *Capital, Saving and Credit in Peasant Societies*. London 1964.
弗雷霍德:《坦桑尼亚的乌贾马村》
M.Von Freyhold, *Ujamaa Villages in Tanzania* .Heineman 1979.
弗里德曼:《食物的政治经济学》
H.Friedmann, *The Political Economy of Food*. Verso 1987.
加列斯基:《乡村社会学基本概念》
B.Gahski, *Basic Concepts in Rural Sociology*. Manchester Univ.1972.
加尔恩塞:《希腊罗马世界的非奴隶劳动》
P.Garnsey（ed.）, *Non-Slave Labour in the Greco-Roman World*.Cambridge 1980.
吉尔兹:《农业内卷：印度尼西亚生态变化过程》
G.Geertz, *Agricultural Involution: The Process of EcologicalChange in Indonesia*. Berkeley 1963.
吉塞林:《自然经济与性的进化》
M.T.Ghiselin, *The Economy of Nature and the Evolution of Sex*.Berkeley1974.
吉迪:《从农民到农场主》
J.Gjerde, *From Peasants to Farmers: The Migration from Barestrad Norwayto the Upper Middle West*. Cambridge Univ.1985.
古德曼与列德克利夫特:《从农民到无产者》
D.Goodman and M.R.Redclift, *From Peasant to Proletarim: Capitalist Development and Agrarian Transitions*.St.Martin 1982.
古迪、塞斯克等主编:《家庭与继承权》
J.Goody, J.Thirsk and A.P.Thompson（eds.）, *Famly and Inheritance: Rural Society in Western Europe 1200—1800*. Cambridge 1976.
格里芬:《农业变革的政治经济学》
K.Griffin, *The Political Economy of Agrarian Change*. London 1979.

哈里斯主编：《乡村发展：农民经济与农业变革的理论》
J.Hariss（ed.），*Rural Development: Theories of Peasant Economy and Agrarian Change*. Hutchinson Univ.1982.
哈文：《中世纪英国农民土地市场》
P.D.A.Harvey，*The Peasant Land Market in Medievd England*. London1985.
希尔顿：《中世纪晚期的英国农民》
R.H.Hilton，*The English Peasantry in the Later Middle Ages*. Oxford 1975.
霍布斯鲍姆等主编：《历史上的农民》
W.J.Hobsbawm，W.Kula，A.Mitra，K.N.Raj and I.Sachs（eds.），*Peasants in History*. Oxford Univ.1980.
霍斯金斯：《中部农民：莱斯特郡一个村社的经济社会史》
W.G.Hoskin，*The Midland Peasant: The Economic and Social History of a Leicestershire Village*. MaCmillan 1957.
黄宗智、夏明德与武凯芝：《中国共产党与农村社会，1927—1934》
P.C.C.Huang，L.S.Bell，and K.L.Walker，*Chinese Communists and Rural Society, 1927—1934*.Berkeley 1978.
侯赛因与特里布：《马克思主义与土地问题》
A.Hussain and K.Tribe，*Marxism and the Agarian Question*. MaCmillan1981.
约翰逊：《农民民族主义与共产党政权》
C.A.Johnson，*Peasant Nationalism and Communist Power, The Emergenceof Revolutionary China, 1937—1945*. Stanford 1962.
约翰逊：《农民与无产者：19 世纪后期莫斯科劳动阶级》
R.E.Johnson，*Peasant and Proletarian: The Working Class of Moscow in the Late Nineteenth Century*. New Brunswick 1979.
克列德特：《农民、地主与商人资本家，1500—1800 年的欧洲与世界经济》
P.Kriedte，*Peasants, Landlords and Merchant Capitalists, Europe and World Economy 1500—1800*. Cambridge 1983.
库拉：《封建制度经济理论》
W.Kula，*An Economic Theory of the Feudal System*. London 1976.
兰布：《农民政治》
G.Lamb，*Peasant Politics*. Julian Friedman Pub.1974.
兰布顿：《1962—1966 年波斯土地改革》
A.K.S.Lambton, *The Persian Land Reform 1962—1966*. London 1969.

勒费弗尔：《法国革命中的诺尔郡农民》
G.Lefebvre. *Les Paysans du Nord Pendant la Revolution Fran□aise*. Paris1959.
勒罗伊拉迪里：《朗该多克的农民》
E.Le Roy Ladurie，*The Peasants of Languedoc*. Urban 1974.
列万：《新生资本主义时期的家庭形成》
D.Levine，*Family Formation in an Age of Nascent Capitalism*. New York 1977.
莱文《俄国农民与苏维埃政权》
M.Lewin，*Russian Peasants and Soviet Power*. London.1968.
龙：《乡村社会中的家庭与劳动》
M.Long，*Family and Work in Rural Societies*. Tavistock 1984.
麦克法兰：《英国个人主义的起源：家庭、财产与社会变革》
A.Macfarlane，*The Origins of English Individualism: The Family, Property and Social Transition*. Cambridge 1978.
麦尔：《集体化前俄国农民组织》
D.J.Male，*Russian Peasant Organisation Before Collectivisation*. Cambridge 1971.
马恩：《农业的社会结构：印度、中东与英国》
H.H.Mann，*The Social Framework of Agriculture: India, the Middle East and England*.Verry 1967.
马里奥特主编：《乡村印度：小共同体研究》
Marriot（ed.），*Village India: Studies in the Little Community*. Chicago 1955.
梅纳德：《俄国农民》
J.Maynard，*The Russian Peasant: and Other Studies*. London 1942.
梅迪克：《原始工业的家庭经济》
H.Medick，*The Proto—Industrial Family Economy: The Structural Function of Household and Family During the Transition from Peasant Society to Industrial Capitalism*. Social History.1.3 ：291—315（1976）.
《伊朗革命：乡村方面》
MERIP Reports No.87（May，1980），*Iran's Revolution□The Rural Dimension*
米格代尔：《农民、政治与革命：第三世界政治社会变革的动力》
J.S.Migdal，*Peasants, Politics and Revolution: Pressure Toward Political and Social Change in the Third World*. Princeton Univ.1974.
米勒：《农民与政治：亚洲草根阶层对变革的反动》

D.B.Miller，*Peasant and Politics: Grass Roots Reaction to Change in Asia*. St.Marin 1979.
米勒与哈彻尔：《中世纪英国乡村社会与经济变化》
E.Miller and J.Hatcher，*Medieval England􀃮Rural Society and Economic Changes, 1086—1348*，London 1980.
米查尼：《反农民的马克思》
D.Mitrany，*Marx against the Peasant*. Collier.1961.
迈勒主编：《近代德国的农民与地主》
R.G.Moeller（ed.），*Peasants and Lords in Modern Germany*. Boston 1986.
纳尔逊：《农民家庭的动员》
J.S.Nalson，*Mobility of Farm Families*. Manchester 1968.
纳希：《原始的农民的经济制度》
M.Nash，*Primitive and Peasant Economic Systems*. Scranton 1966.
佩奇：《土地革命》
J.M.Paige，*Agrarian Revolution: Social Movements and Export Agriculture in the Underdeveloped World*. New York 1975.
皮克：《变革中泰国的农民共同体》
S.Piker，*A Peasant Community in Changing Thailand*. Ariz Univ.1983.
波里亚克：《埃及、叙利亚、巴勒斯坦和黎巴嫩的封建主义》
A.N.Pliak，*Feudalism in Egypt, Syria, Palestine and the Lebanon, 1250—1900*. London 1939.
波普金：《理性的农民》
S.Popkin，*The Rational Peasant: The Political Economy of Rural Society inVietnam*. Berkeley 1979.
波特等主编：《农民社会文集》
J.M.Potter，M.N.Diaz and G.M.Foster（eds），*Peaoant Society: A Reader*. Boston 1967.
兰格：《农民觉悟与津巴布韦游击战》
T.Ranger，*Peasant Consciousness and Guerrilla War in Zinbabwe*. James Currey 1985.
列费尔德：《小共同体》
R.Redfield，*The Little Community*. Chicago 1955.
列费尔德：《农民社会与文化》

R.Redfieid，*Peasant Society and Culture*. Univ.of Chicago 1956.
罗宾逊：《旧统治下的俄国乡村》
G.T.Robinson.*Rural Russia Under the Old Regime: A History of Landlord Peasant World and a Prologue to the Peasant Revolution of 1907*. California Univ.1949.
罗申：《变革中经济里的农民社会：东南亚与印度的比较发展研究》
G.Rosen，*Peasant Society in a Changing Economy: Comparative Development in Southeast Asia and India*. Urbana 1975.
斯科特：《弱者的武器：农民抵抗的日常形式》
J.C.Scott，*Weapons of the Weak: Everyday Forms of Peasant Resistance*. Yale Univ.1986.
斯科特：《农民道德经济》
J.C.Scott，*The Moral Economy of the Peasant: Rebellion and Subsistence in Southeast Asia*. New Haven 1976.
施密特等编：《朋友、追随者与宗派》
S.W.Schmidt，J.C.Scott，C.Lande and L.Guesti（eds.），*Friends, Followers and Factions*. Univ.of Calif.1977.
谢司：《印度农民组织》
A.N.Seth，*Peasant Organization in India*. Dhely 1984.
沙宁：《尴尬的阶级：发展中社会的农民政治社会学》
T.Shanin，*The Awkward Class: Political Sociology of Peasantry in a Developing Society*, Russia 1910—1925. Oxford 1972.
沙宁：《定义中的农民》
T.Shanin，*Defining Peasants: Essays Concerning Rural Societies, Expolary Economies, and Learning from Them in the Contemporary World*. Oxford 1990.
沙宁主编：《农民与农民社会》
T.Shanin（ed.），*Peasants and Peasant Societies: Selected Readings*. Oxford 1987.
沙宁：《后马克思与俄国道路》
T.Shanin，*Late Marx and the Russian Road, Marx and the'Peripheries of Capitalism'*. London 1984.
沙宁：《作为发展中社会的俄国》

T.Shanin, *Russia as a Developing Society*. MaCmillan 1986.
史密斯:《近代日本的农村起源》
T.Smith, *The Agrarian Origins of Modern Japan*. Stanford 1959.
史密斯主编:《1920 和 1984 年的俄国农民》
R.E.F.Smith (ed.), *The Russian Peasant, 1920 and 1984*. London 1977.
索罗金等主编:《乡村社会学系统资料书》
P.A.Sorokin, F.F, *Zimerman and C.J.Golpin (eds.), Systematic Books in Rural Sociology*. Russell & Russell 1965.
斯塔尔:《传统罗马尼亚村社》
H.H.Stahl, *Traditional Romanian Village Communities: The Transition from the Communal to the Capitalist Mode of Production in the Danube Region*. Cambridge Univ.1980.
史蒂文斯主编:《小农农业中的传统与动力》
R.D.Stevens (ed.), *Tradition and Dynamics in Small-Farm Agriculture*. Iowa State Univ.1977.
塔娄:《南意大利的农民共产主义》
S.G.Tarrow, *Peasant Communism in Southern Italy*. Yale Univ.1967.
塔克斯:《便士资本主义:危地马拉印第安人经济》
S.Tax, *Penny Capitalism: A Guatemalan Indian Economy*. New York 1953.
托马斯与兹纳涅茨基:《欧美波兰族农民》
W.I.Thomas and F.Znaniecki, *The Polish Peasant in Europe and America*. Dorer.Dover 1958.
蒂利:《旺代郡》
C.Tilly, *The Vendee*. Harvard Univ.1964.
蒂利夫妇主编:《阶级冲突与集体行为》
L.A.Tilly and C.Tilly (eds.).*Class Conflict and Collective Action*. Beverly Hills 1981.
狄尔顿:《纳粹主义、新纳粹主义与农民》
T.A.Tilton, *Nazism, Neo-Nazism and the Peasantry*. Bloomington 1975.
狄托:《1200—1350 年英国乡村社会》
J.Z.Titow, *English Rural Society, 1200—1350*. London 1969.
特顿与塔纳布主编:《东南亚历史与农民意识》
A.Turton and S.Tanabe (eds.), *History and Peasant Consciousness in Southeast*

Asia. Osaka 1984.
沃勒斯坦：《现代世界体系：16 世纪资本主义农业与欧洲世界经济的起源》
I.Wallerstein，*The Modern World-System: Capitalist Agriculture and the Origins of the European World-Economy in the Sixteeth Century*. New York 1974.
瓦里尼：《农民农场经济学》
D.Warriner，*Economies of Peasant Farming*. Oxford 1939.
瓦里尼：《土地改革的原则与实践》
D.Warriner，*Land Reform in Principle and Practice*. London 1969.
维勒与古根海姆主编：《农村中的权力与反抗》
R.P.Weller and S.E.Guggenheim（eds.），*Power and Protest in the Countryside*. Duk Univ.1982.
维斯：《从革命到集体化前俄国农民日常生活》
N.Werth. *La vie Quotidienne des Paysans Russer de la Revolution á la Collectivisation (1917—1939)*，Paris 1984.
维拉：《苏联农村社区》
J.R.Willar，*The Soviet Rural Community*. Chicago 1971.

※ ※ ※

沃尔夫：《20 世纪农民战争》
E.R.wolf，*Peasant War of the 20th Century*. New York 1969.
沃尔夫：《农民》
E.R.Wolf，*Peasants*. Englewood Cliffs 1966.
沃斯勒：《草之二叶：农业现代化社会中的农村合作化》
P.Worsley，*Two Blades of Grass: Rural Cooperatives in Agricultural Modernization Societies*. Manchester Univ.1971.
雅内：《强迫动员，1861—1930 年俄国农业改革》
G.Yaney，*The Urge to Mobilize: Agrarian Reform in Russia, 1861—1930*. Urbana.1982.
贝克尔：《歧视的经济学》
G.S.Becker，*The Economics of Discrimination*. Chicago 1971.

※　※　※

《农村社会学》季刊，（荷兰，阿森）
Sociologia Ruralis. Pub. in Asaen
《农业与人文价值》季刊，（美国，佛罗里达大学）
Agriculture and Human Values. Pub. at univ. of Florida
《农民研究》季刊，（美国，犹他大学）
Peasant Studies. Pub. at Univ. of Utah
《农民研究杂志》（英国，伦敦）
The Journal of Peasant Studies. Pub. in London
《农业经济学与农村社会学世界文摘》月刊（英国，牛津）
World Agricultural Economics and Rural Sociology Abstracts. Pub. in Oxford
《农民研究通讯》（美国，匹兹堡大学）
Peasant Studies Newsletter, (1972—1975) Pub. at Pittsburgh Univ.